Yémen

Pertti Hämäläinen

LONELY PLANET PUBLICATIONS
Melbourne • Oakland • London • Paris

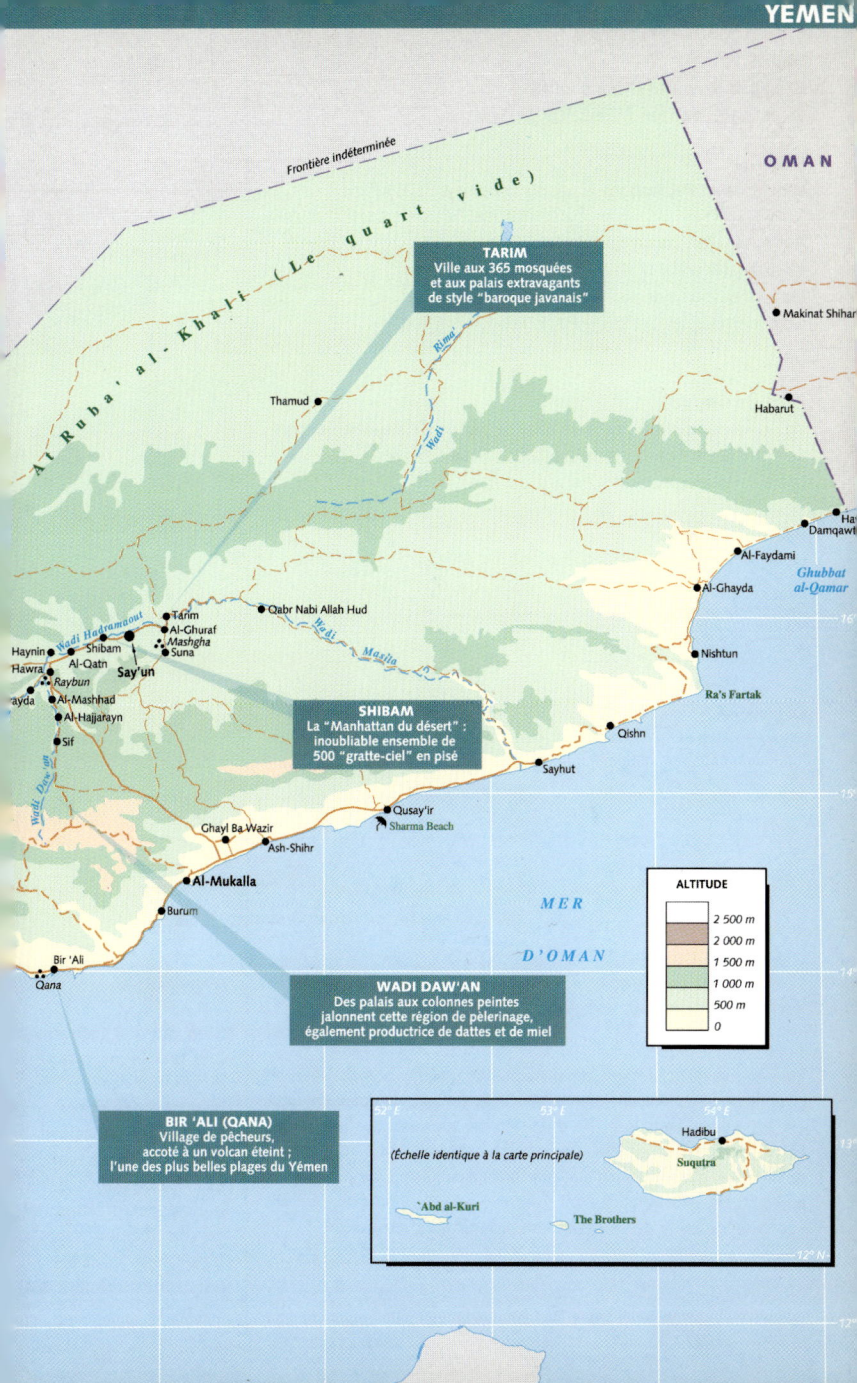

Yémen
2ᵉ édition française – Novembre 1999
Traduite de l'ouvrage *Yemen* (4th edition)

Publié par
Lonely Planet Publications 1, rue du Dahomey, 75011 Paris

Autres bureaux Lonely Planet
Australie PO Box 617, Hawthorn, Victoria 3122
États-Unis 150 Linden St, Oakland, CA 94607
Grande-Bretagne 10a Spring Place, London NW5 3BH

Photographies de
De nombreuses photos publiées dans ce guide sont disponibles auprès de notre agence photographique Lonely Planet Images
(e-mail : lpi@lonelyplanet.com.au).

Photo de couverture
Le palais du Rocher de Wadi Dhahr (Chris Mellor)

Traduction
Stéphanie Ferry et Pascale Haas

Dépôt légal
Novembre 1999

ISBN 2-84070-153-7
ISSN 1242-9244

Texte et cartes © Lonely Planet 1999
Photos © photographes comme indiqués 1999

Imprimé par Colorcraft, Hong Kong

Tous droits de traduction ou d'adaptation, même partiels, réservés pour tous pays. Aucune partie de ce livre, à l'exception de brefs extraits utilisés dans le cadre d'une étude, ne peut être reproduite, enregistrée dans un système de recherches documentaires ou de base de données, transmise sous quelque forme que ce soit, par des moyens audiovisuels, électroniques ou mécaniques, ou photocopiée sans l'autorisation écrite de l'éditeur et du propriétaire du copyright.

Bien que les auteurs et l'éditeur aient essayé de donner des informations aussi exactes que possible, ils ne sont en aucun cas responsables des pertes, des problèmes ou des accidents que pourraient subir les personnes utilisant cet ouvrage.

Table des matières

L'AUTEUR   **5**

A PROPOS DE L'OUVRAGE   **6**

AVANT-PROPOS   **8**

INTRODUCTION   **11**

PRÉSENTATION DU YÉMEN   **13**

Histoire 13	Institutions politiques..........35	Règles de conduite.............43
Géographie 28	Économie 37	**Architecture** **49**
Climat 30	Population et ethnies 40	Religion.............................55
Écologie et environnement....32	Système éducatif 41	Langue 58
Flore et faune 33	Arts 42	

RENSEIGNEMENTS PRATIQUES   **59**

A ne pas manquer 59	Photo et vidéo 82	Heures d'ouverture 96
Suggestions d'itinéraires......59	Heure locale.......................83	Jours fériés et
Préparation au voyage 63	Électricité 83	manifestations annuelles 96
Tourisme responsable.........67	Poids et mesures 83	Activités sportives 96
Offices du tourisme 67	Blanchissage/nettoyage 83	Cours de langue.................98
Visas et formalités 67	Toilettes.............................83	Travailler au Yémen 98
Ambassades et consulats 69	Santé 83	Étudier au Yémen..............98
Douane 71	Voyager seule 93	Hébergement....................98
Questions d'argent 72	Communauté	Alimentation 101
Organismes à connaître 75	homosexuelle....................94	Boissons 103
Poste et communications 75	Voyageurs handicapés 94	Où sortir 103
Internet 76	Voyageurs seniors 94	Manifestations
Livres 76	Voyager	sportives..........................103
Cinéma 79	avec des enfants 94	Achats 104
Journaux et magazines........80	Désagréments	**Objets de cérémonies**
Radio et télévision 80	et dangers 95	**et argent** **106**
Systèmes vidéo 82	Problèmes juridiques 95	

COMMENT S'Y RENDRE   **110**

Voie aérienne..............110	Voie maritime 113
Voie terrestre 112	Circuits organisés 114

COMMENT CIRCULER   **115**

Avion...............................115	Location de voitures..........120	Transports locaux.............122
Bus...................................116	Bicyclette 120	Circuits organisés 122
Taxi 118	En randonnée	
Voiture............................120	et en stop........................121	

SANAA   **124**

Environs de Sanaa **141**	Wadi Dhahr......................141	Bayt Baws 144
Ar-Rawda 141	Hadda 143	

PROVINCE DE SANAA — 145

- Thilla 145
- Haz 147
- Jabal an-Nabi Shu'ayb 147
- Manakha 147
- Al-Hajjara.........................150
- Bayt al-Huqqa 150
- 'Amran.............................151
- Rayda.................152
- Na'it.................152
- Dhafar/Dhi Bin.................152
- Khamir 152
- Huth 153
- Suq al-'Inan 153

AL-MAHWIT — 154

- Shibam 154
- Kawkaban 155
- At-Tawila 156
- Al-Mahwit 157

HAJJA — 159

- Hajja 159
- Kuhlan 160
- Shihara.................161

SAADA — 163

- Saada.................163
- Environs de Saada 167

AL-HUDAYDA — 169

- Al-Hudayda 169
- **Le nord d'al-Hudayda** **174**
- As-Salif.................174
- Az-Zaydiya.........................174
- Al-Qanawis 174
- Az-Zuhra 175
- Al-Luhayya.................175
- Suq al-Khamis 176
- **Le sud d'al-Hudayda** **176**
- As-Sukhna 176
- Bayt al-Faqih 172
- Zabid 178
- Hays.................182
- Al-Khawkha 182

TAEZ — 184

- Al-Makha.................184
- Taez.................187
- Environs de Taez 192

IBB — 196

- Ibb.................196
- Jibla.................199
- Al-'Udayn 200
- Dhafar 201
- Yarim 201
- Hammam Damt 201

DHAMAR — 204

- Dhamar 204
- Ma'bar.................205
- Dhawran 206
- Hammam 'Ali.................206
- Baynun.................207

AL-BAYDA — 208

- Rada' 208
- Al-Bayda 210

MARIB — 212

- Baraqish 212
- Marib 213
- Sirwah 220

AL-JAWF — 221

- Ma'in 221
- Al-Hazm al-Jawf 222

ADEN — 223

- Aden 223
- Suqutra 235

LAHEJ — 238

- Lahej 238
- Al-Habilayn 239
- Adh-Dala' 239
- Les environs d'Adh-Dala' ..240

ABYAN — 241

Zinjibar ... 241	Mukayras ... 242	Umm 'adi ... 242

SHABWA — 243

Habban ... 243	Bir 'Ali ... 245	Shabwa ... 250
'Azan ... 244	'Ataq ... 245	
Naqb-Al-Hajar ... 244	Bayhan ... 246	

HADRAMAOUT — 251

Al-Mukalla ... 252	Al-Qatn ... 265	Tarim ... 271
Environs d'al-Mukalla ... 256	Shibam ... 265	Environs de Tarim ... 274
Wadi Hadramaout ... 259	Say'un ... 267	
Daw'an ... 263	Environs de Say'un ... 271	

AL-MAHRA — 275

Sayut ... 275	Al-Ghayda ... 276	La frontière entre
Nishtun ... 276	Djebel al-Hawf ... 279	le Yémen et Oman ... 279

LANGUE — 280

LEXIQUE — 286

REMERCIEMENTS — 288

INDEX — 294

Texte ... 294	Encadrés ... 297

LÉGENDES DES CARTES — 304

Table des cartes

La route de l'Encens............14	Saada 165	'Ataq 246
Provinces 27	Al-Hudayda 171	Al-Mukalla 253
Routes aériennes	Zabid 180	Wadi Hadramaout
du Yémen 115	Taez 188	et Wadi Dawan 261
Sanaa..............................126	Ibb 197	Vieux Shibam...................266
Sanaa vieille ville 130	Maarib 213	Sayun..............................268
Wadi Dhahr 142	Aden 224	Tarim 272
Thilla 146	Crater..............................227	Centre d'Al-Ghayda 277
Les monts Haraz –	At-Tawahi 232	
Région de Manakha..........148	Suqutra 235	

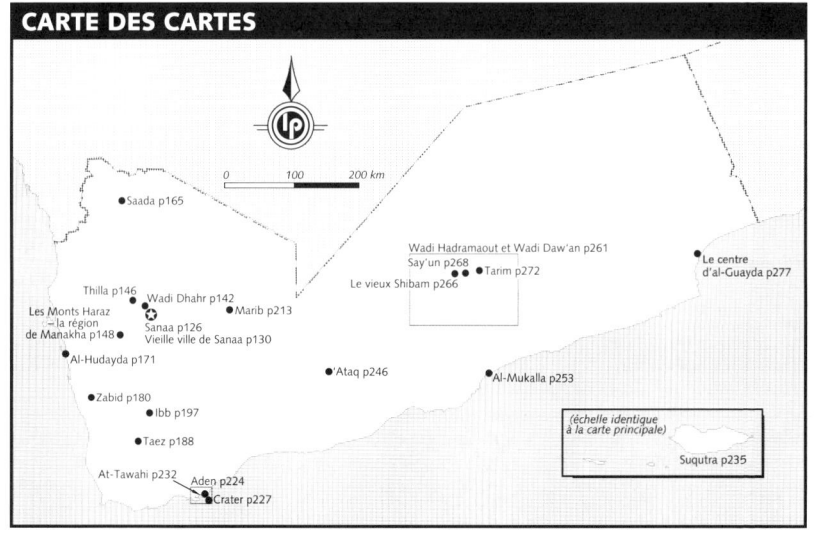

L'auteur

Pertti Hämäläinen
Originaire de Turku, en Finlande, Pertti Hämäläinen vit aujourd'hui à Helsinki, la capitale finlandaise. Diplômé en mathématiques appliquées, il dirige un cabinet d'expertise en réseaux locaux et transmission de données.

C'est Tuula, sa première épouse, qui lui a donné le goût du voyage, à la fin des années 70. En 1984, la passion de cette dernière pour l'architecture musulmane les a tous les deux conduit en Arabie du Sud où ils sont retournés ensuite à plusieurs reprises.

Pertti est membre de la Deutsch-Jemenitische Gesellschaft e.V. et de l'Institut américain des Études yéménites.

Un mot de l'auteur
Le Yémen est un pays capable de surprendre les visiteurs même au bout de plusieurs voyages. Tous les deux ou trois ans, l'atmosphère change du tout au tout, passant de l'euphorie à la crise, ou inversement, les expériences des voyageurs variant en conséquence. Au moment de la rédaction du présent ouvrage, la morosité qui avait succédé à la guerre en 1994-1995 avait disparu, et l'industrie du tourisme était en plein essor, malgré plusieurs enlèvements d'étrangers venus assombrir une nouvelle fois l'horizon. Le pays était néanmoins plus agréable que jamais à visiter, et l'hospitalité légendaire de ses habitants plus vivante que jamais.

Si les Yéménites réservent un accueil chaleureux aux voyageurs étrangers, ces derniers doivent éviter tout comportement déplacé. Ainsi, boire de l'alcool en public est considéré comme indécent par la population locale. Durant votre séjour, efforcez-vous de respecter les valeurs de vos hôtes. Car comme le dit un proverbe yéménite : *Ya gharib kun adib* (un étranger se doit d'être bien élevé).

De nombreuses personnes nous ont fourni des informations qui se sont avérées précieuses pour établir cette édition. Nous remercions tout particulièrement le peuple du Yémen, et notamment les enfants du pays, dont l'aide et la gentillesse nous ont fortement inspirés lors de la rédaction de ce guide. Nous adressons nos chaleureux remerciements à Zahra Abdrabo (Aden), Hassan Bahameed (Say'un), Kai Granholm (Riyadh) et au Dr. J. Veerman (Sanaa). Enfin, je tiens à remercier ma femme Raija pour le soutien moral qu'elle m'a apporté tout au long de cette aventure.

Dédicace
A la mémoire de ma mère.

A propos de l'ouvrage

Un mot de l'éditeur
Sophie Clavel a réalisé la mise en page de ce guide et Bénédicte Houdré en a assuré la coordination éditoriale. Nous remercions Chantal Boos, Carole Haché, Réjane Crouzet, Sophie Sénart, Jean-Bernard Carillet, l'homme-ressources bien connu, ainsi que Sophie Haudrechy et Cécile Bousquet pour leur collaboration au texte.

Les cartes originales, réalisées par Shahara Ahmed, Katie Butterworth et Hunor Csutoros, ont été adaptées en français par Isabelle Chipot. Maria Vallianos a conçu la couverture ; la version française est signée Sophie Rivoire. Les illustrations sont l'œuvre de Martin Harris et de Kate Nolan. Les photos ont été fournies par Lonely Planet Images.

Merci à Quentin Frayne pour son assistance sur le chapitre *Langue*, à Annalisa Giudici qui a préparé le manuscrit anglais, ainsi qu'à Andy Nielson, Barbara Aitken et Graham Imeson de Melbourne pour leur constante collaboration avec le bureau français.

Enfin, tous nos remerciements vont à José-Marie Bel, amoureux et grand connaisseur du Yémen, pour son attention et les conseils précieux qu'il nous a prodigués.

Avant-propos

LES GUIDES LONELY PLANET

Tout commence par un long voyage : en 1972, Tony et Maureen Wheeler rallient l'Australie après avoir traversé l'Europe et l'Asie. A cette époque, on ne disposait d'aucune information pratique pour mener à bien ce type d'aventure. Pour répondre à une demande croissante, ils rédigent le premier guide Lonely Planet, un fascicule écrit sur le coin d'une table.

Depuis, Lonely Planet est devenu le plus grand éditeur indépendant de guides de voyage dans le monde, et dispose de bureaux à Melbourne (Australie), Oakland (États-Unis), Londres (Royaume-Uni) et Paris (France).

La collection couvre désormais le monde entier, et ne cesse de s'étoffer. L'information est aujourd'hui présentée sur différents supports, mais notre objectif reste constant : donner des clés au voyageur pour qu'il comprenne mieux les pays qu'il visite.

L'équipe de Lonely Planet est convaincue que les voyageurs peuvent avoir un impact positif sur les pays qu'ils visitent, pour peu qu'ils fassent preuve d'une attitude responsable. Depuis 1986, nous reversons un pourcentage de nos bénéfices à des actions humanitaires.

Remises à jour. Lonely Planet remet régulièrement à jour ses guides, dans leur totalité. Il s'écoule généralement deux ans entre deux éditions, parfois plus pour certaines destinations moins sujettes au changement. Pour connaître l'année de publication, reportez-vous à la page qui suit la carte couleur, au début du livre.

Entre deux éditions, consultez notre journal gratuit d'informations trimestriel Le Journal de Lonely Planet ou le Minitel 3615 lonelyplanet (1,29 F/mn), où vous trouverez des informations de dernière minute sur le monde entier. Sur notre nouveau site Internet www.lonelyplanet.fr, vous aurez accès à des fiches pays régulièrement remises à jour. D'autres informations (en anglais) sont disponibles sur notre site anglais www.lonelyplanet.com.

Courrier des lecteurs. La réalisation d'un livre commence avec le courrier que nous recevons de nos lecteurs. Nous traitons chaque semaine des centaines de lettres, de cartes postales et d'e-mails, qui sont ajoutés à notre base de données, publiés dans notre journal d'information ou intégrés à notre site Internet. Aucune information n'est publiée dans un guide sans avoir été scrupuleusement vérifiée sur place par nos auteurs.

Recherches sur le terrain. Nos auteurs recueillent des informations pratiques et donnent des éclairages historiques et culturels pour mieux appréhender le contexte culturel ou écologique d'un pays.

Lonely Planet s'adresse en priorité aux voyageurs indépendants qui font la démarche de partir à la découverte d'un pays. Nous disposons de multiples outils pour aider tous ceux qui adhèrent à cet esprit : guides de voyage, guides de conversation, guides thématiques, cartes, littérature de voyage, journaux d'information, banque d'images, séries télévisées et site Internet.

Les auteurs ne séjournent pas dans chaque hôtel mentionné. Il leur faudrait en effet passer plusieurs mois dans chacune des villes ; ils ne déjeunent pas non plus dans tous les restaurants. En revanche, ils inspectent systématiquement ces établissements pour s'assurer de la qualité de leurs prestations et de leurs tarifs. Nous lisons également avec grand intérêt les commentaires des lecteurs.

La plupart de nos auteurs travaillent sous le sceau du secret, bien que certains déclinent leur identité. Tous s'engagent formellement à ne percevoir aucune gratification, sous quelque forme que ce soit, en échange de leurs commentaires. Par ailleurs, aucun de nos ouvrages ne contient de publicité, pour préserver notre indépendance.

Production. Les auteurs soumettent leur texte et leurs cartes à l'un de nos bureaux en Australie, aux États-Unis, au Royaume-Uni ou en France. Les secrétaires d'édition et les cartographes, eux-mêmes voyageurs expérimentés, traitent alors le manuscrit. Trois à six mois plus tard, celui-ci est envoyé à l'imprimeur. Lorsque le livre sort en librairie, certaines informations sont déjà caduques et le processus se remet en marche...

ATTENTION !

Un guide de voyage ressemble un peu à un instantané. A peine a-t-on imprimé le livre que la situation a déjà évolué. Les prix augmentent, les horaires changent, les bonnes adresses se déprécient et les mauvaises font faillite. Gardez toujours à l'esprit que cet ouvrage n'a d'autre ambition que celle d'être un guide, pas un bréviaire. Il a pour but de vous faciliter la tâche le plus souvent possible au cours de votre voyage.

N'hésitez pas à prendre la plume pour nous faire part de vos expériences.

Toutes les personnes qui nous écrivent sont gratuitement abonnées à notre revue d'information trimestrielle le *Journal de Lonely Planet*. Des extraits de votre courrier pourront y être publiés. Les auteurs de ces lettres sélectionnées recevront un guide Lonely Planet de leur choix. Si vous ne souhaitez pas que votre courrier soit repris dans le Journal ou que votre nom apparaisse, merci de nous le préciser.

Envoyez vos courriers à Lonely Planet, 1 rue du Dahomey, Paris 75011

ou vos e-mails à : bip@lonelyplanet.fr

Informations de dernières minutes : 3615 lonelyplanet (1,29 F/mn)
www.lonelyplanet.fr et www.lonelyplanet.com

COMMENT UTILISER VOTRE GUIDE LONELY PLANET

Les guides de voyage Lonely Planet n'ont pour seule ambition que d'être des guides, pas des bibles synonymes d'infaillibilité. Nos ouvrages visent à donner des clés au voyageur afin qu'il s'épargne d'inutiles contraintes et qu'il tire le meilleur parti de son périple.

Contenu des ouvrages. La conception des guides Lonely Planet est identique, quelle que soit la destination. Le chapitre *Présentation du pays* met en lumière les diverses facettes de la culture du pays, qu'il s'agisse de l'histoire, du climat ou des institutions politiques. Le chapitre *Renseignements pratiques* comporte des informations plus spécifiques pour préparer son voyage, telles que les formalités d'obtention des visas ou les précautions sanitaires. Le chapitre *Comment s'y rendre* détaille toutes les possibilités pour se rendre dans le pays. Le chapitre *Comment circuler* porte sur les moyens de transport sur place.

Le découpage du reste du guide est organisé selon les caractéristiques géographiques de la destination. Vous retrouverez toutefois systématiquement la même trame, à savoir : centres d'intérêt, possibilités d'hébergement et de restauration, où sortir, comment s'y rendre, comment circuler.

Présentation des rubriques. Une rigoureuse structure hiérarchique régit la présentation de l'information. Chaque chapitre est respectivement découpé en sections, rubriques et paragraphes.

Accès à l'information. Pour faciliter vos recherches, consultez le sommaire en début d'ouvrage et l'index détaillé à la fin de celui-ci. Une liste des cartes et une "carte des cartes" constituent également des clés pour se repérer plus facilement dans l'ouvrage.

L'ouvrage comporte également une carte en couleur, sur laquelle nous faisons ressortir les centres d'intérêt incontournables. Ceux-ci sont décrits plus en détails dans le chapitre *Renseignements pratiques*, où nous indiquons les meilleures périodes pour les visiter et où nous suggérons des itinéraires. Les chapitres régionaux ouvrent sur une carte de situation, accompagnée d'une liste de sites ou d'activités à ne pas manquer. Consultez ensuite l'index, qui vous renverra aux pages *ad hoc*.

Cartes. Les cartes recèlent une quantité impressionnante d'informations. La légende des symboles employés figure en fin d'ouvrage. Nous avons le souci constant d'assurer la cohérence entre le texte et les cartes, en mentionnant sur la carte chaque donnée importante présente dans le texte. Les numéros désignant un établissement ou un site se lisent de haut en bas et de gauche à droite.

Remerciements
Nous exprimons toute notre gratitude aux lecteurs qui nous ont fait part de leurs remarques, expériences et anecdotes. Leurs noms apparaissent à la fin de l'ouvrage.

Introduction

Arabie Heureuse, pays de la reine de Saba, contrée de l'encens et du moka... Le Yémen est sans doute plus connu sous ses épithètes historiques que sous son nom actuel. Ce n'est guère surprenant pour un pays capable d'impressionner tout visiteur avec ses 3 000 ans d'histoire.

Le sensationnalisme des médias occidentaux offre une vision déformée du Yémen ; les seules brèves qui lui sont consacrées concernent les enlèvements de touristes, les catastrophes économiques, les révoltes, les incidents frontaliers ou les guerres civiles. Au-delà de ces événements, cet État au développement rapide s'enorgueillit d'un riche héritage culturel et d'une nature d'une beauté époustouflante.

Avant le milieu des années 80, les rares livres et documentaires télévisés sur la culture et l'histoire yéménites, dûs à des visiteurs amoureux du pays, reflétaient l'image improbable d'un paradis oriental. Jusqu'à cette époque, seul un petit nombre d'explorateurs, de rêveurs et de scientifiques avaient parcouru la région. Le point de vue des rêveurs prédominait dans les premiers travaux consacrés au Yémen.

La République du Yémen fut formée le 22 mai 1990 par la spectaculaire réunification du Yémen du Nord, soutenu par l'Occident, et du Yémen du Sud, marxiste. Ce rapprochement mettait un terme à une séparation de plusieurs siècles. Précédant celle de l'Allemagne de plus de quatre mois, la

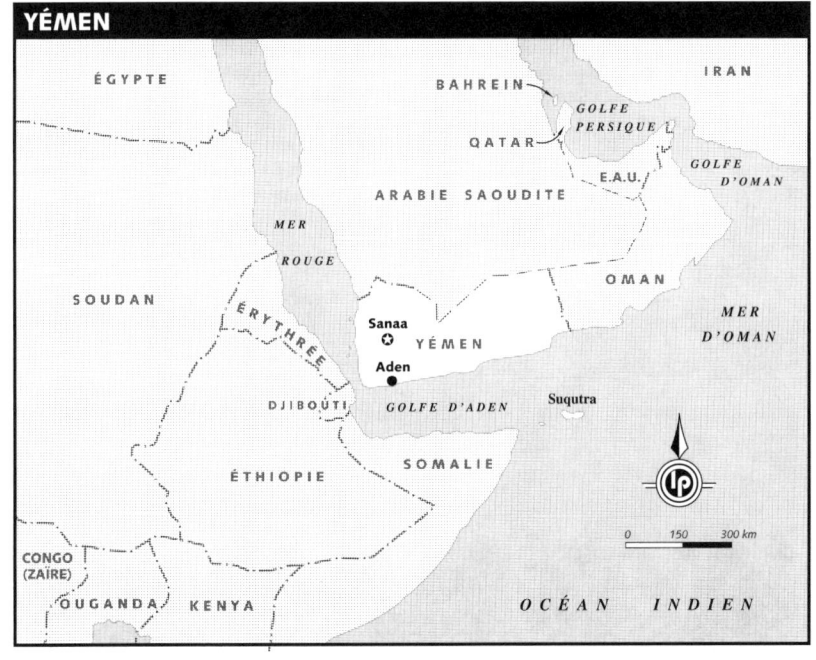

réunification donna naissance à la première démocratie multipartite de la péninsule Arabique. Le peuple qui se considère aujourd'hui yéménite vit dans la zone qui s'étire de l'oasis de Najran et l''Asir, au sud-ouest de l'Arabie saoudite, jusqu'à la province d'al-Mahra, à la pointe orientale du Yémen. Vers l'an 1 000 av. J.-C., cette partie de l'Arabie du Sud était déjà divisée en royaumes rivaux, qui cédèrent la place à divers imamats musulmans ennemis. La région fut en outre fréquemment (quoique temporairement) sous occupation étrangère. Les derniers colons partirent au XXe siècle, la Turquie abandonnant le nord en 1918 et la Grande-Bretagne quittant le sud en 1967.

Si elles marquèrent la société, ces dominations étrangères ne parvinrent jamais à éradiquer la culture yéménite, qui avait déjà résisté aux règnes des cheiks et des imams locaux pendant plus d'un millénaire. Cette vivacité a contribué à maintenir l'identité nationale pendant et après l'occupation, mais elle a aussi coupé le peuple yéménite du monde extérieur et entravé son développement. Le voyageur a le privilège d'assister à la résistance du monde des Mille et Une Nuits aux prises à la brutale modernisation entamée il y a à peine une génération. Les Yéménites continuent de défendre fièrement leur héritage culturel.

Le Yémen est aujourd'hui plus accessible que jamais. Grâce au développement des lignes aériennes, cette destination lointaine est à la portée de tous et les événements récents ont fait tomber les dernières barrières dressées contre l'étranger par les dirigeants locaux. Dix ans après les révolutions des années 60, les deux Yémen ont commencé à accueillir prudemment les touristes, une tendance qui s'est accélérée depuis la réunification. En dépit des revers temporaires, les visiteurs sont plus nombreux à se rendre au Yémen ; on en dénombre aujourd'hui une petite centaine de milliers chaque année.

Après maints faux départs, le Yémen s'attache désormais à mettre en place une industrie touristique originale. Les infrastructures restent toutefois modestes : le pays compte peu de centres de villégiature, les hôtels de style occidental sont rares et certains des principaux sites demeurent quasiment inaccessibles. Les voyageurs indépendants et aventureux seront comblés. Vous pouvez aussi choisir un circuit organisé ou louer un 4x4 et les services d'un chauffeur local. Un séjour au Yémen n'est pas exempt de difficultés mais ces efforts sont largement récompensés par la beauté des sites, les paysages grandioses et la gentillesse des habitants.

Présentation du pays

HISTOIRE

L'histoire du Yémen remonte à l'aube de l'humanité. Dans les années 70 et 80, des archéologues soviétiques ont mis au jour, de part et d'autre du détroit de Bab al-Mandab, des outils en silex similaires datant du paléolithique. Cette découverte laisse à penser que les premiers hommes du site préhistorique d'Olduvai, en Afrique de l'Est, arrivèrent au Yémen il y a près de 40 000 ans. Avant l'apparition des hommes, il y a près de 165 millions d'années, un *crocodile téléosaure*, le plus ancien vertébré répertorié dans la péninsule Arabique, fut fossilisé dans ce qui est aujourd'hui le Wadi Hajr, au sud-ouest du Hadramaout.

Les royaumes préislamiques

Les premières civilisations connues du sud de l'Arabie virent le jour entre 1 000 et 2 000 ans av. J.-C. Les royaumes existèrent soit parallèlement, soit successivement.

Les sources divergent quant à leur date de fondation et de disparition, leurs habitants, leurs moyens de subsistance et leurs croyances religieuses. La recherche occidentale s'étant essentiellement intéressée aux cultures liées à ses origines européennes, la préhistoire arabe est demeurée longtemps une période obscure, même en présence de nombreuses ruines, inscriptions et autres témoignages. Les Yéménites sont fiers de leurs origines anciennes. Pourtant, ce sont presque exclusivement des archéologues étrangers qui sont responsables des recherches sur le terrain – celles-ci n'ayant d'ailleurs réellement commencées que depuis une cinquantaine d'années.

Le commerce de l'encens.
Les royaumes antiques fondèrent leur économie sur l'agriculture, dans les vallées et les deltas des *wadi* (cours d'eau) les plus importants, et sur le commerce. Les marchands s'enrichirent davantage que les agriculteurs et les villages installés le long des principales routes commerciales devinrent beaucoup plus puissants que les autres.

Jadis, les plus importantes productions du sud de l'Arabie étaient l'encens et la myrrhe, deux résines tirées respectivement du *boswellia* et du *commiphora*, qui ne poussent que sur les côtes sud et nord de la Corne de l'Afrique (de nos jours, l'encens est produit dans l'ouest d'Oman et, dans une moindre mesure, au nord de la Somalie, tandis que la myrrhe vient toujours du Yémen oriental). Ces aromates étaient hautement appréciés pour l'agréable parfum qu'ils dégageaient en brûlant. Ils occupaient une place importante dans les rites religieux de nombreuses civilisations, notamment en Égypte, en Grèce et à Rome. Les premiers textes égyptiens mentionnant l'encens datent du XVe siècle av. J.-C. ; l'huile de myrrhe était employée dans la préparation des momies pharaoniques. Comme en témoigne la Bible, la myrrhe et l'encens avaient aussi une grande valeur pour les juifs.

Ces produits étaient transportés par voie maritime ou terrestre, les routes d'Arabie étant les plus fréquentées. On utilisa des ânes et des mules jusqu'à l'introduction du dromadaire, vers le XIe siècle av. J.-C. Grâce à cet animal capable de parcourir de longues distances sans eau ni repos, des routes furent tracées dans les régions sèches. Situé au cœur de la région de production de l'encens, l'important port de Qana, sur la mer d'Oman, ne se trouvait plus qu'à deux mois de route de Gaza, en Égypte.

Les immenses caravanes (un seul convoi pouvait se composer de centaines de dromadaires) transportaient, au retour, de l'or et des objets précieux en provenance de l'Inde et arrivaient à Qana par mer. Avec l'augmentation de la demande de myrrhe et d'encens autour du bassin méditerrané, d'autres commerces prospérèrent.

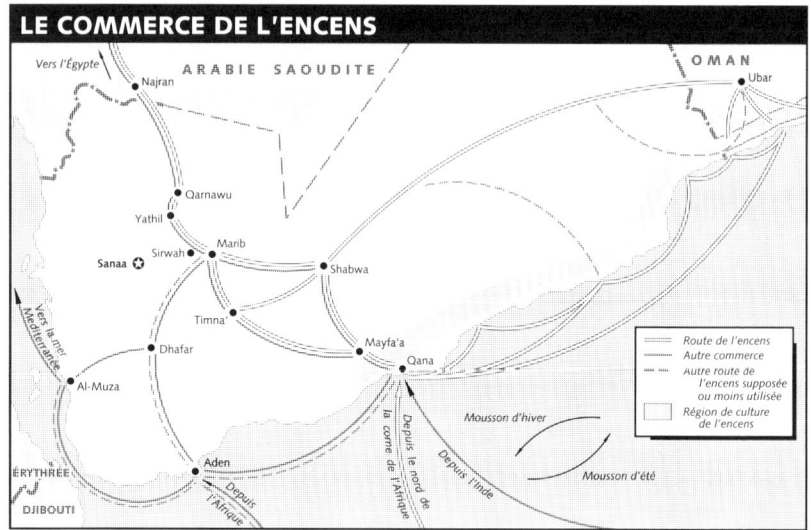

Le royaume de Saba et ses rivaux. En l'espace de 1 500 ans, le sud de la péninsule Arabique vit s'épanouir puis décliner plusieurs royaumes situées sur la route commerciale. Le plus important, Saba, déjà connu au VIIIe av. J.-C., perdura jusqu'à l'avènement de l'islam, au VIIe siècle de notre ère (soit près de 1 500 ans). S'il subit plusieurs invasions, il demeura la première puissance de la région durant cette période.

La capitale de Saba fut d'abord installée à Sirwah, puis à Maryab (Marib). Le royaume occupait une position stratégique dans la vallée du Hadramaout, sur la route de Qana au nord. La riche agriculture sabéenne reposait sur la célèbre digue de Marib qui, érigée au VIIIe siècle av. J.-C., remplit son office durant plus d'un millénaire.

La route de l'Encens était jalonnée de puissants royaumes rivaux, chacun installé autour d'un wadi fertile : Najran (sur le Wadi Najran, qui arrose l'actuelle Arabie Saoudite), Ma'in, avec ses capitales Qarnawu et Yathil (le long du Wadi Jawf dans l'actuelle province d'al-Jawf), Awsan et sa capitale Miswar (probablement sur le Wadi Markha dans la province de Shabwa), Qa'taban (à ne pas confondre avec la ville actuelle de Qa'taba) et sa capitale Timna' (sur le Wadi Bayhan dans la province de Shabwa), et Hadramaout et sa capitale Shabwa (à l'extrémité occidentale du Wadi Hadramaout dans la province de Shabwa). Entre le VIIe siècle av. J.-C. et le IIe siècle de notre ère, ces États tombèrent à plusieurs reprises sous le joug sabéen.

Au IIe siècle av. J.-C., un autre royaume fit son apparition : Himyar et sa capitale, Dhafar (petit village de l'actuelle province d'Ibb). Les Himyarites vivaient plus à l'écart de la route de l'Encens, près du détroit de Bab al-Mandab. Dès l'an 50, Himyar exerça son influence sur l'ensemble du sud-ouest de la péninsule, ascension favorisée par les progrès de la science dans le bassin méditerranéen.

En effet, au Ier siècle, un marin du nom d'Hippale (un Grec selon certains, un Romain pour d'autres) perça le secret des vents de la mousson et en tira une application pratique. "La mousson d'été propulsera les navires vers le sud de la mer Rouge, puis à l'est jusqu'en Inde, la mousson d'hiver les ramènera", disait-il. Selon la nature de son activité, un navire pouvait accoster soit dans le port d'al-Muza, au nord du Bab al-Mandab (vraisemblablement près de l'actuel al-Makha), soit dans le port d'Aden, un peu plus loin. Les Himyarites, qui contrôlaient tous les ports du sud-ouest de l'Arabie, profitèrent amplement de cet essor, tandis que les Sabéens assistaient au déclin du commerce par voie terrestre.

Les menaces extérieures se faisaient aussi plus précises. Les Romains tentèrent de conquérir l'*Arabia Félix* (l'Arabie heureuse) entre 25 et 24 av. J.-C., par le biais d'une expédition menée par Aelius Gallus. Ils furent contraints à la retraite après avoir atteint les remparts de Marib. Au IIe siècle de

Qui était la reine de Saba ?

La reine des Saabéens du Yémen a pour nom Séba dans l'Ancien Testament, la reine de Midi dans les Évangiles, Balkis dans le Coran mais elle représente dans tous les Livres la souveraine étrangère qui reconnaît la puissance religieuse (du judaïsme, du christianisme, de l'islam) et qui s'y soumet. Dans la version africaine, elle est Makeda, souveraine d'Éthiopie, qui entreprend le voyage vers le royaume de Salomon, à Jérusalem, éblouie par les récits de ses marchands. Séduite par le roi, elle met au monde l'enfant de leur amour, Menelik. Celui-ci reviendra à Jérusalem afin de recevoir des mains de son père les Tables de la Loi et l'Arche de l'Alliance pour honorer l'Afrique. A la fois juive, chrétienne, musulmane, yéménite et éthiopienne, la reine de Saba "vient de l'inconnu, avec [...] ses bracelets d'ébène, ses énigmes, [...] et son rire qui a traversé les âges" (André Malraux, *Les Antimémoires*).

La légende de la rencontre entre le roi Salomon (965-925 av. J.-C.) et la reine de Saba apparaît dans trois livres saints : la Bible des juifs et des chrétiens (le Premier Livre des Rois, 10 ; 1-13), le Kebra Nagast des Éthiopiens orthodoxes et le Coran des musulmans (Sura des Fourmis, 20-44). De multiples textes sacrés et contes anciens juifs et islamiques reprennent ce thème.

Aujourd'hui, l'histoire est connue de tout l'Occident. L'image d'une femme puissante régnant sur une contrée isolée, mais influente, a inspiré d'innombrables poètes, conteurs, peintres, sculpteurs, dessinateurs et réalisateurs de cinéma.

Toutefois, cette légende n'est nulle part aussi vivante que sur les deux rives du sud de la mer Rouge. Il existe de multiples versions islamisées de l'histoire, soulignant la conversion de la reine à la foi de Salomon, ouvrant ainsi la voie à l'islam. La tradition arabe raconte que Ménélik, fils du roi Salomon et de la reine Bilqis, devint le souverain d'Aksum, dans l'Éthiopie d'aujourd'hui. Cette étonnante histoire d'amour n'est pas mentionnée dans le Coran, et n'est que vaguement évoquée dans la Bible ; elle figure cependant de façon explicite dans le Kebra Nagast. La filiation à Ménélik fut d'ailleurs revendiquée par tous les rois et empereurs éthiopiens jusqu'à Haïlé Sélassié, qui régna de 1930 à 1974 : il faisait remonter sa lignée jusqu'à la souveraine à travers 237 générations.

Comment la même reine pouvait-elle vivre sur les deux rives de la mer Rouge et les gouverner ? Bien évidemment, les légendes se contredisent. Bien qu'il soit fait mention de reines sabéennes dans des textes sacrés plus tardifs, aucune preuve archéologique n'atteste la présence d'une reine à Saba lors du règne de Salomon. Tandis que les érudits continuent à débattre de la question, les Yéménites ne doutent pas de la véracité de la légende et de nombreuses femmes portent le prénom royal, Bilqis.

notre ère, les Éthiopiens occupèrent la région durant plusieurs décennies. Entre-temps, la dynastie sabéenne avait été remplacée par de nouveaux souverains venus des hauts plateaux yéménites. Ces derniers chassèrent l'envahisseur éthiopien vers l'an 190.

Dès la fin du IIIe siècle, et jusqu'au retour des Éthiopiens en 525, le royaume d'Himyar connut de nombreux changements. Le judaïsme et le christianisme firent leur apparition dans la région, au détriment des anciennes divinités de Saba. De nombreuses églises furent bâties entre les IVe et VIe siècles.

La montée du christianisme dans le bassin méditerranéen eut un impact important sur le sud de la péninsule Arabique. En effet, durant le premier millénaire de cette religion, ses adeptes refusaient d'utiliser les parfums rituels "païens" et le commerce de l'encens dépérit. Cette tendance s'accentua en 395 lorsque Théodose Ier proclama le christianisme religion officielle de l'Empire romain. Cette décision eut pour conséquence indirecte de bloquer les principaux débouchés de l'encens.

Le royaume de Saba vit alors s'effondrer les bases de sa richesse et de sa structure sociale. La Grande digue de Marib ne fut plus entretenue et se rompit plusieurs fois au cours des premiers siècles de notre ère. En 570, elle se brisa définitivement et les habitants de Marib s'éparpillèrent dans la péninsule.

L'an 570, année de naissance du prophète Mahomet, est surnommé "l'année de l'éléphant". C'est un rappel de la défaite des Éthiopiens, qui devaient la supériorité de leurs troupes aux éléphants. Les Himyarites ne profitèrent cependant pas de cette victoire car leurs alliés perses soumirent la région en 575, après la conquête de la péninsule.

L'avènement de l'islam

En 628, Badhan, gouverneur perse du Yémen, se convertit à l'islam, entraînant derrière lui l'ensemble du pays. La religion musulmane se répandit très vite dans la péninsule Arabique ; les cheiks, les hommes forts locaux, entraînèrent leur tribu dans leur conversion et la nouvelle foi gagna toute la hiérarchie sociale. Les hautes personnalités yéménites rendirent visite à Mahomet, qui dépêcha bientôt des disciples pour guider les fidèles sur le droit chemin. Ce fut de son vivant, au début des années 630, que les premières mosquées furent construites à Sanaa, à al-Janad et sur les rives du Wadi Zabid. Les deux premières sont encore debout tandis que le site de la troisième témoigne du glorieux passé de la ville de Zabid.

En 632, année de la mort du Prophète et de l'accession au pouvoir des premiers califes orthodoxes, le Yémen fut morcelé en provinces, qui participèrent activement à la propagation de la foi islamique. Les Yéménites fournirent alors plus de 20 000 soldats au calife Abu Bakr pour répandre l'islam dans la région occupée aujourd'hui par la Syrie et l'Irak. L'année suivante, le Yémen fut divisé en trois provinces : Sanaa, al-Janad et le Hadramaout.

Cependant, la fondation du califat omeyyade, en 661, installé à Damas, relégua le Yémen au statut de simple province. Lorsque les califes abbassides prirent le pouvoir en 750, ils déplacèrent la capitale à Bagdad et firent du Yémen, en 812, l'une de leurs dépendances. A l'issue de ces événements, de nombreux et éphémères petits États et royaumes semi-indépendants surgirent, rendant très complexe l'histoire du pays.

Les Ziyadides. En 819, les tribus du sud de la Tihama se révoltèrent contre le gouverneur abbasside de Sanaa. Mohammed ibn Ziyad, l'homme chargé de mettre fin aux troubles, le remplaça. En 820, ce dernier fonda la ville de Zabid (voir la rubrique *Zabid* du chapitre *al-Hudayda*), près de la célèbre mosquée d'Abu Musa bin Asha'ir, disparue aujourd'hui, et obtint l'indépendance de son territoire. Sa dynastie perdura deux siècles mais elle déclina peu à peu sous le règne de ses successeurs.

Ibn Ziyad transforma la mosquée d'al-Asha'ir en une "université" qui fut l'un des plus grands centres d'enseignement sunnite du monde musulman pendant des siècles. L'université aurait fonctionné jusqu'au XVIIIe siècle. Aujourd'hui n'en subsiste que la mosquée.

La dynastie zaydite. En 897, un descendant du Prophète, Yahya bin Hussein bin Qasim ar-Rassi, fut sollicité de Médine pour arbitrer une querelle entre les tribus Hashid et Bakil au nord du Yémen. Il fonda la plus longue lignée du pays : la dynastie zaydite de Saada (voir le chapitre *Saada*).

Yahya bin Hussein prêchait le chiisme, affirmant que les musulmans ne devaient être dirigés que par les héritiers en droite ligne d'imams infaillibles, eux-mêmes descendants d'Ali, gendre du Prophète. Ses enseignements établissaient une distinction entre la propriété publique et la propriété privée, à la fois sur le plan matériel et spirituel. Il s'intéressait aussi beaucoup à l'art de la guerre. Ces principes contribuèrent à la création d'un État exceptionnellement stable, soutenu par la dynastie zaydite qui, au fil des siècles, contrôla diverses régions autour de Saada et ne subit que provisoirement le joug étranger. Les dynasties zaydites furent les dernières à régner sur le Yémen.

L'État zaydite connut son apogée entre 1918 et 1962, sous le nom de Yémen. Lors de la révolution de 1962, le pouvoir musulman céda la place à un gouvernement laïc qui mit un terme à un millénaire d'histoire.

Les dynasties najahide et sulayhide. En 1012, la dynastie ziyadide de Zabid prit fin avec la mort de son dernier représentant, Ibn Salama. Après la lutte qui s'ensuivit, un esclave éthiopien du nom de Najah assit son pouvoir à Zabid. Il régna pendant quarante ans et fonda à son tour une dynastie, les Najahides.

Parallèlement, le fervent musulman 'Ali as-Sulayhi rassemblait lentement ses fidèles dans les montagnes du Haraz. En 1046, il créa l'État sulayhide dans le djebel Masar. Durant les dix-sept années qui suivirent, ce dernier étendit son influence sur l'ensemble du Yémen. 'Ali as-Sulayhi appartenait à la faction fatimide du groupe ismaélien, autrement dit à une école chiite (voir la rubrique *Religion*, plus loin dans ce chapitre). Aujourd'hui, les Ismaéliens yéménites vivent près de Manakha, non loin du berceau de l'État sulayhide (voir la rubrique *Manakha* du chapitre *Province de Sanaa*).

Les Najahides et les Sulayhides luttèrent pendant une centaine d'années pour le contrôle du sud du Yémen. Souvent, les Najahides régnaient sur la Tihama l'été, alors que les Sulayhides descendaient des montagnes l'hiver pour lever l'impôt sur la plaine. Dans les montagnes, le pouvoir de ces derniers demeura largement incontesté.

En 1067, un événement exceptionnel marqua l'histoire du Yémen : une femme prit la tête de l'État sulayhide. La veuve du roi Mukarram, la reine Arwa bint Ahmad, succéda en effet à son mari. Douée de sagesse et d'une grande culture, elle régna jusqu'à sa mort en 1138. Elle déplaça la capitale du sud de Sanaa à Jibla (voir la rubrique *Jibla* du chapitre *Ibb*) où la mosquée, qui porte son nom, perpétue sa mémoire.

Les dynasties ayyubide et rasulide. Après la disparition des dynasties nahajide et sulayhide, le Yémen connut une brève période de troubles. Pendant une cinquantaine d'années (à partir de 1173), la majeure partie du pays, à l'exception de l'État zaydite au nord, fut soumise par les Ayyubides d'Égypte. Cette contrée, trop reculée pour eux, fut finalement remise aux mains d'al-Mansur 'Umar ibn 'Ali ibn Rasul en 1229, un homme d'origine turkmène. La dynastie rasulide installa sa capitale à Taez et conserva le pouvoir pendant plus de deux siècles, jusqu'en 1454 (voir le chapitre *Taez*). A certaines époques, elle régna sur la plus grande partie de la péninsule, du Hadramaout à La Mecque.

C'est sous la domination de ces deux dynasties que l'université de Zabid connut sa plus forte activité. Des milliers de Yéménites et d'étudiants étrangers fréquentaient alors les deux cents écoles de la ville.

Les dynasties tahiride et kathirite. Aux Rasulides succéda brièvement la famille at-Tahir de Lahij, qui dirigea le sud-ouest du pays de 1454 à 1526. Au XVe siècle, le Hadramaout assista à l'émergence d'une nouvelle dynastie, les Kathirites, qui dirigèrent et stabilisèrent la région pendant plusieurs siècles. Lors de la révolution de 1967, l'État kathirite perdurait, bien que très affaibli par les Qu'ayti. Cette tribu de l'ouest, amenée par les Kathirites pour assurer la défense de l'État, finit par prendre le pouvoir et gouverner la majeure partie de la région.

Dès le début du XVIe siècle, le pays fut confronté à un phénomène entièrement nouveau : la colonisation par les Européens.

Le Yémen à l'époque de la colonisation

En 1507, les Portugais annexèrent l'île de Suqutra, dans la mer d'Oman. Ce fut un événement marquant pour l'île (l'Église installée par les Portugais soutint la chrétienté pendant des siècles) et pour les Européens qui accentuèrent leur présence en Arabie du Sud. Cette évolution fut favorisée, d'une part, par la montée en puissance de l'Europe et, d'autre part, par l'épuisement des autorités yéménites après des siècles de guerre. En dépit de ses nombreux centres d'enseignement musulman, le Yémen avait cessé de jouer un rôle prépondérant dans l'histoire du monde. La politique coloniale européenne naissante s'aperçut rapidement de l'importance stratégique de la région.

La première occupation ottomane. Les Portugais souhaitant élargir leur présence sur le continent yéménite, Afonso d'Albuquerque, conquérant de Suqutra, lança un assaut sur Aden en 1513, sans succès.

Attentifs à ces événements, les sultans mamelouks d'Égypte s'employèrent à protéger leurs intérêts au sud de la mer Rouge. Ils dépêchèrent une flotte au Yémen et parvinrent à prendre le contrôle de la majeure partie de la Tihama, ainsi que de vastes régions des hauts plateaux. Aden leur demeura cependant inaccessible.

En 1517, les Mamelouks furent détrônés par leurs anciens alliés, les Turcs ottomans qui leur avaient fourni des armes à feu modernes. Les nouveaux conquérants annexèrent la plus grande partie du Yémen : Taez en 1545, Aden en 1547 et Sanaa en 1548. Ce fut le début de la première période de domination ottomane, qui dura un siècle.

Si le Yémen connut alors des moments difficiles, cette occupation fut aussi, paradoxalement, propice à son développement économique. Le commerce du café, entamé à la fin du XVe siècle, connut en effet un fabuleux essor. Al-Makha, sur la mer Rouge, à la pointe sud-ouest du Yémen, devint le premier port mondial du moka. En 1618, les Anglais et les Hollandais y ouvrirent fabriques et comptoirs. Ils torréfiaient les grains récoltés sur les hauts plateaux pour, ensuite, les commercialiser. L'occupation ottomane prit fin en 1636 avec la libération de l'ensemble du territoire par les imams zaydites.

La domination zaydite. Au XVIIe et au début du XVIIIe siècle, l'État zaydite avait un avenir glorieux devant lui. Le territoire s'étendait du Hadramaout, à l'est, au 'Asir au nord et le commerce du café était plus florissant que jamais. Des négociants européens s'activaient sur le port d'al-Makha ; les fournisseurs avaient du mal à satisfaire la demande. Vers 1720, le Yémen détenait le quasi monopole du marché mondial du café.

La situation changea rapidement lorsque des plants de caféier furent exportés frauduleusement et replantés au Brésil et en Indonésie. La demande de café yéménite s'effondra dès 1740. Par ailleurs, l'autorité zaydite était menacée à la fois à l'intérieur et à l'extérieur du pays. Durant cette période, les cheiks saoudites envahirent le nord de la Tihama à plusieurs reprises. L'attaque la plus importante eut lieu entre 1805 et 1809. Les Wahhabites, originaires du centre de l'actuelle Arabie saoudite, mirent à sac sans pitié toute la Tihama jusqu'à al-Hudayda.

Au sud, le sultan chaféite de Lahej, membre de la tribu Abdali, mit un terme à la domination zaydite sur cette région en 1728. Les imams zaydites perdirent le contrôle d'Aden et des côtes de la mer d'Oman. Ce fut le début d'un processus qui aboutit à la création de deux États yéménites distincts au XXe siècle.

L'occupation britannique du Sud-Yémen.

Au XIXᵉ siècle, les Britanniques manifestèrent un intérêt croissant pour la région. Après l'annexion de l'île de Perim, près du Bab al-Mandab en 1799, ils prirent Aden en 1839. Dès 1843, la ville devint l'une des forteresses de l'Empire britannique. Non seulement le port constituait une importante escale sur une grande route maritime mais les puits artésiens de Sheikh Othman offraient d'énormes réserves d'eau potable. Les îles Kuria Muria furent occupées dès 1854.

Le sultan de Lahej signa un traité d'amitié avec la Grande-Bretagne en 1857. La colonisation du sud du Yémen se poursuivit dans les années 1870. Les Britanniques, inquiets de la progression turque au nord, signaient de nombreux traités de "protection" avec les cheiks locaux. Vingt petits États de l'arrière-pays adenite et l'île de Suqutra conclurent des traités de "paix et d'amitié" entre 1880 et 1914, formant ce qui allait devenir le Protectorat britannique d'Arabie du Sud. La démarcation entre l'Arabie turque et britannique fut établie en 1905. Cette "ligne violette" servit, à quelques modifications près, de frontière entre les deux Yémen du XXᵉ siècle.

Jusque dans les années 50, les régions situées autour d'Aden rejoignirent celles déjà placées sous contrôle britannique, l'Est étant la dernière à se soumettre. Finalement, l'Arabie du Sud britannique réunit la Colonie d'Aden, le Protectorat occidental et le Protectorat oriental.

La seconde occupation ottomane.

Les Turcs revinrent au Yémen en 1849, occupant dans un premier temps la Tihama, après quelques escarmouches avec les Britanniques et les Égyptiens. L'ouverture du canal de Suez, en 1869, leur permit de renforcer considérablement leur présence dans la région. En 1871, ils occupèrent Taez, en 1872, ils prirent Sanaa et, en 1882, ils atteignirent Saada, la capitale zaydite.

Durant cette seconde période d'occupation, les Turcs eurent des difficultés à maintenir leur autorité, fondée sur une mauvaise gestion et sur l'oppression des habitants. Les cheiks locaux se rebellèrent fréquemment et plusieurs forteresses des montagnes échappèrent à leur domination. Finalement, cette résistance continuelle empêcha la Turquie d'établir une province stable au Yémen.

Les choses s'envenimèrent au début du XXᵉ siècle. En 1904, le pouvoir des Zaydites passa aux mains de Yahya ibn Mohammed, fils de l'imam Mohammed ibn Yahya, descendant de la très respectée lignée zaydite de Hamid ad-Din. L'imam Yahya assit rapidement son autorité et organiser une insurrection très efficace contre l'occupant turc. En 1905, il était ainsi parvenu à conquérir pratiquement toutes les garnisons ennemies. L'occupant déploya plus de 40 000 hommes pour reprendre le pays et les combats se poursuivirent jusqu'à la signature d'un traité de paix, en 1907. La Turquie acceptait d'entreprendre une réforme administrative fondamentale.

Malgré cet accord de coexistence pacifique, une autre rébellion surgit en 1909 avec le soulèvement de plusieurs tribus du nord de la Tihama. Elles étaient menées par Sayyid Mohammed al-Idrisi qui allait jouer un rôle important dans les événements ultérieurs. En 1910, les troupes de l'imam Yahya, stationnées sur les hauts plateaux, reprirent les armes contre les Turcs qui ne remplissaient pas les clauses du traité.

En 1911, pourtant, ces derniers parvinrent à réintégrer les garnisons prises par l'imam Yahya. Les négociations entre les deux parties aboutirent à la signature du traité de Da''an, conférant une certaine autonomie à l'imam zaydite et à ses hauts plateaux. Ce traité fut respecté jusqu'à la fin de la seconde période d'occupation ottomane.

Parallèlement, les hostilités se poursuivaient dans la Tihama entre les Turcs et les forces d'Idrisi, impliquant un nombre grandissant d'intervenants avant et pendant la Première Guerre mondiale. Lors de la guerre turco-italienne (1911-1912), tous les ports de la Tihama furent bombardés par les Italiens, qui rêvaient de s'approprier la mer Rouge. En 1915, l'Empire britannique garantit aux forces idrissides un soutien contre les Turcs. L'imam Yahya affirma sa neutralité dans le conflit turco-britannique.

Lorsque les Turcs se retirèrent finalement du Yémen, en 1919, la Première Guerre mondiale avait déjà mis à mal l'empire ottoman. Le pays fut confié à l'imam Yahya, qui devint roi du Yémen et, conformément au traité de Lausanne de 1923, la Turquie rendit officiellement tous ses territoires à la péninsule Arabique.

L'imamat du Yémen. Tous les problèmes du royaume du Yémen n'étaient cependant pas résolus. Les forces idrissides continuèrent à occuper une grande partie de la Tihama et l'imam Yahya dut attendre 1925 pour prendre al-Hudayda. Dès lors, ses troupes progressèrent rapidement vers le nord de Midi, non loin de l'actuelle frontière entre le Yémen et l'Arabie saoudite.

En plein déclin, l'État idrisside dut s'allier à Ibn Séoud, chef de l'État saoudien en formation, dont le projet était d'annexer toute la Tihama au nord d'al-Hudayda, autrement dit, l'ancien territoire idrisside. Au nord, l'imam Yahya avait des vues similaires et revendiquait l'"Asir. Le conflit saoudi-yéménite devint une guerre ouverte en 1934. Les forces saoudiennes avancèrent rapidement sur al-Hudayda, obligeant l'imam à signer la paix à leurs conditions. Le traité de Ta'if plaça l'"Asir et le Najran sous la tutelle provisoire des Saoudiens : décidée pour quarante ans, elle se poursuit encore pleinement (voir ci-dessous l'encadré *Le Yémen et l'Arabie saoudite*).

Après le départ des Turcs ottomans, les Britanniques continuèrent à s'intéresser au nord du Yémen. Les forces opposées à

Le Yémen et l'Arabie saoudite : un voisinage incertain

Tout au long du XXe siècle, le Yémen a été hanté par le spectre de sa puissante voisine. L'Arabie saoudite, plus riche et plus avancée, symbolise le grand frère que les Yéménites ont aimé jusqu'à la haine, tandis que les Saoudiens méprisent leurs voisins.

Les relations entre les deux peuples ont constamment été mises à mal par des incidents frontaliers. A l'issue de la guerre qui les opposa en 1934, le traité de Ta'if plaça les provinces de l'"Asir et du Najran sous le contrôle saoudien pour une période de quarante ans. En 1974, l'Arabie saoudite prolongea le traité de vingt ans. Cependant, en 1994, les territoires n'étaient toujours pas rendus. L'Arabie saoudite adressa même des ultimatums aux compagnies pétrolières occidentales qui exploraient les déserts yéménites dans les régions revendiquées, leur demandant de quitter immédiatement le territoire saoudien. En janvier 1995, ces querelles provoquèrent des conflits frontaliers.

Cependant, aucune des deux parties ne voulait la guerre et le gouvernement yéménite se montra particulièrement désireux de normaliser les relations. Les négociations débouchèrent sur la signature d'un protocole d'accord, le 26 février 1995. Parmi les points négociés figure la frontière du désert auparavant non délimitée, du Najran à la frontière omanaise. Les Yéménites bénéficient de visas pour travailler en Arabie saoudite, où le président Salih s'est rendu en visite officielle en juin 1995.

Les Yéménites ont néanmoins payé ce rapprochement au prix fort. Les Saoudiens ont lié le règlement du problème frontalier à la reprise des relations économiques d'avant 1990 et le Yémen a abandonné ses revendications sur les provinces de l'"Asir et du Najran. Les négociations se sont poursuivies pendant trois ans avant d'être quasiment suspendues en 1998. De nouveaux incidents frontaliers ont éclaté après la mort de trois soldats yéménites sur l'île divisée de la mer Rouge, ad-Duwayma.

l'imam Yahya disposaient du fort d'Aden et, en 1948, un groupe mené par Sayyid Abdullah al-Wazzir tua l'imam. Le fils aîné de ce dernier, Ahmad, expulsa les insurgés.

L'imam Ahmad déplaça la capitale de Sanaa à Taez et envisagea prudemment l'ouverture du pays. L'imam Yahya avait assis son pouvoir en maintenant le Yémen dans un état d'isolement extrême, empêchant son évolution. Ahmad fit appel à l'aide étrangère pour lancer des programmes de développement et établit des relations diplomatiques avec des pays comme la Grande-Bretagne, les États-Unis, l'Égypte (1951) et l'Union soviétique (1956).

L'imamat du Yémen demeura, toutefois, un pays sous-développé. A la mort de l'imam Ahmad, le pays manquait de médecins (seulement une poignée d'étrangers), d'écoles autres que les écoles coraniques (fréquentées par un enfant sur vingt), de législation (hormis la loi coranique de la *charia*) et d'industries. Les maladies proliféraient : 50% de la population souffrait d'une maladie vénérienne, 80% de trachome. En 1962, le Yémen était probablement le pays le plus moyenâgeux au monde.

Dans les années 50, les frontières entre le Yémen et le Protectorat d'Aden firent l'objet de querelles incessantes. En 1958, l'imam Ahmad demanda la protection du Caire. Ces négociations aboutirent à la création des États Arabes unis, formés par l'union du Yémen et de la République arabe unie (Égypte et Syrie). Ce pacte avait peu de signification pratique et il fut officiellement dissout en 1961 par la République arabe unie (RAU). Il servit néanmoins les intérêts égyptiens lorsque la révolution éclata au Yémen un an plus tard.

La naissance de la République arabe du Yémen (RAY). Malgré les importantes manifestations de résistance qu'il dut essuyer – notamment une tentative d'assassinat en 1961 qui lui valut une blessure à l'épaule – l'imam Ahmad demeura au pouvoir jusqu'à sa mort, en 1962. Son fils, le prince héritier Mohammed al-Badr, lui succéda brièvement. En effet, une semaine à peine s'écoula avant qu'un groupe d'officiers armés déclenche, sous la houlette du colonel Abdullah Sallal, une révolution activement soutenue par les troupes de la RAU. Ayant fait leurs études à l'étranger, la plupart de ces officiers agissaient sous l'influence du nationalisme arabe développé par Nasser. Le nouveau régime proclama la République arabe du Yémen (RAY). Celle-ci fut rapidement reconnue par les États-Unis et l'Union soviétique et, début 1963, fit son entrée aux Nations unies.

Mohammed al-Badr ne se reconnut pas battu pour autant. Après s'être réfugié dans les montagnes du Nord, il entama, avec l'appui de la Grande-Bretagne et de l'Arabie saoudite, une terrible guerre fratricide qui dura huit ans. Les républicains, épaulés par l'Égypte et l'Union soviétique, maintinrent leur position sans jamais, toutefois, obtenir de victoire définitive sur les royalistes. Les combats firent de nombreuses victimes dans les deux camps ; selon les estimations, près de 4% de la population du Yémen du Nord fut tuée lors des affrontements et l'Égypte perdit 20 000 soldats – plus que durant la guerre de 1967 contre Israël !

La prolongation des hostilités n'améliora pas la situation des partisans de Nasser. En 1967, des dissensions commencèrent à se faire jour au sein du parti républicain quant à la poursuite de la révolution. Selon les vues de la faction dominante, l'existence de la jeune République ne pouvait être garantie que par l'établissement de relations amicales avec l'Arabie saoudite, ce qui allait à l'encontre de l'idéologie qui avait déclenché la révolte cinq ans plus tôt. Fin 1967, le président Sallal fut exilé en Irak et remplacé par Qadi Abdul Rahman al-Iryani avec, à la tête de l'armée républicaine, le général Hassan al-Amri.

Parallèlement, les Égyptiens, vaincus par Israël en juin 1967 et déçus par l'inconstance idéologique des tribus yéménites, quittèrent le pays. Ces dernières avaient, en effet, tendance à se dire royalistes le jour et républicains la nuit, comme en témoigne l'apparition de deux nouveaux verbes dans la langue arabe : *tamallaka*, "devenir royaliste", et *tajamhara*, "devenir républicain".

Malgré le départ des Égyptiens – et à la surprise quasi générale –, les royalistes ne parvinrent pas à vaincre les républicains. Le siège de Sanaa, de décembre 1967 à février 1968, se solda par un échec. Les derniers affrontements opposèrent les différentes factions républicaines.

La victoire revint au général al-Amri qui s'allia aux cheiks pour éradiquer les éléments gauchistes de l'armée, ceux-là même qui avaient fait les premières heures de la révolution de 1962. Il chercha à faire la paix avec le reste des troupes royalistes, tribu après tribu, et mit finalement un terme à la guerre en 1970, avec le soutien des Saoudiens. L'imam al-Badr fut exilé en Grande-Bretagne, où il mourut paisiblement en 1996. En juillet 1970, la République arabe du Yémen fut reconnue par l'Arabie saoudite.

La proclamation de la République démocratique populaire du Yémen (RDPY).

Les événements qui se déroulèrent au cours des années 60 dans le sud du pays furent également très violents.

Tout au long de sa présence, la Grande-Bretagne consentit très peu d'efforts au développement de ses protectorats d'Arabie du Sud. La région fut dirigée depuis Bombay jusqu'au jour où, en 1927, l'arrière-pays et, en 1937, la Colonie d'Aden furent officiellement proclamés colonies britanniques. Les trente et un petits sultanats du Protectorat d'Arabie du Sud servirent essentiellement de zone tampon contre les éventuelles menaces provenant du Nord : la Grande-Bretagne opta pour une "gestion indirecte" assurée par les protectorats arabes à l'ouest et à l'est. Concrètement, elle maintenait une présence minimale à l'extérieur du port d'Aden, intervenant uniquement lorsque les luttes intestines et les querelles frontalières avec le Royaume du Yémen le nécessitaient.

Au début des années 60, la considérant toujours comme l'une de ses plus importantes bases permanentes, la Grande-Bretagne décida d'unir Aden à l'arrière-pays, au sein de la jeune Fédération des émirats arabes du Sud (rebaptisée Fédération du Sud arabique en 1962). Toutefois, un vent de nationalisme soufflait déjà sur la région et de fréquentes grèves secouèrent la colonie dès la fin des années 50, signes d'opposition au gouvernement britannique. Ce dernier eut alors de plus en plus de mal à contrôler les événements.

Le mouvement nationaliste s'amplifia avec la révolution qui éclata au Nord en 1962. L'appui britannique aux royalistes contribua à répandre les idées républicaines dans le Sud, d'autant qu'un tiers de la population d'Aden était constituée de travailleurs originaires du Nord. En 1963 et 1964, la guérilla s'étendit aux monts Radfan, puis atteint Aden au cours des années suivantes tandis que les nationalistes gagnaient un soutien grandissant.

La principale force de combat, le Front national de libération (FNL), était formé de militants marxistes et nationalistes exilés au Nord après la révolution de 1962. Contrairement à ce qui s'était passé dans cette région, l'aile nassérite du FLYSO (Front de libération du Yémen-Sud occupé) ne s'implanta pas véritablement au sud. Le FNL se situa beaucoup plus à gauche par rapport aux organisations créées dans l'imamat du Nord. Aden, en raison de son statut de port, de sa tradition syndicale et de ses contacts avec le monde extérieur, engendra des combattants aux idées plus radicales.

Fin 1966, début 1967, les Britanniques commencèrent enfin à préparer l'indépendance du Yémen du Sud, annonçant leur retrait d'Aden pour le mois de novembre 1967. En juin, après la défaite de l'Égypte face à Israël, la date du retrait fut reportée au 9 janvier 1968. Les Yéménites refusèrent d'attendre jusque-là et d'intenses combats contraignirent la Grande-Bretagne à proclamer l'indépendance du Sud arabique le 30 novembre 1967. Le FNL obligea les Britanniques à quitter Aden le 29 novembre à minuit. La République populaire du Yémen du Sud était née.

Placée sous la présidence de Qahtan ash-Shaabi, elle se retrouva dans une situation très délicate. Ses relations extérieures souffraient en effet de la suspicion naturelle de l'Arabie saoudite vis-à-vis d'un pays marxiste avec lequel elle partageait sa frontière sud, du conflit ouvert avec le sultanat d'Oman (le FNL appuyait la guérilla dans la région du Dhafar) et du soutien de la RAY à l'opposition de droite. A l'intérieur, la lutte pour le pouvoir n'était pas encore terminée. L'économie, au bord de l'effondrement après le départ des Britanniques, se disloqua avec la fermeture du canal de Suez la même année, ce qui diminua considérablement l'importance du port d'Aden. Le pays dut sa survie au seul soutien des pays du bloc communiste et, plus particulièrement, de l'Union soviétique, de la Chine et de l'Allemagne de l'Est.

Les luttes intestines trouvèrent leur dénouement en juin 1969 lorsque le gouvernement opta pour une politique plus radicale avec le Mouvement Correctif. Qahtan ash-Shaabi démissionna et une nouvelle constitution proclama Salem Rubaya 'Ali président. En 1969, l'ensemble du système économique fut nationalisé, à l'exception de la raffinerie de pétrole de British Petroleum et, en 1970, le pays fut proclamé République démocratique populaire du Yémen (RDPY).

Les deux Yémen

Au début des années 70, les deux États yémenites indépendants étaient nés dans des conditions difficiles et se trouvaient confrontés à une délicate modernisation. Tous deux dépendaient de l'aide étrangère. Les fonds de la RDPY venaient essentiellement des pays du bloc de l'Est, tandis que la RAY recevait les subventions de l'Arabie saoudite et des pays occidentaux.

Pour aggraver leur situation, les deux Yémen s'affrontèrent à deux reprises au cours des années 70 pour des questions de frontières. La première guerre, en septembre 1972, fut arbitrée par la Ligue arabe. Dans le traité du Caire qui en résulta, les deux Yémen acceptèrent de s'unifier dans les douze mois suivants, au sein de la République yéménite. Cette annonce surprise fut confirmée en novembre 1972 par les présidents al-Iryani, du Nord et Salem Rubaya 'Ali, du Sud.

La réunification fut toutefois retardée et les relations entre les deux pays se dégradèrent à nouveau. En 1974, un coup d'État en RAY permit au colonel Ibrahim al-Hamdi de renverser le président al-Iryani sans effusion de sang. Cet événement conduisit le pays plus à droite et améliora les relations du Yémen du Nord avec l'Arabie saoudite et les États-Unis. La RDPY poursuivit sa politique de gauche. Si ses relations avec ses voisins s'améliorèrent peu à peu (en 1976, l'Arabie saoudite reconnut le pays et les affrontements avec le sultanat d'Oman cessèrent), sa réunification avec la RAY demeurait improbable.

La fin des années 70 fut marquée par une période difficile pour le gouvernement de la RAY. En 1977, le président al-Hamdi fut assassiné, vraisemblablement par des partisans nordistes de l'ancien imamat. Son successeur, le colonel Ahmad ibn Hussein al-Ghasmi demeura moins d'un an au pouvoir avant d'être assassiné par une valise piégée venue d'Aden. Bien qu'aucune preuve n'ait permis de désigner le commanditaire, le président du Yémen du Sud, Salem Rubaya 'Ali fut déposé et exécuté en juillet 1978. Des conflits armés se déclenchèrent immédiatement entre les deux Yémen, puis une dernière fois en 1979.

La RAY vers la stabilité.

Les quinze premières années qui suivirent la révolution furent assez turbulentes pour la RAY, confrontée à des problèmes de sécurité, tant à l'intérieur qu'à l'extérieur de ses frontières. Lorsqu'il fut assuré de relations amicales avec l'Arabie saoudite, sa grande voisine, le gouvernement militaire prosaoudien de 1974 put enfin envisager une certaine stabilité.

En 1978, le lieutenant colonel 'Ali Abdullah Salih fut nommé président de la République. Grâce à ses compétences, ou à l'essoufflement des forces d'opposition, le pays connut une période de stabilité croissante dans les années 80. Les derniers troubles graves survinrent dans les provinces de Taez, Ibb et Dhamar en 1981 et 1982, quand des dissidents de la RDPY, alliés aux forces intégristes musulmanes, appelèrent à la rébellion contre le gouvernement central.

Le cabinet comptait près de vingt ministres. En 1979, l'Assemblée constitutionnelle du Peuple fut élargie à 159 membres et renouvelée, en 1983 et 1988, le mandat présidentiel de Salih. Les partis politiques étaient interdits et tous les postes importants, occupés par des militaires.

Les conflits entre les différents groupes de pression, au sein de l'armée, furent maîtrisés et la stabilité du cabinet garantie par le choix équitable des ministres représentant les différentes tribus. Le président Salih lui-même appartient à la tribu Hashid, qui le sauva, en 1979, de la confrontation avec la RDPY en mobilisant rapidement quelque 50 000 hommes.

La RAY était un État arabe musulman indépendant, dont la législation reposait intégralement sur la loi coranique de la charia. Néanmoins, la constitution garantissait la liberté individuelle et le respect de la propriété privée, du domicile personnel, des lieux de culte et des centres d'enseignement. En dépit de l'empreinte profonde de la religion, la RAY semblait avoir adopté la plupart des valeurs occidentales. En découvrant le pays, certains visiteurs occidentaux se sont déclarés déçus, reprochant aux Yéménites de copier aveuglément "la société de consommation occidentale".

Pourtant, c'est en parfait accord avec la volonté du peuple yéménite que le gouvernement a sorti la RAY de l'imamat moyenâgeux pour la propulser dans le XXe siècle en moins de vingt ans. Durant la guerre civile, les dernières tribus du Nord ne baissèrent les armes que pour donner au nouveau gouvernement central la chance de tenir sa promesse de transformer le Yémen en un pays aussi développé que la riche Arabie saoudite. La perspective d'un État providence incita le peuple à soutenir le gouvernement.

La poursuite de la lutte en RDPY. La voie du développement choisie par la RDPY fut diamétralement opposée à celle de son voisin du nord. Les forces qui avaient chassé les Britanniques appartenaient à l'extrême gauche. La révolution menée dans le Yémen du Sud aboutit à la création d'un État arabe marxiste. Le parti socialiste yéménite au pouvoir chercha son propre chemin entre les influences chinoise et soviétique. Ses déclarations sur la conduite des affaires mondiales, durant les années 70, se situèrent beaucoup plus à gauche que celles des pays phares du bloc communiste. Sans cesse à la recherche de publicité, il offrit l'asile politique aussi bien à des pirates de l'air palestiniens qu'à des terroristes d'extrême gauche.

Au début des années 80, le gouvernement se montra plus modéré tout en se rapprochant du camp soviétique. La RDPY fut l'un des rares pays avec lesquels les États-Unis n'établirent aucune relation diplomatique tout au long de cette décennie. Cette marque d'indifférence provenait plutôt du Yémen du Sud que de Washington. Quoi qu'il en soit, le gouvernement de la RDPY était qualifié d'extrémiste de gauche.

Tandis que la RAY se stabilisait, la RDPY était assaillie par les conflits internes et externes. Durant les premières années d'indépendance, la République exporta sa révolution dans les pays voisins, ce qui entraîna de sérieux conflits avec le sultanat d'Oman et l'Arabie saoudite. Une fois ces problèmes résolus en 1976, les escarmouches se poursuivirent avec la RAY jusqu'à la guerre de 1979.

Dans les années 80, les querelles de frontières constituèrent un problème mineur. En revanche, les luttes intestines se poursuivirent avec acharnement. La plupart furent des luttes de pouvoir entre Abdul Fattah Ismail et 'Ali Nasr Mohammed, qui assurèrent alternativement la présidence après l'exécution de Salem Rubaya 'Ali. En avril 1980, à l'issue de la guerre nord-sud de 1979, 'Ali Nasr Mohammed fut nommé président et Abdul Fattah Ismail exilé à Moscou.

Sous la présidence d'''Ali Nasr Mohammed, le pays s'ouvrit progressivement au monde extérieur, notamment aux autres pays arabes. Il continua, néanmoins, d'appliquer à la lettre sa politique socialiste. Après une période de développement stable durant la première moitié des années 80, des tensions ressurgirent au retour d'Abdul Fattah, fin 1985. En janvier 1986, une sanglante guerre civile éclata à Aden, détruisant de nombreux édifices et faisant des milliers de victimes en l'espace de quelques semaines (3 000 morts selon les chiffres officiels, 42 000 de source officieuse). Ces heurts avaient une origine plus tribale que politique : Abdul Fattah Ismail était né dans un village appartenant à la RAY, tandis que 'Ali Nasr Mohammed avait vu le jour au sein de la RDPY.

'Ali Nasr Mohammed s'enfuit en Éthiopie et Abdul Fattah Ismail fut tué. Le nouveau président de la République fut choisi parmi ceux qui n'avaient pris aucune part active au conflit. En février 1986, Haidar Abu Bakr al-Attash arriva de Moscou à Aden pour remplir la fonction suprême. Le nouveau gouvernement ne se démarqua pas de la doctrine socialiste.

La réunification

Le monde connut d'importants bouleversements à la fin des années 80. L'arrivée de Gorbatchev et l'effondrement de l'économie soviétique réduisirent l'aide idéologique et financière de Moscou à ses alliés du tiers-monde, contraignant ces derniers à réévaluer leur situation. Le gouvernement de la RDPY en faillite se tourna vers ses nouveaux amis, ses frères de la RAY.

Depuis leur création, les deux États flirtaient avec l'idée de se réunifier. Après chaque conflit armé, ils signaient en effet un accord concernant leur future réunification. Toutefois, les questions pratiques n'étaient jamais réglées. L'accord de 1986, signé en Lybie, avait pour objectif la mise en place d'une "organisation politique unifiée" ; cependant, aucun terme ne spécifiait s'il s'agissait d'un système sans parti, à parti unique ou multipartite.

Hormis la situation économique désastreuse de la RDPY et le profond désir du peuple yéménite, la volonté de réunification était motivée par un autre problème réclamant une solution urgente : la découverte, vers 1985, d'importants gisements pétroliers dans la région désertique séparant les deux pays. La frontière n'ayant fait l'objet d'aucune démarcation précise, les autorités durent choisir entre définir la frontière ou créer une zone neutre d'exploitation commune. En mai 1988, elles optèrent raisonnablement pour la seconde solution, accélérant le processus de rétablissement de l'unité yéménite.

Le 30 novembre 1989, les dirigeants des deux pays décidèrent de s'accorder quatorze mois pour entériner la réunification. Les organes législatifs de chaque pays devaient rédiger, avant l'année suivante, une proposition de constitution pour la République unifiée du Yémen. Un référendum devait l'approuver deux mois plus tard. Le nouvel État pourrait être proclamé le 30 janvier 1991.

Toutefois, cette décision souleva des réactions à l'intérieur comme à l'extérieur des territoires concernés. L'élite religieuse du Nord, centralisée à Saada, se servit des mosquées pour répandre de terribles rumeurs sur le Sud laïc, où les "femmes n'étaient pas voilées et les hommes déambulaient ivres dans les rues". Ils reçurent un considérable soutien de l'Arabie saoudite, préoccupée à l'idée de voir la RAY quitter sa sphère d'influence (grâce à la découverte de son propre pétrole) et accélérer le processus de son indépendance. En 1989, la RAY fonda, avec l'Égypte, l'Irak et la Jordanie, le Conseil de coopération arabe, réduisant la domination des Saoudiens sur la péninsule. Le Yémen une fois réunifié disposait en effet d'une population supérieure à la leur et d'une position stratégique sur les rives de la mer Rouge et de la mer d'Oman, lui assurant le contrôle du détroit de Bab al-Mandab.

L'opposition à la réunification fut muselée et les deux gouvernements hâtèrent le mouvement. Au printemps 1990, les mesures préliminaires se succédèrent : la frontière fut démilitarisée et ouverte, les forces de sécurité de l'État dissoutes et la parité des monnaies établie dans les deux pays. La libre entreprise devint légale en RDPY et les partis politiques autorisés en RAY.

Le 22 mai 1990, la République du Yémen fut proclamée avec plusieurs mois d'avance sur le calendrier. Sa constitution provisoire désignait "Sanaa capitale politique et Aden capitale économique". Le président de la RAY, 'Ali Abdullah Salih, assurait la présidence du pays réunifié, la vice-présidence étant confiée à un homme du Sud, 'Ali Salim al-Baydh. L'ancien président du Yémen du Sud, Haidar Abu Bakr al-Attash était nommé Premier ministre.

Vers la démocratie. La réunification s'accompagna d'une expérience exceptionnelle dans la péninsule Arabique : la démocratie. Quelque quarante partis politiques virent le jour en anticipation des premières élections libres et la liberté de la presse fut garantie.

Lors d'un référendum organisé les 15 et 16 mai 1991, les Yéménites approuvèrent la nouvelle constitution, entérinant la réunification. Le principal courant d'opposition fut formé par les partis religieux qui demandèrent en vain que la constitution déclare la charia comme "l'unique" et non pas la "principale" source de législation. Les premières élections parlementaires eurent lieu le 27 avril 1993, avec six mois de retard sur le calendrier. A quelques exceptions locales près, ce fut un scrutin libre et équitable.

Les premières années de la jeune République du Yémen furent toutefois troublées par des luttes intestines et des conflits extérieurs. Durant le conflit du Golfe, en 1990-1991, le Yémen adopta une position modérée à l'égard de l'Irak. Favorisant une "solution arabe", il demanda le retrait des troupes irakiennes du Koweït et des forces occidentales d'Arabie saoudite. En guise de représailles, cette dernière expulsa tous les ressortissants yéménites employés sur son territoire et suspendit son aide économique. La presse occidentale critiqua également cette position interprétée comme un soutien à l'Irak, voire une alliance. Ces événements indirects réduisirent donc à zéro les bénéfices de la réunification.

L'aggravation des problèmes économiques entraîna des frictions entre les différentes institutions politiques. Selon la constitution provisoire, le pouvoir était réparti entre le Congrès général du peuple (CGP), dirigé par le président, au Nord, et le Parti socialiste yéménite (PSY), au Sud. Après les élections, un troisième parti d'obédience tribale et religieuse, la Congrégation yéménite pour la réforme (Islah), apparut sur la scène politique. Ce fut autour de la rivalité entre le président 'Ali Abdullah Salih et le vice-président 'Ali Salim al-Baydh que se cristallisa alors le conflit.

Avant les élections, la sécurité s'était progressivement dégradée. Les bédouins et autres tribus volaient les jeeps et rançonnaient le gouvernement en kidnappant les ouvriers du pétrole. Les élections furent suivies d'une période d'accalmie mais la déception vis-à-vis du nouveau gouvernement, dirigé par le CGP, entraîna rapidement d'autres incidents, généralement plus politiques qu'économiques. Les plus hauts représentants du PSY furent assassinés dans les rues de Sanaa sans que les assassins ne soient poursuivis.

A l'issue de l'été 1993, 'Ali Salim al-Baydh décida de rester à Aden au lieu de retourner à Sanaa, refusant de participer aux réunions gouvernementales. Il exigea que les différends soient réglés et sa sécurité assurée, ainsi que celle des autres membres du PSY, arguant que cent cinquante membres du PSY avaient déjà été tués. Le Yémen du Sud, spectateur d'inutiles pourparlers, commença à envisager la création d'une fédération afin de préserver la structure des pouvoirs locaux. Alors que les Yéménites avaient accueilli la démocratie dans la joie, leurs chefs n'étaient visiblement pas prêts à changer de système.

Une guerre s'annonçait. Les Yéménites fortunés envoyèrent leur famille à l'étranger et ceux qui travaillaient à l'autre bout du pays rentrèrent chez eux.

La guerre de l'Unité de 1994. La frontière entre les deux Yémen n'existant plus, les unités militaires avaient été disséminées sur l'ensemble du territoire mais chaque ville importante était gardée par deux camps militaires distincts, toujours en alerte et suspicieux à l'égard de l'autre.

Début 1994, la violence éclata dans des camps de l'ancienne RAY et de l'ex-

RDPY. Des incidents firent plusieurs centaines de victimes. Bien qu'ils furent maîtrisés, ces affrontements meurtriers du 4 mai 1994 à Dhamar marquèrent le début d'une nouvelle guerre civile.

Le 5 mai, l'état d'urgence fut proclamé à Sanna alors que les Mig d'Aden survolaient la cité. Ce fut le premier d'une longue série de bombardements et d'attaques de Scuds visant des cibles stratégiques dans le nord du pays. Les troupes du Nord marchèrent sur Aden.

Dès le début, la guerre tourna au désavantage des Yéménites du Sud. La campagne du président Salih contre les "sécessionnistes" trouva un large écho au Nord et des dizaines de milliers de volontaires furent recrutés sans peine dans les tribus. Les villageois récoltèrent même des fonds afin de fournir des armes à leurs fils.

Au Sud, la défense du pouvoir hérité de la RDPY ne motivait pas autant les résidants des provinces de Lahej et d'Abyan et les désertions étaient fréquentes. Avec 500 millions de riyals, le gouvernement du président Salih corrompit les commandants des forces du PSY, les cheiks et les anciens au fil de sa progression sur Aden.

Le 21 mai 1994, 'Ali Salim al-Baydh proclama l'indépendance de la République démocratique du Yémen afin d'obtenir l'appui des pays arabes plus ou moins hostiles au gouvernement Salih. L'issue de la guerre était néanmoins déjà décidée : Aden était assiégée par les troupes du Nord et al-Baydh avait fui à al-Mukalla, à 600 km à l'est, où il maintint son quartier général jusqu'à la fin du conflit. Malgré les soutiens promis aux sécessionnistes avant la guerre, aucun pays ne reconnut la République démocratique du Yémen.

Le 7 juillet 1994, Aden tomba aux mains des troupes du Nord, après un siège dévasta-

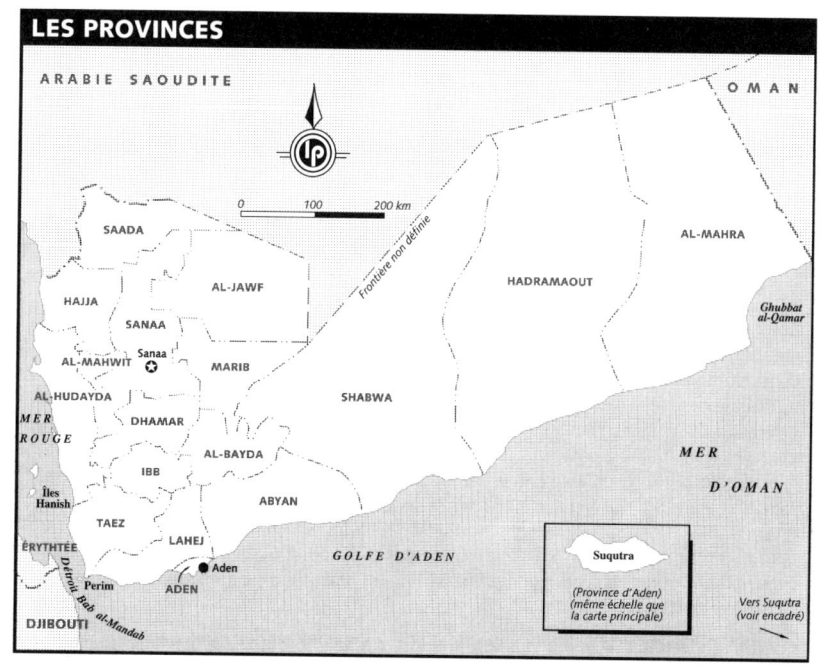

teur, marquant la fin d'une guerre qui avait duré deux mois. Al-Mukalla avait déjà été prise. 'Ali Salim al-Baydh s'exila à Oman, le sultanat lui ayant accordé l'asile à la condition qu'il abandonne la politique. Le conflit avait fait 7 000 morts et 15 000 blessés. Selon les estimations, le coût opérationnel de la guerre s'élevait à 3 milliards $US et les dommages économiques à 5,5 milliards $US.

Après 1994. La guerre eut pour effet de renforcer l'unité yéménite, et non de déchirer le pays. Si des extrémistes religieux du Nord dévastèrent, sitôt la paix conclue, des sites du Sud, des mosquées et des sanctuaires aux hôtels et restaurants servant de l'alcool, ces incidents cessèrent rapidement. Le président Salih déclara l'amnistie générale pour tous les séparatistes abandonnant les armes, à l'exception de seize chefs irréductibles.

Cette clémence fut bien accueillie. Tous les partis soutiennent aujourd'hui l'unité nationale, même s'ils sont en désaccord dans d'autres domaines. Les secondes élections législatives de 1997 se déroulèrent si sereinement que la plupart des correspondants occidentaux quittèrent le pays avant même que soient proclamés les résultats, estimant qu'il n'y avait "rien à signaler".

Le problème essentiel est le mécontentement de la population face à l'inefficacité du gouvernement et à la lenteur du développement économique. Des incidents se produisent. Des révoltes sporadiques ont éclaté à la suite de mesures d'ajustement économiques, comme l'augmentation des prix. Des attentats à la bombe non revendiqués ont été perpétrés, notamment dans les provinces du Sud. Enfin, la question épineuse des tribus insoumises des provinces de Marib et d'al-Jawf reste non résolue.

GÉOGRAPHIE

S'étendant entre les latitudes 12°40'N et 19°N et les longitudes 42°30'E et 53°E, le Yémen est baigné à l'ouest par la mer Rouge et au sud par le golfe d'Aden et la mer d'Oman. Ces eaux se rejoignent dans le détroit de Bab al-Mandab (la "porte des lamentations") qui sépare la péninsule du continent africain.

Le Yémen partage ses frontières avec l'Arabie saoudite au nord, et le sultanat d'Oman à l'est. N'ayant fait l'objet d'aucune démarcation depuis 1934, la frontière saoudienne, en plein désert, est indiquée différemment selon les cartes. Les deux pays négocient depuis 1995 afin de régler

L'Arabie Heureuse

Le nom arabe du Yémen, *al-Yaman*, indique la position géographique du pays, à l'extrême pointe méridionale de la péninsule Arabique. Les premiers musulmans qui s'installèrent autour de La Mecque établirent une distinction entre leurs terres situées au nord, *shaman*, et celles s'étendant au sud, *yamanan*. Aujourd'hui encore, les Syriens appellent souvent leur pays, et surtout leur capitale, Damas, ash-Sham. Parallèlement, al-Yaman est devenu le nom officiel du Yémen. Les Yéménites aiment à rappeler les autres dérivés de ces verbes, notamment le substantif prospérité.

L'Arabie du Sud, notamment le Yémen, est souvent appelée *Arabia Felix*, ou Arabie Heureuse. Ce nom vient d'une traduction latine du *Périple sur la mer d'Érythrée*, écrit au Ier siècle av. J.-C. par un auteur grec anonyme, qui a forgé l'expression "Eudaemon Arabia" pour décrire le port d'Aden. Si la connotation positive du mot a attiré depuis d'innombrables aventuriers et explorateurs aux portes sud de l'Arabie, la raison de cette appellation n'en reste pas moins mystérieuse.

la question. La frontière omanaise, par contre, a été délimitée en 1992.

De l'autre côté des mers se trouvent les voisins d'Afrique noire : l'Érythrée à l'ouest, la Somalie au sud et, coincé entre les deux, le minuscule territoire de Djibouti, en face du détroit de Bab al-Mandab.

Plusieurs îles appartiennent au Yémen. La plus grande et la plus importante, Suqutra, fait face à la pointe de la Corne de l'Afrique. Les îles Hanish, dans la mer Rouge, ont été au centre d'un épisode étrange en 1995, lorsque l'Érythrée les a revendiquées en y envoyant ses troupes. Optant pour la voie de la raison, le Yémen a renoncé à entreprendre une action militaire, et l'affaire a été résolue par un arbitrage international en 1998 ; les îles sont demeurées territoire yéménite, mais les droits de pêche alentour ont été partagés entre les deux nations. L'île de Perim, dans le détroit de Bab al-Mandab, est relativement petite. En dépit de son extrême pauvreté, l'île de Kamaran a valeur de symbole aux yeux des Yéménites ; durant l'imamat, elle abrita une base navale britannique et, plus tard, la RDPY la revendiquait (ainsi que les îles Kuria Muria au large de la côte omanaise) alors qu'elle se trouvait à des centaines de kilomètres de la RDPY et à quelques encablures des côtes de la RAY. Aujourd'hui, la marque de cigarettes la plus populaire du pays porte son nom.

Situé près d'une importante route maritime, le pays a subi des influences lointaines qui ont abouti à la colonisation du Nord par les Ottomans et du Sud par les Anglais. Pourtant, le Yémen est demeuré isolé de l'Occident, essentiellement du fait de son extraordinaire géographie.

La péninsule Arabique forme un immense plateau de granit, en partie couvert de fines couches de jeunes roches sédimentaires. Légèrement incliné, ce plateau remonte vers le sud-ouest (Yémen) et descend vers le nord-est. C'est pour cette raison que l'on qualifie le Yémen de "toit de l'Arabie" (voire de "Tibet" ou de "Suisse de l'Arabie") : Sanaa est ainsi située à 2 350 m d'altitude. Ces dénominations sont néanmoins trompeuses.

D'ouest en est, à la latitude de Sanaa, la topographie yéménite offre une remarquable variété. La bande côtière (Tihama) remonte le long de la mer Rouge, de l'extrême sud du Yémen jusqu'en Arabie saoudite au nord. Cette plaine de sable totalement plate, qui s'étend sur 20 à 50 km de largeur, présente une nature tropicale. Une plaine similaire, mais moins régulière, s'étend le long de la côte sud, entrecoupée ici et là de rochers volcaniques descendant jusqu'au rivage.

La Tihama se termine abruptement par la chaîne nord-sud des monts orientaux. Plusieurs de ses pics, qui constituent les plus hauts sommets de la péninsule, s'élèvent à plus de 3 000 m. Le djebel an-Nabi Shu'ayb, notamment, culmine à près de 3 660 m. Au sud, la chaîne montagneuse bifurque vers l'est et longe la côte méridionale, s'abaissant progressivement pour laisser place à un paysage de hauts plateaux arides. A la frontière omanaise, le point le plus septentrional sur l'axe nord-sud du pays, elle atteint moins de 1 000 m d'altitude.

A l'est des montagnes occidentales, s'étirent les hauts plateaux fertiles qui ont fait la renommée du Yémen. Sanaa, la capitale, occupe le centre du bassin du même nom, à 2 250 m d'altitude. Le plateau est entièrement ceint par les montagnes. La chaîne orientale offre une vision moins imposante que celle de l'ouest, avec des pics moins nombreux et moins élevés mais un aspect plus vallonné. Ces hautes terres présentent encore une importante activité volcanique et séismique et comptent nombre de sources chaudes. Le séisme de Dhamar, en 1982, a provoqué la mort de 2 500 personnes.

Les montagnes de l'est descendent doucement de plus de 2 000 m à environ 1 000 m. A cette altitude, les paysages rocheux cèdent la place à la vaste étendue de sable du désert d'Arabie, le ar-Ruba' al-Khali, dont l'extrême pointe sud mord sur le centre du Yémen. Son nom signifie "le quart vide" et c'est bien cette partie aride de la péninsule qui prédomine dans l'idée que les étrangers se font de l'Arabie. Des dromadaires traversent le Yémen mais seul 1% de la population est nomade. La majeure partie des habitants s'adonne à l'agriculture sur les plaines du littoral, le long des wadi au pied des montagnes ou dans le centre des hauts plateaux.

La vallée du Wadi Hadramaout se situe entre l'ar-Ruba' al-Khali et la chaîne montagneuse du sud. La vallée s'enfonce de 150 à 200 km à l'intérieur du pays, parallèlement à la côte (d'ouest en est), et traverse la moitié de la largeur du pays avant de tourner brusquement en direction du sud-est pour rejoindre la mer. Les habitants de cette importante vallée fertile vivent relativement à l'écart du reste du pays.

Cette grande variété géographique occupe un territoire de 532 000 km² (plus petit que la France). Moins d'un tiers du pays est habité et la plupart des grandes villes se regroupent à l'ouest, sur le littoral et dans les montagnes.

CLIMAT

Dans le prolongement de la ceinture du Sahel, le Yémen partage le climat des pays africains de même latitude. Néanmoins, en raison de ses caractéristiques topographiques, ses habitants n'ont jamais souffert de la famine. Si certaines années sont moins pluvieuses que d'autres, les hautes chaînes montagneuses puisent suffisamment d'humidité dans les vents marins pour faire du Yémen la région la plus arable de la péninsule Arabique. On le surnomme d'ailleurs "le pays vert de l'Arabie".

Partout au Yémen, la vie repose sur les vents de la mousson qui soufflent de l'océan Indien et apportent les grosses pluies d'été du sud et du sud-ouest. Les hivers sont secs ; les vents de la mousson d'hiver soufflent du nord et du nord-est, ramenant l'air frais et sec de l'Asie centrale. Lorsque les vents d'été humides atteignent les plateaux de l'Est, la masse d'air monte et se refroidit brusquement et des averses torrentielles s'abattent.

Toutefois, la mousson ne touche que la partie la plus orientale du Yémen, dans l'al-Mahra. Ailleurs, les pluies sont plus irrégulières. Les averses sont très localisées et souvent violentes, entraînant une forte érosion. Si vous voyagez sur les routes de montagne pendant la saison des pluies, vous risquez d'être

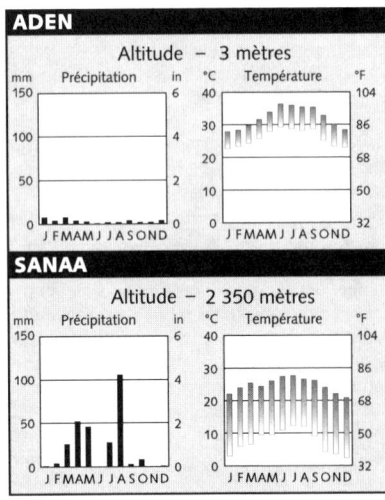

bloqué par de puissants torrents, qui entraînent d'énormes rochers sur leur passage et détruisent parfois complètement la route. Des villages distants d'un kilomètre à peine seront épargnés par la pluie.

Compte tenu des grandes variations de sa topographie, le Yémen présente plusieurs régions climatiques.

Les terres côtières et les hauts plateaux de l'ouest

Malgré la proximité de la mer, la Tihama et la côte méridionale forment une zone aride. Les précipitations, très faibles, se limitent à 100 mm ou 200 mm par an, voire moins, plus à l'est. La plupart des pluies tombent entre la fin du mois de juillet et le mois de septembre, le reste de l'année n'étant ponctué que de quelques averses. Les températures demeurent élevées toute l'année. Elles descendent la nuit à 18°C ou 20°C de décembre à février, et entre 27°C et 35°C en juin et juillet. Dans la journée, les maxima varient de 32°C en hiver, à 50°C en été. Le taux d'humidité est extrêmement élevé et les vents chauds du littoral rabattent le sable fin vers l'intérieur. C'est sans doute pour cette raison que Tihama signifie "terres chaudes".

Les pluies les plus importantes arrosent les flancs occidentaux et orientaux des hauts plateaux. La province d'Ibb est surnommée la "province fertile" : il pleut tous les mois de l'année. S'il ne tombe que quelques millimètres d'eau en janvier, les précipitations atteignent 500 mm en juillet et en août (où les pluies sont parfois quotidiennes).

En montagne, les pluies donnent naissance à des cours d'eau qui coulent en direction de l'ouest vers la Tihama et en direction du sud vers les provinces de Lahij et d'Abyan. En raison du fort taux d'évaporation des régions côtières, ils disparaissent dans le sable sans jamais atteindre la mer. Ces wadi favorisent une agriculture intensive au pied des montagnes, produisant jusqu'à quatre récoltes par an.

Les hauts plateaux du centre et de l'est

Les pluies diminuent progressivement en direction du nord. Sur les hauts plateaux du centre, l'été est sec, ponctué seulement d'une ou deux averses par mois. La majeure partie des précipitations se répartit sur deux périodes distinctes : mars-avril pour la moins arrosée et août pour la plus forte. En avril, Sanaa reçoit environ 100 mm de pluie, contre 200 mm au mois d'août.

Les températures sont douces, les maxima variant à Sanaa de 25°C à 30°C tout au long de l'année. La nuit, les minima tournent autour de 0°C en janvier et 10°C en juillet. Dans de vastes régions des hauts plateaux, il peut geler la nuit en hiver ; ceci se produisant en saison sèche, rares sont les Yéménites qui connaissent la neige.

A l'est et au nord, les pluies se raréfient et sont totalement absentes dans les régions centrales du nord du pays, où les semi-déserts de pierre se transforment en déserts de sable dans les environs de l'ar-Ruba' al-Khali. Seuls les arbustes et graminées subsistent.

Le désert oriental et la côte sud

Dans la partie orientale du pays, le grand Wadi Hadramaout récolte les faibles pluies

L'irrigation

Les champs en terrasse des montagnes yéménites comportent un système d'irrigation qui remonte à une origine très ancienne. Dans de nombreuses régions, ces terrasses s'étagent à flanc de montagne, de la rive des wadi jusqu'au sommet. Les hauts plateaux ont été convertis en immenses terrasses.

L'irrigation s'effectue selon deux méthodes principales : la technique *sawaqi*, où les fermiers recueillent les eaux de pluie des zones non cultivées et les canalisent vers leurs champs, et la méthode *sayl*, qui consiste à récupérer l'eau des crues. La première est aussi bien employée à flanc de montagne qu'en plaine, tandis que la seconde est essentiellement utilisée dans les villages proches des wadi.

Le fameux royaume de Saba devait sa prospérité à une digue retenant les eaux de l'immense Wadi Adhana, qui coule du nord vers l'est. Aujourd'hui, une nouvelle digue a été construite à Marib, mais il est rare d'en trouver ailleurs, les précipitations annuelles étant suffisamment régulières. L'eau est recueillie dans des citernes creusées au pied des rochers et utilisée pour les besoins domestiques et, à très petite échelle, pour l'irrigation.

Après les révolutions, le pompage des nappes phréatiques s'est généralisé dans tout le pays. Ce système s'avère plus efficace dans des régions comme la Tihama, où les wadi se perdent rapidement dans le terrain sablonneux. Toutefois, cette nouvelle technologie menace les nappes phréatiques.

qui arrosent la région rocailleuse située entre la mer d'Oman et les déserts du centre de la péninsule Arabique. Ce wadi, qui permet à une importante population de vivre de l'agriculture, ne parvient jamais jusqu'à la mer.

Les wadi qui coulent en direction de la mer d'Oman sont en général peu importants et assurent la survie de petites populations.

ÉCOLOGIE ET ENVIRONNEMENT

Le Yémen connaît la plupart des problèmes écologiques que rencontrent les autres pays arides de la région. La tradition séculaire du pâturage et de l'élevage a conduit à une déforestation quasi totale du pays, qui provoque à son tour une érosion et de violentes inondations récurrentes. La culture intensive et la chasse ont appauvri la flore et la faune naturelles. Des siècles d'irrigation ont entraîné la salinisation des sols, puis la désertification. Bien qu'exacerbés aujourd'hui par la croissance explosive de la population, ces problèmes ne sont en rien nouveaux : les environs de l'ancienne capitale du Shabwa présentent un taux élevé de salinité, ce qui laisse à penser que la cité fut abandonnée en partie à cause de la détérioration des terrains agricoles de la région.

Dans les années 70 et 80, un grand nombre de champs en terrasse furent délaissés quand les fermiers partirent travailler dans les pays arabes riches en pétrole. Quelques années de négligence ont suffi pour que les pluies emportent la terre fertile des sols en jachère, ne laissant qu'un plateau rocheux. Par ailleurs, on constate depuis peu un abaissement du niveau des nappes phréatiques, dû aux pompages intensifs pratiqués pour satisfaire aux besoins de l'irrigation et de la consommation domestique. Gérer les ressources en eau de manière appropriée est désormais devenu un impératif.

L'industrie de l'extraction pétrolière, initiée depuis peu dans une zone limitée, n'a pas encore eu d'impact décisif sur l'environnement, mis à part un trafic routier excessif, facilité par le faible prix du carburant. Le tourisme, quant à lui, reste suffisamment limité pour ne pas avoir d'effet délétère, même sur les sites les plus visités.

Traitement des déchets

Nombre d'Occidentaux sont parfois choqués par les quantités impressionnantes de détritus abandonnés un peu partout. Les sacs en plastique emportés par les vents terminent souvent leur course dans les arbres et les buissons d'épineux, poussant les voyageurs à faire des plaisanteries douteuses sur "l'arbre à plastique".

Pour mieux comprendre cet état de fait, il faut savoir que, jusque dans les années 60, l'économie yéménite a reposé entièrement sur les matériaux recyclables. L'idée même de "déchet" n'existait pas ; tout était réutilisable, et tout ce qui était jeté était remis en circulation. Ceci valait à la fois pour les communautés rurales et pour les villes où l'on avait toujours élevé du bétail. A Sanaa, par exemple, même les excréments humains étaient séchés, ramassés, puis utilisés comme combustible dans les bains publics. Les cendres étaient ensuite vendues comme engrais aux jardiniers.

Les matériaux synthétiques furent introduits après les révolutions, au moment où le pays s'ouvrait sur l'Occident. Tous les déchets sont encore traités comme s'il s'agissait de matériaux organiques : ils sont jetés dans les rues, au bord des routes. Des canalisations d'eau ont été installées dans les villes et villages sans système d'égout ; ce qui séchait auparavant en petits tas impeccables flotte à présent le long des rues.

Ce problème d'environnement résulte d'une violente collision entre deux cultures. A l'instar de l'Occident, les Yéménites devront s'occuper du traitement des déchets. La mise en place d'un tel système a déjà commencé et les centres des grandes villes sont nettement plus propres qu'au milieu des années 80.

Tourisme responsable

Les problèmes auxquels est confronté le Yémen peuvent paraître insurmontables. Il existe cependant quantités de choses qu'un touriste peut faire : limiter l'usage de l'eau (une douche quotidienne est-elle indispensable ?), ne pas jeter des ordures n'importe où, emprunter les transports publics ou voyager en petits groupes au lieu de louer une voiture particulière, marcher au lieu de circuler en 4x4 hors des sentiers battus. Sous ce climat aride, il faut des années avant que les dommages occasionnés par le passage d'un véhicule tout terrain s'effacent et laissent réapparaître la végétation.

Même si peu de Yéménites semblent s'en soucier, l'exemple des voyageurs occidentaux peut avoir un effet positif. Malheureusement, certains touristes adoptent le comportement indélicat de leurs hôtes et jettent emballages vides ou piles usées par la fenêtre de leur voiture. Sachez que sous ce climat et à ces altitudes, les déchets, même biodégradables, mettent beaucoup de temps à se décomposer.

Au cours de leur séjour, de nombreux étrangers ont discuté des problèmes d'environnement avec leurs hôtes, contribuant ainsi à renforcer la prise de conscience des habitants. Évitez bien sûr de faire la morale, mais ne gardez pas pour vous une idée utile. L'Environment Protection Council (Comité pour la protection de l'environnement ; ☎ 264072, fax 264062, P.O. Box 19719, Sanaa), premier organisme officiel à s'occuper de ces problèmes, a été créé au début des années 90.

FLORE ET FAUNE

Le degré de l'intervention humaine est très important dans tout le pays. Les cultures intensives ont considérablement réduit la végétation naturelle, tandis que la chasse a surexploitée la faune. Toutefois, le Yémen est loin d'avoir été entièrement exploré et la grande variété d'espèces végétales et animales réserve d'agréables surprises aux spécialistes. On estime à 3 000 le nombre d'espèces de plantes (dont 300 sont endémiques), à 85 celui des mammifères, à près de 400 celui des oiseaux et à plus de 100 celui des reptiles.

L'île de Suqutra possède une faune et une flore spécifiques (voir l'encadré *La nature à Suqutra* dans le chapitre *Aden*).

Flore

Dans la Tihama, la végétation varie des mangroves et des plantes résistantes au sel, le long du littoral, aux graminées et aux arbustes épars, dans les dunes. Plus loin, vers l'intérieur, les rives des wadi et les contreforts montagneux offrent suffisamment d'humidité à des arbres verts tels que les palmiers et les acacias.

Les contreforts des montagnes occidentales et méridionales sont couverts d'une végétation naturelle tropicale, consistant en forêts vertes d'acacias, de ficus et de tamaris. La culture des dattes, des mangues, des bananes et des papayes est courante en basse altitude. En moyenne altitude (jusqu'à 1 500 m), on trouve du blé, du maïs, de la luzerne et surtout du sorgho. Les espèces de la famille des *Commiphora* comprennent notamment l'arbre à myrrhe (baumier ou balsamier). L'arbre bouteille (*Adansonia digitata*), au tronc ventru et aux fleurs blanches, est l'un des symboles du Yémen. Plusieurs espèces d'euphorbes poussent également dans ces régions. Certaines de ces plantes proches du cactus peuvent atteindre plusieurs mètres de hauteur. Le latex tiré de l'*Euphorbia ammak* est employé à des fins médicinales.

Il est difficile de dire quelles sont les plantes représentatives de la végétation typique des plus hauts sommets montagneux. Entre 1 500 et 2 500 m d'altitude, on cultive le qat (voir plus loin la rubrique *Qat*), qui a largement remplacé l'ancienne culture du café. Seules les pentes les plus rocheuses et les plus escarpées, sur lesquelles ne poussent que de rares petits arbustes, ont échappé à l'intervention de l'homme. Il reste toutefois quelques forêts de genièvre au sud de Taez.

L'ʽilb (*Ziziplus spina christi*), un arbre en forme de buisson épineux, pousse près des wadi asséchés et dans les plaines d'altitude. Son nom latin fait référence aux tourments endurés par Jésus lors de la crucifixion. Cet arbre est utilisé à plusieurs fins : le tronc et les branches permettent de construire des maisons et des bateaux et servent de bois de chauffage ; les feuilles fournissent un excellent fourrage pour les animaux ; les fruits peuvent se consommer frais, séchés, moulus ou grillés ; les fleurs, que butinent les abeilles, produisent l'un

L'observation des oiseaux au Yémen

Tous ceux que les oiseaux passionnent trouveront de quoi se satisfaire au Yémen. Outre l'avifaune moyen-orientale habituelle, on compte 17 espèces endémiques (dont 4 au moins à Suqutra). De plus, une grande variété d'oiseaux migrateurs d'Europe et d'Asie du Nord hibernent ici ou traversent le pays avant de gagner l'Afrique de l'Est en survolant le détroit de Bab al-Mandab. Selon diverses sources, un total de 360 à 400 espèces a été dénombré dans le pays. Au cours d'un voyage de deux ou trois semaines, il n'est pas rare de voir environ une centaine d'espèces, même pendant la saison sèche. Les meilleurs endroits sont les wadi, qui abritent une végétation plus luxuriante, les côtes et, pour les rapaces, les décharges omniprésentes à proximité des villages.

Facile d'accès, le Jabal Kawkaban et ses contreforts, près de Sanaa, est propice à l'observation des oiseaux. Parmi les espèces endémiques figurent la perdrix de roche Philby (le Jabal an-Nabi Shu'ayb en abrite également une importante colonie), la perdrix arabe et le serin yéménite. Les serins arabes de même que les linottes et fauvettes arabes nichent dans les acacias. Assez peu répandu, le pic-vert arabe est le seul pic-vert présent dans la péninsule Arabique. La grive yéménite et l'accenteur arabe, autres espèces endémiques rares, fréquentent aussi cet endroit.

Naturellement, les espèces non-endémiques abondent autour du Jabal Kawbakan et dans les environs de Sanaa. A Thilla, par exemple, vous observerez le gypaète ou vautour des agneaux. La verte vallée du Wadi Dharh est aussi très riche en oiseaux.

La ville de Taez, avec les terrasses du Jabal Sabir et les wadi luxuriants de Suq adh-Dhabab, est une autre base d'observation intéressante. Dans la région d'Hujjariya où poussent des euphorbes et des acacias, vous pourrez voir des gros-becs à plumage doré, autre espèce endémique du Yémen. Les marais au nord de Taez, arrosés par les eaux usées de la ville, sont un véritable paradis pour quantité d'oiseaux migrateurs et yéménites, dont l'ibis chauve, une espèce extrêmement rare qui n'existe ailleurs qu'au Maroc.

La Tihama offre un habitat fort différent. Les plaines abritent le moineau doré arabe, une espèce endémique, alors que les régions côtières accueillent les mouettes à œil blanc, qui vivent essentiellement autour de la mer Rouge, et d'innombrables autres oiseaux. Les pélicans roses abondent à al-Khawkha et une immense colonie de flamants roses est installée dans les marais salants d'Aden.

Enfin, les steppes et les wadi au sud d'ar-Ruba'al-Khali, plus faciles d'accès en venant de Habban dans le Shabwa, accueillent des alouettes à huppe ou à pattes courtes, des busards blafards et des colibris pourpres.

La perdrix de roche Philby

des meilleurs miels du Yémen. Séchés et broyés, les fruits de l'ʻilb entrent dans la fabrication de shampoing.

Faune
La faune du Yémen décevra les profanes. La plupart des animaux assez grands pour être chassés ont disparu depuis longtemps dans ce pays où les armes à feu abondent et où les forêts ont été largement détruites. Peut-être apercevrez-vous une hyène rayée ou un loup arabe, mais vous aurez fort peu de chance de voir des espèces rares comme le léopard ou le bouquetin arabe. Les renards, les mangoustes et les genettes sont plus répandus. Le babouin hamadryas ne vit que dans les montagnes du Yémen, dans les wadi du nord de la Tihama et de l'ʻAsir, au sud-ouest de l'Arabie saoudite.

On dénombre 90 espèces de lézards et 40 sortes de serpents. La famille des lézards englobe les geckos, les caméléons et le lézard Agamid aux couleurs vives, très répandu. Parmi les serpents, 2 espèces de cobras et 7 sortes de vipères sont dangereuses.

Scorpions et moustiques figurent parmi les insectes à éviter, mais plus d'une centaine d'espèces de papillons vous charmeront. Les vents qui soufflent de l'ouest africain apportent souvent des locustes, comme ce fut le cas en 1993. Leur arrivée déclenchent une alerte nationale et elles sont arrosées d'insecticides par hélicoptère. La locuste grillée est l'un des plats de prédilection des Yéménites.

Parcs nationaux
Actuellement, il n'existe pas de parc national ou de réserve naturelle au Yémen. Le projet d'une réserve biosphère sur l'île de Suqutra a cependant reçu un soutien international. Les requêtes pour la création d'un parc national visant à protéger la zone forestière de la région du djebel Bura', à une cinquantaine de kilomètres à l'est d'al-Hudayda, au nord d'as-Sukhna, ont reçu un bon accueil au niveau national.

Cruauté envers les animaux
En général, les Yéménites traitent bien leurs animaux domestiques mais les animaux de compagnie sont souvent négligés. Il n'est pas rare que des chiens, considérés impurs, soient écrasés sans le moindre état d'âme. Les babouins servent parfois d'animaux de compagnie et vous en verrez probablement faire les clowns au bout d'une chaîne dans les *suqs* (marchés en plein air) ; ils sont en général misérables et mal nourris.

Les zoos sont rares et crèveront le cœur de ceux qui aiment les animaux. Un petit zoo itinérant venu à Sanaa en 1998 affichait fièrement un panneau annonçant : "AtroCity for Animal Tahreer" – ce paradoxe se suffit à lui-même (*tahrir* signifie libération).

INSTITUTIONS POLITIQUES

Les deux Yémen ayant assis leur pouvoir sur l'armée, les gouvernements militaires furent la norme après les soulèvements révolutionnaires des années 60. Dans la hâte de la réunification de 1990, les deux cabinets furent réunis en un seul conseil de 39 ministres. Les parlements, autrement dit le Conseil consultatif de 159 sièges du Nord et le Conseil suprême du peuple de 111 membres du Sud, se virent augmentés de 31 membres issus de l'opposition, jusqu'alors interdite. Ainsi fut formé le nouveau Conseil des députés comptant 301 sièges. La direction du Conseil présidentiel, réunissant les 5 représentants officiels les plus importants, fut confiée à 'Ali Abdullah Salih.

L'orientation politique officielle de la nouvelle république suivait de très près celle de l'ancienne RAY, sur le plan intérieur comme envers l'extérieur. Finies les idéologies laïques et marxistes de l'ancienne RDPY, la structure du nouvel État reposait sur l'islam et la libre entreprise. Le pays devint automatiquement membre des institutions arabes dont la RAY faisait partie. La nouveauté résidait essentiellement dans l'adoption du système démocratique : près de 40 partis virent le jour, faisant du Yémen le premier État multipartite de la péninsule Arabique, au grand dam des États conservateurs du Golfe.

Les premières élections parlementaires, organisées le 27 avril 1993, donnèrent

179 des 301 sièges aux anciens partis dirigeants du Nord et du Sud, soit 122 au Congrès général du peuple (CGP) et 57 au Parti socialiste yéménite (PSY). L'Islah, le plus grand parti religieux avec des attaches tribales, remporta 62 sièges, le reste se répartissant entre divers petits groupes indépendants. Le nouveau gouvernement fut formé par ces trois grands partis, 21 portefeuilles sur un total de 29 revenant à d'anciens ministres.

Depuis lors, la guerre civile de 1994 a anéanti le PSY, laissant le pays aux mains du CGP et de l'Islah. Il est impossible de savoir si le PSY parviendra un jour à s'en remettre ; avec ses anciens dirigeants regroupés dans un Front national d'opposition en exil, le parti a choisi de boycotter les élections de 1997 et il lui sera difficile de retrouver sa force de conviction au sein du pays. L'Islah a gagné de l'importance et son leader, le grand cheikh des tribus Hashid, Abdullah Bin Hussein al-Ahmar, est l'homme à surveiller pour ses ambitions politiques.

Aux secondes élections législatives qui se déroulèrent en 1997, le CGP remporta une victoire éclatante avec 187 représentants. L'Islah n'obtint que 54 sièges et les indépendants 55. Les cinq sièges restants furent partagés entre les partis de gauche des nassériens et du Baath. En signe de réconciliation, un indépendant du sud, Faraj bin Ghanim, fut nommé Premier ministre. Son gouvernement, de courte durée, se composait principalement d'anciens militants du CGP. Il fut remplacé

Les femmes et la politique au Yémen

Les femmes yéménites ont le droit de vote et sont éligibles au parlement. Cependant, leur présence sur la scène politique demeure très faible. Si deux femmes ont été élues lors des élections de 1993, le parlement de 1997 n'en comptait aucune. Sur un total de 3 851 candidats aux dernières élections, les femmes n'étaient que 23. Parmi les partis ayant présenté des candidates figuraient le PCG, les socialistes du Baath arabe, les réformistes nassériens, al-Haqq et le Parti national social ; néanmoins, la plupart des femmes en lice étaient des candidates indépendantes.

Du côté des électrices, le tableau est plus encourageant. Aux élections de 1993, 17,8% des 2,7 millions de votants étaient des femmes, chiffre qui est passé à 27,4% en 1997, alors que le nombre total de votants s'élevait à 4,6 millions. Le nombre total des électeurs enregistrés était de 7 millions, dont 55% de femmes, un grand nombre d'hommes vivant de façon permanente à l'étranger.

L'augmentation de la participation féminine était inattendue dans la mesure où le PSY a boycotté les élections de 1997 et où les femmes du sud, mieux éduquées, avaient été très actives lors des élections précédentes. En 1997, l'Islah réussit à récolter bon nombre de votes féminins dans les provinces du Nord, malgré l'absence totale de femmes parmi ses candidats. Ainsi, le pourcentage d'électrices passa de 3% à 12% à Saada, et de 11% à 25% à Hajja. Les plus hauts chiffres furent enregistrés dans les provinces de Shabwa (36%), de Hadramaout (34%), de Taez et Dhamar (33%). Même si les femmes yéménites préfèrent encore voter pour des hommes, le fait qu'elles participent aux élections marque un pas décisif dans la bonne direction.

La plupart des électeurs ne sachant ni lire ni écrire – trois femmes sur quatre sont illettrées – les partis se présentent sous des symboles faciles à identifier : un cheval pour le CGP, un soleil pour l'Islah et une étoile et un croissant pour les Unionistes nassériens. Les partis moins importants choisissent souvent un symbole à signification nationale, comme le dromadaire, la *jambiya* ou la huppe, l'oiseau porteur de messages entre Bilqis, la reine de Saba, et le roi Salomon.

en avril 1998 par un nouveau gouvernement dirigé par 'Abd al-Karim al-Iryani du CGP (neveu du second président de la RAY). Cette fois encore, les anciens politiciens monopolisèrent le gouvernement, un seul ministre ayant été remplacé. Avec l'Islah dans l'opposition, le pays traverse des moments difficiles dans la mesure où rien ne vient contenir le mécontentement des tribus vis-à-vis du gouvernement.

Le chef incontesté du pays n'en demeure pas moins l'actuel président 'Ali Abdullah Salih, qui bénéficie du soutien de l'armée et ne rencontre aucune opposition sérieuse. Lors de sa réélection pour un nouveau quinquennat le 1er octobre 1994, seuls six parlementaires ne lui ont pas accordé leur voix. A cette occasion, le Conseil présidentiel a été aboli, les pouvoirs étant désormais rassemblés entre les mains du président.

ÉCONOMIE

Sur le papier, le Yémen figure parmi les plus pauvres nations du monde. La conférence des Nations Unies sur le commerce et le développement l'a classé dans la catégorie des quarante pays les moins développés de la planète. Selon les statistiques de la Banque mondiale, le produit national brut (PNB) était évalué à 270 $US par habitant en 1997. Sur place, cependant, les visiteurs constatent une forte activité économique, qui échappe aux statistiques.

Le Yémen unifié a hérité de deux systèmes économiques différents : la trépidante économie libérale de la RAY, dont le taux de croissance annuel du PNB par habitant se maintint à 6% dans les années 80, et l'économie planifiée stagnante de la RDPY, où, pour la même période, le PNB perdit 2% par an.

Après les révolutions de 1962 et 1967, les deux économies se sont développées dans le plus grand isolement. Auparavant, le port britannique d'Aden occupait une place centrale dans le développement industriel et commercial de la région. Les Britanniques avaient fait de cette petite ville fortifiée d'un millier d'habitants un grand port de 150 000 âmes. Des milliers de Yéménites avaient quitté les basses terres pour venir y chercher du travail. L'un des objectifs de la réunification consistant à rendre au port son statut de capitale économique, Aden fut proclamée zone franche le 29 mai 1991. Cependant, le développement fut freiné par la guerre de l'Unité de 1994.

Toutefois, la réunification se concrétisa plus difficilement que prévu et l'économie a énormément souffert. Au seuil des années 90, le taux d'inflation annuelle dépassait les 100% et le déficit budgétaire était déjà énorme avant la guerre de l'Unité. En 1998, la dette extérieure totale du pays se montait à 10 milliards $US. Les mesures monétaires draconiennes imposées par le FMI finirent par ramener le taux d'inflation à un chiffre en 1997. Une croissance économique égale ou supérieure à 4% est prévue pour 1999. Ce n'est cependant pas suffisant pour qu'une partie des richesses soit redistribuée aux classes sociales inférieures dont les conditions de vie ne cessent d'empirer depuis la réunification.

L'agriculture

L'économie de l'ancienne RAY reposait essentiellement sur l'agriculture, son industrie représentant moins de 10% du PNB. C'était également l'activité principale de l'ex-RDPY : l'agriculture employait 75% de la population tout en ne produisant que 25% du PNB.

Les terres arables de l'ancienne RDPY (2% de la superficie totale) ne sont même pas intégralement exploités. Les provinces du Sud subviennent uniquement à leurs besoins en légumes et en dattes. Les provinces septentrionales jouissent, en revanche, de conditions climatiques particulièrement favorables et le pays devrait être autosuffisant en terme de nourriture. Ce fut le cas pendant 3 000 ans, dès les premiers jours de Saba.

Malgré les déclarations gouvernementales prônant l'indépendance économique dans le domaine agricole, les importations alimentaires ont plutôt tendance à augmenter. Les projets glorieux visant à faire du Yémen le grenier du monde arabe se limitent jusqu'à présent à des vœux pieux.

Aujourd'hui les exploitations, de taille restreinte, couvrent les besoins des familles.

Avec l'essor de l'industrie pétrolière, la part de l'agriculture dans le PIB a chuté de 17,6% en 1997. Dans l'ancienne RDPY, les domaines des sultans et autres seigneurs, transformés en fermes d'État, sont à nouveau privatisés.

Les céréales – sorgho, millet, blé et orge, des espèces résistant à la sécheresse –, représentent la principale production agricole. Sur les hauts plateaux montagneux du centre, la culture du sorgho est largement répandue autour de 2 300 m d'altitude, de même que les légumes – pommes de terre, carottes, oignons, ail, laitues et choux – et diverses épices.

Le qat, un narcotique léger, est commun sur les hauts plateaux. La production annuelle de café, qui fit autrefois le renom du pays, est loin d'atteindre les 5 000 tonnes d'antan.

Les wadi et les sources des hauts plateaux offrent un environnement favorable aux arbres fruitiers. Amandes, noix, pêches, abricots, poires, citrons, pamplemousses, etc. poussent ici sans difficulté.

Le climat chaud du bord des wadi favorise les cultures de rapport que sont les bananes, le raisin et les dattes. Le palmier dattier abonde dans le Wadi Hadramaout et la récolte est suffisante pour en exporter une partie à l'étranger.

Les Yéménites pratiquent également l'élevage de bétail, d'ovins et de poulets. Le miel est un produit très apprécié et vous rencontrerez sans aucun doute des apicul-

Exportation de la main-d'œuvre

Dans les années 70 et 80, la main-d'œuvre non qualifiée constituait pour les deux Yémen le principal bien d'exportation. Le boom pétrolier du début des années 70 en Arabie saoudite et dans les États du Golfe entraîna une demande de main-d'œuvre sans précédent. En 1990, les statistiques officielles estimaient à 2,5 millions les Yéménites travaillant en Arabie saoudite.

Cet énorme afflux de liquidités a transformé la RAY plus profondément que n'importe quelle révolution. Les téléviseurs portables et les chaînes hi-fi devinrent indispensables. Les ânes et les dromadaires étaient conduits au marché en 4x4 au lieu d'effectuer le trajet "à pattes". Les travailleurs rentrés au pays investirent leurs économies dans de petites boutiques, se lancèrent dans le commerce ou l'entretien des merveilles technologiques importées ou s'employèrent comme chauffeurs de taxi ou de camion. L'industrie du bâtiment connut un boom qui entraîna, à son tour, l'importation de nouveaux matériaux. En 1978, année où culmina la migration de la main-d'œuvre, les versements effectués en RAY par les travailleurs représentèrent entre 900 millions et 1,5 milliard $US, presque l'équivalent du déficit commercial du pays.

En octobre 1990, Sanaa refusa de soutenir les résolutions des Nations Unies à l'encontre de l'Irak pendant le conflit du Golfe et l'Arabie saoudite expulsa tous les Yéménites. Un total de un million de travailleurs rentrèrent chez eux. Le gouvernement yéménite estima le coût direct du rapatriement, en tenant compte de la perte des versements, à l'équivalent de 15 budgets annuels du pays.

Le réchauffement des relations entre le Yémen et les pays du Golfe, y compris l'Arabie saoudite, a permis la reprise de l'exportation de la main-d'œuvre, bien que la demande ne soit plus aussi forte. Si l'effet le plus direct est de rendre le Yémen moins dépendant de l'Arabie saoudite sur le plan politique, on assiste en contrepartie à l'augmentation du chômage : selon les chiffres officiels, le taux tourne autour de 30% chez les hommes, mais d'autres estimations parviennent à 50% (il n'existe pas de statistiques concernant les femmes).

teurs qui déplacent leurs ruches pour les placer à proximité de fleurs.

Les eaux de la mer Rouge et de la mer d'Oman sont très poissonneuses. L'industrie de la pêche dispose d'un immense potentiel, encore largement inexploité.

L'aide au développement

Le nouvel État yéménite dépend fortement des aides étrangères.

Dans la RAY, toutes les infrastructures bâties après la révolution de 1962 sont le fruit de projets étrangers. Les routes goudronnées ont été construites avec l'aide des Chinois, des Allemands de l'Ouest, des Américains et des Russes, tandis que l'Allemagne de l'Est a contribué à la mise en place du réseau téléphonique entre Sanaa, al-Hudayda et Taez.

De nombreux projets ont été payés par les pays arabes producteurs de pétrole, plusieurs riches émirs descendant de tribus yéménites. Les 90 millions $US du nouveau barrage de Marib, édifié à la fin des années 80, ont été entièrement financés par la fortune personnelle du cheik Zaid ibn Sultan al-Nahyan, président des Émirats arabes unis.

Avant la réunification, la RAY manquait non seulement de compétences dans le domaine industriel mais également de personnel qualifié. Les médecins yéménites sont toujours peu nombreux et 90% des enseignants viennent de l'étranger, notamment d'Égypte et du Soudan.

En RDPY, l'économie s'est retrouvée totalement ruinée à l'issue de la révolution de 1967. La fermeture du canal de Suez avait déjà réduit de 75% l'activité commerciale d'Aden, principale source de devises. Après le départ des Britanniques, 20 000 ouvriers perdirent leur emploi et la suspension des subventions réduisit le budget prévisionnel de l'État de 60%. Ne pouvant exporter ni produits agricoles ni minerais, le pays traversa une période d'austérité extrême.

Ayant survécu grâce à l'aide des pays communistes et, plus tard, des pays arabes, le RDPY finit par retrouver un certain équilibre économique vers les années 80. A la fin des années 70, le taux de croissance annuel affichait 8% et le gouvernement commença à se sentir plus proche que jamais de son objectif, à savoir l'indépendance économique. Pourtant, les problèmes de politique intérieure et l'effondrement de l'Union soviétique à la fin des années 80 eurent des conséquences désastreuses. L'économie perdit 2% de croissance par an et, à la veille de la réunification, l'État était quasiment ruiné. Dans les villes, les Yéménites faisaient la queue pour recevoir la nourriture fournie par le gouvernement.

Après la réunification, de nombreux pays arabes et occidentaux suspendirent leur aide en raison de la position yéménite lors du conflit du Golfe en 1990-1991. En 1992 et 1993, les allocations extérieures atteignaient un montant annuel d'environ 250 millions $US. Elles dépassaient alors le budget national alloué au développement, estimé à 150 millions $US selon les sources officielles, et à 12 millions $US selon les taux du marché parallèle. La guerre civile de 1994 mit de nouveau un terme aux projets étrangers, et la plupart ne réapparurent qu'après plusieurs années. Aujourd'hui, les pays européens tels l'Allemagne et les Pays-Bas comptent parmi les principaux bienfaiteurs du Yémen.

Le pétrole

Jusqu'au début des années 80, les deux Yémen faisaient office de vilains petits canards de la péninsule Arabique car ils ne possédaient pas de pétrole. L'industrie pétrolière se limitait à la présence de l'ancienne raffinerie de British Petroleum, à Aden, nationalisée en 1977. Cette dernière, déjà en perte de vitesse avant la révolution, souffrait du manque de pétrole brut. Le traitement du pétrole importé représentait néanmoins 80% de la production industrielle de la RDPY.

Vers 1985, avant la réunification, un gisement fut découvert dans la région désertique séparant les deux pays. La RAY lança son exploitation commerciale en 1986, à l'est de Marib, avec l'aide technique de la Hunt Oil Company. Cinq puits furent ouverts dans la région de Marib/al-Jawf et un oléoduc fut construit jusqu'à la côte de la mer Rouge. En 1989, la production s'élevant à 200 000 barils par jour, la RAY commença à exporter. Parallèlement, elle élabora des projets pour l'exploitation des immenses réserves de gaz naturel.

La RDPY découvrit ses premiers gisements près de Shabwa en 1986. Leur exploitation démarra lentement en raison des difficultés liées à la *perestroika* et aux problèmes rencontrés par Technoexport, son partenaire russe. Le pétrole était acheminé à Aden par la route et, en 1989, la production se limitait à 6 000 barils par jour. Un oléoduc menant à Bir 'Ali fut néanmoins réalisé en 1990.

La réunification a facilité l'exploration et l'exploitation des gisements de pétrole et de gaz dans l'ancienne région frontalière des deux Yémen. Si le champ pétrolifère de Shabwa s'est avéré décevant, la découverte de nouveaux gisements prometteurs dans la région de Masila, à l'est du Wadi Hadramaout, a abouti à la construction de l'oléoduc d'Ash-Shihr en 1993.

Fort heureusement, l'infrastructure de l'industrie pétrolière a survécu à la guerre civile de 1994, et les raffineries d'Aden ont rouvert dès la fin du conflit. Aujourd'hui, quatre compagnies internationales participent à l'extraction (Hunt à Marib, Nimir à Shabwa, Total et CanOxy à Masila). Près de 29 autres ont collaboré aux travaux de reconnaissance. En 1998, la production du Yémen est passée à 120 000 barils par jour et l'industrie pétrolière a représenté près de 40% de l'économie.

Toutefois, le Yémen demeure un petit producteur avec une production journalière d'environ 385 000 barils, soit 0,3% de la production mondiale. Un tiers couvre les besoins locaux. La baisse du prix du pétrole sur le marché mondial a gravement affecté le pays, mais la production domestique suffit néanmoins à alimenter les 4x4 qui sillonnent les montagnes yéménites, même si le reste de l'économie s'enlise.

POPULATION ET ETHNIES

Les Yéménites peuvent se diviser en trois grands groupes ethniques. Les habitants des montagnes ont été préservés de toute influence étrangère, contrairement à ceux des régions côtières. Ainsi la population de la Tihama s'est mélangée avec ses voisins africains et vice versa ; les Rashayda du nord de la côte érythréenne présentent des ressemblances frappantes avec les Yéménites, conséquence de la migration vers l'autre rive de la mer Rouge au XIXe siècle. La migration africaine s'est accélérée au cours des dernières décennies avec l'arrivée des réfugiés d'Éthiopie et de Somalie, toutes deux ravagées par la guerre. Sur la côte sud et dans le Wadi Hadramaout, les influences de l'Inde et de l'Asie du sud-est sont évidentes.

En général, les statistiques concernant le Yémen ne sont pas fiables. Toutefois, les recensements effectués tous les dix ans sont de plus en plus précis. D'après celui de 1994, la population yéménite s'élèverait à environ 15,8 millions. En 1975, la RAY comptait 5 millions d'habitants, contre 9,3 millions en 1986. La population de la RDPY était considérablement moins importante, les chiffres variant de 1,8 à 2 millions.

Le Yémen est un pays rural : 75% de la population est disséminée dans des petits villages ou de simples hameaux. La plus grande province, celle de Taez, rassemble 2,2 millions d'habitants, puis viennent les provinces d'Ibb, de Sanaa (capitale non comprise) et d'al-Hudayda (Tihama), avec près de 2 millions d'habitants chacune. Les plus grandes villes sont Sanaa (970 000 habitants) et Aden (560 000 habitants), suivies de Taez et d'al-Hudayda. En 1986, les autres villes comptaient quelques dizaines de milliers d'habitants tout au plus mais elles se développent rapidement. En 1994, plusieurs villes comptaient plus de 100 000 âmes.

L'espérance de vie était de 43,8 ans dans la RAY et de 46,5 ans dans la RDPY, mais des estimations plus récentes portent le chiffre aux alentours de 52 ans dans le Yémen unifié. Les soins médicaux restent très rudimentaires. Selon les statistiques de l'Unicef, 10,5% des enfants n'atteignent pas l'âge de 5 ans, ce qui met le pays au 43e rang de la mortalité infantile dans le monde. Ce chiffre marque toutefois un progrès significatif par rapport à 1960 – dans les deux

Yémen, le taux de mortalité avant 5 ans était alors de 37,8%, et au 3e rang mondial. Le taux de mortalité des femmes, lors de l'accouchement, reste de 1 400 pour 100 000 naissances (9e rang mondial).

En moyenne, le nombre d'enfants par femme est de 7,6. Chaque personne active nourrit 4,6 personnes en moyenne et 52% de la population a moins de 15 ans, ce que vous constaterez facilement lors de votre séjour. Les chiffres varient énormément selon les régions : si le noyau familial regroupe 7,5 personnes dans le Marib, il en réunit moins de 4 dans la province d'Abyan. Le taux de croissance annuel de la population est de 3,7%, ce qui amènera la population à doubler en vingt ans.

A la fin des années 80, l'âge moyen du premier mariage en RAY était de 18 ans pour les femmes et de 22 ans pour les hommes. Il n'est pas rare que les filles se marient avant 14 ans. On constate avec surprise que le divorce est également fréquent. Selon certaines études, près de 15 à 20% des femmes de certaines régions rurales ont divorcé au moins une fois et beaucoup d'entre elles se sont remariées. A cet égard, le Yémen se distingue de la plupart des autres pays arabes, où le divorce peut être une catastrophe sociale pour les femmes. La polygamie est légale au Yémen et un homme peut épouser jusqu'à quatre femmes. Cela reste peu fréquent dans la mesure où l'islam impose de traiter toutes les épouses de manière équitable : or, peu d'hommes ont les moyens d'offrir une maison à chacune de leurs épouses comme il leur est souvent demandé.

Les tribus

Contrairement aux autres pays de la péninsule Arabique, où la prospérité due au pétrole a gommé l'importance des tribus, le Yémen demeure une société essentiellement tribale. Les tribus s'associent pour former des entités plus grandes, sortes de fédérations. Il en existe trois dans le nord du Yémen : les très puissants Hashids et Bakils des montagnes et les Zaraniqs de la Tihama, dont le pouvoir fut anéanti après la guerre saoudi-yéménite de 1934. Dans le bassin de Sanaa, par exemple, les terres sont réparties entre sept tribus. Cinq d'entre elles (Arhab, Bani Bahlul, Bani al-Harith, Bani Hushayh et Bani Matar) appartiennent à la fédération Bakil et deux (Hamdan et Sanhan) à celle des Hashid. Ces unités tribales exercent encore une telle influence au Yémen qu'aucun cabinet ministériel n'a pu voir le jour sans leur avoir offert une représentation équitable.

Si la structure tribale est encore fortement implantée au nord du pays, cette influence diminue progressivement en allant vers le sud. Dans la région de l'Hujjariya, au sud de Taez, où la majeure partie de la population est chaféite, les liens tribaux sont très faibles ; les habitants n'hésitent pas à partir s'installer dans une autre partie du pays pour des raisons professionnelles. En ex-RDPY, où le gouvernement cherche ouvertement à réduire le pouvoir des cheiks locaux, les tribus sont plus petites et encore plus morcelées.

SYSTÈME ÉDUCATIF

Sous le règne des imams, l'éducation se limitait aux écoles coraniques dont l'objectif consistait uniquement à apprendre le Coran aux enfants. Aujourd'hui encore, le taux d'alphabétisation des adultes reste désespérément bas : 53% chez les hommes et 26% chez les femmes.

A l'issue des révolutions des années 60, de nouvelles écoles furent édifiées à travers le pays, offrant à tous les enfants la possibilité d'apprendre à lire et à écrire en arabe. L'anglais est enseigné en tant que langue étrangère. Le taux de fréquentation scolaire reste faible dans les montagnes les plus reculées du nord du pays. Avant la réunification, la RDPY disposait du système le plus efficace. Depuis la réunification, les élèves suivent neuf ans d'enseignement primaire et trois ans de secondaire.

Le Yémen souffre d'un manque d'enseignants, aggravé par des relations difficiles avec les autres pays arabes. En RAY, neuf enseignants sur dix étaient étrangers, généralement égyptiens. Durant le conflit du Golfe, en 1990, quelque 30 000 professeurs durent quitter le pays ; leurs salaires, pris en charge par le Koweït et l'Arabie saoudite, n'étaient plus payés. Ils ont été remplacés en catastrophe par quelque 10 000 diplômés de l'école secondaire et 15 000 recrues militaires. Certains remplaçants sont arrivés de pays musulmans plus intégristes, comme le Soudan et l'Iran.

ARTS
Danse

Réservée aux hommes, la *danse de la jambiya* ou *bara'* est la danse yéménite la plus connue. Forme d'art noble, elle se caractérise par des pas, des tours, des pliés de genoux, des bonds et des sauts effectués en groupe devant un public ; chaque danseur porte un poignard, un bâton ou une arme à feu. Des chanteurs de poèmes et des musiciens jouant de l'oud et des instruments rythmiques accompagnent parfois les danseurs. Chaque région du Yémen, et même chaque tribu, possède sa propre bara'. Cette danse, qui n'a rien de frivole, sert en fait à souligner la cohésion du groupe.

Également importante, la *lu'bah* se danse à deux aux sons d'un chant d'amour ou d'un texte sacré, telles les prières chantées à la louange du prophète Mahomet. Les instruments les plus utilisés sont l'oud ou le *mizmar*. La lu'bah accompagne les mariages et les fêtes des moissons. Devant une audience mixte, seuls les hommes dansent ; les femmes dansent entre elles lors des réunions féminines. Un homme et une femme ne peuvent danser ensemble devant des tiers.

Musique

Le Yémen possède une riche et ancienne tradition musicale. Les styles – sanaani, tihamite, adenite, lahejite ou hadramite – varient considérablement selon les régions. Ainsi, les rythmes endiablés de la Tihama ne présentent pas un grand attrait pour le respectable joueur d'oud sanaani.

L'oud ou *'ud*, ancêtre du luth occidental, est l'instrument le plus apprécié. Très répandu, il se présente sous diverses formes dans le monde arabe. S'il est populaire dans les montagnes et sur les hauts plateaux, il cède la place à la *simsimiya* le long du littoral. Cet instrument, une sorte de lyre à cinq cordes munie d'une petite caisse de résonance, est particulièrement présent autour de la mer Rouge et dans le golfe Arabique, où il porte le nom de *tumbara*. Les flûtes de roseaux ou *mizmar* forment la base d'une large variété d'instruments rythmiques comprenant le *madiff*, la *mafra'*, la *qulqula* et la *tabla*. Certains sont réservés à des rites religieux particuliers, tel le madiff tihamite qui anime uniquement la cérémonie d'exorcisme.

Certains artistes yéménites, comme le chanteur hadramite Badwi Zubayr, sont connus dans toute la péninsule. Dans les pays du Golfe, les vedettes locales interprètent souvent leurs chansons mais s'en attribuent la composition. Parmi les musiciens adenites, on peut citer le légendaire Iskandar Thabit, né en 1924. Ses chansons populaires ont soutenu les révolutions des années 60.

Le meilleur moyen de se procurer de la musique sur place est de hanter les petits stands de cassettes qui prolifèrent dans les souks. Gardez les oreilles bien ouvertes pendant que les Yéménites font leurs emplettes, puis achetez les enregistrements qui vous ont séduit. Après une ou deux semaines de voyage, vous devriez être capable de reconnaître les tubes du moment (même si leurs conventions rythmiques et mélodiques n'ont rien à voir avec les nôtres) que les postes de radio et les magnétophones jouent à fond dans les taxis et les bus. Outre les productions nationales, les musiques égyptienne, libanaise et soudanaise sont également très populaires.

Même si elle ne s'est jamais produite sur place, Ofra Haza (Israélienne d'origine yéménite) a largement contribué à la diffusion des chants juifs du Yémen.

Certains enregistrements de musique folklorique yéménite sont disponibles en Occident. Vous pouvez notamment écouter *Music from Yemen Arabia* (Lyrichord LLST series records 7283 et 7284), *Music of the Tihama in North Yemen* (Lyrichord LLST series records 7384) ou *Music of South Arabia* (Ethnic Folkways Library P 421). L'album *Unesco Collection 'Zaidi & Shafii'* (Philips 6586040) réunit des chants religieux de Sanaa, tandis que

Musical Atlas (EMI 3 C-064-18352) présente de la musique folklorique de la Tihama, de Saada, de Hajja, de Manakha, de Sanaa, de Zabid et de Bayt al-Faqih. Une édition française existe également, intitulée *Anthologie phonographique du récital oriental* (Arabesque 6).

Littérature

La littérature yéménite est fort peu connue en dehors du pays. L'historien du Xe siècle al-Hamdani (voir l'encadré *al-Hamdani, l'historien* dans le chapitre *Saada*) est sans doute l'écrivain le plus célèbre sur le plan international. Le politicien Mohammed az-Zubayri (1900-1964) était aussi un excellent poète. La fiction contemporaine est bien vivante, bien que les thèmes soient souvent trop yéménites pour les étrangers. *Al-Rahîna* (*L'Otage*), écrit par le plus grand romancier du pays, Zayd Moti' Dammâj, se déroule dans le royaume du Yémen avant la révolution et raconte l'histoire d'un jeune garçon pris en otage par l'imam. C'est un récit vibrant sur l'évolution sociale, sexuelle et politique.

Peinture

Traditionnellement, les arts visuels yéménites présentent un caractère islamique. La représentation des êtres vivants, et notamment humains, fut interdite par l'islam pendant des siècles, interdiction qui n'a été que très partiellement levée récemment. Grâce à la télévision et aux portraits omniprésents des dirigeants politiques, l'art – au sens occidental du terme – a toutefois pu pénétrer au Yémen.

Pionnier de la scène artistique de Sanaa, Fuad al-Futaih, un artiste qui a fait ses études en Allemagne, a ouvert la première galerie d'art de la ville en 1986 (voir la rubrique *Galeries d'art* dans le chapitre *Sanaa*). Depuis, il a aidé d'autres galeries à se créer, animant ainsi la scène artistique yéménite. La première galerie d'art d'Aden a été ouverte en 1984 par Abdullah al-Amin, ancien étudiant à Moscou. Parmi les autres artistes yéménites contemporains, citons Mazhar Nizhar, Amin Nashir, Ahmad Ba Madhaf et Yassin Ghalib.

Cinéma

Le cinéma de fiction est une forme d'art pratiquement inexistante au Yémen. Le cinéma documentaire est représenté par une femme, Kadidja Salami. Les films diffusés dans les salles sont importés. L'œuvre réalisée par Pier Paolo Pasolini en 1974, *Les Mille et Une Nuits*, a été en partie tourné au Yémen, mais il traite si ouvertement de la sexualité qu'il ne sera probablement jamais projeté dans le pays.

RÈGLES DE CONDUITE

Ne vous attendez pas à assister tranquillement au spectacle de la vie quotidienne yéménite. La plupart du temps, vous serez le centre d'attraction. Où que vous alliez, les Yéménites vous témoigneront leur intérêt en vous saluant et en vous souriant, en vous parlant et en se réunissant autour de vous. C'est une démarche sincère et amicale et ne croyez pas qu'ils veulent obtenir quelque chose en retour. Dans les souks, la plupart des marchands ne sont pas aussi empressés de vous vendre leurs produits que dans d'autres pays arabes.

Les Tihamites ont l'habitude des étrangers, étant eux-mêmes issus de plusieurs origines. Au fil du temps, ils ont même développé une certaine indifférence envers autrui, contrairement aux peuples des montagnes. Il en est de même avec les Hadramites. Sur les hauts plateaux du sud, vous attirerez sans doute une foule enthousiaste. Il suffit de demander une destination inhabituelle dans un taxi collectif pour qu'aussitôt chauffeur et passagers s'offrent à vous aider.

Dans un village, si vous passez près d'une école à midi, vous serez assailli. Tous les enfants veulent mettre en pratique les quelques mots d'anglais qu'ils ont appris et chacun espère que vous lui répondrez. Si vous connaissez quelques mots arabes, amusez-vous à les surprendre. Surtout, ne faites jamais l'erreur de vous fâcher contre eux car ils pourraient vous jeter des pierres, une manière très répandue de manifester son mépris.

Plus au nord, les gens sont moins ouverts, voire très réservés au nord d'al-Mahwit. Dans les environs de Saada, l'accueil est chaleureux mais vous ne susciterez pas de tels attroupements. Sur les hauts plateaux du Nord et dans le Shabwa à l'est, vous trouverez même des villages où les étrangers ne sont pas appréciés et vous aurez des difficultés à vous loger s'il n'y a pas d'auberge. Néanmoins, cette réaction est assez rare et vous constaterez que l'hospitalité arabe n'est pas une légende.

La société tribale

La structure tribale traditionnelle représente, après la religion, le facteur le plus important de fragmentation de la population yéménite.

La société repose entièrement sur le principe de la famille nucléaire, 'ayla en arabe. Plutôt nombreuse selon nos critères occidentaux, elle compte en moyenne 6 membres. Comme il a été souligné plus haut (voir la rubrique *Populations et ethnies*), les femmes donnent naissance à de nombreux enfants. La polygamie est parfois pratiquée : admise par la législation du Yémen, elle est cependant illégale dans l'ancienne RDPY.

La famille nucléaire fait partie de la famille étendue, appelée *bayt*, ce qui signifie "maison". Le terme peut être pris littéralement car une maison abrite souvent sept générations d'une même famille étendue. L'archétype de la bayt comprend un homme, ses épouses, ses fils, ses filles célibataires ainsi que les épouses de ses fils et leurs enfants.

Les familles étendues forment de plus grandes entités de par la généalogie, le *fakhdh* et le *bayn* constituent les deux groupes suivants dans la hiérarchie. La plus grande unité s'appelle *qabila*, ou "tribu". Sur une carte yéménite, vous verrez des noms tels que "Bani Matar" ou "Bani Hussein". Le terme *bani* signifiant "fils de", tous les membres de la région en question descendent d'un même ancêtre.

Ces noms laissent également entendre que, dans la société yéménite traditionnelle, les tribus et leurs sous-divisions ont toujours occupé un territoire plus ou moins bien défini. Ce phénomène reflète l'importance de l'agriculture, avec des tribus autarciques, cultivant suffisamment pour nourrir leur communauté. Ce découpage a peu de chances de changer puisque l'achat et la vente de terres s'effectuent toujours entre membres d'une même tribu. Seuls les Bédouins du nord-est font exception à la règle et ne cessent de se déplacer à la lisière du grand désert d'Arabie.

Le fait d'appartenir à une tribu s'accompagne à la fois de droits et d'obligations. Les conflits sont résolus au sein de la plus petite unité dont dépendent les deux parties en présence. Plus elles sont proches au sein de la structure tribale, plus le nombre de personnes concernées est réduit. Lorsqu'un *qabili*, ou "homme de tribu", tue un membre d'une autre tribu, toute sa tribu assume la charge du dédommagement.

Au fil des siècles, les coutumes et signes de reconnaissance de nombreuses tribus ont évolué différemment. L'observateur averti décèlera aisément le nom de celle à laquelle appartient un qabili au motif de sa *jambiya* (poignard de cérémonie porté à la ceinture par les hommes), à l'étoffe de sa *futa* (robe d'homme) ou à la manière dont il enroule son turban. Les vêtements des femmes varient également beaucoup d'une tribu à l'autre. Diverses cérémonies sont organisées, entre autres à l'occasion des mariages et des naissances. Certaines tribus de la Tihama pratiquent l'excision des femmes. Chaque tribu possède un folklore, une musique et des danses qui lui sont propres.

Chacune élit un cheikh (*shaykh*, ou "l'ancien"), un homme respecté pour sa sagesse qui arbitrera les litiges au sein de la tribu en appliquant la charia. En cas de problème insoluble avec une autre tribu, c'est lui qui a la charge de lever une armée et de mener les combats contre l'agresseur. Toutefois, il ne détient pas le pouvoir absolu et un nouveau vote peut être organisé s'il ne répond pas aux espérances.

Les classes sociales

Dans la société traditionnelle, l'élite religieuse constitue la classe sociale la plus élevée. Celle des *sada* (pluriel arabe de *sayyid*), qui regroupe les descendants directs du prophète Mahomet et occupait le sommet de la hiérarchie zaydite, est encore très respectée aujourd'hui. Le groupe des *qudha* (pluriel de *qadhi*), juristes ayant hérité de leur position sans être sada, forme une autre élite, estimée pour son érudition.

Au bas de l'échelle se trouvent les *akhdam* (pluriel de *khadim*). Employés municipaux, ils balayent les rues, entretiennent les bains publics et effectuent toutes sortes de travaux manuels. Un peu plus haut viennent les descendants des esclaves ramenés d'Éthiopie dans la Tihama, appelés *abid*. Malgré le peu de considération accordée aux tâches qu'ils remplissent, ces personnes, sombres de peau, sont souvent traités comme des membres de la famille.

La plupart des Yéménites se situent entre ces deux extrêmes. Ce sont des *qabili* (hommes des tribus), pour reprendre le terme zaydite employé dans le nord, ou des *'arab* ou *ra'aya* selon la terminologie chaféite du sud. Fermiers ou petits propriétaires terriens pour la plupart, ils tirent une grande fierté de leurs liens familiaux.

Entre cette classe et celle des akhdam sont réunis tous ceux qui présentent une généalogie incertaine ou occupent de petits emplois, tels les barbiers et les artisans. On leur donne des noms différents comme *nuqqas*, *bani khums* ou *jazr* (boucher), en fonction de leurs origines ou de leur activité professionnelle.

Au cours de ces dernières années, cette structure traditionnelle a commencé à se fracturer. Au fur et à mesure que l'argent a pris de l'importance dans les années 70, les emplois auparavant déconsidérés ont inspiré plus de respect et, aujourd'hui, les Yéménites sont davantage prêts à faire tomber les barrières sociales. Bien qu'il soit encore rare de voir un sayyid ouvrir un restaurant, cela n'est plus impossible dans les grandes villes. Le niveau d'instruction croissant de la population devrait également contribuer au changement car la connaissance n'est plus le domaine réservé des sada et des qudha. Cependant, le mariage fait toujours l'objet de restrictions.

Le qat

Cette plante narcotique jouit d'un statut quasi officiel et a même illustré le billet d'un riyal. Pratiquement tous les adultes des provinces montagneuses du Nord en consomment une fois par semaine, voire une fois par jour. D'après certaines sources, le commerce du qat représentait un tiers de l'activité économique de la RAY à la fin des années 80.

Depuis la réunification, en 1990, il s'est répandu dans les provinces du Sud, où il n'était pas cultivé en raison de la basse altitude. A l'époque de la RDPY, la consommation de cette drogue douce n'était autorisée que le jeudi et le vendredi. De temps à autre, les représentants officiels tentent de légiférer pour en restreindre la consommation, généralement en vain.

Le *catha edulis* (arbre à qat) est un petit arbre vert de trois à sept mètres de haut qui nécessite peu de soins et un bon arrosage. Dans un contexte favorable, l'arbre peut atteindre dix mètres. Certains de ces géants dominent la région de Taez, dressés sur les flancs du djebel Sabir et copieusement arrosés par la mousson.

Le qat prospère à des altitudes relativement élevées (entre 1 500 et 2 500 m). Comme le café, il est originaire des montagnes d'Afrique orientale. Aujourd'hui, il pousse naturellement sur une vaste zone couvrant l'Afrique du Sud, Madagascar et l'Afghanistan. Le Kenya, la Somalie et l'Éthiopie le cultivent également mais il n'est jamais aussi présent qu'au Yémen.

Le qat peut être consommé de différentes façons. Dans certaines régions d'Afrique de l'Est, il est mélangé au thé. Les Yéménites, eux, en mâchent les feuilles. Cueillies à l'extrémité des branches, elles sont liées en petites bottes pour être vendues au marché. Seules les plus jeunes feuilles et les plus fraîches sont bonnes à mâcher. Elles perdent rapidement de leur valeur car elles se fanent deux jours après la cueillette. On ne peut ni les faire sécher ni les conserver. Les feuilles de qat sont donc vendues et consommées au plus tard le jour suivant la récolte.

La consommation du qat s'est longtemps limitée aux régions de production, pauvres en voies de communication. Sa culture s'est répandue dans toutes les hautes terres du Yémen et il n'existe quasiment pas un village de montagne qui n'en cultive pas. Bien plus lucratif que le café, il l'a remplacé dans de vastes zones. Les deux arbres poussent souvent côte à côte sur les terrasses.

Pour mâcher – ou "brouter" le qat ou encore "qater" –, il faut apprendre la technique. Les feuilles ne sont pas avalées mais collées contre l'intérieur de la joue où elles finissent par former une petite boule qui grossit au fur et à mesure des rajouts. Si vous essayez, vous constaterez qu'il n'est pas facile de maintenir cette boule

La passion du qat

Le qat est avant tout une drogue conviviale, qui se mâche rarement seul. Généralement les séances de qat, appelées *majli* (réunion) sont organisées l'après-midi dans le *mafraj* (pièce du dernier étage) et, si les rues sont quasiment désertes à cette heure de la journée, la sieste n'en est pas la raison essentielle. Les hommes se rendent au moins une fois par semaine à leur réunion. Les Yéménites aisés n'hésitent pas à en faire une pratique quotidienne. Un homme qui évite ce rituel est rapidement considéré comme un marginal.

Les parties de qat ne sont pas planifiées ; comme tout au Yémen, elles s'organisent spontanément. Le matin, les hommes se retrouvent au souk, à la mosquée ou ailleurs, échangent les dernières nouvelles et se demandent où ils pourraient mâcher leur qat l'après-midi. Chacun à son tour ouvre sa maison et choisit le cercle qu'il a envie de fréquenter.

Les conversations des "brouteurs" de qat traitent essentiellement du quotidien ; les Yéménites adorent échanger des propos très vifs et pleins d'esprit que toute personne ignorant le code social pourrait interpréter comme une offense. Toutefois, les décisions importantes sont souvent prises lors des parties de qat qui précèdent une grande occasion. Celle-ci varie du mariage aux réunions politiques au plus haut niveau : un membre du gouvernement n'a son mot à dire que s'il est invité aux séances du président Salih.

On vous proposera fréquemment du qat. La politesse yéménite veut que l'on offre une branche de qat à son voisin dans le taxi, par exemple. Si vous acceptez, vous susciterez l'enthousiasme général. Ne soyez pas gêné, ils ne se moquent pas de vous.

Les femmes "qatent" également, quoique plus discrètement, au cours des réunions qu'elles organisent entre elles (*tafrita*). Pour une femme étrangère, être invitée à ce genre de réunions représente une rare occasion de rencontrer des femmes yéménites non voilées et détendues. C'est un moment privilégié à ne pas manquer !

entre la mâchoire et la joue. Après des années de pratique, il semble que l'anatomie s'adapte : les joues des vieillards, si ridées lorsqu'elles sont vides, sont capables de tenir une chique de la taille d'une balle de tennis, suscitant l'admiration générale.

Bien que ses effets physiologiques aient fait l'objet de nombreuses études, le qat demeure un stupéfiant largement méconnu. Il constitue à lui seul l'une des sept catégories de narcotiques établies par l'Organisation mondiale de la santé (OMS). L'analyse chimique des feuilles fait apparaître une incroyable quantité de composants actifs, sans qu'il soit possible de distinguer les plus puissants. La seule certitude est qu'il s'agit d'un léger stimulant dont les effets secondaires n'ont pu être reconnus comme dangereux pour la santé, même chez les gros consommateurs. Il provoque une certaine constipation mais n'entraîne pas de dépendance physique. Les recherches n'ont pas mis en évidence une dépendance psychologique.

Les Yéménites attribuent au qat toutes sortes de vertus. Comme il est censé accroître l'endurance, il est souvent mâché avant d'effectuer une lourde tâche ou un travail répétitif, ainsi qu'en voyage. Sa réputation veut qu'il aide à supporter la privation de nourriture, de boisson ou de relation sexuelle. D'un autre côté, il est recommandé de bien manger avant de qater afin d'accroître le plaisir de boire et de fumer. Le qat est aussi censé améliorer les performances sexuelles. En tout cas, il permet de rester éveillé.

On dit qu'il stimule l'intellect, élève l'esprit et favorise la communication. Pour l'avoir observé moi-même, je confirme que cela rend les Yéménites plus bavards même si, au bout de quelques heures, le mâcheur se retrouve dans un état quelque peu introverti, méditatif et presque dépressif. Les mystiques ont tendance à croire que le qat leur permet d'entrer plus intensément en communication avec Dieu.

Vous aurez amplement l'occasion d'observer les "brouteurs" de qat. Pratiquement toutes les activités ayant lieu entre 14h et 18h, qu'il s'agisse d'un trajet en bus ou d'un match de football, sont prétextes à chiquer. Les chauffeurs de taxi mâchent en conduisant, les commerçants ont la joue qui commencent à se gonfler dès la fin de l'après-midi, les hommes chiquent en se promenant dans la rue, bref il est impossible de ne pas rencontrer le qat au Yémen.

Le qat n'est pas bon marché. Une *rubta*, une petite botte de six à dix branches assurant trois à quatre heures de chique, coûte entre 200 et 2 000 RY (généralement entre 300 et 1 000 RY) en fonction de l'offre et de la demande, de la saison, de la qualité et du niveau de vie des clients du souk. C'est cher pour un pays où un ouvrier non qualifié gagne entre 200 et 500 RY par jour et un ouvrier qualifié à peine le double.

Les gros consommateurs qui chiquent le matin en travaillant et l'après-midi pendant les séances de qat peuvent mâcher quatre à six rubtas par jour. Interrogés à ce sujet, ils répondent souvent combien ils dépensent par semaine : en moyenne entre un quart et la moitié de leur salaire, d'après les enquêtes. Ceux qui gagnent moins achètent du qat moins cher afin de pouvoir chiquer plus souvent, tandis que ceux qui gagnent bien leur vie exhibent leur richesse en achetant le plus cher. Chacun doit pouvoir acheter sa ration quotidienne, qui sert de baromètre pour mesurer le niveau de ses revenus.

Us et coutumes

Le Yémen est un pays relativement facile à visiter et ses habitants sont accueillants. Il est néanmoins préférable de garder certains usages à l'esprit. Lorsque quelqu'un vous offre du thé, il est impoli de refuser ; le verre de thé est indispensable à toute négociation commerciale. Au cours de votre voyage, vous rencontrerez de multiples personnes qui engageront la conversation avec vous ; efforcez-vous de leur répondre, même si vous ne connaissez pas un seul mot d'arabe, car c'est ce qu'ils attendent.

Si vous êtes invité chez quelqu'un, n'oubliez pas d'ôter vos chaussures avant d'entrer. N'allez pas faire un tour dans la maison si vous vous retrouvez seul ; les hommes ne sont pas autorisés à pénétrer dans les pièces réservées aux femmes. Si vous restez plus de quelques minutes, il vous sera probablement offert un somptueux repas – si vous ne connaissez pas vos hôtes depuis longtemps, vous devez absolument proposer de le payer. Vos hôtes sont vraisemblablement moins riches que vous et, dans les régions bédouines, c'est l'usage. En revanche, n'insistez pas si l'on décline votre offre.

Pour les photos des locaux, reportez-vous à la rubrique *Photo et vidéo* du chapitre *Renseignements pratiques*.

Code vestimentaire. Le Yémen est un pays musulman strict. Il convient donc de s'habiller en conséquence et d'abandonner tout rêve de bronzage intégral !

Les Occidentales pourtant sont considérées comme des êtres du "troisième sexe", non tenues de porter le voile. Cependant, une tenue correcte est de rigueur. Sachez que les Yéménites peuvent se sentir insultés par une tenue négligée ou y voir une permissivité sexuelle. Portez des vêtements amples ne laissant rien apparaître au-dessus de la cheville : jupes, robes longues ou pantalons avec des hauts de préférence à manches longues (voir la rubrique *Voyager seule* du chapitre *Renseignements pratiques*).

Le short est considéré comme un caleçon court et se promener dans cette tenue peut provoquer rires ou agressivité, excepté à Aden, en raison de l'ancienne présence occidentale. Compte tenu des conditions climatiques, les vêtements amples et les couvre-chefs ont vraiment leur utilité.

Visite des mosquées. Il existe plus de 40 000 mosquées au Yémen, sans compter les petites maisons de prière d'une seule pièce. Nombre d'entre elles sont de fabuleux monuments historiques, certaines remontant à l'époque du Prophète. Les voyageurs musulmans trouveront d'innombrables endroits à visiter et où prier. Lorsque la RAY s'ouvrit au tourisme étranger, les mosquées attirèrent beaucoup de monde. Les imams reçurent la consigne de bien traiter les touristes et, à la fin des années 70, on pouvait en visiter la plupart en adoptant un comportement correct. Des dispositions similaires furent prises dans l'ex-RDPY.

Malheureusement, ce n'est plus le cas. Les étrangers, avec leur drôle de conduite, perturbaient les fidèles. Les imams ont donc rapidement décidé de réduire l'afflux des non-musulmans. Aujourd'hui, la majorité des mosquées yéménites leur sont totalement interdites. Selon les puristes, un non-musulman ne devrait même pas pouvoir accéder aux cimetières. Il est néanmoins possible d'entrer dans certaines mosquées en dehors des heures de prière. Les anciennes mosquées, considérées comme des monuments historiques et qui ne sont plus utilisés, sont également ouverts au public.

Si vous effectuez un circuit en groupe, la visite d'une mosquée sera certainement prévue. Vous pouvez aussi demander à un ami yéménite de vous faire entrer. Si vous flânez suffisamment longtemps aux alentours d'une mosquée, quelqu'un vous invitera peut-être à y pénétrer. Il se peut même qu'un jeune homme travaillant à la mosquée soit désigné pour vous guider. La discrétion est de rigueur car votre simple présence près des édifices religieux peut susciter une vive réaction. Dans ce cas, mieux vaut vous éclipser.

Ne pénétrez jamais dans une mosquée sans permission. Si on vous l'accorde, déchaussez-vous. Les femmes doivent être correctement vêtues : ne laissez apparaître ni vos cheveux, ni une autre partie de votre corps hormis votre visage, vos mains et vos chevilles. N'insistez pas pour prendre des photos, surtout de fidèles en pleine prière. L'accès à certaines parties de la mosquée peut être interdit ; respectez ces restrictions. Si l'imam vous demande un *bakchich* ou un don, ne lui refusez pas.

En haut à gauche : les austères maisons-tours de Shihara sont caractéristiques de l'architecture des montagnes yéménites. Fièrement installées sur les hauteurs, elles montèrent la garde sur les plaines environnantes pendant des siècles

En haut à droite : les étages inférieurs des maisons-tours de Sanaa sont construits en pierre taillée naturelle et les étages supérieurs, en brique cuite. Les fenêtres voûtées et circulaires, richement décorées, sont faites de plâtre et de verre coloré appelé *takhrim* (vitrail). La nuit, lorsqu'elles sont éclairées de l'intérieur, elles offrent un spectacle magnifique

En bas : les énormes maisons en terre et en brique de Shibam, dans le wadi Hadramaout, lui ont valu le nom de "Manhattan du désert". Au cœur de la ville règne une douce fraîcheur ; des ponts reliant les maisons adjacentes enjambent d'étroites ruelles

En haut : visible depuis la campagne environnante grâce à ses façades d'un blanc aveuglant, la mosquée Ahmad ibn Alwan, à Yifrus, date de plus de cinq cents ans. Un aqueduc, transportant l'eau depuis une source située à 3 km, permet aux fidèles de pratiquer les ablutions rituelles

Au milieu : l'imposant palais du sultan Say'un, dans le wadi Hadramaout, fut construit à la grande époque du commerce avec l'Asie du Sud-Est. La façade légèrement plâtrée et les tourelles fuselées cachent une construction de terre et de brique sophistiquée

En bas : la mosquée d'al-'Aydarus, à Ash-Shihr, date du XIIIe siècle. Elle fut aperçue par l'explorateur italien Marco Polo, en 1294, lors de sa visite de la ville, alors principal port de l'Hadramaout. Les crêtes des murs et les arches des fenêtres ou de l'entrée principale sont caractéristiques des mosquées de cette région. Le style des minarets varie à l'infini, rond ou hexagonal, dans l'ensemble du Hadramaout et sur la côte sud du Yémen

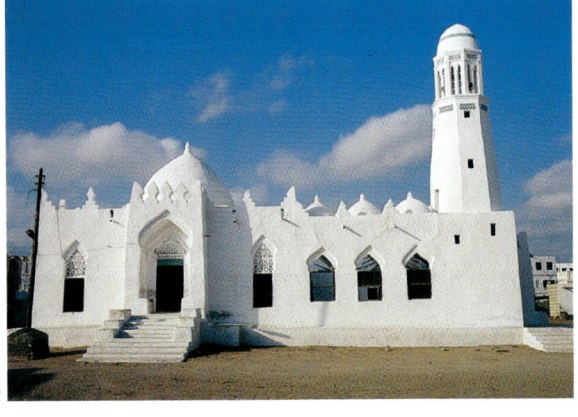

ARCHITECTURE

L'architecture yéménite est unique. Les maisons sont bâties avec les matériaux locaux : terre, brique et branchages en plaine, pierre en montagne. Les villages s'intègrent toujours au paysage. De la plus imposante maison-tour à la hutte la plus rudimentaire, les édifices semblent faire partie d'un vaste plan unifié.

La Tihama

Ici, les maisons sont basses, seuls pointent les minarets des mosquées. Dans les campagnes, les maisons se limitent généralement à une pièce ronde ou rectangulaire faite de roseaux et coiffée d'un toit pointu. Les villages de huttes rondes, plus communs dans le nord de la Tihama, évoquent véritablement l'Afrique.

Les murs, faits de roseaux, de branchages et de feuilles de palme, sont souvent recouverts d'une couche de terre lisse. Les roseaux sont moins apparents au plafond et le toit est parfois couvert de paille. En dépit de l'apparence rudimentaire des huttes, l'intérieur est décoré avec beaucoup d'imagination et très bien tenu.

Les grands villages et les villes regroupent des maisons de briques. Si elles sont toujours peu élevées – un ou deux étages – elles s'étendent parfois, dans les grandes villes, sur plusieurs pièces et cours. Les façades sont ornées de motifs abstraits formés de briques saillantes ou de frises géométriques en stuc. Les plus belles décorations sont souvent orientées vers la cour intérieure, celles donnant sur la rue ne révélant rien de la fortune du propriétaire. C'est la région de Zabid qui offre les plus beaux exemples de ce type de maisons.

Le troisième type rencontré dans la Tihama est la maison de ville, dite de la mer Rouge, dont le style témoigne d'une influence étrangère. Ces demeures de plusieurs étages, ornées de fenêtres à moucharabieh et de balcons, font partie du charme d'al-Hudayda ainsi que, dans une moindre mesure, d'al-Makha au sud et d'al-Luhayya au nord.

En haut à gauche : détail d'une porte à Tarim (photo de Kristen Hellstrom)

Ci-contre : hutte en roseau de la Tihama

Maisons-tours des hauts plateaux

La maison-tour règne sans conteste dans les hauts plateaux. En pierre, en brique ou en terre, selon les matériaux disponibles, elle incarne le style d'architecture dont tous les visiteurs étrangers gardent à jamais le souvenir. On dit que le Yémen a inventé le gratte-ciel et que dans chaque Yéménite sommeille un architecte. Il est vrai que les montagnards ont une façon bien particulière de construire leurs maisons.

Chaque maison-tour abrite plusieurs générations. Chaque étage a une fonction déterminée : le rez-de-chaussée est réservé aux animaux et à l'entreposage ; le dernier étage – un petit grenier aménagé dans le toit – est l'endroit le plus apprécié de la maison. Il s'agit du *mafraj* où le propriétaire des lieux reçoit ses hôtes. Les étages intermédiaires comprennent les chambres, le quartier des femmes, les cuisines, les salles de bains et le *diwan* (vaste salon de cérémonie).

Ces maisons-tours se rencontrent également dans les régions de l'intérieur, à relativement basse altitude. Shibam, dans le Wadi Hadramaout, est célèbre pour ce type d'architecture.

Les montagnes

Les habitations des chaînes montagneuses de l'ouest et du sud sont essentiellement des maisons de pierres. Les façades sont décorées différemment selon les régions et, bien qu'elles ne montrent parfois que la pierre, les murs intérieurs sont souvent recouverts de terre puis de gypse blanc, ce qui donne aux pièces un aspect très agréable. Le plâtre s'étend souvent à l'extérieur, aux pourtours des fenêtres. Ces dernières sont l'un des éléments les plus décoratifs de la maison. Leur réalisation en plâtre et en verre, appelée *takhrim*, leur donne fière allure. Les carreaux étaient autrefois en albâtre et appelés *qamariya*, leurs découpes rondes ou semi-circulaires faisant penser à la lune ; ils sont désormais remplacés par du verre de différentes couleurs.

En haut :
maisons-tours
à Shibam

Les hauts plateaux et les vallées

Dans les provinces de Shabwa et du Hadramaout, les maisons sont en terre ou en brique, souvent mêlées à la pierre. Sanaa offre le plus bel exemple d'utilisation de techniques variées : au-dessus des deux premiers étages en pierre, les murs en brique sont ornés de somptueuses décorations.

Dans les provinces d'al-Bayda et de Saada, vous verrez des maisons en terre bâties selon la technique du zabur. Les murs sont formés de plusieurs couches de terre, chacune délicatement posée sur la précédente et laissée à sécher plusieurs jours avant la pose de la suivante. Pour assurer la stabilité de l'édifice, les murs s'appuient l'un contre l'autre aux quatre coins et lui donnent ainsi une forme conique très particulière. Les murs sont ensuite lissés à la main. Dans la région de Barat, au sud-est de Saada, les maisons sont peintes de larges bandes ocres.

Le long des wadi des provinces du sud, l'architecture se caractérise par des maisons en brique recouvertes de terre. Certains villages et villes sont entièrement bâtis en briques de terre séchées au soleil : maisons-tours, palais, tombes, mosquées et fontaines publiques. Il existe une infinie variété de styles de construction ; à Shibam et à Tarim, dans le Wadi Hadramaout, les maisons représentent la quintessence de cette technique, alors que celles du proche Wadi Daw'an adoptent un style totalement différent. Shabwa, le Wadi Mayfa'a et le Wadi Habban abritent des maisons-tours traditionnelles, qui côtoient de larges bâtisses plus récentes, offrant un contraste frappant.

A al-Mukalla, nombre de maisons arborent des décors d'influence indienne. Dans le Wadi Hadramaout, c'est une inspiration indonésienne (et surtout javanaise) qui transparaît ; suivant une tradition locale, les émigrants de retour au Yémen y construisent maisons et mosquées.

En bas : maison en pierre à Beit al-Maier

En haut : maison en terre peinte de bandes ocres, typique de la région de Barat

Styles importés

Malheureusement, l'urbanisme n'est pas toujours une réussite. L'architecture moderne ou post-révolutionnaire intègre parfois des matériaux et des techniques d'importation comme le béton précontraint et les briques de ciment. Les villes portuaires d'al-Hudayda et d'Aden, ainsi que les nouveaux quartiers d'al-Mukalla en sont les pires exemples. Ces mêmes laideurs défigurent aussi Taez, Sanaa, Hajja et Saada.

Il est difficile de dire combien de temps l'architecture traditionnelle résistera. Toutefois, dans la majeure partie du Yémen, rares sont les maisons neuves de style totalement "importé". Les murs en briques de ciment sont en général recouverts de pierres locales, agrémentés de fenêtres en ogive et décorés de motifs réalisés en pierres de différentes couleurs. Aussi peut-on espérer que l'esprit yéménite continuera à prévaloir.

De si belles façades…

L'architecture yéménite fascine par son esthétisme. Ce qui frappe instantanément le voyageur à Sanaa (dans les hauts plateaux), à Ibb (en montagne) ou à Zabid (dans la plaine de la Tihama), c'est la beauté des façades décorées. La décoration extérieure d'une demeure est d'une harmonie à couper le souffle ; les détails d'une frise se retrouvent ainsi dans le bois travaillé des moucharabiehs ou dans les figures des vitraux ; l'équilibre de l'ensemble est souligné par le tracé blanc au gypse (ou goss, une sorte de plâtre). Chaque région a son style bien particulier de décoration extérieure – on en a vu quelques exemples précédemment – qui obéit à des règles de composition stricte. Outre les matériaux de construction utilisés (pierre, brique de terre cuite, pisé), divers éléments décoratifs se combinent, murs, portes et fenêtres étant chacun prétexte à l'ornementation.

Jeux de couleurs et frises

La décoration pure consiste en jeux de couleur parfois contrastés (selon les matériaux et leur teinte), en façade blanchie, en motifs divers, en volets multicolores, en fenêtres dessinées en trompe-l'œil... Les détails les plus saillants sont les dessins de badigeon blanc, et certains ont pu parler à ce propos d'"écriture décorative". Le gypse est un plâtre fabriqué à partir d'une pierre cuite au four, ce qui permet d'obtenir un produit très fin mais très solide. Les Yéménites s'en servent pour blanchir les façades ou l'intérieur des pièces, pour dessiner des bas-reliefs. Il a aussi des fonctions pratique (sa forte odeur éloigne mouches et insectes) et culturelle : une maison est repeinte pour marquer un évènement familial important (mariage, naissance, pélerinage).

Les frises peuvent être en brique, en pierre ou en stuc selon les régions. A Sanaa, elles sont nombreuses et variées ; elles marquent chaque étage. Ailleurs, à Zabid ou à Ibb, elles couronnent la maison. Dans la vieille ville de la capitale, les motifs, très nombreux, sont en général géométriques ; certains sont d'un dessin assez sommaire, en zig zag ; d'autres ressemblent à la dentelle la plus fine. Ils sont soulignés de blanc. Les façades en pierre montrent moins de richesse ornementale en raison de la difficulté même du matériau.

En haut : façade d'une maison en terre à Saada

L'art du vitrail

Les fenêtres et leurs vitraux forment l'élément le plus frappant, sinon primordial, des façades yéménites. Contrairement à d'autres pays musulmans, les maisons sont ici ouvertes sur l'extérieur et largement percées de fenêtres. Dans une hiérarchie très précise des ouvertures : plus la maison s'élève, plus elles sont nombreuses, larges et décorées.

Les fenêtres traditionnelles se composent de trois parties distinctes, l'une ornementale, l'autre pour la vue, la dernière pour la ventilation. Aujourd'hui, la partie inférieure de la fenêtre, en vitre, s'élargit de plus en plus. Au-dessus, la fenêtre ornementale laisse passer une lumière douce et tamisée ; elle est en vitrail. Dans les maisons les plus anciennes, des plaques d'albâtre ornaient le haut des fenêtres. Mais l'albâtre coûte cher et s'efface devant le verre coloré.

Comme le souligne José-Marie Bel, expert du patrimoine yéménite et président d'Arabia Felix, "le vitrail s'est fait le symbole de l'architecture yéménite" pour devenir "un luxe ordinaire".

"Alors qu'il était peu répandu à la fin du siècle dernier, les plaques d'albâtre étant encore très communes, le vitrail s'est développé au début de notre siècle, où son apogée se situe à la fin de l'occupation turque ottomane en 1920, et jusque dans les années 40. Il est devenu la pièce maîtresse et donne à la fenêtre moderne sa distinction, son esthétique. [...] Comme les fenêtres sont basses et larges, nombreuses et sans volet, le vitrail contemporain a perdu sa fonction principale, qui était de diffuser de la lumière, pour être essentiellement décoratif, avec la diffusion d'agréables signes, images et reflets colorés... Avec le développement de l'extraction du gypse, de la vente du plâtre dans tout le pays et de la simplification des motifs, liée à une exécution plus rapide, le vitrail s'est largement répandu dans toutes les classes de la société et dans presque tous les édifices. Il est devenu un luxe ordinaire. [...]

Vestiges du passé ou de construction récente, les vitraux se comptent aujourd'hui par milliers dans le pays. De Sanaa jusqu'aux confins du désert et en Hadramaout, on peut évaluer à plus de cinq millions les vitraux sortis des mains des artisans. Multipliés par leurs reflets tranquilles et oniriques, ils donnent aux villes yéménites, y compris les plus bruissantes, comme Sanaa, la capitale, un sentiment méditatif."

José-Marie Bel, *Cinq millions de vitraux au Yémen*, revue Arabies, avril 1999.

En haut :
maisons de pierres aux murs décorés à al-Hajjarah

RELIGION

L'islam est la religion officielle du Yémen. Ce fut l'une des premières régions du monde à prendre part au développement de la foi islamique, avec la conversion des souverains perses locaux dès l'an 6 de l'hégire, autrement dit en 628. Si l'on en croit les sources officielles, tous les Yéménites professent aujourd'hui la religion musulmane.

L'islam

La religion musulmane repose sur l'entière soumission du croyant à Dieu. C'est le principe qui imprègne constamment la vie quotidienne des musulmans. En fait, les mots arabes *islam* et *moslem* signifient respectivement "soumettre" et "soumis" à Dieu. Le fidèle observe les cinq piliers de l'islam : l'attestation de la foi, la prière rituelle, l'aumône légale, le jeûne du ramadan et le pèlerinage à La Mecque.

Une sixième obligation majeure pourrait être ajoutée : le *jihad*, qui signifie à la fois "guerre sainte" et "combattre dans la voie de Dieu". Le concept du jihad a fait l'objet d'innombrables controverses et malentendus tant chez les musulmans que chez les non-musulmans. Il peut aussi bien être interprété comme une exhortation à la guerre contre les impies et les non-croyants que comme un encouragement de l'individu à lutter contre ses mauvais penchants.

La foi. La magnifique calligraphie sur le drapeau saoudien traduit le fondement de la croyance musulmane : "il n'est de divinité que Dieu ; Mahomet est l'envoyé de Dieu." Le fait de prononcer cette formule en présence de deux témoins dignes de confiance détermine la qualité de musulman.

Les musulmans croient aussi aux anges qui ont apporté le message de Dieu aux hommes (c'est l'archange Gabriel qui a transmis le Coran à Mahomet), aux prophètes qui ont reçu ce message, aux livres dans lesquels les prophètes ont publié ces révélations et au jour du Jugement dernier. Le Coran mentionne vingt-huit prophètes ; Mahomet est le dernier et celui qui reçut la dernière révélation de Dieu. Le Coran est donc le dernier des livres contenant les révélations des précédents prophètes. Le Jugement dernier sera annoncé par l'archange Asrafil. Chacun sera convoqué, soit au paradis soit en enfer, selon qu'il aura combattu ou non aux côtés de Dieu.

L'islam reconnaît de nombreux saints et écritures du judaïsme et du christianisme. Adam, Noé, Abraham, David, Jacob, Joseph, Job, Moïse et Jésus sont particulièrement honorés, même si le caractère divin de Jésus est totalement nié. Le Coran admet les écritures d'Abraham, la Torah de Moïse, les Psaumes de David et les Évangiles.

La prière. Le rite de la prière fait partie intégrante de la vie quotidienne du croyant. Tout musulman doit dire la prière au moins cinq fois par jour : à l'aube, à midi, en fin d'après-midi, au coucher du soleil et la nuit. Cinq fois par jour, le muezzin (de l'arabe *muwadhdhin*) appelle les fidèles à la mosquée. Il est tout à fait admis de prier chez soi ou en tout autre lieu. Seule la prière du vendredi doit être accomplie à la mosquée. Les femmes prient de préférence à la maison – seules quelques mosquées sont conçues pour les accueillir.

L'intérieur d'une mosquée de terre à Tarim

Le rite comprend un enchaînement de gestes prédéfinis et la récitation de prières et de passages du Coran, exprimant l'humilité absolue du croyant et la souveraineté de Dieu. Avant toute chose, les fidèles se lavent afin de montrer leur désir de purification. Les mosquées sont agrémentées de fontaines et de vasques destinées à cet effet. Ils se rendent ensuite au lieu de prière, qui fait face à La Mecque (la mosquée est orientée dans la direction exacte). Là, ils accomplissent un ou plusieurs *rakats* (cycles de prières) durant lesquels ils lisent certains passages du Coran, prient, s'inclinent et se prosternent. A chaque office de la journée correspond un rituel différent.

L'aumône. Le musulman doit verser un quarantième de son salaire annuel aux pauvres. Cette institution, appelée *zakat*, est aussi importante que la prière. Elle reflète à la fois le besoin de "purifier" les biens terrestres et la volonté du croyant d'assumer ses responsabilités sociales.

Auparavant, l'aumône était sans doute un acte plus individuel qu'il ne l'est aujourd'hui. Cette institution a évolué pour ressembler au système de solidarité mis en place par certains États occidentaux. Au Yémen, comme dans d'autres pays arabes, le ministre des Waqfs et de la Religion supervise la répartition des dons.

Le jeûne. Le neuvième mois du calendrier lunaire, le Ramadan, est consacré au jeûne. Durant cette période, les musulmans s'abstiennent de manger, de boire, de fumer et d'avoir des relations sexuelles entre le lever et le coucher du soleil. Les prières supplémentaires et la lecture du Coran sont encouragées, le jeûne ayant pour but de rapprocher le croyant de Dieu.

L'effort considérable requis pour respecter ce précepte contribue grandement au sentiment d'appartenance à la communauté musulmane, renforcé par le partage d'une expérience commune. Le jeûne influence la vie quotidienne et ralentit quelque peu l'activité du pays. Pour les musulmans, le Ramadan est éprouvant en raison du jeûne de la journée mais c'est aussi un temps très festif : la rupture du jeûne et la nuit sont l'occasion de retrouvailles familiales, de somptueux repas et de fêtes.

Le pèlerinage. Tout musulman qui en a les moyens doit se rendre une fois dans sa vie en pèlerinage à La Mecque, capitale religieuse de l'islam. En retour, il obtient le pardon de ses péchés passés. Le *hajj* s'accomplit au cours du *Dhul-Hijja*, le dernier mois du calendrier musulman. Le pèlerinage peut s'effectuer à d'autres moments de l'année.

Le Yémen partage l'une de ses frontières avec l'Arabie saoudite, permettant à de nombreux Yéménites d'accomplir ce voyage. Sur 1,6 million de pèlerins qui se rendent en Arabie saoudite chaque année, 7 à 8% sont yéménites, chiffres qui ne comprennent pas les travailleurs émigrés.

Les sectes islamiques

L'islam, comme les autres grandes religions, se divise en plusieurs courants, ou écoles de pensée. Les deux principaux, le sunnisme et le chiisme, sont issus de la querelle concernant la succession du prophète Mahomet, mort sans descendance directe, et sont tous deux représentés au Yémen. La plupart des habitants de l'ex-RDPY, de la Tihama et du sud des hauts plateaux jusqu'à Dhamar, appartiennent à une branche sunnite dite chaféite, tandis que les provinces les plus septentrionales sont essentiellement peuplées de Zaydites, une secte minoritaire chiite qui représente entre un tiers et la moitié de la population yéménite. Cette répartition n'est pas toujours aussi précise mais plus souvent graduelle du nord au sud. Un troisième groupe chiite, dit ismaélien, réunit à peine 1% de la population.

La communauté chaféite. En général, le sunnisme est considéré comme la branche "orthodoxe" de l'islam. Alors qu'environ 90% des musulmans dans le monde suivent les écoles sunnites, ce chiffre tourne autour de 50% au Yémen. Il regroupe quatre grands courants : le hanafisme, le malikisme, le chaféisme et le hanbalisme. Tous portent le nom de leurs fondateurs, qui vécurent durant les deux premiers siècles de l'hégire (calendrier musulman). L'imam Mohammed ibn Idris Ash-Shafa'i, qui créa l'école chaféite, mourut en 820. Les différences entre les quatre groupes ne relèvent pas tant de la foi que de l'interprétation de la charia. Tous, hormis l'école hanbalite, considèrent les autres comme également orthodoxes.

L'enseignement chaféite s'est répandu dans pratiquement toute la péninsule Arabique et sur la côte est de l'Afrique. Ash-Shafa'i a beaucoup voyagé et visité le Yémen, mais ses préceptes ne se sont implantés au Hadramaout qu'un siècle après sa mort, par l'intermédiaire de son disciple Sayyid Ahmad ibn 'Isa al-Muhajir. De là, ils ont rapidement gagné le sud du pays, faisant de Tarim et Zabid deux hauts lieux chaféites.

La communauté zaydite. L'autre grande doctrine musulmane, qui rassemble les chiites, s'est développée quelques décennies après l'apparition de l'islam. Son fondateur, 'Ali, cousin et gendre de Mahomet, dirigeait son propre parti ou *shi'a* en arabe. Selon sa doctrine, le pouvoir revenait de droit aux descendants du Prophète. Tous les fidèles ne partageaient cependant pas ce point de vue, de sorte que l'islam connut des débuts houleux, marqués par trois guerres civiles meurtrières au cours des 120 premières années d'existence. 'Ali devint le quatrième calife mais fut assassiné en 661. D'autres membres de la famille proche du Prophète furent tués en 680 par le califat omeyyade, qui s'assura ainsi le pouvoir pour quelques décennies.

L'opposition chiite ne fut néanmoins pas anéantie. En 750, elle parvint à déposer les Omeyyades pour introniser les descendants d'al-Abbas, l'oncle du Prophète. Ce fut le commencement de la dynastie abbasside dans la péninsule Arabique.

Progressivement, le chiisme se divisa en plusieurs tendances. Les principales se distinguaient par le nombre d'imams qu'elles reconnaissaient. Selon la croyance chiite, les successeurs d''Ali se sont transmis le secret de l'interprétation du Coran, devenant ainsi imams, des êtres semi-divins. Pour le plus vaste courant chiite, celui des Duodécimains, le dernier imam fut Mohammed al-Muntazar. Mort en 873, il devrait revenir sur terre, selon la théorie de l'"imam caché".

Les Zaydites yéménites ne reconnaissent que quatre imams, tous descendants de Zayd ibn 'Ali, lui-même descendant direct du calife 'Ali. Zayd ibn 'Ali fut tué à Kufa en 740 lors d'une rébellion contre les Omeyyades. Ses fidèles fondèrent la branche zaydite du chiisme, qui atteignit le Yémen à la fin du IXe siècle. En 901, un sage du nom de Yahya bin Hussein bin Qasim ar-Rassi devint le premier imam zaydite, après avoir glorieusement arbitré une querelle opposant les tribus Hashid et Bakil.

Saada devint la capitale du gouvernement zaydite, dont les préceptes s'étendirent sur un territoire qui varia en taille au fil des siècles. Les Zaydites maintinrent leur pouvoir sans discontinuer dans le nord du Yémen et connurent leur apogée à l'époque de l'indépendance du pays (à partir de 1918). Finalement, la révolution de 1962 mit un terme à l'imamat.

Bien que l'État zaydite n'existe plus, les habitants de ces régions continuent à se nommer Zaydites. Si les frictions entre les communautés zaydite et chaféite ne sont plus apparentes, elles n'en existent pas moins, comme en attestent la guerre Iran-Irak et les confrontations permanentes entre les factions chiites et sunnites au Liban et dans d'autres parties du monde arabe. Néanmoins, ces groupes cohabitent dans certaines régions et prient dans les mêmes mosquées.

Certaines différences existent dans la pratique religieuse, telle la formulation de l'appel à la prière, mais elles sont mineures. En revanche, les Zaydites du Nord sont de plus fervents défenseurs de la structure tribale traditionnelle que les Chaféites du Sud. Par ailleurs, les membres des deux groupes occupent des positions sociales différentes, les premiers se distinguant par leur courage guerrier, les seconds développant plutôt leur fibre commerciale.

La communauté ismaélienne. Le troisième groupe religieux du Yémen, également chiite, rassemble les Ismaéliens. Ils se distinguent des Duodécimains par le fait qu'ils admettent Isma'il comme le septième et dernier imam, mort à Médine en 760. Le mouvement ismaélien s'épanouit dans l'est de l'Arabie sous les Qarmates au Xe siècle, mais aussi en Égypte sous le règne des califes fatimides entre 969 et 1171. Plusieurs groupes ismaéliens sont répartis à travers le monde.

Au Yémen, la première vague d'expansion de cette communauté eut lieu en 1061 avec la création par 'Ali ibn Mohammed ibn 'Ali as-Sulayhi de l'État sulayhide. Ce dernier, dont la capitale était établie à Jibla, perdura 79 ans. Plus tard, sous l'oppression des Zaydites, de nombreux Ismaéliens s'enfuirent en Inde, où perdure la communauté de Buhras. Aujourd'hui, ils représentent moins d'un pour cent de la population yéménite. La plupart vivent à Manakha ou dans les environs. La tombe de saint Hatim bin Ibrahim, à al-Khutayb, dans les montagnes du Haraz, constitue un important lieu de pèlerinage.

LANGUE

L'arabe, la langue officielle du Yémen, est la plus parlée dans le pays. Les émissions de radio et les quotidiens sont réalisés en arabe ; seules les informations télévisées du soir sont en anglais.

Aujourd'hui, l'anglais est la langue non-arabe prédominante. Les personnes âgées des provinces du Sud le comprennent très bien en raison du passé colonial de la région. Après la révolution et la guerre civile, le nouveau gouvernement de la RAY a reconnu la nécessité de développer l'enseignement en général et celui de l'anglais en particulier. Ainsi, même dans les villages de montagne les plus reculés, vous serez rapidement assaillis par des enfants empressés de tester leur anglais.

Nombre d'agences de voyages emploient des guides et des chauffeurs polyglottes ; vous n'aurez donc aucun problème si vous recourez aux services de ces professionnels. Si vous êtes dans une situation difficile, les fonctionnaires vous trouveront un interprète dans la demi-heure. Ce ne sera pas le cas dans un village reculé.

Posséder quelques rudiments d'arabe vous facilitera vos relations avec la population locale et rendra votre séjour plus intéressant. Pour une brève introduction à la langue et une liste de mots et de phrases en arabe yéménite courant, reportez-vous au chapitre *Langue* à la fin de cet ouvrage.

# Renseignements pratiques

A NE PAS MANQUER

Les Yéménites sont fiers de leurs 3 000 ans d'histoire et des témoignages de ce passé qu'ils aiment montrer aux étrangers. Rares sont les touristes qui ne seraient pas émerveillés à la vue de **Marib** et de **Baraqish**, sa voisine encore plus spectaculaire.

Cependant, les siècles n'ont guère épargné le sud de l'Arabie et la plupart des cités antiques n'offrent aujourd'hui que quelques ruines. Ce ne sont pas les vestiges mais les réminiscences du passé qui rendent le Yémen si fascinant. Ainsi **Qana**, **Shabwa** ou **Timna'**, sur l'ancienne route de l'Encens, émeuvent plus par le souvenir de leur grandeur disparue que par leurs vestiges architecturaux.

L'histoire plus récente du Yémen se reflète dans ses nombreuses et élégantes mosquées, malheureusement fermées aux infidèles. Néanmoins, certaines livrent leur beauté de l'extérieur, notamment dans les vieilles villes de **Sanaa**, **Zabid** et **Taez** et dans les cités du **Wadi Hadramaout**. Les mosquées de **Yifrus**, **al-Janad** et **Jibla** et la mosquée **al-Amiriya** de **Rada'** méritent le détour.

La variété et la singularité des styles architecturaux yéménites offrent l'occasion de faire de superbes photos, en particulier dans le vieux Sanaa, à **Saada**, **Marib**, **Manakha**, **Zabid**, **Habban**, **Shibam** et **Tarim**.

Pays très montagneux, le Yémen présente des formations géologiques intéressantes. Les maisons et les villages construits sur les sommets les plus inaccessibles sont une étonnante particularité du pays. **Kawkaban** et **Shihara** en sont de parfaits exemples mais vous découvrirez des sites moins courus dans n'importe quelle province des montagnes. Les monts **Haraz**, près de Manakha, et la province d'**al-Mahwit** feront le bonheur des randonneurs indépendants. La plate vallée du Wadi Hadramaout abrite des villes et des édifices tout aussi fabuleux.

Bien que ce pays ne compte aucun animal de taille conséquente, les amoureux de la vie sauvage ne seront pas déçus. Le Yémen est sur la route de nombreux oiseaux migrateurs et on peut les observer du haut du **djebel Kawkaban** ou du **djebel Sabir**. Les plongeurs découvriront les récifs coralliens de la mer Rouge, riche en poissons, à **al-Makha** et **al-Khawkha**. Enfin, l'île de **Suqutra**, difficile d'accès, possède une flore spécifique, étonnamment riche.

La culture et le mode de vie uniques du peuple yéménite vous laisseront sans doute les souvenirs les plus marquants. Visitez les souks, empruntez les taxis collectifs, dormez dans les maisons-tours traditionnelles, aménagées en hôtels. Peut-être ne partagerez-vous pas son goût pour le *qat* ou les armes, mais vous trouverez difficilement un peuple plus amical et plus hospitalier.

SUGGESTIONS D'ITINÉRAIRES

Il est important de bien préparer votre voyage et votre itinéraire à l'avance. Accordez-vous toutefois une certaine souplesse car vous ferez peut-être vos propres découvertes : un monument pré-islamique superbement conservé ou d'étranges formations géologiques que les habitants d'un village, absent sur toute carte, tiendront à vous montrer.

Itinéraires

Les routes goudronnées se multiplient rapidement. Elles sont, cependant, rarement reliées entre elles, ce qui complique les déplacements, notamment si vous comptez sur les transports publics. Par exemple, la route d'al-Mahwit à Hajja, *via* Sanaa, est longue de 240 km, alors que ces villes ne sont distantes que de 25 km à vol d'oiseau, soit une bonne journée de randonnée.

De nombreux touristes ne visitent que les provinces du Nord et traversent le vaste triangle formé par Sanaa, Taez et al-Hudayda, poussant parfois jusqu'à Aden. Ce circuit demande au moins une semaine ; il peut durer trois semaines selon le mode de transport, les hébergements choisis et le nombre de villes visitées. Un seul voyage depuis Sanaa permet de découvrir Saada et Shihara. Si vous louez un taxi privé, prévoyez au moins quatre jours pour ces deux villes et leurs environs.

Compte tenu de la gamme de ses hôtels, Sanaa constitue un excellent point de départ pour les excursions. Marib, une des principales destinations, se visite en une (longue) journée. D'excellentes routes relient Sanaa à Hajja, Shibam, Thilla, at-Tawila, al-Mahwit et Manakha ; toutes ces villes s'explorent aisément en un ou deux jours. Elles se situent dans une région propice aux randonnées et vous pouvez passer des semaines à marcher de ville en ville.

La visite des provinces orientales implique des distances beaucoup plus importantes. Pour se rendre dans le Hadramaout depuis Sanaa, il faut facilement compter deux semaines par la route. De nombreuses possibilités s'offrent à vous et le choix dépend essentiellement du temps et du budget dont vous disposez. Vous pouvez commencer par Aden, continuer sur al-Mukalla et finir par Say'un, dans le Hadramaout, ce qui représente trois jours pleins en bus ou en taxi, sans compter le temps consacré à la visite des villes. Au retour, évitez Aden en prenant le raccourci *via* al-Baydha, sur le trajet d'al-Mukalla à Sanaa. L'itinéraire le plus court et le plus onéreux entre Sanaa et Say'un traverse le désert *via* Marib, soit deux jours de taxi. Dans tous les cas, le circuit complet sera aussi long qu'un Amsterdam-Istanbul ou un Stockholm-Rome. Si vos moyens vous le permettent et que le temps vous est compté, prenez l'avion dans l'un des deux sens.

En suivant la route de l'Encens

Le parcours de la route de l'Encens, longue de 2 000 km, peut aujourd'hui s'effectuer, avec quelques efforts et de la persévérance, en deux ou trois semaines. Vous pouvez partir de la province de Dhofar, près de l'Oman occidental, où des arbres à myrrhe et à encens poussent sur les versants des montagnes surplombant Salalah.

Pour rallier Marib, vous devrez choisir entre la route du nord, via le Wadi Hadramaout, et la route des marins, au sud, qui passe par la côte. De Salalah, gagnez la ville frontalière de Makinat Shihan ou prenez un *sambuq* qui rejoint le Yémen. A Makinat Shihan, dirigez-vous vers l'ouest jusqu'au Wadi Hadramaout, par le nord, ou bifurquez vers le sud afin de longer la côte jusqu'à al-Ghayda. Le premier itinéraire traverse le Wadi Hadramaout et le désert de Ramlat as-Sab'atayn, au sud duquel se trouvent les ruines de Shabwa. Vous pouvez ensuite poursuivre directement vers Marib.

Si vous choisissez de passer par le sud, une chaussée en mauvais état vous conduit à Sayhut ; de là, une route goudronnée continue jusqu'à ash-Shihr. Poursuivez vers Bir'Ali, sur la côte, et l'ancien port de Qana. La route s'enfonce ensuite à l'intérieur des terres, au cœur de la province de Shabwa ; le site de Naqib al-Hajar se trouve juste avant la ville de Mayfa'a. Vous traverserez les villes modernes de Habban, 'Ataq et Nisab avant de continuer vers Nuqub, Bayhan et l'antique Timna'. Vous arriverez enfin à Marib. En raison du pouvoir local des tribus, la province d'al-Jawf est généralement fermée aux voyageurs ; la visite de Baraqish, cependant, est parfois autorisée. Vous devrez ensuite faire demi-tour et emprunter la route Marib-Sanaa. Les ruines de Ma'in, as-Sawda et al-Bayda sont actuellement interdites d'accès.

Depuis al-Jawf, l'embranchement ouest de la route de l'Encens continue vers Saada. Votre dernier arrêt au Yémen sera Umm Layla, dont vous pourrez admirer les anciennes fortifications.

Restrictions pour les déplacements

	Visites individuelles	Circuits organisés	Enregistrement auprès de la police touristique	Risques éventuels
Frontière saoudienne définie	Traversée de la frontière uniquement	Non	Non	Zone interdite (militaire)
Frontière saoudienne non définie	Non	Non	Non	Zone dangereuse
Saada	Oui, habituellement	Oui	Non	
Shihara	Difficile	Oui	Non	Troubles possibles
Hajja	Oui, habituellement	Oui	Non	
Al-Jawf	Très difficile	Rarement	Non	Zone dangereuse, enlèvements
Marib	Parfois	Oui	Non	Enlèvements
Baraqish	Non	Parfois	Non	Zone dangereuse, enlèvements
Sirwah	Non	Non	Non	Zone très dangereuse
Régions de prospection pétrolière	Sur invitation uniquement	Non	Non	Zones interdites
Dhamar	Oui	Oui	Non	Enlèvements
Lahej	Oui, sur les routes principales et dans les villes	Oui	Obligatoire en 1998	Mines anti-personnel hors des routes
Abyan	Oui, sur les routes principales et dans les villes	Habituellement	Obligatoire en 1998	Mines anti-personnel hors des routes, enlèvements
Shabwa	Parfois	Oui	Obligatoire	Enlèvements
Hadramaout, al-Mahra	Habituellement	Oui	Obligatoire en 1998	
Ra's Bab al-Mandab	Non	Non	Non	Zone militaire

Les enlèvements au Yémen

Plus d'une centaine d'enlèvements ont eu lieu entre 1990 et 1998 au Yémen. Aucun voyageur n'avait été tué jusqu'en décembre 1998 : à cette date, quatre touristes kidnappés par le Jihad trouvèrent la mort dans une échauffourée qui opposa les troupes gouvernementales à ce mouvement de guérilla basé au Royaume-Uni. Rien ne permet de dire qu'une telle tragédie ne se reproduira pas. Les voyageurs doivent donc particulièrement s'informer des conditions de sécurité dans les provinces de Marib, Shabwa et Dhamar, les plus sujettes aux enlèvements d'étrangers. Sanaa détient le record de kidnappings, mais ceux-ci visent essentiellement des politiciens et des hommes d'affaires.

La victime d'un enlèvement est transférée dans un village reculé et les ravisseurs demandent une rançon, qui servira à améliorer les infrastructures, à se rapprocher des centres du pouvoir ou à annuler une décision de justice. Pendant les négociations, les otages sont bien traités. Si la tribu se sent rassurée, les otages peuvent circuler et discuter avec les habitants du village. Dans la plupart des cas, les pourparlers aboutissent en quelques jours ou en quelques semaines, le gouvernement accédant aux demandes de la tribu. Au moment de la libération, les villageois offrent volontiers des cadeaux aux otages. Le gouvernement n'hésitant pas à payer pour délivrer les touristes (ce qui semble rassurant du point de vue occidental), cette forme de pression est encouragée. En août 1998, pourtant, un décret instaura la peine de mort pour les ravisseurs ; les cheikhs des tribus condamnèrent cette pratique. Après une période d'accalmie, les enlèvements reprirent en décembre de cette même année.

Ne pas aller dans les zones à risques est la précaution la plus évidente pour ne pas se faire enlever. Mais la situation évolue et circonscrire ces régions est difficile ou… extrêmement dissuasif pour les voyageurs. Un autre conseil, discuté (la police yéménite n'approuve pas ce point de vue), serait d'éviter de voyager en circuits organisés. En effet, il paraît plus sûr pour un touriste occidental d'emprunter les transports publics, les groupes offrant une cible privilégiée. Enfin, une fois sur place, il est nécessaire de s'informer auprès de son ambassade ou des autorités et des tours-opérateurs yéménites, ces derniers n'ayant aucun intérêt à faire courir des risques aux voyageurs.

Zones interdites

A quelques exceptions près, l'ensemble du territoire yéménite est accessible au voyageur. Les zones militaires, les régions pétrolières et celles où le pouvoir des tribus s'oppose au gouvernement central sont à éviter. Ainsi, dans de nombreux bourgs, les anciens forts de montagne sont occupés par l'armée et il est interdit de s'en approcher. Bab al-Mandab, à l'extrême sud-ouest du pays, est une zone militaire fermée. La région frontalière avec l'Arabie saoudite est également interdite depuis que la frontière du désert n'est plus clairement définie. Les récentes découvertes pétrolières dans les déserts du cœur du pays ont contribué à la dégradation des relations entre les deux États. Les régions de prospection pétrolière sont en général interdites.

Certaines régions tribales échappent au contrôle du gouvernement et sont réputées dangereuses. En cas d'incidents entre des tribus voisines, les touristes risquent d'être mêlés aux incidents. Dans les années 90, les enlèvements sont devenus un problème sérieux (voir l'encadré *Les enlèments au Yémen*). Le gouvernement veille à ce que les touristes ne se rendent pas dans les endroits où la sécurité n'est pas assurée. Lors de notre passage, les voyageurs indépendants devaient s'enregistrer auprès de la police locale dans les provinces de l'est. Les chauffeurs de taxi vérifiaient que la démarche était effectuée. Au nord de Sanaa, le poste de contrôle exigeait la présentation d'un permis touristique (*tasrih*, voir la rubrique *Visas et formalités complémentaires*). Si vous tentiez de faire du stop ou de prendre un taxi vers une région interdite sans ce permis, vous étiez renvoyé à votre point de départ.

Certains endroits ne sont ouverts qu'aux tour-opérateurs et, sur les portions de route qui ne sont pas sûres, les voyageurs doivent payer une escorte militaire, ce qui alourdit considérablement le budget d'un touriste indépendant. Les tour-opérateurs doivent circuler par convoi de plusieurs véhicules.

La région située au nord-est de Sanaa, en bordure de la frontière saoudienne, demeure problématique. Autre zone troublée, le nord de Shabwa voit parfois éclater des conflits intertribaux. Récemment, une protection militaire était recommandée pour visiter Marib et on dissuadait les touristes indépendants de se rendre seuls à Hajja, Shihara et Saada. La province d'al-Jawf et des villages comme Suq al-'Inan, Sirwah et Jihana sont généralement interdits d'accès.

Les tour-opérateurs possèdent un permis permanent et reçoivent des instructions du Commissariat général du tourisme, situé dans al-Hasaba, au nord de Sanaa. Renseignez-vous auprès de cet organisme car les conditions et les règlements changent constamment. Cela vous évitera de payer une escorte inutile, recommandée par un tour-opérateur peu scrupuleux. Avec un itinéraire précis et beaucoup de persévérance, vous pourrez même obtenir un permis individuel et visiter des endroits inaccessibles sans ce document.

Dans certains cas, vous devrez faire appel aux services d'un guide local. Si les restrictions sont dues à des tensions entre tribus, seuls les Yéménites connaissent les lieux à éviter. Pour visiter un site archéologique ou un village reculé, il faut parfois traverser les territoires de plusieurs tribus et vous faire accompagner par des guides de chaque clan. Le coût d'une telle excursion s'en ressent car vous devrez assurer leur nourriture, le qat et leur voyage de retour.

PRÉPARATION AU VOYAGE
Quand partir

Renseignez-vous bien avant de décider la date de votre départ en fonction des événements politiques et de l'évolution de la situation au Yémen.

Le facteur climat. Il impossible de conseiller une saison idéale car le climat varie énormément d'une région à l'autre. Les Yéménites eux-mêmes, fidèles à leur inimitable optimisme, recommandent de venir "n'importe quand". C'est un conseil judicieux car, tout au long de l'année, vous êtes sûr de voir au moins une région sous son meilleur jour.

Si vous souhaitez visiter la Tihama, Aden et le Hadramaout, évitez l'été. La péninsule Arabique a la réputation d'être l'un des endroits les plus hostiles de la planète et vous le constaterez si vous longez le littoral en plein été. L'air est extrêmement humide et chaud, il ne pleut pas et le vent soulève le sable qui s'infiltre partout, même sous les vêtements. Cela se produit aussi au mois de décembre, mais la situation empire nettement en juillet. La chaleur règne également en décembre et pendant la saison des pluies (printemps et début automne). La vallée du Hadramaout jouit de températures plus agréables et d'un air sec en hiver.

Les hauts plateaux, en revanche, sont froids en hiver. De fin novembre à début janvier, il gèle la nuit à Sanaa et il fait très frais en montagne. En octobre et en février, il est nécessaire de se couvrir le matin et le soir.

Entre mai et début août, le temps est sec et chaud partout. Vous n'aurez pas besoin de vêtements chauds même si vous prévoyez de longues randonnées en montagne (la température baisse d'environ 0,5 à 1°C tous les 100 m). Le ciel est dégagé, le soleil brille de 5h à 18h30 et il peut être brûlant. Pour cette raison, tout est fermé l'après-midi. Vous-même serez nettement plus actif le matin et le soir.

La randonnée et les conditions climatiques

Lors d'une randonnée, quoi de plus désagréable que de se retrouver sous une pluie torrentielle déversant 10 cm d'eau en deux heures ? On se laisse facilement surprendre car le temps peut être dégagé et chaud le matin. Les nuages ne s'amoncellent qu'au cours de l'après-midi. Les fortes pluies s'avèrent particulièrement dangereuses en montagne. Les eaux qui dévalent les pentes entraînent parfois des rochers de la taille d'une petite voiture. N'installez pas votre tente au bord d'un wadi, car un orage, même lointain, peut provoquer une crue soudaine de plusieurs mètres.

Les températures dépendent beaucoup de l'ensoleillement. Un nuage masquant le soleil fera tomber le mercure d'une dizaine de degrés en quelques minutes. Si vous envisagez de longues randonnées pendant la saison des pluies, prévoyez des vêtements légers et chauds, des coupe-vent imperméables et des bottes. Les pluies les plus violentes tombent sur la province d'Ibb et dans les montagnes de l'ouest, comptant parmi les régions les plus propices au trekking.

Cependant, les pluies offrent un spectacle impressionnant. Si vous voulez découvrir les multiples facettes de ce pays en quelques semaines, partez alors en mars/avril ou en septembre. Toutefois, si l'année est particulièrement humide, les montagnes resteront masquées par les nuages. Les périodes qui suivent les saisons des pluies (avril/mai et septembre/octobre) sont idéales pour la randonnée. Les routes sèchent rapidement, l'eau coule en abondance dans les grands wadi ; les plantations et les champs, même non irrigués, verdoient.

Les précipitations sont un autre paramètre à considérer. Les saisons sèches le sont vraiment. De fin octobre à début février et de mai à juin, il tombe à peine trois averses sur Sanaa et, bien qu'il puisse pleuvoir tout l'été dans la région d'Ibb, la majeure partie du pays souffre de sécheresse au moins huit mois sur douze.

Si l'architecture vous passionne plus que la nature, la saison sèche ne présente pas d'inconvénient. Néanmoins, comme la plupart des routes ne sont pas goudronnées, la circulation intense et les vents soulèvent d'énormes nuages de poussière. Par ailleurs, durant ces mois d'hiver (quasiment la moitié de l'année), rien ne pousse dans les champs. Les arbres à feuillage persistant sont tellement recouverts de poussière que l'on n'en distingue plus la frondaison. A cette époque, le surnom du Yémen, "pays vert de l'Arabie", laisse perplexe.

Les saisons des pluies (mars/avril et août/septembre pour la plus forte) offrent des températures agréables (20-30°C) sur les hauts plateaux. En montagne, les vêtements chauds sont inutiles. Cependant, la poussière de la saison sèche se transforme en boue lorsqu'il pleut. Les petites routes de terre qui longent les wadi deviennent parfois infranchissables, même en 4x4. En cas de pluies diluviennes, les routes principales peuvent être inondées.

La meilleure époque se situe sans doute fin septembre et octobre : les pluies ayant cessé, le paysage est plus vert que jamais et les températures sont douces.

Calendrier musulman. Pour planifier votre voyage, tenez compte du calendrier musulman et, en particulier, du mois de Ramadan (voir la rubrique *Jours fériés et manifestations annuelles*). A moins que vous ne soyez habitué à voyager dans les pays arabes, un séjour au Yémen pendant le Ramadan peut être une expérience épique.

Les règles d'abstinence musulmanes sont rigoureuses et ardues à observer, notamment celle interdisant de boire pendant la journée

Visages du Yémen

Les Yéménites que vous croiserez vous charmeront par leur sourire et leur gentillesse (même si le Ramadan tombe en plein été). En tant que non-musulman, vous pouvez boire et manger à volonté, à condition de le faire discrètement. Il est cependant hasardeux d'acheter de la nourriture pendant la journée et les restaurants affichent rapidement complet au coucher du soleil.

Compte tenu des températures de l'après-midi (même en hiver), l'activité est extrêmement ralentie. Des magasins ferment, les banques et les administrations réduisent leurs horaires d'ouverture, les bus se raréfient et les taxis se font rares dans la journée.

La haute saison du tourisme yéménite correspond aux vacances d'hiver européennes. La période la plus chargée se situe entre Noël et le Nouvel An, qui coïncidera avec le Ramadan du nouveau millénaire. Les vacances de Pâques amènent également leur lot de touristes. Les prix des hôtels sont alors au plus haut et il est préférable de réserver un circuit organisé longtemps à l'avance.

Le facteur temps. Si vous avez préparé un programme très serré, il y a peu de chance que vous puissiez le suivre.

Les choses prennent en effet plus de temps dans le sud de l'Arabie qu'en Europe, par exemple. Le bus de 7h partira une heure plus tard (ou une demi-heure plus tôt et vous le manquerez !), cinq heures seront nécessaires pour parcourir 200 km en taxi (en raison du déjeuner, des prières ou des postes de contrôle), vous passerez une demi-heure à acheter une bouteille de soda (vous n'avez que des billets de 500 RY et le vendeur n'a pas de monnaie), etc.

Autre motif de frustration : les banques, les administrations et certains musées n'ouvrent que le matin. Enfin, les jours de marché des villages (à ne pas manquer) sont une autre contrainte pour planifier votre voyage.

Tous ces paramètres influent sur l'emploi du temps d'un voyageur et il convient de prévoir un programme suffisamment souple pour s'adapter aux inévitables aléas.

La durée du séjour

Un séjour d'une semaine vous coûtera très cher ; de plus vous aurez forcément envie de revenir pour visiter tout ce que vous avez manqué ! Si vous vous imposez un rythme soutenu et que vous vous déplacez en taxi privé, deux semaines suffisent pour visiter la plupart des villes historiques du nord du pays. Il faut prévoir une ou deux semaines supplémentaires pour les provinces du sud. Les circuits organisés les plus complets durent trois semaines et coûtent plus de 1 000 $US par personne (vols non compris). Pour un voyageur indépendant, trois à quatre semaines sont un minimum acceptable. Ce laps de temps suffit pour visiter les sites renommés, faire un tour en montagne (incontournables même si la randonnée n'est pas votre fort) et modifier vos projets en cas d'imprévu. Deux mois vous permettront de visiter tous les sites décrits dans ce guide.

Quel voyage ?

Les tour-opérateurs yéménites proposent des forfaits, mais vous pouvez aussi louer à la journée leurs voitures, les services de leurs chauffeurs et de leurs guides. Si vous choisissez cette formule, veillez à ne pas imposer des délais trop courts. Ils accèderont à votre demande mais vous n'aurez pas le temps de visiter quoi que ce soit. En outre, le chauffeur ne vous conduira que dans les endroits inscrits dans le contrat. Si vous souhaitez louer une voiture avec chauffeur pour aller où vous le souhaitez, vous devrez payer en conséquence. Ne soyez pas surpris si des discussions interminables sur le prix de l'essence et l'état des routes s'engagent.

Les tour-opérateurs vous certifieront que leurs guides parlent couramment anglais, espagnol ou tout autre langue. Cependant, tentez de dialoguer avec votre guide avant de signer pour vous assurer que pourrez vous comprendre, même sommairement.

Une bonne solution consiste à voyager en bus ou en taxi d'une province à l'autre, et de louer une voiture avec chauffeur pour explorer une région plus en détail. Cette formule vous reviendra moins cher et vous aiderez ainsi l'économie locale et non seulement celle de la capitale – les tour-opérateurs de Sanaa étant, en général, les plus favorisés par le tourisme.

Les marchés hebdomadaires

Lorsque vous préparez votre voyage, tenez compte des marchés hebdomadaires. Si les souks des grandes villes comme Sanaa, Taez et al-Hudayda ouvrent tous les jours, les villages se contentent d'un marché par semaine. Celui-ci constitue un événement important, haut en couleurs. Il attire les fermiers et les artisans des environs, qui viennent vendre leurs produits, se transmettre les nouvelles et se distraire.

Le jour du marché varie selon les villages. Si vous allez dans la Tihama, ne manquez pas celui de Bayt al-Faqih, le vendredi. Il est, à juste titre, renommé depuis des siècles. Certains villages, comme Suq at-Talh, près de Saada, et Suq al-Khamis, au nord de la Tihama, comptent peu d'habitants et ne prennent vie que le jour du marché. Aussi petits soient-ils, les marchés apportent une atmosphère nettement différente.

Les marchés hebdomadaires sont très répandus dans le Yémen du Nord ainsi que dans les provinces de Lahej et d'Abyan, au sud. Ce système existe dans la plupart des pays arabes, mais ne rencontre nulle part ailleurs un tel succès. Cette pratique ancienne fut décrite par l'explorateur danois Carsten Niebuhr au XVIIIe siècle. La tradition reste vivace ; les derniers recensements indiquent la création de marchés permanents le long des principales routes goudronnées. L'apparition de supermarchés dans les grandes villes n'a eu aucune incidence sur le nombre des marchés hebdomadaires.

Cartes

La *Road Map of Yemen*, de Freytag-Berndt (U. Artaria, 1071 Vienne, Autriche), publiée en 1997 (ISBN 3-85084-207-X), est sans doute la meilleure carte disponible en Occident. A une échelle 1/1 500 000, elle comprend les plans de Sanaa et d'Aden et des légendes en allemand, anglais, français, italien et arabe.

La *Jemen (Touristenkarte der Deutsch-Jemenitische Gesellschaft,* Erwinstr. 52, D-79102 Fribourg, Allemagne) indique les routes et les courbes de niveau au 1/1 000 000 ; elle a été publiée en 1997 (ISBN 3-00-001781-X). Moins détaillée que la précédente, elle comporte néanmoins les plans de Sanaa et de Taez et la carte des alentours de Sanaa, d'Aden, de Manakha et de Suqutra. Les légendes sont en allemand, anglais, français et arabe.

Au Yémen, la meilleure carte disponible est la *Tourist Map of Republic of Yemen*, établie par le service topographique de Sanaa en 1993. Elle mentionne les routes et les courbes de niveau au 1/1 500 000. La toponymie figure en anglais et en arabe. Elle est en vente à l'Office général du tourisme à Sanaa et dans plusieurs librairies et papeteries des grandes villes.

Certains plans de ville peuvent s'acheter sur place. La *Sana'a Old City Tourist Map*, publiée au milieu des années 90 par Negad Publishing House, mentionne les rues, les mosquées, les écoles et les jardins et comprend un plan séparé du quartier du souk central. Au début des années 80, le Commissariat général du tourisme a publié des plans sommaires de Sanaa, Taez et al-Hudayda. Ils sont toujours édités mais complètement dépassés. Les tour-opérateurs locaux proposent des plans de leur ville, dessinés à la main.

Les gouvernements yéménites semblent penser que vendre des cartes équivaut à armer son ennemi. Après d'importants travaux de cartographie, de nombreuses cartes d'excellente qualité ont été imprimées par les autorités mais elles ne sont pas vendues au public. Les cartes régionales détaillées et les plans de ville que vous verrez chez les tour-opérateurs ne sont pas en vente. Le conflit frontalier avec l'Arabie saoudite pèse de tout son poids sur cette culture du secret.

Ainsi, si vous prévoyez une randonnée en montagne, vous n'aurez guère d'informations sur les routes et sentiers existants. Les villageois, qui dans chaque village parlent un dialecte différent, constitueront votre unique source de renseignements.

Que prendre avec soi

Emportez peu de choses. Plus votre sac sera léger, plus agréable sera votre voyage. Le Yémen est un pays relativement moderne et, dans les grandes villes, vous trouverez tous les produits d'hygiène indispensables.

Les pharmacies proposent toutes les merveilles de la pharmacopée, y compris des produits interdits en Occident en raison du danger de leurs effets secondaires. Les ordonnances ne sont pas exigées et le personnel remplace souvent les médecins, conseillant des médicaments pour un même problème. Si vous êtes médecin, vous trouverez probablement un remède idoine, mais n'espérez pas obtenir une préparation spécifique.

Pensez à emporter une lampe de poche. A la nuit tombée, les rues sont faiblement éclairées – quand elles le sont. Même les grandes villes subissent de fréquentes coupures de courant. Les bougies et les allumettes, disponibles sur place, seront utiles.

Prenez de bonnes chaussures et des vêtements appropriés selon la saison (voir l'encadré *La randonnée et les conditions climatiques*). Emportez toujours un écran solaire, un chapeau ou un foulard, ainsi que des lunettes de soleil. En raison de l'omniprésence de la poussière, préférez les lunettes de vue aux lentilles.

Si vous prévoyez de visiter des villages reculés et/ou de partir en randonnée, emportez un "sac à viande" ; un duvet sera nécessaire pour dormir à la belle étoile dans les montagnes en plein hiver.

Si vous voulez laver vos vêtements et séjourner dans des hôtels pour petits budgets, pensez à prendre une bonde universelle pour lavabo, une corde et des pinces à linge. Les détergents sont en vente partout.

TOURISME RESPONSABLE

L'augmentation constante des touristes occidentaux a quelques conséquences sur le comportement des Yéménites. La venue d'étrangers munis de devises fortes a incité les commerçants des souks à gonfler leurs prix, à marchander. La distribution de cadeaux conduit les enfants des villages à mendier pour un stylo, des bonbons ou quelques pièces. Il peut être bienvenu d'observer certaines règles de conduite.

Savoir à qui va l'argent que vous laissez dans le pays est aussi de votre responsabilité. Si vous achetez un circuit organisé depuis votre pays d'origine ou à Sanaa, ce sera probablement le tour-opérateur de Sanaa qui en récoltera les bénéfices. Voyager en indépendant en utilisant les infrastructures locales renforcera l'économie régionale.

Il est primordial de respecter les coutumes. Consommer de l'alcool ou manger et boire en public durant le jeûne du Ramadan constituent de graves offenses, qui peuvent faire naître une animosité envers les étrangers.

Les Yéménites n'ont pas une grande conscience écologique. Les touristes, cependant, ne devraient pas les imiter. Si vous plongez pour découvrir les récifs coralliens de la mer Rouge ou si vous visitez des régions reculées et vulnérables telles que Suqutra ou les provinces désertiques, ne laissez pas trace de votre passage.

OFFICES DU TOURISME

Il n'en existe aucun à l'étranger. L'office général du tourisme, ancien organisme officiel de l'ex-RAY, dispose de bureaux à Sanaa, Taez et al-Hudayda. Le personnel, accueillant, vous offrira du thé et répondra à vos questions. La boutique de souvenirs du bureau de Sanaa est très bien approvisionnée. Le sud du pays, en revanche ne possède pas d'organisme semblable.

VISAS ET FORMALITÉS COMPLÉMENTAIRES

Tout visiteur doit obligatoirement être en possession d'un visa et d'un passeport en cours de validité.

Passeport

Votre passeport doit être valide au moins trois mois après votre date d'entrée au Yémen et comporter une page vierge pour le visa d'entrée.

Des barrages routiers et des postes de contrôle sont installés dans tout le pays et les voyageurs sont fréquemment priés de présenter leur passeport ou leur carte d'identité. De nombreux hôtels conservent votre passeport dans leur coffre et vous le rendent lorsque vous avez réglé la note.

Visas

A l'exception des ressortissants des pays membres du Conseil de coopération du Golfe, le visa d'entrée est obligatoire. Il s'obtient facilement dans n'importe quel consulat yéménite. Les voyageurs français ou belges s'adresseront à l'ambassade yéménite à Paris ou à Bruxelles.

Le prix du visa varie selon les ambassades et la nationalité du demandeur. Parfois, le coût est plus élevé pour ceux qui ne sont pas citoyens du pays où est située l'ambassade. Le visa est habituellement valide trois mois, mais les ambassades des pays limitrophes du Yémen tendent à délivrer des visas pour un ou deux mois.

La durée maximale du séjour est inscrite sur le visa. Elle est, par défaut, de un mois pour les visites touristiques, mais vous pouvez demander une prorogation sur place.

Les ressortissants des pays de l'Union européenne, à l'exception du Royaume-Uni, peuvent aussi obtenir un visa de court séjour à leur arrivée à l'aéroport international de Sanaa, mais à un tarif double de celui pratiqué par l'ambassade en France ou en Belgique. Cependant, la procédure prend du temps. Autrefois, les passeports comportant un visa israélien n'étaient pas admis ; ce n'est plus le cas aujourd'hui. Cependant, toute complication dans le processus de paix israélo-arabe vous obligera à changer de passeport ou à demander un visa sur feuille volante. Renseignez-vous auprès du consulat yéménite. Enfin, pour les touristes en provenance d'un pays tiers et voyageant avec leur propre véhicule, il sera quasiment impossible d'obtenir à Sanaa un visa de transit pour l'Arabie saoudite.

Visa d'entrée. Contre la somme de 250 FF environ (1 000 à 1 500 FB en Belgique, 80 FS en Suisse et 90 $C au Canada), des photos d'identité et un formulaire dûment rempli, on vous remettra un visa valable, selon les pays, un, deux ou trois mois à partir de votre arrivée au Yémen.

Le formulaire est le même pour un visa de tourisme ou d'affaires. Il doit être rempli en double, voire en triple exemplaire, et vous devez fournir une, deux ou trois photos.

Le formulaire pose des questions sur votre identité et votre passeport. Pour un visa d'affaires, il faut préciser l'adresse de son entreprise. Tout le monde doit compléter la rubrique "Référence en République du Yémen". Les touristes indiqueront le nom d'un hôtel figurant dans ce guide (aucun justificatif de réservation n'est demandé). Ils feront de même pour la rubrique "Adresse au Yémen" sur la carte de débarquement.

Les voyageurs qui se rendent au Yémen pour affaires ont besoin d'une lettre de l'entreprise ou de l'organisation yéménite avec laquelle ils traitent. Ce document doit détailler les raisons du voyage et mentionner le nom et l'adresse de leur interlocuteur sur place.

Autorisation de séjour. Elle est délivrée à la frontière, à condition d'être en possession d'un visa d'entrée. Le tampon, rectangulaire, précise "Autorisation d'entrée pour un mois" ou "Séjour autorisé pour un mois".

Prorogation de visa. Si vous devez rester plus d'un mois au Yémen, vous pouvez faire prolonger votre visa pour un mois, trois fois au maximum, auprès du service de l'immigration du ministère de l'Intérieur (☎ 612760). Il est représenté à Sanaa, al-Hudayda et Aden. Pour obtenir cette prorogation, vous devrez régler 1 500 RY et produire un certificat médical stipulant que vous n'êtes pas séropositif. Si vous n'en avez pas de récent, le service de l'immigration vous indiquera un laboratoire. A Sanaa, de nombreux expatriés se rendent aux Sana'a Medical Laboratories (☎ 272345), derrière le Taj Sheba Hotel, St n°9, bâtiment n°4. Vous devrez vous munir d'une photo. Le test coûte 2 800 RY et les résultats vous sont communiqués le lendemain.

Visa à entrées multiples. Si vous travaillez au Yémen, ce type de visa est accordé pour les séjours à l'étranger de courte durée. Il est délivré par le service de l'immigration.

Ce type de visa ne concerne pas les touristes. Si vous souhaitez visiter Djibouti, l'Érythrée ou un autre pays proche (voyages bon marché depuis Sanaa ou Aden), vous devrez demander un nouveau visa d'entrée. Il est préférable d'établir votre itinéraire en prévoyant une seule entrée au Yémen.

Permis touristiques

Autrefois, les étrangers devaient être en possession d'un permis touristique (*tasrih*) pour quitter Sanaa. Ce système a été aboli en 1990, lors de la réunification, mais certains postes de contrôle le réclament encore. Il suffit normalement de montrer son passeport. Dans certaines régions à risques, les permis sont parfois exigés (voir le tableau *Restrictions* dans la rubrique *Suggestions d'itinéraires*).

Billets aller-retour

Un billet d'avion aller-retour n'est plus indispensable pour prouver que vous restez temporairement au Yémen. Vous devrez cependant prouver votre capacité de couvrir vos frais de séjour. Dans la pratique, on ne demande aucune preuve aux Occidentaux. Les autorités sont probablement plus strictes en ce qui concerne les ressortissants d'Afrique de l'Est, où la population est plus tentée par l'émigration.

Permis de conduire

Le permis de conduire n'est pas une nécessité, étant donné que les voitures sont généralement louées avec chauffeur. Un permis de conduire international n'a de valeur que s'il est estampillé par la police locale. Les résidents demanderont un permis de conduire yéménite s'ils sont en possession d'un permis national en cours de validité. Ils doivent alors passer un contrôle médical et un test d'aptitude, ce qui prendra parfois plusieurs semaines.

Les résidents étrangers disposent d'une carte d'identité, qui leur permet de se déplacer dans tout le pays sans autre papier. Adressez-vous à votre interlocuteur sur place afin de régler tous ces détails.

Papiers du véhicule

Il est rare de voyager seul dans un pays comme le Yémen mais, si tel est le cas, munissez-vous des documents mentionnant le nom du propriétaire du véhicule. Si vous comptez séjourner dans le pays, mieux vaut acheter un véhicule sur place, plutôt que de perdre votre temps dans des formalités d'importation et d'enregistrement.

Carnet international de vaccination

Les vaccins contre le choléra et la fièvre jaune sont exigés pour les voyageurs en provenance de régions contaminées. Aucun vaccin n'est requis pour les visiteurs venant d'Europe occidentale. Pour un séjour de plus d'un mois, un certificat de non-séropositivité est exigé.

Photocopies

Certains résidents conseillent de présenter, plutôt que le passeport, une photocopie des pages sur lesquelles figurent la photo et le visa. Vous pouvez prétendre avoir laissé votre passeport à Sanaa. Cependant, les formalités sont plus rapides avec le document original.

Presque tous les magasins de photo de Sanaa et des grandes villes possèdent des photocopieurs. Il en existe un, très pratique, dans le passage marchand qui va du parc, en face de la Corporation générale du tourisme, à Gamal Abdul Nasser St. La photocopie ne devrait pas vous coûter plus de 20 RY.

En arabe, photocopie ou photographie se dit *sura* (ou **s**u:ra).

AMBASSADES ET CONSULATS
Ambassades et consulats du Yémen

Le Yémen est représenté dans la plupart des pays arabes, aux États-Unis et dans de nombreux pays d'Europe, d'Afrique et d'Asie. S'il vous est difficile de vous rendre à l'ambassade, demandez les formulaires par courrier. Vous recevrez les instructions une ou deux semaines plus tard. Cette méthode est fiable et relativement rapide. Elle revient cependant un peu plus cher car il faut envoyer le courrier en recommandé. Les formulaires sont rédigés en arabe et dans la langue locale.

Vous pouvez aussi vous arrêter quelques jours dans une capitale proche du Yémen. Si votre visite fait partie d'un grand circuit dans le nord-est de l'Afrique ou au Moyen-Orient, vous obtiendrez votre visa dans n'importe quelle capitale. Cela prend généralement 48 h. Les Yéménites se montrent parfois indulgents – à Djibouti, un visa sera délivré en 24h –, mais ils savent aussi faire preuve d'inflexibilité ; ne comptez pas sur leur complaisance. La plupart des ambassades n'ouvrent par ailleurs que le matin.

Vous trouverez ci-dessous les adresses de quelques représentations diplomatiques :

Arabie saoudite
  Embassy Zone, PO Box 94356, Riyadh 11693 (☎ 966 1 4826764, 4881769, fax 966 1 4881744, 4881562)
  Consulat :
  al-Nazih al-Sharqeea, Mansor Prince Mosque, Jeddah (☎ 966 2 6874291, fax 966 2 6894567)
Bahreïn
  Al-Kuwait St, Villa N°80, Rd N°2802, Complex N°328, PO Box 26193, Manama (☎ 973 277072, 277702, fax 973 262358)
Belgique
  114, av. Franklin Roosevelt, 1050 Bruxelles (☎ 2-6465 290, fax 2-6729682)
Canada
  Suite 1100, 350 Sparks St, Ottawa, Ontario, K1R 570 (☎ 613 7296627, fax 613 2328276)
Djibouti
  St N°254, Ali Hasan House, Djibouti (☎ 235 352975, fax 235 356680)
Égypte
  6 Ahmed Shawqi St, derrière la Tour du Nil, Le Caire (☎ 20 2 3614224, 3614325, 3614326, fax 20 2 3610869, 3604235)
Émirats arabes unis
  Abu Dhabi (☎ 971 2 448457, 448454, fax 971 2 447978)
  Consulat :
  Al-Hamriah Zone, PO Box 1947, Dubai (☎ 971 4 520213, 520131, fax 971 4 522901)
Érythrée
  PO Box 5566, Asmara (☎ 291 1 110208, 116083, fax 291 1 118662)
Éthiopie
  13 Old Airport St, Addis-Abeba (☎ 251 1 711811, 712204, fax 251 1 710911)
France
  25, rue Georges-Bizet, 75016 Paris (☎ 33 1 47 23 61 76, fax 33 1 49 52 04 42)
Jordanie
  Moh. Tawfeeq Abu al-Adi St, 3rd et 4th Circle, PO Box 5803, Amman (☎ 962 6 647425, 642381, fax 962 6 619994, 654717)
Oman
  Al-Shata'a Zone al-Qarm, Zone N°228, Sq 5, Piece 144, Block 2840, Bldg 2981, Musqat (☎ 968 604172, 600815, fax 968 605008)
Qatar
  Fareeq bin Mahmoud – Muthairab Complex, al-Jazeera St N°22, Abdul-Raqeeb A. Villa, PO Box 8133, Doha (☎ 974 432720, 432555, fax 429400)
Suisse
  Délégation permanente du Yémen, 19, chemin du Jonc, 1216 Cointrin (☎ 022-799 05 10)

Ambassades et consulats au Yémen

En tant que touriste, il est important que vous sachiez ce que votre ambassade peut, et ne peut pas, faire pour vous. Elle est généralement impuissante si, de près ou de loin, vous êtes responsable de vos ennuis. Rappelez-vous que, au Yémen, vous êtes soumis aux lois nationales et tribales. Vous ne serez aucunement soutenu par votre ambassade si vous avez commis une faute, pourtant légale dans votre pays. Dans certains cas, vous pourrez obtenir une assistance. Si vous devez rentrer de toute urgence, ne comptez pas sur un rapatriement gratuit ; l'ambassage jugera que c'est du ressort de votre assurance. En revanche, si l'on vous a volé papiers et argent, elle vous procurera un nouveau passeport. Il ne faut pas espérer, non plus, un prêt pour le billet de retour.

Autrefois, les ambassades recevaient le courrier des voyageurs et gardaient les journaux de leur pays. Le service de "poste restante" n'existe plus et les journaux sont en général périmés.

Si vous allez dans des régions reculées ou politiquement instables, enregistrez-vous auprès de votre ambassade en précisant votre date de retour. Certaines ambassades donnent aux voyageurs indépendants des consignes de sécurité, les informent des risques d'épidémie et des dangers potentiels. Cependant, elles pèchent parfois par exagération et tendent à vous dissuader de bouger.

Voici les adresses de certaines représentations diplomatiques à Sanaa. Le code téléphonique national du Yémen est le 967 ; le code régional de Sanaa, le 1.

Arabie saoudite
Bldg 1, al-Quds St, Southern Ring Rd (☎ 240429, 240430, fax 240859)

Djibouti
84 Amman St 06 as-Safiya al-Gharbiya (☎ 415985, 412185, fax 412186)

Égypte
Gamal Abd-El Nasr St (☎ 275948, 275949, fax 274196)

Émirats arabes unis
South Ring Rd (☎ 248777, 248778, 266058, fax 248779)

Érythrée
Western Safiya Bldg N°68 (☎ 209422, 214088)

Éthiopie
Al-Hamdani St (☎ 208833, fax 213780)

France
St 21, près de Khartum St, PO Box 1286 (☎ 268882, 268885, 268888, 268889, fax 269160)

Hongrie
As-Safiya al-Gharbiya, St 5, Hs 9 (☎ 248147, fax 269183)

Iran
Damascus St, Hadda (☎ 412690, fax 263062)

Italie
St 29, Bldg 5 (☎ 265616, 269165, fax 266137)

Jordanie
Hadda St (☎ 412690, fax 268115)

Koweït
15 Abu Bakr al-Siddiq St, quartier diplomatique (☎ 268879, 268878, 268877, 2688776, fax 268875)

Oman
Villa 7, St 5, (☎ 208875, fax 204586)

Qatar
Al-Safiya al-Junubia (☎ 269654, 269611, fax 269656)

République tchèque
As-Safiya al-Gharbia al-Junubia, St 16, Hs 6 (☎ 249946, fax 244418)

Syrie
Hadda St (☎ 413153, 414892, 414891, fax 414894)

Les pays suivants ne sont représentés que par des consulats honoraires :

Belgique
Zubayri St (☎ 285925, 286865, fax 289568)

Canada
Mogadishu St, au sud de Hadda Rd (☎ 208814, 208811, fax 209523)

Espagne
Zubayri St (☎ 268745, fax 204360, 209366)

Suisse
Hadda St, près de l'ambassade d'Indonésie (☎ 414844)

Si votre pays n'est pas représenté, adressez-vous à un pays voisin et ami, qui sera théoriquement tenu de vous venir en aide.

DOUANE

La plupart des touristes arrivent au Yémen par l'aéroport international de Sanaa. Le vaste aéroport d'Aden dispose d'installations plus modernes. Il a été délaissé depuis le siège de la ville, lors de la guerre de l'Unité en 1994 et le trafic n'a pas encore repris.

Le passage en douane traîne en longueur car chaque bagage est inspecté. Choisissez, si possible, une file d'attente composée essentiellement de voyageurs ou d'étrangers ; un Yéménite muni d'une simple mallette garde souvent la place pour ses épouses et ses frères qui arrivent avec une trentaine de valises !

Évitez également de soustraire un bagage à main à l'examen car le garde armé, posté à la sortie, ne vous laissera pas franchir la porte avec un sac non marqué. Veillez à ce que les douaniers marquent tous vos bagages.

Importations

Vous pouvez importer 200 cigarettes, 50 cigares ou 250 grammes de tabac à pipe. Les alcools sont interdits sur le territoire mais les non-musulmans ont droit à un litre. Les femmes sont autorisées à entrer avec des quantités "raisonnables" de produits cosmétiques et de bijoux. Si vous arrivez par la route, vous avez droit à 50 litres de carburant pour votre véhicule.

Dans ce pays musulman, la pornographie est naturellement prohibée. Les douaniers examineront sans doute vos magazines et réquisitionneront vos vidéocassettes afin de les étudier de plus près (vous les récupérerez quelques jours plus tard au ministère de l'Information ou au service de l'immigration).

Les autres dispositions légales ne concernent pas le touriste moyen. Seuls sont autorisés les cadeaux d'une valeur ne dépassant pas 25 $US et les animaux domestiques munis d'un certificat de santé international. Si vous êtes en voyage d'affaires, vous avez le droit d'importer des échantillons de vos produits, des brochures et autres supports publicitaires, à condition de les remporter lors de votre départ.

Il est interdit d'importer ou d'exporter des riyals yéménites. Il n'existe aucune restriction sur les devises étrangères mais, au-delà de 3 000 $US, vous devez les déclarer à votre arrivée et vous ne pourrez pas quitter le pays avec plus du montant déclaré. Cependant, ces réglementations ne semblent pas appliquées de façon draconienne et nous n'avons jamais vu de formulaire de déclaration.

Exportations

Tous les objets datant de plus de quarante ans font partie du patrimoine national et ne peuvent quitter le pays sans autorisation préalable de l'Office général du tourisme. N'espérez pas ramener chez vous le joli chapiteau de marbre trouvé près de la digue de Marib. Pas de panique, l'argenterie que vous avez achetée dans les souks n'est probablement pas aussi ancienne que vous l'imaginiez !

QUESTIONS D'ARGENT
Monnaie nationale

Le *riyal* yéménite est représenté ici par l'abréviation RY. Il existe des pièces et des billets de 5 et 10 riyals, des billets de 20, 50, 100, 200, 500 et 1 000 riyals. Les valeurs sont indiquées d'un côté en arabe et de l'autre en anglais. Vous apprendrez vite à les reconnaître à leur couleur. La valeur des pièces figure uniquement en arabe.

Taux de change

Actuellement, le taux de change des monnaies suivantes affiche :

Pays	Devise		Riyals
France	1 FF	=	25 RY
Belgique	1 FB	=	4 RY
Suisse	1 FS	=	100 RY
Canada	1 $C	=	108 RY
États-Unis	1 $US	=	158 RY

Depuis la réunification, le Yémen a souffert d'une forte inflation, qui oscillait entre 20% et 70% par an ; les pires années ont été 1994 et 1995, en raison de la guerre de l'Unité. Le gouvernement ne parvenait pas à équilibrer le budget et les déficits croissants étaient couverts par l'émission incontrôlée de nouveaux billets. En 1997 et 1998, le Yémen a, selon les recommandations du FMI, instauré des réformes économiques à moyen terme. Le taux d'inflation s'est élevé à 6% en 1997 et à 8% en 1998.

L'instabilité de la monnaie se traduisait par une importante "dollarisation" de l'économie yéménite. Les entreprises fixaient leurs prix en dollars américains car elles ne pouvaient établir un budget en riyal. Cela concerne encore essentiellement les services utilisés par les touristes occidentaux.

Réfléchissez avant de payer en dollars des prestations qui vous seront facturées plusieurs fois leur prix en riyals. A l'inverse des hôtels, les compagnies aériennes et les tour-opérateurs renommés ne gonflent pas leurs factures. En revanche, régler en dollars ses achats dans les souks est une véritable folie.

Change
Espèces. Il est impossible d'acheter des riyals yéménites à l'étranger et les principales devises occidentales sont acceptées sur place. Le comptoir de change installé dans le hall d'arrivée de l'aéroport de Sanaa, avant le contrôle des passeports, ouvre à des heures irrégulières. Dans l'aéroport, deux autres agences bancaires devraient ouvrir de 8h à 12h, mais ce n'est pas toujours le cas. A Aden, une agence de la banque nationale se trouve après le contrôle des passeports.

Vous aurez besoin de monnaie locale pour quitter l'aéroport. Si les bureaux de change sont fermés, demandez à un taxi de vous aider à en trouver un ouvert ; il vous proposera alors probablement de changer lui-même votre argent. Vous pouvez aussi prévoir une coupure de 20 $US et la changer auprès d'un employé de l'aéroport ou d'un passager. Ne convertissez que le strict nécessaire à l'aéroport car les taux sont plus intéressants ailleurs.

Les dollars américains, les francs français, les livres britanniques ou les marks allemands se changent avec facilité. Ce ne sera pas le cas pour les devises moins connues. Les francs de Djibouti sont changés à un taux ridicule, lorsqu'ils sont acceptés.

Munissez-vous plutôt de dollars américains car, malgré ses fluctuations, son taux semble grimper régulièrement au Yémen. Les billets de 100 $US trouvent plus facilement preneur et à meilleur taux que les petites coupures. Évitez les billets antérieurs à 1990 : ils ne sont pas dotés des micro-impressions destinées à éviter la contrefaçon et les changeurs les refuseront.

Chèques de voyage. Ils sont acceptés dans presque toutes les banques et dans certains bureaux de change. Préférez des chèques de compagnies internationales connues et prévoyez par sécurité un autre mode de paiement.

Distributeurs automatiques. Il n'en existe pas, actuellement, au Yémen.

Cartes de crédit. Pour les voyageurs à petit budget, elles sont totalement superflues ; les autres ne les utiliseront pas souvent. Elles ne sont acceptées que par les hôtels de luxe, les agences des compagnies aériennes, les tour-opérateurs et les bijouteries des grandes villes spécialisées dans la vente aux touristes. Pour l'instant, seule la carte American Express est reconnue hors des hôtels internationaux, mais la carte Visa commence à se développer.

Bureaux de change. Depuis 1980, les changeurs privés ont été proscrits de temps à autre par le gouvernement. Excepté ce problème de statut, ce sont les endroits les plus pratiques pour le change. Ils sont actuellement autorisés et les centres d'affaires des grandes villes en comptent plusieurs.

N'hésitez pas à comparer les taux, qui ne varient guère de plus de deux points.

Hors des grandes villes, il sera sans doute difficile, ou impossible, d'échanger vos devises. Il n'y aura aucun problème à Sanaa, Taez, Aden et al-Mukalla ; les difficultés commencent à al-Hudayda, Ibb et Say'un. L'opération est impossible à Hajja ou Zabid.

Si le gouvernement interdit à nouveau les bureaux de change, ils se retrancheront dans les souks, là où survivent les valeurs traditionnelles de la société yéménite et où l'influence des autorités se fait moins sentir.

Évitez cependant de changer votre argent dans la rue. Vérifiez la somme remise, même si la fraude est rare.

Banques. Le secteur bancaire yéménite ne s'est guère modernisé et les opérations de change demandent un bon laps de temps et maintes formalités. Les banques appliquent le taux officiel qui, en 1998, était inférieur de 2 ou 3% à celui des officines privées. Si vous avez besoin d'un reçu, la transaction bancaire est indispensable.

Un établissement international, comme la Banque Indosuez, est ordinairement plus souple et son personnel parle parfois anglais. Toutes les banques ne pratiquent pas le change. Elles ouvrent tous les jours de 8h ou 9h à 12h, sauf le vendredi et les jours fériés. Le jeudi, les heures d'ouverture sont réduites.

Hôtels. Les hôtels de luxe effectuent des opérations de change pour leurs clients, mais leurs taux sont parmi les forts.

Sécurité

Préférez les espèces aux chèques de voyage ou à la carte bancaire, plus faciles à manipuler et assez sûres à transporter, les pickpockets étant rares au Yémen.

Le vol est réfréné par un système de valeurs datant de quatorze siècles. Si la *charia*, la loi islamique, ordonne que l'on coupe la main droite du voleur, c'est parce que le vol ne fait pas partie de cette culture. Si vous faites tomber votre portefeuille, quelqu'un le ramassera et vous le rendra. Les Yéménites manipulent ouvertement d'épaisses liasses de billets, un comportement inimaginable dans une capitale occidentale. Les étrangers n'ayant pas autant de scrupules, méfiez-vous plutôt des autres touristes.

Prenez tout de même des précautions élémentaires. Gonfler les prix est une pratique courante : aussi, évitez d'étaler vos richesses. Garder la majeure partie de son argent dans une ceinture cachée sous les vêtements est une idée judicieuse. Les problèmes économiques et l'austérité imposée dans les années 90 ont modifié les attitudes. Des vols à main armée se sont produits, en particulier dans les régions tribales. Les voitures constituent un butin convoité ; en revanche, ce n'est qu'à de rares occasions que les passagers ont été dévalisés.

Coût de la vie

Le Yémen est-il un pays cher ou bon marché ? La situation a considérablement changé et il est fort probable que cela continue. Depuis 1984, le riyal a chuté de 93% par rapport au dollar américain. Parallèlement, les produits et les services nationaux ont perdu trois quarts de leur valeur en dollars alors qu'ils ont augmenté de quatre ou six, voire douze fois, en riyals.

Si vous adoptez le style de vie yéménite traditionnel, vous dépenserez peu. Si vous exigez un steak saignant à chaque repas, de la bière et un guide particulier, seul le billet d'avion vous semblera bon marché !

Son PNB classe le Yémen parmi les quarante pays les plus pauvres du monde et les habitants se contentent de peu. La nourriture de base est bon marché. Un verre de thé ou une miche de pain coûte 10 à 20 RY, un repas simple mais copieux dans un restaurant vous reviendra entre 100 et 200 RY, le double avec de la viande. Comptez 400 à 600 RY pour un poulet grillé dans un restaurant (au marché, il se vend, vivant, 150 à 200 RY).

En matière d'hôtel, le choix s'étend des auberges rudimentaires (300 à 500 RY le lit) aux hôtels internationaux cinq-étoiles (210 $US la nuit). Une double dans un hôtel de catégorie moyenne, propre et confortable, vous coûtera 2 000 à 3 500 RY.

Les transports, votre troisième source principale de dépense, sont bon marché. Le trajet en bus Sanaa – al-Hudayda coûte 500 RY (4 heures de route) et Aden – al-Mukalla, 900 RY (12 heures). Pour le même trajet en taxi, comptez 20 à 50% plus cher. La location d'un 4x4 avec chauffeur revient de 9 000 à 20 000 RY par jour, selon la distance et l'état de la route.

Les produits d'importation sont chers, en raison de la dévaluation du riyal. Les articles de luxe sont disponibles depuis les années 80, époque où de nombreux Yéménites travaillaient à l'étranger.

Pourboires et marchandage

La coutume du pourboire n'existe pas au Yémen. Les hôtels et les restaurants incluent le service dans leurs prix. Négociez à l'avance le montant d'une course de taxi et les autres services.

Contrairement aux idées reçues, le marchandage n'est pas une tradition yéménite. Dans les épiceries, les prix sont fixes et, même dans les souks, cette pratique n'est pas répandue.

Les touristes occidentaux ont introduit cette coutume nord-africaine dans les années 90. Aux souks de l'argenterie de Sanaa, comme dans ceux des autres grandes villes, ne payez pas le premier prix demandé. Comparez les différentes offres et n'hésitez pas à négocier. Il en va ainsi dans les souks spécialisés dans les articles pour touristes. Si vous en avez le temps et l'occasion, visitez d'autres marchés. Ceux qui ne sont pas fréquentés par les groupes de touristes pratiquent souvent les prix réservés aux Yéménites.

Les tarifs des hôtels et des taxis privés sont souvent négociables. Les restaurants fréquentés par les étrangers ont également tendance à gonfler leurs prix. Calculez le coût de votre repas avant de commander et vérifiez le prix des "accompagnements" : vous découvrirez peut-être que l'eau minérale et le thé coûtent aussi cher que le poulet !

Taxes et remboursement
Hormis une taxe variable parfois appliquée dans les hôtels (de 5 RY à 10% du coût), les prix ne supportent pas de taxe. Il n'y a donc pas de remboursement de taxe à l'exportation, pas plus que de boutique hors taxes.

ORGANISMES A CONNAÎTRE
L'Institut du Monde arabe (IMA), 1 rue des Fossés Saint-Bernard, 75236 Paris cedex 05 (☎ 01 40 51 38 38) dispense des cours d'arabe littéraire et d'arabe dialectal. Il publie, entre autres, une revue de presse pédagogique (articles en arabe avec un lexique bilingue), *Al-Moukhtarat* (Morceaux choisis). La brochure *Où apprendre l'arabe*, disponible à l'IMA (20 F ou 30 F par correspondance), recense les établissements en France, en Europe, aux États-Unis, ainsi que dans le monde arabe. L'IMA possède également une bibliothèque et un centre de documentation accessibles à tous.

L'Institut national des Langues et des civilisations orientales (INALCO), 4, rue de Lille, 75007 Paris (☎ 01 49 26 42 00), propose également des cours de langue arabe.

Vous pouvez aussi contacter l'Arabia Felix, 6, rue de Nemours, 75011 Paris (☎/fax 01 43 57 93 62, e-mail : Yemenbel@wanadoo.fr). Placée sous la présidence de Théodore Monod et de José-Marie Bel, l'association milite pour la connaissance et la préservation du patrimoine architectural et culturel yéménite ; elle organise un "atelier-galerie des voyageurs", des cycles de conférences et publie le *Journal du Yémen*, qui fourmille de renseignements utiles et d'articles de fond. Sur place, vous pourrez consulter des ouvrages de documentation ainsi que des cartes géographiques sur le Yémen et les côtes de la Mer Rouge.

POSTE ET COMMUNICATIONS
Poste
Les services postaux fonctionnent bien et vos cartes postales arriveront à leurs destinataires. De Sanaa, le courrier met de quatre jours à deux semaines pour parvenir en Europe. Habituellement, les villages ne possèdent pas de poste et le courrier passe par Sanaa ou Aden, ce qui ralentit le transport et augmente les risques d'erreur. Les tarifs sont raisonnables : 50 RY pour une carte postale à destination de l'Europe.

La poste restante de Sanaa n'est pas très fiable. Les hôtels internationaux proposent un service de courrier.

Téléphone
Le réseau téléphonique s'est rapidement développé depuis la réunification du pays. Des centres dotés de plusieurs cabines sont installés dans toutes les grandes villes ; ils sont annoncés par le panneau "International Telephone". On peut y passer des appels locaux ou internationaux (à partir de 5 RY l'appel local). Les tarifs des appels internationaux sont comparables à ceux pratiqués ailleurs. Un appel vers l'Europe coûte en moyenne 220 RY la minute. Des compteurs à affichage à cristaux liquides, installés sur chaque téléphone, indiquent le prix de la communication.

Le code national du Yémen est le 967. Les codes régionaux sont les suivants :

Sanaa	☎ 1
Aden, Abyan, Lahej	☎ 2
Al-Hudayda	☎ 3
Taez, Ibb	☎ 4
Shabwa, Hadramaout, al-Mahra	☎ 5
Saada	☎ 51
Dhamar, al-Baydha, al-Jawf	☎ 6
Marib	☎ 630
Al-Mahwit, Hajja, Saada	☎ 7

Au Yémen, il faut composer le 0 avant le code régional, et le 00 pour accéder à l'international. Des sous-codes sont utilisés pour certaines villes ou villages. Dans des régions reculées, vous devrez passer par un opérateur. Au fur et à mesure du développement du réseau téléphonique, les sous-codes sont modifiés. Renseignez-vous en appelant ☎ 118.

Fax

La plupart des hôtels disposent d'un télécopieur à la disposition de leurs clients. Les tarifs varient selon l'établissement, le nombre de pages, la destination, l'heure et le jour de la transmission.

E-mail et accès Internet

La plupart des chambres d'hôtel sont dotées de téléphone, sur lesquels vous pourrez brancher un ordinateur portable et un modem. Cependant, le service Internet payable à la minute n'est pas disponible pour les voyageurs ; vous devrez appeler votre fournisseur d'accès à l'étranger : une solution onéreuse.

Si vous devez vous connecter à Internet ou envoyer un e-mail, recherchez un service www. Malheureusement, l'utilisation d'Internet n'en est qu'à ses balbutiements et vous ne trouverez ni cybercafé ni service public. Peu de magasins informatiques offrent ce type de service. Le Sultan Palace Hotel de Sanaa, pionnier dans ce domaine, autorise ses clients à utiliser ses ordinateurs. Les prix sont exorbitants : 50 RY la minute de connexion et 200 RY l'e-mail reçu ou expédié. TeleYemen détient le monopole de la fourniture d'accès et en profite.

INTERNET

Si vous souhaitez obtenir des informations de dernière minute, connectez-vous au site de Lonely Planet : www.lonelyplanet.com. Ce site comporte des mises à jour utiles, des lettres de voyageurs, des informations pratiques et une section spéciale sur le Yémen.

Le Yémen est très présent sur Internet. Vous trouverez une multitude d'articles et de liens sur www.al-bab.com. Le site de Shaker Alaswal, www.yemennet.com, est également très utile. Le site du *Yemen Times*, www.yementimes.com, offre une base de recherche pour chaque article. La page de TeleYemen, www.y.net.ye, accueille la plupart des sites yéménites et propose une bonne sélection de liens. Les Yéménites installés aux États-Unis parlent de leur terre natale sur members.aol.com/ yalnet, le site de la Ligue américaine yéménite. Vous trouverez également le site du Congrès général du peuple sur www.gpc.org.ye, présenté comme le site "officiel" du Yémen, et le site du gouvernement sur www.yemeninfo.gov.ye. L'adresse du site de l'opposition en exil est www.mowj.com.

LIVRES
Histoire, religion et civilisation

L'Arabie du Sud, histoire et civilisation, de Joseph Chelhod (Maisonneuve et Larose), a consacré son 3e tome au *Yémen, culture et institutions* (1985).

Le numéro 67 de la *Revue du monde musulman* (Édisud, 1994) est consacré au "Yémen, passé et présent de l'unité", et explique avec force détails la puissance des Zaydites au fil des siècles. Le numéro 155 de la revue *Maghreb* (Documentation française, 1997), consacrée au Yémen et au Liban, éclaire certains aspects de l'évolution récente de ces pays.

L'Unification du Yémen antique, de 'Abd al-Qadir Bafaqif (Geuthner, 1990), donne un éclairage particulier sur les luttes de pouvoir entre les royaumes de Saba, de Himyar et du Hadramaout au début de l'ère chrétienne.

Le Yémen et la mer Rouge (L'Harmattan, 1995), ouvrage collectif coordonné par Yves Thoraval, rassemble les actes d'un colloque organisé en 1993 et apporte quelques éclairages détaillés sur le commerce yéménite dans la mer Rouge, trait d'union entre l'Afrique et l'Asie. A titre anecdotique, *Aux origines de l'implantation française en mer Rouge*, de Roger Joint-Daguenet (L'Harmattan), retrace la vie d'Henri Lambert, consul de France à Aden en 1855, à travers la rivalité franco-britannique pour le contrôle de la mer Rouge.

L'Islam et sa civilisation, d'André Miquel (Armand Colin, 1990) est un ouvrage de références, qui permet de faire le point sur l'histoire de cette religion. Plus pointu, *L'Islam et la civilisation islamique, VIIe-XIIIe siècle* est l'œuvre de Georges Peyronnet (Armand Colin, coll. U, 1992).

Art et architecture

Yémen, l'art des bâtisseurs : architecture et vie quotidienne, de José-Marie Bel (Amyris, 1997), s'adresse à ceux qui désirent aborder ce pays par son architecture fascinante.

Yémen, architecture millénaire (IMA, 1993) est un livre de photos accompagnées de commentaires et d'explications, qui fait suite à une exposition à l'Institut du monde arabe.

Saba, la revue trimestrielle belge de l'association des Amis de Saba, publie des numéros thématiques sur le Yémen.

Les Éditions Amyris ont publié de nombreux ouvrages sur le Yémen, et en particulier, en 1999, *Zabid, patrimoine mondial*.

En anglais, *A Yemen Reality – Architecture Sculptured in Mud and Stone* et *The Valley of Mud Brick Architecture*, publiés par Garnet Publishing en 1991 et 1992, donnent d'excellentes descriptions des provinces du sud. Ces deux livres, agrémentés de centaines de photos, expliquent parfaitement les techniques de construction utilisées dans les régions méridionales du pays.

Culture et société

Plusieurs monographies, bilingues décrivent l'espace culturel, social et artistique des villes : *Aden, port mythique du Yémen* (Amyris-Maisonneuve et Larose, 1998), de José-Marie Bel, ou *Sanaa : parcours d'une cité d'Arabie* (IMA, 1987).

Sanaa hors les murs, édité par le Centre français d'études yéménites (CFEY) et Urbanisation du monde arabe (Urbama) en 1995, décrit, à travers des plans de la ville, le contexte sociopolitique.

En anglais, *Qat in Yemen – Consumption & Social Change*, de Shelagh Weir, offre une excellente étude d'une pratique quotidienne au Yémen. Ce texte brillant en dit beaucoup plus long sur la vie actuelle que ne le suggère son titre.

La Corne de l'Afrique (Autrement, 1987), est une étude intelligente sur quatre pays intimement liés ; il apporte notamment un éclairage particulier sur les souks du Yémen et sur le moka, autrefois source de richesse du pays.

Condition féminine.

Vie de femmes au Yémen, de Claudie Fayein (L'Harmattan, 1990), est le fruit d'une collaboration entre ce médecin-ethnologue et Nagiba, qui, au travers de ses récits, témoigne des conditions de vie des femmes, parfois tragiques, souvent heureuses.

L'ouvrage de Blandine Destremau, *Femmes du Yémen* (Peuples du Monde, 1990), aide à mieux comprendre le quotidien des femmes yéménites.

Littérature

Yémen, de Hayîm Habshush (Actes Sud-Terres d'aventures, 1995), est le roman d'un chaudronnier juif de Sanaa, guide d'un rabin français spécialiste de l'épigraphie en quête d'inscriptions anciennes ; à la manière d'un Scapin oriental, il relate avec impertinence les péripéties de leur voyage.

San'â'... ville ouverte, de Muhammad Ahmad 'Abd al-Wâli (Édifra, 1989), rédigé sous la forme d'un journal, reflète le regard de l'émigré sur son retour au pays et sur la révolution des années 50. En effet, l'auteur, né à Addis-Abeba, passa une partie de son enfance en Éthiopie avant de partir pour le Yémen, d'où son père avait été chassé par le pouvoir monarchiste, puis en Égypte où il reçut l'instruction secondaire.

Al-Rahîna (l'otage), de Zayd Moti' Dammâj (Édifra, 1991), décrit les soucis et les chagrins des personnes en butte à l'arbitraire du régime imamite, la réalité sociale de l'époque et les rapports de classe qui en découlent, y compris la condition de la femme qui demeure prisonnière des contraintes sociales et politiques.

Libanais mais reconnu comme un grand poète universel, Adonis est particulièrement fasciné par le Yémen ; ses poésies retranscrivent à merveille ses sensations, notamment dans *Mémoires du vent*, un recueil de poèmes écrits entre 1957 et 1990 (Gallimard, coll. Poésie, 1991).

Correspondances et récits de voyages.

Arthur Rimbaud, l'enfant de Charleville, arrive à Aden en 1880. D'ici, il enverra des lettres d'amertume et d'aventure à sa famille, consignées dans ses *Œuvres complètes* (Gallimard, coll. La Pléiade, 1972). Pour en savoir plus sur la vie du jeune poète converti en marchand, consultez *Rimbaud, l'heure de la fuite* (Gallimard, coll. Découvertes, 1991) d'Alain Borer, un écrivain passionné qui lui a consacré plusieurs autres ouvrages, dont *Rimbaud d'Arabie* et *Rimbaud en Abyssinie* (Seuil, coll. Fiction et Cie, 1991 et 1984).

Paul Nizan, à la manière de Rimbaud, quitta la France très jeune ; il atterrit dans une famille anglaise d'Aden, expérience dont il tira un chef-d'œuvre, *Aden Arabie* (La Découverte, 1987), préfacé par Jean-Paul Sartre. Son récit est celui d'un jeune homme romantique et rebelle, loin de chez lui et étranger sur une terre inconnue.

Arabia, de Jonathan Raban (Payot, coll. Voyageurs, 1989), retrace la balade de l'auteur et ses surprises au Yémen, en Égypte et en Jordanie.

Théodore Monod et José-Marie Bel ont écrit *Botanique au pays de l'Encens – Périple au Yémen*, des témoignages sous forme de photos, d'aquarelles et des cartes (Éd. Maisonneuve et Larose, 1996).

Parus en édition de poche chez Grasset, les récits de l'écrivain-corsaire Henry de Monfreid, notamment *Les Secrets de la mer Rouge*, permettent de saisir la nature complexe de ce pêcheur de perles, marchand d'armes et mercenaire.

En anglais, *Motoring with Mohammed* d'Eric Hansen (Vintage Books, 1991) relate avec humour les péripéties d'un Occidental essayant de retrouver ses carnets de voyage perdus lors d'un naufrage en mer Rouge.

Beaux livres

Yémen, au pays de la reine de Saba (Flammarion, 1996), catalogue d'une exposition organisée à l'Institut du monde arabe, présente les trésors du patrimoine yéménite. *La Route de l'Encens* retranscrit, avec les photographies de deux passionnés du Yémen, Pascal et Maria Maréchaux, et des textes de Dominique Champault, une route commerciale mythique (Imprimerie nationale, 1996).

Citons trois autres ouvrages de qualité signés Pascal et Maria Maréchaux : *Yémen* (Phébus, 1993), *Le Yémen, une sensation de bonheur* (ACR éditions, 1995), ainsi que *Tableaux du Yémen* (Arthaud, 1997) qui présente une vision surprenante et séduisante de l'art (peinture et architecture) de ce pays.

Guides de voyage et cartes

Le *Grand guide du Yémen* (Gallimard, coll. Bibliothèque du voyageur, 1999) est riche de nombreuses illustrations.

La carte Michelin 954, *Afrique Nord-est et Arabie*, au 1/4 000 000, vous sera utile si vous voyagez dans la région.

Certaines librairies vendent encore les guides officiels, en anglais, des anciens Yémen : *Tourist Guide of Yemen Arab Republic* et *Tourism in Democratic Yemen*. Ces ouvrages, d'un intérêt strictement historique, s'accompagnent de magnifiques photos en couleurs.

Librairies

Sur place. Les nombreuses librairies de Sanaa, Taez, al-Hudayda, Aden et al-Mukalla ne proposent que des ouvrages en arabe. A Sanaa, deux magasins, dans Qasr al-Jumhuri, ont parfois quelques livres en anglais. A Aden, les bouquinistes de Main Bazaar St vendent des livres d'occasion mais, si vous aimez lire avant de dormir, mieux vaut emporter vos titres préférés.

Les boutiques de souvenirs des hôtels Taj Sheba et Sheraton de Sanaa disposent éventuellement d'ouvrages en français, anglais et allemand.

A l'étranger. Il existe plusieurs librairies spécialisées sur le monde arabe dans les pays francophones, et les librairies spécialisées en ethnologie/sociologie possèdent parfois un fonds sur le monde arabe.

Librairies spécialisées (monde arabe)
Alphabeta
    82, rue Claude-Bernard, 75005 Paris
    (☎ 01 45 35 41 10)
Avicenne
    25, rue Jussieu, 75005 Paris
    (☎ 01 43 54 63 07)
Al-Manar
    220, rue Saint-Jacques, 75005 Paris
    (☎ 01 43 29 40 22)
Librairie de l'Institut du monde arabe (IMA)
    1, rue des Fossés-Saint-Bernard, 75005 Paris
    (☎ 01 40 51 38 38)
Sindbad
    1-3, rue Feutrier, 75018 Paris
    (☎ 01 42 55 35 23)
Vents du Sud
    7, rue du Maréchal-Foch, 13100 Aix-en-Provence (☎ 04 42 23 03 38)
Librairie franco-arabe
    Société Cidex, 15, rue Sébastien-Gryphe, 69007 Lyon (☎ 04 78 58 81 66)
L'Olivier
    5, rue de Fribourg, 1205 Genève, Suisse

Librairies spécialisées (ethnologie, sciences humaines)
L'Harmattan
    16, rue des Écoles, 75005 Paris
    (☎ 01 43 26 73 57)
Maisonneuve et Larose
    15, rue Victor-Cousin, 75005 Paris
    (☎ 01 44 41 49 30)
Le Boulevard
    Rue de Carouge 35, 1204 Genève, Suisse
    (☎ 22-328 70 54)
Peuples et Continents
    11, rue Ravenstein, 1000 Bruxelles
    (☎ 2-511 27 75)

Vous trouverez aussi quelques ouvrages, ainsi que des cartes, dans les librairies de voyage habituelles.

En France
Astrolabe
    46, rue de Provence, 75009 Paris
    (☎ 01 42 85 42 95)
    14, rue Serpente, 75006 Paris
    (☎ 01 46 33 80 06)
Itinéraires
    60, rue Saint-Honoré, 75001 Paris
    (☎ 01 42 36 12 63), 3615 Itinéraires
Ulysse
    26, rue Saint-Louis-en-l'Île, 75004 Paris
    (☎ 01 43 25 17 35)
Les Cinq Continents
    20, rue Jacques-Cœur, 34000 Montpellier
    (☎ 05 67 66 46 70)
Géorama
    20-22, rue du Fossé-des-Tanneurs, 67000 Strasbourg (☎ 03 88 75 01 95)
Hémisphères
    15, rue des Croisiers, 14000 Caen
    (☎ 02 31 86 67 26)
Magellan
    3, rue d'Italie, 06000 Nice (☎ 04 93 82 31 81)

En Belgique
Tropismes
    Galerie de Prince 11 (Galerie royale Saint-Hubert), 1000 Bruxelles

En Suisse
Artou
    8, rue de Rive, 1204 Genève (☎ 22-818 02 40)
    18, rue de la Madeleine, 1003 Lausanne (☎ 21-323 65 56)

Au Canada
Librairie Ulysse
    4176 rue Saint-Denis, Montréal H2W 2M5
    (☎ 514-843 9447)
Temps libre
    Place Laurier, 2700 Bd Laurier, Sainte-Foy, Québec

CINÉMA
Si l'on excepte les travaux de la réalisatrice Kadidja Salami, la plupart des films sur

le Yémen sont des documentaires réalisés par des ethnologues étrangers, tels que Walter Dostal, auteur de vingt-six court métrages muets dans les années 60. Des agences de presse internationales, comme la NBC ou la BBC, et des organisations humanitaires, telle l'Unicef, ont également produit des films. *Murshidat, Midwives and Nurses*, de Delores Walters (1997) est une parfaite illustration de cette tendance socio-anthropologique.

JOURNAUX ET MAGAZINES

Le Yémen est l'un des rares pays du monde arabe à posséder une belle diversité de journaux (57 titres) et de magazines (66 titres) aux intérêts divergents.

Parmi les journaux des partis politiques, citons *Al-Mithaq*, *Ash-Thawry*, *Ash-Shahwa*, *Al-Shoura*, *RAY*, *Al-Jumhuriya*, *Al-Umma* et *Al-Uruba*, publiés respectivement par le CGP, le PSY, l'Islah, le FFPY, le Rabita, les socialistes du Baath arabe, l'Al-Haqq et les démocrates nasserites. Le *26 September*, très influent, est un hebdomadaire officiel des forces armées. Parmi les journaux indépendants figurent *Al-Ayyam* et *At-Tariq*, tous deux d'Aden, *Al-Haq*, *Al-Ray al-'am* et *Al-Balagh*, de Sanaa.

Seul journal publié en anglais, le *Yemen Times* se définit lui-même comme un "hebdomadaire économique et politique indépendant". Il contient des informations, des articles d'opinion, des interviews et le résumé de la presse yéménite de la semaine.

La disponibilité de la presse anglophone d'Arabie saoudite sert de baromètre aux relations entre les deux pays. Lors des périodes de tension entre les deux États, comme après la réunification, ces journaux ont disparu des kiosques yéménites. Si un rapprochement intervient, ceux qui s'intéressent aux questions religieuses ne manqueront pas de lire la page "Islam in perspective" qui paraît deux fois par semaine dans *Arab News*. Ils y trouveront des conseils sur l'application des principes de la foi pour les problèmes quotidiens, tels que le divorce, l'allaitement, l'héritage, etc.

Time et *Newsweek* sont distribués dans quelques kiosques du centre des grandes villes (Sanaa, Taez, al-Hudayda et Aden) et dans les hôtels de luxe de Sanaa.

A l'étranger. Le mensuel *Arabies*, en langue française, est diffusé dans tous les pays francophones, au même titre que la revue culturelle *Qantara*, publiée par l'Institut du monde arabe. *Le Journal du Yémen*, édité par l'association Arabia Felix, vous permettra de vous familiariser avec la culture et l'architecture yéménites. La revue *Saba*, de l'association belge des Amis de Saba, est disponible en France.

Arabies
  92, rue Jouffroy, 75017 Paris
  (☎ 01 47 66 46 00)
Le Journal du Yémen - Arabia felix
  6, rue de Nemours, 75011 Paris (☎ 01 43 57 93 62, e-mail Yemenbel@wanadoo.fr)
Qantara
  Institut du monde arabe, 1, rue des Fossés-Saint-Bernard, 75005 Paris (☎ 01 40 51 38 38)
Saba
  Les Amis de Saba, 26, rue Vilain XIV, 1050 Bruxelles (☎ 2-648 49 65)

RADIO ET TÉLÉVISION

La station de radio nationale yéménite fut créée par la fusion de Radio Sanaa et d'Aden Radio en 1990. Des stations locales émettent à Taez, al-Mukalla, al-Hudayda et Say'un. Les programmes de radio sont diffusés en arabe. Chaque jour, une heure d'informations en langue anglaise est émise à 9h et à 21h.

Deux chaînes de télévision couvrent le territoire (Channel 1 diffuse depuis Sanaa et Channel 2 depuis Aden). Les émissions sont en arabe, sauf les nouvelles de 23h sur Channel 1 et de 21h sur Channel 2, transmises en anglais.

Les antennes paraboliques ont été légalisées en 1991. Leur achat est soumis à l'autorisation du ministère de l'Information, mais elles se répandent très vite. En 1994, on en comptait 5 000. La plupart des hôtels possédant la TV en sont équipés. Vous

La liberté de la presse

Après la réunification, on assista à une vague de légalisation, sans précédent dans le monde arabe, des partis politiques et des journaux indépendants. La loi de la presse et des publications de 1990 définit expressément la liberté de la presse yéménite à l'image de celle des pays occidentaux. Un changement notable par rapport à la situation précédente tient au fait que les violations de cette loi sont poursuivies en justice. Auparavant, le ministre de l'Information pouvait confisquer les publications et fermer les journaux comme il le souhaitait ; aujourd'hui, une procédure légale est indispensable.

Soudainement, le nombre de publications a plus que doublé, pour s'élever à plus de 120. Environ la moitié sont des journaux et le reste des magazines. Aucun quotidien n'a cependant réussi à concurrencer les quatre titres contrôlés par le gouvernement. Le tirage des nouveaux journaux reste assez faible, quelques milliers d'exemplaires chacun (à l'exception du journal sportif *Al-Mala'ib*, tiré à plus de 50 000 exemplaires), et leur influence demeure limitée dans ce pays au fort taux d'analphabétisme.

La liberté de la presse n'est pas totale puisqu'il est interdit de critiquer certaines valeurs, telles que l'islam ou le président. Cependant, des critiques constructives à l'égard des actions de ce dernier sont autorisées et pratiquées. La loi a été plus sérieusement compromise par le protocole d'accord signé avec l'Arabie saoudite en 1995. Inquiets de cette liberté, les Saoudiens, qui contrôlent sévèrement leur presse nationale, ont réussi à convaincre le gouvernement yéménite de ne laisser paraître aucun document offensant pour leur pays. Le ministère de l'Information en a alors profité pour réintroduire un certain niveau de censure.

Les limites de la loi sont testées en permanence par les représentants de différents ministères, mais leurs poursuites n'ont en général aucune conséquence en raison de leur incompétence et de leur inefficacité. En revanche, les bureaux des journaux et les domiciles des rédacteurs en chef sont souvent la cible de groupes militaires ou d'une police mystérieuse. Les vieilles habitudes ont la vie dure !

L'hebdomadaire *Yemen Times*, avec la vigueur de ses attaques contre le gouvernement et le président, est un parfait indicateur du niveau de la liberté de la presse. Ce magazine fut fondé en 1990 par le Dr. Abdulaziz al-Saqqaf, professeur à l'université de Sanaa. Ce dernier fut arrêté une fois et harcelé à maintes reprises par les représentants de l'État. En 1995, le Club national de la presse américaine lui a décerné le Prix international de la liberté de la presse, faisant de lui le premier journaliste arabe à recevoir cet honneur. Vous trouverez ce journal dans les kiosques et les papeteries des villes ainsi que sur Internet (www.yementimes.com).

Selon la loi de la presse, les publications doivent obligatoirement appartenir à 100% à des citoyens et/ou des organisations yéménites. Cette disposition a pour but d'empêcher les puissances étrangères d'introduire leur propagande dans la presse yéménite. Paradoxalement, les médias radio et télévision restent contrôlés par le gouvernement, alors que les antennes satellite, parfaitement légales, permettent de recevoir les programmes des pays voisins. L'influence étrangère est bien plus efficace par ce média que par le biais de la presse écrite. Le gouvernement semble toujours embarrassé par la question de l'Internet (strictement contrôlé en Arabie saoudite), même si l'actuel premier ministre est passionné par le réseau.

recevrez Canal Horizon, TV5 et CFI, qui diffusent les journaux de 13h et de 20h de France 2.

Pour connaître les fréquences de RFI ou de RCI, contactez leur service Auditeur ou consultez leur site Internet :

Radio France International
   116, av. du Président-Kennedy, 75116 Paris
   (☎ 01 44 30 89 69, e-mail : http://www.rfi.fr)
Radio Canada International
   17, avenue Matignon, 75008 Paris
   (☎ 01 44 21 15 15)

SYSTÈMES VIDÉO
Le Yémen utilise le système PAL.

PHOTO ET VIDÉO
Matériel
Vous ne pourrez acheter des pellicules que dans les grandes villes. Les pellicules papier sont les plus répandues et les diapositives 100 ASA sont généralement disponibles.

Les prix sont plutôt raisonnables. Une pellicule couleur 36 poses 400 ASA coûte environ 350 RY. Des laboratoires de développement automatisé sont installés dans les grandes villes. Vous ferez développer vos photos en quelques heures pour environ 750 RY les 36 poses.

Vous pourrez acheter des piles de secours à Sanaa. Dans les autres villes, le choix est plus limité et les piles souvent périmées.

Caméscope
Grâce au caméscope, vous enregistrerez les détails de la vie quotidienne, les paysages spectaculaires, les souks, les restaurants, les stations de taxis, etc.

Les caméscopes sont équipés de microphones très sensibles, ce qui peut poser un problème en raison du bruit ambiant. Un film pris au bord d'une route très passante reproduira une cacophonie assourdissante lors du visionnage. Si votre caméra est dotée d'un stabilisateur, vous pouvez filmer quel que soit le moyen de transport utilisé. Cependant, ne vous attendez pas à obtenir un résultat fabuleux sur les routes cahotiques du Yémen.

Pensez à recharger régulièrement vos batteries à l'aide du chargeur, des prises et du transformateur que vous aurez pris soin d'emporter avec vous. La vidéo n'est pas encore très répandue au Yémen. Jusqu'au début des années 90, les touristes avaient besoin d'un permis spécial pour ce matériel. N'espérez pas trouver sur place des cassettes au format adéquat.

Restrictions
Il est interdit de filmer ou de photographier les installations et les bâtiments officiels qui, dans un pays régi par les militaires, ne manquent pas. Sachez que le mot arabe pour "interdit" est *mamnu'*.

Les aéroports, les postes de contrôle et les centres de communications sont mamnu' ; ce sont des zones sensibles dans la plupart des pays. Le vieux fort, qui tombe à moitié en ruines au sommet de la colline, est probablement utilisé et, par conséquent, mamnu' lui aussi. Un soldat vous interdira de photographier une mosquée si elle est située à côté du poste de police qui, bien évidemment, est mamnu'.

Photographier les habitants
La tradition musulmane interdit les portraits. Ne prenez jamais une photo sans avoir demandé la permission. Photographier une femme, même voilée, est une offense et un acte contraire à la tradition. Si vous souhaitez le faire, sollicitez la permission à son compagnon, sans jamais vous adressez directement à elle. En général, les habitants de la Tihama sont moins réticents que les villageois des montagnes qui, en particulier au nord et dans le Wadi Hadramaout, se laissent très rarement prendre en photo.

Autrefois, les visiteurs qui photographiaient des Yéménites sans leur consentement s'exposaient à la perte de leur équipement : le sujet arrachait tout bonnement l'appareil des mains de l'étranger et le jetait à terre. Les choses changent doucement avec l'afflux des touristes, mais mieux vaut montrer son appareil en disant *mumkin sura*. En cas de refus, pointez votre objectif dans une autre direction.

De nombreux Yéménites, notamment les jeunes, insistent au contraire pour être photographiés. Vous ne partagerez peut-être pas leur idée d'une photo réussie : ils grimacent en prenant la pose, imitent des guerriers prêts à se poignarder ou se jouent des tours en éclatant de rire.

Si quelqu'un pose calmement pour vous et tend la main ensuite, cela ne veut pas forcément dire qu'il réclame de l'argent – cette coutume n'est pas courante au Yémen et il serait dommage de l'encourager. Le sujet souhaite simplement sa photo. Le Polaroïd est parvenu au Yémen avant les touristes et c'est, dans des régions reculées, le seul type d'appareil connu. Faites attention à n'offenser personne.

Sécurité à l'aéroport

Bien que l'aéroport de Sanaa soit équipé de machines à rayons X récentes, les petits aéroports utilisent toujours un équipement ancien, pas très fiable. Certains voyageurs dont les sacs sont doublés de plomb risquent de subir une fouille plus approfondie. On peut parfois éviter de passer ses pellicules dans la machine et les faire inspecter manuellement, mais cela dépend entièrement du douanier en service.

HEURE LOCALE

Le Yémen est à l'heure GMT plus 3. Il n'applique pas l'heure d'été. Lorsqu'il est 12h à Sanaa ou Aden, ailleurs il est :

Ville	Heure
Paris, Genève, Bruxelles	10h
Londres	9h
Montréal, New York	4h

ÉLECTRICITÉ

Le courant est en 220 volts. Emportez un adaptateur car il existe au moins quatre types de prises. Les plus répandues sont les rondes à deux trous mais, dans les hôtels les plus récents, vous trouverez des prises carrées à trois trous.

Les pannes de courant étaient quotidiennes, même à Sanaa, et les villages planifiaient des coupures pour économiser l'électricité. Depuis la reconstruction des centrales électriques détruites pendant la guerre civile de 1994, la situation s'est nettement améliorée.

POIDS ET MESURES

Le Yémen applique le système métrique. Les poids et mesures traditionnels ont disparu depuis longtemps.

BLANCHISSAGE/NETTOYAGE

Si quelques hôtels de catégorie supérieure, à Sanaa et Aden, possèdent un service de blanchissage, vous devrez souvent faire votre lessive dans le lavabo de votre chambre. Cependant, certains petits hôtels touristiques proposent maintenant ce service, même dans les villages, et cette offre va sûrement se développer.

Les pressings de la capitale et des grandes villes nettoient essentiellement les vestes des hommes yéménites ; ils refuseront vos chemises et vos sous-vêtements.

TOILETTES

En arabe, le terme *hammām* désigne les toilettes et la salle de bains. A l'exception des hôtels touristiques, elles sont dépourvues de papier toilette (*warakat hammām*) et vous devrez utiliser l'eau du robinet.

Les toilettes yéménites sont souvent installées à la turque. Les hôtels touristiques récents possèdent des toilettes équipées de siège, dont la propreté vous fera regretter le système turc.

En règle générale, les restaurants des petites villes n'ont pas de toilettes. En cas de besoin, vous serez dirigé vers l'hôtel bon marché le plus proche ou vers une station-service. Les toilettes publiques sont rares.

SANTÉ

La santé en voyage dépend des dispositions prises avant le départ et, sur place,

> **Avertissement**
>
> La santé en voyage dépend du soin avec lequel on prépare le départ et, sur place, de l'observance d'un minimum de règles quotidiennes. Les risques sanitaires sont généralement faibles si une prévention minimale et les précautions élémentaires d'usage ont été envisagées avant le départ.

des précautions à observer au quotidien. Les dangers éventuels, s'ils sont différents de ceux du pays d'origine, doivent être soigneusement répertoriés. Il suffit alors d'être prudent afin d'éviter tout incident.

Guides de la santé en voyage

Un guide sur la santé peut s'avérer utile. Ouvrage précieux, *La Santé en voyage*, de François Deck et du Dr Patrice Bourée (éd. Florence Massot, 1994), réunit tous les conseils de prévention et de pré-diagnostic, notamment dans les régions tropicales. *Voyages internationaux et santé*, de l'Organisation mondiale de la santé (OMS), *Les Maladies en voyage*, du Dr Éric Caumes (Points Planète), sont également d'excellentes références.

En France, le serveur minitel 3615 Visa Santé ou l'adresse e-mail www.travelingdoctor.com fournissent des conseils pratiques, des informations sanitaires et des adresses utiles concernant plus de 150 pays.

Ceux qui pratiquent l'anglais pourront se procurer *Travel with Children*, de Maureen Wheeler (Lonely Planet Publications, 1995), qui donne des conseils judicieux pour voyager à l'étranger avec des enfants en bas âge.

Avant le départ

Assurances. Il est conseillé de souscrire une police d'assurance qui vous couvrira en cas d'annulation de votre voyage, de vol, de perte de vos affaires, de maladie ou encore d'accident. Les assurances internationales pour étudiants sont en général d'un bon rapport qualité/prix. Lisez avec la plus grande attention les clauses en petits caractères : c'est là que se cachent les restrictions.

Vérifiez notamment que les "sports à risques", comme la plongée, la moto ou même la randonnée ne sont pas exclus de votre contrat, ou encore que le rapatriement médical d'urgence, en ambulance ou en avion, est couvert. De même, le fait d'acquérir un véhicule dans un autre pays ne signifie pas nécessairement que vous serez protégé par votre propre assurance.

Avant de souscrire une police d'assurance, vérifiez que vous ne bénéficiez pas déjà d'une assistance par votre carte de crédit, votre mutuelle ou votre assurance automobile.

Si vous préférez une assurance qui règle directement les frais médicaux, vous évitant d'attendre votre retour pour être remboursé, sachez que la formule fonctionne rarement au Yémen. Conservez tous les justificatifs. Certaines assurances vous demandent de téléphoner (en PCV) à un centre situé dans votre pays, où l'on évalue immédiatement votre problème. Vérifiez que le rapatriement médical d'urgence, en ambulance ou en avion, est prévu dans votre contrat.

Quelques conseils. Assurez-vous que vous êtes en bonne santé avant de partir. Si vous comptez voyager longtemps, faites contrôler l'état de vos dents. Le Yémen est un pays où l'on ne souhaiterait pas une visite chez le dentiste à son pire ennemi.

Si vous suivez un traitement de façon régulière, n'oubliez pas votre ordonnance (avec le nom du principe actif plutôt que la marque du médicament, afin de pouvoir trouver un équivalent local, le cas échéant). En outre, l'ordonnance vous servira à prouver que vos médicaments vous sont légalement prescrits, des médicaments en vente libre dans certains pays ne l'étant pas dans d'autres.

Attention aux dates limites d'utilisation et aux conditions de stockage, parfois mauvaises (les faux médicaments sont fréquents). Il arrive que l'on trouve, au Yémen, des produits interdits en Occident.

Trousse médicale de voyage

Veillez à emporter avec vous une petite trousse à pharmacie contenant quelques produits indispensables. Certains ne sont délivrés que sur ordonnance médicale.

☐ des **antibiotiques** à utiliser uniquement aux doses et périodes prescrites, même si vous avez l'impression d'être guéri avant. Chaque antibiotique soigne une affection précise : ne les utilisez pas au hasard. Cessez immédiatement le traitement en cas de réactions graves.

☐ un **antidiarrhéique** et un **réhydratant**, en cas de forte diarrhée, surtout si vous voyagez avec des enfants.

☐ un **antihistaminique** en cas de rhumes, allergies, piqûres d'insectes, mal des transports – évitez l'alcool.

☐ un **antiseptique** ou un désinfectant pour les coupures, les égratignures superficielles et les brûlures, ainsi que des **pansements gras** pour les brûlures.

☐ de l'**aspirine** ou du paracétamol (douleurs, fièvre).

☐ une **bande Velpeau** et des **pansements** pour les petites blessures.

☐ une **paire de lunettes de secours** (si vous portez des lunettes ou des lentilles de contact) et la copie de votre ordonnance.

☐ un **produit contre les moustiques**, un **écran total**, une **pommade pour soigner les piqûres et les coupures** et des **comprimés pour stériliser l'eau.**

☐ une **paire de ciseaux**, une **pince à épiler** et un **thermomètre à alcool**

☐ une petite **trousse de matériel stérile** comprenant une seringue, des aiguilles, du fil à suture, une lame de scalpel et des compresses.

Vaccins. Plus vous vous éloignez des circuits classiques, plus il faut prendre vos précautions. Il est important de faire la différence entre les vaccins recommandés lorsque l'on voyage dans certains pays et ceux obligatoires. Au cours des dix dernières années, le nombre de vaccins inscrits au registre du Règlement sanitaire international a beaucoup diminué.

Seul le vaccin contre la fièvre jaune peut encore être exigé, au Yémen, pour les voyageurs qui viennent de régions contaminées. Mais vous ne courez pas le risque de la contracter dans ce pays. Aucun vaccin n'est obligatoire pour se rendre au Yémen. Il est en revanche recommandé de se faire vacciner contre le tétanos, la poliomyélite, la diphtérie, la méningococcie, la fièvre typhoïde, les hépatites A et B, la rage. Les maladies tropicales sont par ailleurs difficiles à éradiquer, notamment dans les régions chaudes comme la Tihama ou la côte sud. Faites inscrire vos vaccinations dans un carnet international de vaccination que vous pourrez vous procurer auprès de votre médecin ou d'un centre.

Planifiez vos vaccinations à l'avance (au moins six semaines avant le départ) car certaines demandent des rappels ou sont incompatibles entre elles. Les vaccins ont des durées d'efficacité variables et certains sont contre-indiqués pour les femmes enceintes.

Voici les coordonnées de quelques centres de vaccination à Paris :

Hôtel-Dieu, centre gratuit de l'Assistance Publique (☎ 01 42 34 84 84), 1, Parvis Notre-Dame, 75004 Paris.

Assistance Publique Voyages, service payant de l'Hôpital de la Pitié-Salpêtrière (☎ 01 45 85 90 21), 47, bd de l'Hôpital, 75013 Paris.

Institut Pasteur (☎ 01 45 68 81 98, Minitel 3615 Pasteur), 209, rue de Vaugirard, 75015 Paris.

Air France, centre de vaccination (☎ 01 41 56 66 00, Minitel 3615 VACAF), aérogare des Invalides, 75007 Paris.

N'hésitez pas, avant de partir, à donner tous les médicaments et seringues qui vous restent (avec les notices) à un centre de soins, un dispensaire ou un hôpital.

Il existe de nombreux centres en province, en général liés à un hôpital ou un service de santé municipal. Vous pouvez obtenir la liste de ces centres de vaccination en France en vous connectant sur le site Internet www.france.diplomatie.fr, émanant du ministère des Affaires étrangères.

Le serveur Minitel 3615 Visa Santé fournit des conseils pratiques, des informations sanitaires et des adresses utiles sur de nombreux pays. Le 3615 Écran Santé dispense également des conseils médicaux. Attention ! le recours à ces serveurs ne dispense pas de consulter un médecin.

Vous pouvez également vous connecter au site Internet Lonely Planet (www.lonelyplanet.com/health/health.htm/h-links.ht), relié à l'Organisation mondiale de la santé (OMS).

Précautions élémentaires

Faire attention à ce que l'on mange et ce que l'on boit est la première des précautions à prendre. Les troubles gastriques et intestinaux sont fréquents même si la plupart du temps ils restent sans gravité. Ne soyez cependant pas paranoïaque et ne vous privez pas de goûter la cuisine locale, cela fait partie du voyage. N'hésitez pas également à vous laver les mains fréquemment.

Eau. Règle d'or : ne buvez jamais l'eau du robinet (même sous forme de glaçons). Préférez les eaux minérales et les boissons gazeuses, tout en vous assurant que les bouteilles sont décapsulées devant vous. Évitez les jus de fruits, souvent allongés à l'eau.

Les eaux minérales Shamlan, Hadda et Azal, ainsi que les sodas de marques connues sont disponibles jusque dans les villages les plus reculés du Yémen.

Attention au lait, rarement pasteurisé. Pas de problème pour le lait bouilli et les yaourts. Thé et café, en principe, sont sûrs puisque l'eau doit bouillir.

Pour stériliser l'eau, la meilleure solution est de la faire bouillir durant quinze minutes. Un simple filtrage peut être très efficace mais n'éliminera pas tous les micro-organismes dangereux. Aussi, si vous ne pouvez faire bouillir l'eau, traitez-la chimiquement. Le Micropur (vendu en pharmacie) tuera la plupart des germes pathogènes.

Alimentation. Fruits et légumes doivent être lavés à l'eau traitée ou épluchés. Ne mangez pas les glaces des marchands de rue. D'une façon générale, le plus sûr est de vous en tenir aux aliments bien cuits. Attention aux plats refroidis ou réchauffés. Méfiez-vous des poissons, des crustacés et des viandes peu cuites. Si un restaurant semble bien tenu et qu'il est fréquenté par des touristes comme par des gens du pays, la nourriture ne posera probablement pas de problèmes. Méfiez-vous des restaurants vides !

Nutrition. Si votre alimentation est pauvre, en quantité ou en qualité, si vous voyagez à la dure et sautez des repas ou s'il vous arrive de perdre l'appétit, votre santé risque très vite de s'en ressentir, en même temps que vous perdrez du poids.

Assurez-vous que votre régime est équilibré. Œufs, légumes secs, lentilles et noix variées vous fourniront des protéines. Les fruits que l'on peut éplucher (bananes, oranges et mandarines par exemple) sont sans danger et vous apportent des vitamines. Essayez de manger des céréales et du pain en abondance. Si la nourriture présente moins de risques quand elle est bien cuite, n'oubliez pas que les plats trop cuits perdent leur valeur nutritionnelle.

Si votre alimentation est mal équilibrée ou insuffisante, prenez des vitamines et des comprimés à base de fer. Dans un pays à climat chaud comme le Yémen, n'attendez pas le signal de la soif pour boire. Une urine très foncée ou l'absence d'envie d'uriner indiquent un problème. Pour de longues randonnées, munissez-vous toujours d'une gourde d'eau et éventuellement de boissons énergisantes. Une transpiration excessive fait perdre des sels minéraux et peut provoquer des crampes musculaires. Il est toutefois déconseillé de prendre des pastilles de sel de façon préventive.

Problèmes de santé et traitement

Les éventuels ennuis de santé peuvent être répartis en plusieurs catégories. Tout d'abord, les problèmes liés au climat, à la géographie, aux températures extrêmes, à l'altitude ou aux transports ; puis les maladies dues au manque d'hygiène ; celles transmises par les animaux ou les hommes ; enfin, les maladies transmises par les insectes. De simples coupures, morsures ou égratignures sont parfois source de problèmes plus délicats.

L'autodiagnostic et l'autotraitement sont risqués. Adressez-vous plutôt à un médecin. Ambassades et consulats seront généralement en mesure de vous en recommander un, ainsi que certains grands hôtels. En cas d'urgence, contactez à Sanaa :

Hôpital Azal ☎ 01-219 057
Clinique privée Al Noor ☎ 01-274 581

Vous éviterez des problèmes de santé en vous lavant fréquemment les mains, afin de ne pas contaminer vos aliments. Brossez-vous les dents avec de l'eau traitée. On peut attraper des vers en marchant pieds nus. Vous limiterez les piqures d'insectes en vous couvrant, en dormant sous une moustiquaire, en vous enduisant de crème anti-moustiques. Pour vous baigner, demandez conseil aux Yéménites et suivez leur avis.

Affections liées à l'environnement

Coup de chaleur. Cet état grave, parfois mortel, survient quand le mécanisme de régulation thermique du corps ne fonctionne plus : la température s'élève alors de façon dangereuse. De longues périodes d'exposition à des températures élevées peuvent vous rendre vulnérable au coup de chaleur.

Symptômes : malaise général, transpiration faible ou inexistante et forte fièvre (39°C à 41°C). Là où la transpiration a cessé, la peau devient rouge. La personne qui souffre d'un coup de chaleur est atteinte d'une céphalée lancinante et éprouve des difficultés à coordonner ses mouvements ; elle peut aussi donner des signes de confusion mentale ou d'agressivité. Enfin, elle délire et est en proie à des convulsions. Il faut absolument hospitaliser le malade. En attendant les secours, installez-le à l'ombre, ôtez-lui ses vêtements, couvrez-le d'un drap ou d'une serviette mouillés et éventez-le continuellement.

Coup de soleil. Sous les tropiques, dans le désert ou en altitude, les coups de soleil sont plus fréquents, même par temps couvert. Utilisez un écran solaire et pensez à couvrir les endroits qui sont habituellement protégés, les pieds par exemple. Si les chapeaux fournissent une bonne protection, n'hésitez pas à appliquer également un écran total sur le nez et les lèvres. Les lunettes de soleil sont indispensables.

Infections oculaires. Évitez de vous essuyer le visage avec les serviettes réutilisables fournies par les restaurants, car c'est un bon moyen d'attraper une infection oculaire. Si vous avez les mains sales après un trajet poussiéreux, lavez-les avant de vous frottez pas les yeux.

Souvent, des yeux qui brûlent ou démangent ne sont pas le résultat d'une infection mais simplement les effets de la poussière, des gaz d'échappement ou du soleil. L'utilisation d'un collyre ou des bains oculaires réguliers sont conseillés aux plus sensibles. Il est dangereux de soigner une simple irritation par des antibiotiques. La conjonctivite peut venir d'une allergie.

Insolation. Une exposition prolongée au soleil peut provoquer une insolation. Symptômes : nausées, peau chaude, maux de tête. Dans cas, il faut rester dans le noir, appliquer une compresse d'eau froide sur les yeux et prendre de l'aspirine.

Mal des transports. Pour réduire les risques d'avoir le mal des transports, mangez légèrement avant et pendant le voyage. Si vous êtes sujet à ces malaises, essayez de trouver un siège dans une partie du véhicule où les oscillations sont moindres : près de l'aile dans un avion, au centre sur un bateau et dans un bus. Évitez de lire et de fumer. Tout médicament doit être pris avant le départ ; une fois que vous vous sentez mal, il est trop tard.

Miliaire et bourbouille. C'est une éruption cutanée (appelée bourbouille en cas de surinfection) due à la sueur qui s'évacue mal : elle frappe en général les personnes qui viennent d'arriver dans un climat à pays chaud et dont les pores ne sont pas encore suffisamment dilatés pour permettre une transpiration plus abondante que d'habitude. En attendant de vous acclimater, prenez des bains fréquents suivis d'un léger talcage, ou réfugiez-vous dans des locaux à air conditionné lorsque cela est possible. Attention ! il est recommandé de ne pas prendre plus de deux douches savonneuses par jour.

Mycoses. Les infections fongiques dues à la chaleur apparaissent généralement sur le cuir chevelu, entre les doigts ou les orteils (pied d'athlète), sur l'aine ou sur tout le corps (teigne). On attrape la teigne (qui est un champignon et non un parasite animal) par le contact avec des animaux infectés ou en marchant dans des endroits humides, comme le sol des douches.

Pour éviter les mycoses, portez des vêtements amples et confortables, en fibres naturelles, lavez-les fréquemment et séchez-les bien. Conservez vos tongues dans les pièces d'eau. Si vous attrapez des champignons, nettoyez quotidiennement la partie infectée avec un désinfectant ou un savon traitant et séchez bien. Appliquez ensuite un fongicide et laissez autant que possible à l'air libre. Changez fréquemment de serviettes et de sous-vêtements et lavez-les soigneusement à l'eau chaude. Bannissez absolument les sous-vêtements qui ne sont pas en coton.

Maladies infectieuses et parasitaires

Bilharzioses. Les bilharzioses sont des maladies dues à des vers qui vivent dans les vaisseaux sanguins et dont les femelles viennent pondre leurs œufs à travers la paroi des intestins ou de la vessie.

On se contamine en se baignant dans les eaux douces (rivières, ruisseaux, lacs et retenues de barrage) où vivent les mollusques qui hébergent la forme larvaire des bilharzies. Juste après le bain infestant, on peut noter des picotements ou une légère éruption cutanée à l'endroit où le parasite est passé à travers la peau. Quatre à douze semaines plus tard, apparaissent une fièvre et des manifestations allergiques. En phase chronique, les symptômes principaux sont des douleurs abdomninales et une diarrhée, ou la présence de sang dans les urines.

Si par mégarde ou par accident, vous vous baignez dans une eau infectée (même les eaux douces profondes peuvent être infestées), séchez-vous vite et séchez aussi vos vêtements. Consultez un médecin si vous êtes inquiet. Les premiers symptômes de la bilharziose peuvent être confondus avec ceux du paludisme ou de la typhoïde.

Diarrhée. C'est la maladie qui vous menace le plus au Yémen. Le changement de nourriture, d'eau ou de climat suffit à la provoquer ; si elle est causée par des aliments ou de l'eau contaminés, le problème est plus grave. En dépit de toutes vos précautions, vous aurez peut-être la "turista", mais quelques visites aux toilettes sans aucun autre symptôme n'ont rien d'alarmant. La déshydratation est le danger principal que fait courir toute diarrhée, particulièrement chez les enfants. Ainsi le premier traitement consiste à boire beaucoup : idéalement, il faut mélanger huit cuillerées à café de sucre et une de sel dans un litre d'eau. Sinon du thé noir léger, avec peu de sucre, des boissons gazeuses qu'on laisse se dégazéifier et qu'on dilue à 50% avec de l'eau purifiée, sont à recommander. En cas de forte diarrhée, il faut prendre une solution réhydratante pour remplacer les sels minéraux. Quand vous irez mieux, continuez à manger légèrement. Les antibiotiques peuvent être utiles dans le traitement de diarrhées très fortes, en particulier si elles sont accompagnées de nausées, de vomissements, de crampes d'estomac ou d'une fièvre légère. Trois jours de traitement sont généralement suffisants et on constate normalement une amélioration dans les 24 heures. Toutefois, lorsque la diarrhée persiste au-delà de 48 heures ou si du sang est présent dans les selles, il est préférable de consulter un médecin. En cas d'urgence, adressez-vous à l'hôpital Azal à Sanaa.

Diphtérie. Elle prend deux formes : celle d'une infection cutanée ou celle d'une infection de la gorge, plus dangereuse. On l'attrape au contact de poussière contaminée sur la peau, ou en inhalant des postillons d'éternuements ou de toux de personnes contaminées. Pour prévenir l'infection cutanée, il faut se laver souvent et bien sécher la peau. Il existe un vaccin contre l'infection de la gorge.

Dysenterie. Affection grave, due à des aliments ou de l'eau contaminés, la dysenterie se manifeste par une violente diarrhée, souvent accompagnée de sang ou de mucus dans les selles. On distingue deux types de dysenterie : la dysenterie bacillaire se caractérise par une forte fièvre et une évolution rapide ; maux de tête et d'estomac et vomissements en sont les symptômes. Elle dure rarement plus d'une semaine mais elle est très contagieuse. La dysenterie amibienne, quant à elle, évolue plus graduellement, sans fièvre ni vomissements, mais elle est plus grave. Elle dure tant qu'elle n'est pas traitée, peut réapparaître et causer des problèmes de santé à long terme. Une analyse des selles est indispensable pour diagnostiquer le type de dysenterie. Il faut donc consulter rapidement.

Gastro-entérite virale. Provoquée par un virus et non par une bactérie, elle se traduit par des crampes d'estomac, une diarrhée et parfois des vomissements et/ou une légère fièvre. Un seul traitement : repos et boissons en quantité.

Giardiase. Ce parasite intestinal est présent dans l'eau souillée ou dans les aliments souillés par l'eau. Symptômes : crampes d'estomac, nausées, estomac ballonné, selles très liquides et nauséabondes, et gaz fréquents. La giardiase n'apparaît parfois que plusieurs semaines après la contamination. Les symptômes peuvent disparaître pendant quelques jours puis réapparaître, et ceci pendant plusieurs semaines.

Hépatites. L'hépatite est un terme général qui désigne une inflammation du foie. Elle est le plus souvent due à un virus. Dans les formes les plus discrètes, le patient n'a aucun symptôme. Les formes les plus habituelles se manifestent par une fièvre, une fatigue qui peut être intense, des douleurs abdominales, des nausées, des vomissements, associés à la présence d'urines très foncées et de selles décolorées presque blanches. La peau et le blanc des yeux prennent une teinte jaune (ictère). L'hépatite peut parfois se résumer à un simple épisode de fatigue sur quelques jours ou semaines.

Hépatite A. C'est la plus répandue et la contamination est alimentaire. Il n'y a pas de traitement médical ; il faut simplement se reposer, boire beaucoup, manger légèrement en évitant les graisses et s'abstenir totalement de toutes boissons alcoolisées pendant au moins six mois.
L'hépatite A se transmet par l'eau, les coquillages et, d'une manière générale, tous les produits manipulés à mains nues. En faisant attention à la nourriture et à la boisson, vous préviendrez le virus. Malgré tout, s'il existe un fort risque d'exposition, il vaut mieux se faire vacciner.

Hépatite B. Elle est très répandue, puisqu'il existe environ 30 millions de porteurs chroniques dans le monde. Elle se transmet par voie sexuelle ou sanguine (piqûre, transfusion). Évitez de vous faire percer les oreilles, tatouer, raser ou de vous faire soigner par piqûres si vous avez des doutes quant à l'hygiène des lieux. Les symptômes de l'hépatite B sont les mêmes que ceux de l'hépatite A mais, dans un faible pourcentage de cas, elle peut évoluer vers des formes chroniques dont, dans des cas extrêmes, le cancer du foie. La vaccination est très efficace.

Hépatite C. Ce virus se transmet par voie sanguine (transfusion ou utilisation de seringues usagées) et semble donner assez souvent des hépatites chroniques. La seule prévention est d'éviter tout contact sanguin, car il n'existe pour le moment aucun vaccin contre cette hépatite.

Hépatite D. On sait encore peu de choses sur ce virus, sinon qu'il apparaît chez des sujets atteints de l'hépatite B et qu'il se transmet par voie sanguine. Il n'existe pas de vaccin mais le risque de contamination est, pour l'instant, limité.

Hépatite E. Il semblerait que cette souche soit assez fréquente dans certains pays en développement, bien que l'on ne dispose pas de beaucoup d'éléments actuellement. Similaire à l'hépatite A, elle se contracte de la même manière, généralement par l'eau. De forme bénigne, elle peut néanmoins être dangereuse pour les femmes enceintes. A l'heure actuelle, il n'existe pas de vaccin.

Maladies sexuellement transmissibles.

La blennorragie, l'herpès et la syphilis sont les plus connues. Plaies, cloques ou éruptions autour des parties génitales, suppurations ou douleurs lors de la miction en sont les symptômes habituels ; ils peuvent être moins aigus ou inexistants chez les femmes. Les symptômes de la syphilis finissent par disparaître complètement, mais la maladie continue à se développer et provoque de graves problèmes par la suite. On traite la blennorragie et la syphilis par les antibiotiques.

Les maladies sexuellement transmissibles (MST) sont nombreuses mais on dispose d'un traitement efficace pour la plupart d'entre elles.

La seule prévention des MST est l'usage systématique du préservatif lors des rapports sexuels.

Typhoïde. La fièvre typhoïde est une infection du tube digestif. La vaccination n'est pas entièrement efficace et l'infection est particulièrement dangereuse.

Premiers symptômes : les mêmes que ceux d'un mauvais rhume ou d'une grippe, mal de tête et de gorge, fièvre qui augmente régulièrement pour atteindre 40°C ou plus. Le pouls est souvent lent par rapport à la température élevée et ralentit à mesure que la fièvre augmente. Ces symptômes peuvent être accompagnés de vomissements, de diarrhée ou de constipation.

La deuxième semaine, quelques petites taches roses peuvent apparaître sur le corps. Autres symptômes : tremblements, délire, faiblesse, perte de poids et déshydratation. S'il n'y a pas d'autres complications, la fièvre et les autres symptômes disparaissent peu à peu la troisième semaine. Cependant, un suivi médical est indispensable, car les complications sont fréquentes, en particulier la pneumonie (infection aiguë des poumons) et la péritonite (éclatement de l'appendice). De plus, la typhoïde est très contagieuse.

Mieux vaut garder le malade dans une pièce fraîche et veiller à ce qu'il ne se déshydrate pas.

VIH/sida. L'infection à VIH (virus de l'immunodéficience humaine), agent causal du sida (syndrome d'immunodéficience acquise) est présente dans pratiquement tous les pays et épidémique dans nombre d'entre eux. La transmission de cette infection se fait : par rapport sexuel (hétérosexuel ou homosexuel – anal, vaginal ou oral), d'où l'impérieuse nécessité d'utiliser des préservatifs à titre préventif ; par le sang, les produits sanguins et les aiguilles contaminées. Il est impossible de détecter la présence du VIH chez un individu apparemment en parfaite santé sans procéder à un examen sanguin.

Il faut éviter tout échange d'aiguilles. S'ils ne sont pas stérilisés, tous les instruments de chirurgie, les aiguilles d'acupuncture et de tatouages, les instruments utilisés pour percer les oreilles ou le nez peuvent transmettre l'infection. Il est fortement conseillé d'acheter seringues et aiguilles avant de partir.

Toute demande de certificat attestant la séronégativité pour le VIH (certificat d'absence de sida) est contraire au Règlement sanitaire international (article 81).

Affections transmises par les insectes

Voir également plus loin le paragraphe *Affections moins fréquentes*.

Fièvre jaune. Pour plus de détails, consultez plus haut l'encadré sur les vaccinations.

Paludisme. Le paludisme, ou malaria, est présent au Yémen. Il est transmis par un moustique, l'anophèle, dont la femelle pique surtout la nuit, entre le coucher et le lever du soleil.

La transmission du paludisme a disparu en zone tempérée, regressé en zone subtropicale mais reste incontrôlée en zone tropicale. D'après le dernier rapport de l'Organisation mondiale de la Santé (OMS), 90% du paludisme mondial sévit en Afrique.

Le ministère des Affaires étrangères français, comme les centres de vaccinations, classe le Yémen en zone 2, ce qui signifie que le paludisme sévit fortement dans ce pays. Il convient de se rendre avant son départ chez un médecin qui prescrira de la savarine (un combiné de deux médicaments : chloroquine et proguanil).

Le paludisme survient généralement dans le mois suivant le retour de la zone d'endémie. Symptômes : maux de tête, fièvre et troubles digestifs. Non traité, il peut avoir des suites graves, parfois mortelles. Il existe différentes espèces de paludisme, dont celui à Plasmodium falciparum pour lequel le traitement devient de plus en plus difficile à mesure que la résistance du parasite aux médicaments gagne en intensité.

Les médicaments antipaludéens n'empêchent pas la contamination mais ils suppriment les symptômes de la maladie. Si vous voyagez dans des régions où la maladie est endémique, il faut absolument suivre un traitement préventif. La chimioprophylaxie fait appel à la chloroquine (seule ou associée au proguanil), ou à la méfloquine en fonction de la zone géographique du séjour. Renseignez-vous impérativement auprès d'un médecin spécialisé, car le traitement n'est pas toujours le même à l'intérieur d'un même pays.

Tout voyageur atteint de fièvre ou montrant les symptômes de la grippe doit se faire examiner. Il suffit d'une analyse de sang pour établir le diagnostic. Contrairement à certaines croyances, une crise de paludisme ne signifie pas que l'on est touché à vie.

Coupures, piqûres et morsures

Coupures et égratignures. Les blessures s'infectent très facilement dans les climats chauds et cicatrisent difficilement. Coupures et égratignures doivent être traitées avec un antiseptique et du mercurochrome. Évitez si possible bandages et pansements qui empêchent la plaie de sécher.

Les coupures de corail sont particulièrement longues à cicatriser, car le corail injecte un venin léger dans la plaie. Portez des chaussures pour marcher sur des récifs, et nettoyez chaque blessure à fond.

Piqûres. Les piqûres de guêpe ou d'abeille sont généralement plus douloureuses que dangereuses. Une lotion apaisante ou des glaçons soulageront la douleur et empêcheront la piqûre de trop gonfler. Certaines araignées sont dangereuses mais il existe en général des anti-venins. Les piqûres de scorpions sont très douloureuses et parfois mortelles. Inspectez vos vêtements ou chaussures avant de les enfiler.

Punaises et poux. Les punaises affectionnent la literie douteuse. Si vous repérez de petites taches de sang sur les draps ou les murs autour du lit, cherchez un autre hôtel. Les piqûres de punaises forment des alignements réguliers. Une pommade calmante apaisera la démangeaison.

Les poux provoquent des démangeaisons. Ils élisent domicile dans les cheveux, les vêtements ou les poils pubiens. On en attrape par contact direct avec des personnes infestées ou en utilisant leur peigne, leurs vêtements, etc. Poudres et shampooings détruisent poux et lentes ; il faut également laver les vêtements à l'eau très chaude.

Serpents. Portez toujours bottes, chaussettes et pantalons longs pour marcher dans la végétation à risque. Ne hasardez pas la main dans les trous et les anfractuosités et faites attention lorsque vous ramassez du bois pour faire du feu. Les morsures de serpents ne provoquent pas instantanément la mort et il existe généralement des anti-venins. Il faut calmer la victime, lui interdire de bouger, bander étroitement le membre comme pour une foulure et l'immobiliser avec une attelle. Trouvez ensuite un médecin et essayez de lui apporter le serpent mort. N'essayez en aucun cas d'attraper le serpent s'il y a le moindre risque qu'il pique à nouveau. On sait désormais qu'il ne faut absolument pas sucer le venin ou poser un garrot.

Affections moins fréquentes

Choléra. Les cas de choléra sont généralement signalés à grande échelle dans les médias, ce qui permet d'éviter les régions concernées. Au Yémen, les cas sont rares mais ils existent. La protection conférée par le vaccin n'étant pas fiable, celui-ci n'est pas recommandé. Prenez donc toutes les précautions alimentaires nécessaires. Symptômes : diarrhée soudaine, selles très liquides et claires, vomissements, crampes musculaires et extrême faiblesse. Il faut consulter un médecin ou aller à l'hôpital au plus vite, mais on peut commencer à lutter immédiatement contre la déshydratation qui peut être très forte. Une boisson à base de cola salée, dégazéifiée et diluée au $1/5^e$ ou encore du bouillon bien salé seront utiles en cas d'urgence.

Dengue. Il n'existe pas de traitement prophylactique contre cette maladie propagée par les moustiques. Poussée de fièvre, maux de tête, douleurs articulaires et musculaires précèdent une éruption cutanée sur le tronc qui s'étend ensuite aux membres puis au visage. Au bout de quelques jours, la fièvre régresse et la convalescence commence. Les complications graves sont rares.

Filarioses. Ce sont des maladies parasitaires transmises par des piqûres d'insectes. Les symptômes varient en fonction de la filaire concernée : fièvre, ganglions et inflammation des zones de drainage lymphatique ; œdème (gonflement) au niveau d'un membre ou du visage ; démangeaisons et troubles visuels. Un traitement permet de se débarrasser des parasites, mais certains dommages causés sont parfois irréversibles. Si vous soupçonnez une possible infection, il vous faut rapidement consulter un médecin.

Leptospirose. Cette maladie infectieuse, due à une bactérie (le leptospire) qui se développe dans les mares et les ruisseaux, se transmet par des animaux comme le rat et la mangouste.

On peut attraper cette maladie en se baignant dans des nappes d'eau douce, contaminées par de l'urine animale. La leptospirose pénètre dans le corps humain par le nez, les yeux, la bouche ou les petites coupures cutanées. Les symptômes, similaires à ceux de la grippe, peuvent survenir 2 à 20 jours suivant la date d'exposition : fièvre, frissons, sudation, maux de tête, douleurs musculaires, vomissements et diarrhées en sont les plus courants. Du sang dans les urines ou une jaunisse peuvent apparaître dans les cas les plus sévères. Les symptômes durent habituellement quelques jours voire quelques semaines. La maladie est rarement mortelle.

Évitez donc de nager et de vous baigner dans tout plan d'eau douce, notamment si vous avez des plaies ouvertes ou des coupures.

Rage. Très répandue, cette maladie est transmise par un animal contaminé : chien, singe et chat principalement. Morsures, griffures ou même simples coups de langue d'un mammifère doivent être nettoyés immédiatement et à fond. Frottez avec du savon et de l'eau courante, puis nettoyez avec de l'alcool. S'il y a le moindre risque que l'animal soit contaminé, allez immédiatement voir un médecin. Même si l'animal n'est pas enragé, toutes les morsures doivent être surveillées de près pour éviter les risques d'infection et de tétanos. Un vaccin anti-rabique est désormais disponible. Il faut y songer si vous pensez explorer des grottes (les morsures de chauves-souris peuvent être dangereuses) ou travailler avec des animaux. Cependant, la vaccination préventive ne dispense pas de la nécessité d'un traitement antirabique immédiatement après un contact avec un animal enragé ou dont le comportement peut paraître suspect.

Tétanos. Cette maladie parfois mortelle se rencontre partout, et surtout dans les pays tropicaux en voie de développement. Difficile à soigner, elle se prévient par vaccination. Le bacille du tétanos se développe dans les plaies. Il est donc indispensable de bien nettoyer coupures et morsures. Premiers symptômes : difficulté à avaler ou raideur de la mâchoire ou du cou. Puis suivent des convulsions douloureuses de la mâchoire et du corps tout entier.

Tuberculose. Bien que très répandue dans de nombreux pays en développement, cette maladie ne présente pas de grand danger pour le voyageur. Les enfants de moins de 12 ans sont plus exposés que les adultes. Il est donc conseillé de les faire vacciner s'ils voyagent dans des régions où la maladie est endémique. La tuberculose se propage par la toux ou par des produits laitiers non pasteurisés faits avec du lait de vaches tuberculeuses. On peut boire du lait bouilli et manger yaourts ou fromages (l'acidification du lait dans le processus de fabrication élimine les bacilles) sans courir de risques.

Santé au féminin

Grossesse. La plupart des fausses couches ont lieu pendant les trois premiers mois de la grossesse. C'est donc la période la plus risquée pour voyager. Pendant les trois derniers mois, il vaut mieux rester à distance raisonnable de bonnes infrastructures médicales, en cas de problèmes. Les femmes enceintes doivent éviter de prendre inutilement des médicaments. Cependant, certains vaccins et traitements préventifs contre le paludisme restent nécessaires. Mieux vaut consulter un médecin avant de prendre quoi que ce soit.

Consommer des produits locaux, comme les fruits secs, les agrumes, les lentilles et les viandes accompagnées de légumes.

Problèmes gynécologiques. Une nourriture pauvre, une résistance amoindrie par l'utilisation d'antibiotiques contre des problèmes intestinaux peuvent favoriser les infections vaginales lorsqu'on voyage dans des pays à climat chaud. Respectez une hygiène intime scrupuleuse et portez jupes ou pantalons amples et sous-vêtements en coton.

Les champignons, caractérisés par une éruption cutanée, des démangeaisons et des pertes, peuvent se soigner facilement. En revanche, les trichomonas sont plus graves ; pertes blanches et sensation de brûlure lors de la miction en sont les symptômes. Le partenaire masculin doit également être soigné.

Il n'est pas rare que le cycle menstruel soit pertubé lors d'un voyage.

VOYAGER SEULE

Les femmes accompagnées d'un voyageur masculin ne rencontrent aucun problème au Yémen, pays où le mariage et la famille sont très respectés. Si vous voyagez avec un compagnon, mieux vaut prétendre être mariée ou affirmer que vous êtes frère et sœur. Vous choquerez si vous dites que vous êtes simplement amis.

Dans ce pays, les hommes et les femmes vivent dans des mondes différents, qui ne se rencontrent que lors des grands événements familiaux. L'homme mène une vie publique et mobile, tandis que la femme se cantonne à la maison et au souk. Vous serez peut-être déconcertée par ce système, mais le féminisme occidental est hors de propos ici. Les coutumes évoluent lentement et la place de la femme dans la société yéménite reste un sujet très controversé.

Les femmes peuvent visiter le Yémen sans compagnon masculin. Les Occidentales appartiennent à un "troisième sexe" et pourront pénétrer les deux univers de la société yéménite. En revanche, les femmes yéménites resteront un mystère pour les Occidentaux. Veillez à porter une tenue vestimentaire correcte et évitez les comportements indécents. Vous n'êtes pas obligée de porter le voile mais couvrez vos bras et vos jambes. Des Occidentales en circuits organisés ne le font pas mais elles sont sous la protection d'un guide et ne quittent pas le groupe. Si vous voyagez seule, affirmez que vous êtes mariée, même si ce n'est pas le cas. Une photo de "votre mari et de vos enfants" sera plus compréhensible pour les Yéménites que le port d'une fausse alliance.

Certaines voyageuses ont été victimes de harcèlement sexuel après avoir simplement souri à un homme, l'avoir regardé dans les yeux une seconde de trop ou lui avoir parlé trop longtemps. Pour les adolescents, une femme seule est une provocation. Évitez tout contact physique et n'hésitez pas à vous mettre en colère si quelqu'un vous touche. Le fait de ne rien dire est considéré comme un encouragement. Exigez le respect et vous l'obtiendrez. Les risques de viols sont quasiment nuls dans les quartiers bondés. Il est au contraire dangereux de faire du stop ou de partir seule en randonnée dans des régions reculées.

Pour les longs trajets, préférez les bus aux taxis collectifs. Si le bus est plein, vous serez assise à côté d'une autre femme. Si vous devez prendre un taxi, payez les deux places à l'avant afin d'être seule à côté du chauffeur. Préparez-vous aussi à un flot de questions aux postes-frontières.

Le voyage vous reviendra plus cher. Certains hôtels bon marché n'acceptent pas les femmes seules et passer la nuit dans des petites villes est déconseillé. Choisissez les hôtels les plus chers (aux alentours de 2 000 RY la chambre) et les restaurants dotés de "salon familial" (les femmes yéménites ont besoin d'un espace semi-privé afin de pouvoir ôter leur voile) ou fréquentés par les touristes. Dans les magasins, vous serez peut-être servie après les hommes. Si vous souhaitez visiter une région reculée, louez un taxi privé avec chauffeur auprès d'un tour-opérateur connu.

COMMUNAUTÉ HOMOSEXUELLE

La position officielle yéménite est claire : l'homosexualité est un crime interdit par la *charia* et passible de la peine de mort. Restez discret, même si vous voyagez avec votre partenaire.

Toutefois, rien n'est jamais blanc ou noir. La séparation des sexes multiplie les opportunités homosexuelles. Les célibataires se tournent parfois vers la seule alternative possible. Si les avances sont déconseillées, vous pouvez tester un partenaire potentiel en le regardant dans les yeux ou en lui tenant le majeur. Les grandes villes sont plus propices à ce type de rencontres, et en particulier les night-clubs d'Aden.

Ces remarques valent sans doute pour les femmes homosexuelles, mais il est impossible d'obtenir une quelconque information.

VOYAGEURS HANDICAPÉS

Le Yémen n'est certainement pas la destination rêvée pour les personnes handicapées. Les sites dignes d'intérêt se trouvent bien souvent dans des régions reculées et au sommet des montagnes. Leur visite requiert de longs trajets en 4x4 et une marche sur des sentiers escarpés. En ville, les rues sont mal entretenues, les trottoirs élevés, et seuls les hôteles de luxe (mais aucun musée) sont équipés d'ascenseur.

Si vous avez besoin d'une aide pour vous déplacer, tout doit être arrangé à l'avance. Vous n'aurez toutefois accès qu'à quelques sites. Les transports publics sont bondés et vous devrez avoir recours aux services privés. En réservant votre voyage, spécifiez clairement vos besoins. Certains tour-opérateurs sont capables de trouver des jeunes gens qui vous assisteront tout au long de votre voyage. Cependant, aucun ne possède de véhicule adapté.

En France, le CNRH (Comité national pour la réadaptation des handicapés, ☎ 01 53 80 66 66, 236 bis, rue de Tolbiac, 75013 Paris) peut vous fournir d'utiles informations sur les voyages accessibles.

VOYAGEURS SENIORS

La société yéménite respecte ses aînés et les voyageurs seniors bénéficieront de cette attitude. Cependant, aucune organisation ne défend les intérêts des personnes âgées. Il n'existe pas de réduction en fonction de l'âge et les tour-opérateurs ne proposent aucun programme particulier.

VOYAGER AVEC DES ENFANTS

Si vous avez des enfants, n'hésitez pas à les emmener. Ils susciteront la curiosité bienveillante des adultes et des enfants. Une nouvelle connaissance vous demandera immanquablement si vous êtes marié, le nombre de vos enfants et la raison pour laquelle ils ne sont pas avec vous.

Dans les bus et les taxis, les enfants voyagent gratuitement tant qu'ils ne prennent pas la place d'un voyageur payant. Quelques restaurants familiaux possèdent des aires de jeux et les grandes villes sont dotées de parcs d'attractions. Ailleurs, vous ne trouverez pas d'installations destinées aux enfants.

Si vous lisez l'anglais, le guide *Travel with Children*, publié par Lonely Planet, vous conseillera utilement.

DÉSAGRÉMENTS ET DANGERS

À l'été 1999, un calme relatif semble prévaloir au Yémen et il paraît tout à fait possible d'envisager un voyage. Il convient toutefois de consulter son ambassade avant le départ pour connaître l'évolution intérieure récente. Sans être trop alarmiste, il faut cependant faire preuve d'une grande prudence.

Sécurité

Certaines régions comme al-Jawf, les environs de Marib, ou Dhamar– celles où se sont produits des enlèvements d'étrangers (voir l'encadré *Les enlèvements au Yémen*) – ou encore la zone frontalière avec l'Arabie saoudite sont aujourd'hui déconseillées aux touristes.

La détérioration de la situation économique dans les années 90 a déclenché des émeutes spontanées ; de mystérieux attentats à la bombe ont pu survenir à Aden, habituellement sans faire de victimes. Le calme n'est pas encore revenu partout.

Les vols avec violence, les agressions et les viols sont rares. La police yéménite est tellement soucieuse de la sécurité des touristes que la fréquence des contrôles indispose certains voyageurs.

Attitude à l'égard des Occidentaux

Depuis la guerre du Golfe, de nombreux Occidentaux redoutent de voyager dans les pays arabes. Cependant, malgré leur soutien à l'Irak et à Saddam Hussein, les Yéménites ne tiennent pas les touristes pour responsables des actions de leurs gouvernements. Comme le prouvent les questions sur votre nationalité (*Faransa ? Almaniya ?*), la plupart des voyageurs viennent de pays européens "neutres" et n'ont pas à s'inquiéter des aspects politiques. En outre, le respect de l'étranger fait partie de la culture yéménite et maltraiter un voyageur n'est pas toléré.

Dans les années 90, le Yémen a accueilli près de 85 000 visiteurs, européens pour la plupart. Que certains n'aient pas respecté le mode de vie yéménite ou que des villageois n'aient pas supporté un tel afflux de touristes, toujours est-il que, dans certaines régions, les enfants ont pris l'habitude de jeter des pierres aux touristes. Parfois, la tenue vestimentaire trop légère d'une voyageuse suffit à déclencher une volée de pierres.

Ce problème peut survenir dans n'importe quelle région et même à Sanaa. Il est cependant plus courant dans des villes comme Saada ou Hajja. N'accordez pas, si possible, trop d'importance à cet épisode.

Mendicité

L'obligation musulmane de pratiquer l'aumône incite les mendiants à fréquenter les villes ; vous verrez des infirmes quémander un bakchich. Quelques pièces n'entameront pas votre budget… Les Yéménites s'emploient à éloigner les mendiants des touristes.

Les mendiants de la Tihama sont plus insistants que ceux des hauts plateaux. A Aden, les réfugiés somaliens qui ne peuvent espérer ni emploi ni revenu régulier n'ont parfois que la mendicité pour seul recours.

PROBLÈMES JURIDIQUES

Il est difficile d'imaginer un voyageur plongé dans un imbroglio juridique. La police yéménite, très souple, réprime avec une grande discrétion les problèmes causés par les étrangers. De graves offenses, telles que l'ivresse sur la voie publique ou un comportement sexuellement explicite, peuvent déclencher la fureur de la foule, mais la police se contentera probablement de vous expulser.

Si vous provoquez un accident grave, entraînant ou non la mort, prévenez immédiatement la police, puis votre ambassade ou votre consulat. Mieux vaut négocier avec la police que d'être soumis au système de compensation des tribus. La plupart des préjudices se réparent avec de l'argent, mais vous aurez besoin des documents signés par la police pour quitter le pays. N'oubliez pas d'informer, non plus, votre compagnie d'assurances.

Si vous vous immiscez dans des questions politiques délicates, vous risquez de gros ennuis. Une équipe de la BBC qui tentait d'interviewer la tribu Bani Dhabyan, responsable d'un enlèvement de touristes en mai 1998, fut incarcérée pendant deux semaines. Elle passa en jugement, fut acquittée et put alors quitter le pays.

HEURES D'OUVERTURE

Les administrations et les banques ouvrent du samedi au mercredi de 8h ou 9h à 12h ou 13h et sont fermées l'après-midi. Les bureaux de poste des provinces du nord font exception à la règle en ouvrant aussi de 16h à 20h. Le vendredi et les jours fériés, les bureaux sont fermés. Le jeudi, ils ouvrent moins longtemps le matin.

Le secteur privé fonctionne suivant des horaires plus souples. La plupart des magasins et des restaurants ouvrent matin et soir, avec quelques heures de fermeture en début d'après-midi pour le rituel du qat. Ces horaires varient en fonction du jour de la semaine, du quartier et du commerçant.

JOURS FÉRIÉS ET MANIFESTATIONS ANNUELLES
Fêtes musulmanes

Toutes les fêtes religieuses sont liées au calendrier musulman, tandis que les autorités laïques organisent leurs activités en fonction du système chrétien.

L'année musulmane repose sur le cycle lunaire et se divise en 12 mois lunaires de 29 ou 30 jours. Elle est donc plus courte de 10 ou 11 jours que l'année (solaire) chrétienne. Les fêtes musulmanes se déplacent progressivement par rapport au calendrier grégorien, accomplissant un cycle complet tous les trente-trois ans environ.

Les dates des fêtes musulmanes sont indiquées sur le tableau ci-après. Si vous les comparez à celles fournies dans d'autres ouvrages, vous constaterez qu'elles tombent un jour plus tard. Selon le calendrier musulman, le jour commence au coucher du soleil, tandis que les jours du calendrier grégorien commencent à minuit. Les dates mentionnées ici correspondent au matin, la plupart de vos activités se déroulant suivant un cycle de 24 heures.

Les quatre premiers jours du mois de shawal, qui suit le Ramadan, sont consacrés à l'Id al-Fitr, la fête qui marque la fin du jeûne. L'Id al-Adha, ou "fête du sacrifice", est une autre fête importante. Elle commence le 10 du hajj, mois du pèlerinage, et les célébrations se poursuivent pendant six jours. Personne ne travaille durant cette période. Les fêtes musulmanes se célèbrent généralement en famille.

Fêtes laïques

Leurs dates sont fixées par rapport au calendrier grégorien :

Fête du travail	1er mai
Anniversaire de la Réunification	22 mai
Jour de la Victoire	7 juillet
Anniversaire de la Révolution (RAY)	26 septembre
Fête nationale de la RDPY	14 octobre
Indépendance de la RDPY	30 novembre

Avant la réunification, les deux Yémen célébraient déjà les fêtes nationales de leur voisin. Désormais, elles sont toutes reconnues comme jours fériés. L'intensité des célébrations dépend de chaque région. Le jour de la Victoire commémore la fin de la guerre de 1994.

Si une fête tombe un mercredi ou un dimanche, les Yéménites en profitent pour faire le pont (du mercredi au vendredi ou du vendredi au dimanche) et la plupart des magasins ferment pendant les trois jours.

ACTIVITÉS SPORTIVES
Randonnée

C'est un excellent moyen de découvrir la montagne yéménite. Le pays offre de magnifiques régions à explorer à pied. Néanmoins,

Tableau des jours fériés musulmans (1999 – 2004)

Année de l'hégire	Nouvel an	Anniversaire du Prophète	Début du Ramadan	'Id al-Fitr	'Id al-Adha
1420	17.04.99	25.06.99	08.12.99	07.01.00	17.03.00
1421	06.04.00	14.06.00	27.11.00	27.12.00	06.03.01
1422	26.03.01	03.06.01	16.11.01	16.12.01	23.02.02
1423	15.03.02	23.05.02	05.11.02	05.12.02	12.02.03
1424	04.03.03	12.05.03	25.10.03	24.11.03	01.02.04

la randonnée au Yémen ne ressemble en rien aux promenades dans les Alpes. Il n'existe aucune infrastructure, les sentiers ne sont ni balisés ni répertoriés sur une carte ou dans un guide. Les Yéménites ne comprennent pas le plaisir de la marche : si vous demandez votre route, ils vous indiqueront la piste la plus proche empruntée par les taxis collectifs. Ne comptez que sur vous-même.

Emportez une boussole, de l'eau, une tente et des vêtements chauds. Pensez à prendre des pastilles de stérilisation pour l'eau et quelques boîtes de conserve. Vous achèterez de la nourriture et des bouteilles dans la plupart des villages que vous traverserez mais vous pouvez aussi arriver tard dans la nuit. La population du Yémen est très inégalement répartie sur l'ensemble du territoire. Choisissez une région densément habitée par une population amicale et hospitalière, comme les monts Haraz, près de Manakha, ou la province d'al-Mahwit (reportez-vous aux chapitres correspondants).

Ne partez pas durant le Ramadan ou toute autre fête religieuse. Tout sera fermé, et l'approvisionement posera problème.

Si vous plantez votre tente près d'un village, ne soyez pas surpris d'attirer l'attention des enfants. Il est peu probable que vous parveniez à camper sans vous faire remarquer. Par mesure de politesse, demandez la permission au cheikh du village avant de vous installer. Il se peut aussi que vous soyez invité à dormir sur le toit d'une maison. Dans certaines régions, le camping est très mal accepté. Il est notamment déconseillé de faire de la randonnée à l'est de Sanaa.

Plongée

Les mers qui baignent le Yémen sont très poissonneuses et la plongée est une activité très populaire parmi les expatriés occidentaux employés sur le littoral. Les plages d'al-Khawkha sont les plus fréquentées par les amateurs de sports nautiques. De belles plages s'étendent au nord d'al-Hudayda et près de Bir 'Ali. Le premier centre de plongée yéménite est installé à al-Mukalla.

Les sports nautiques n'ont guère de succès auprès des Yéménites et il est quasiment impossible de louer du matériel. Il n'existe aucun système d'alerte signalant la présence de requins, de courants forts ou de rochers dangereux. Il est déconseillé de s'embarquer en mer sans se faire accompagner d'un guide ou d'un ami connaissant les lieux.

Deltaplane

Le Yémen offre de magnifiques montagnes et wadi à explorer en deltaplane, mais le coût de ce sport freine son développement. Si vous souhaitez emporter votre équipement, contactez le Yemen Hang Gliding & Para Gliding Club (fax 967 1 204999), PO Box 1946, Sanaa.

Excursions à dos de dromadaire

Des méharées sont organisées par quelques tour-opérateurs depuis plusieurs années. Les principaux centres se trouvent à Tarim dans le Wadi Hadramaout et à al-Baydha, dans la province d'al-Baydha (reportez-vous aux chapitres correspondants).

Hammams

L'ancien Yémen du Nord abonde en hammams et en stations thermales. A Sanaa et dans ses alentours, des sources chaudes jaillissent dans les zones volcaniques telles que Dhamar et Ibb. Bien qu'elles ne soient pas très touristiques du fait de la carence des infrastructures et d'une hygiène douteuse, on peut les visiter. Ne jouez pas les touristes, oubliez votre appareil photo et venez en simple client. Il existe des hammams séparés pour les hommes et les femmes.

COURS DE LANGUE

L'enseignement de l'arabe jouit d'une bonne réputation au Yémen. Plusieurs institutions dispensent des cours pour élèves débutants et confirmés, utiles pour ceux qui travaillent dans ce pays. Les écoles proposent un hébergement et vous pouvez combiner vacances et apprentissage de la langue. Le Yemen Language Center (☎ 205125, PO Box 16961, Sanaa), est la plus ancienne école destinée aux étrangers. On peut consulter ses sites Internet : ylceurope@t-online.de (depuis l'Europe) ou language@y.net.ye (depuis le Yémen). Elle comporte des dortoirs séparés pour hommes et femmes, tout près de Maydan at-Tahrir, ainsi qu'une maison familiale.

Le Yemen International Language Institute (☎ 206917, e-mail arwauniversity@y.net.ye) se situe dans Hadda St, à Sanaa. Renommé lui aussi, le Center for Arabia Language and Eastern Studies (☎ 286776, 287078, fax 281700, e-mail cales@y.net.ye, www.y.net.ye/cales) est bien situé, en plein cœur du centre historique de Sanaa.

TRAVAILLER AU YÉMEN

Le Yémen fait face à un grave problème de chômage et les possibilités d'emploi pour les étrangers sont très limitées : toutes les offres sont réservées en priorité aux Yéménites. A part les compagnies pétrolières occidentales, qui emploient un personnel qualifié et parfaitement arabophone, les opportunités d'embauche sont minces. L'obtention d'un permis de travail nécessite une lettre d'introduction de votre interlocuteur yéménite.

La France, l'Allemagne, l'Italie et les Pays-Bas participent aux programmes d'aide au développement les plus importants : les chances de participation, bénévole ou rémunérée, à ce type de projets seront donc meilleures pour les ressortissants de ces pays.

ÉTUDIER AU YÉMEN

L'École française de Sanaa, Baydt Hamdi n°23, 12 Zubayri St (☎ 1-206694), donne des cours de primaire et de secondaire 2ᵉ cycle. Elle est rattachée à l'académie de Lyon.

HÉBERGEMENT

En arabe, il existe deux mots pour dire hôtel : *funduq* et *ūtīl* (*util*). Il s'agit de synonymes interchangeables, le second étant un emprunt tandis que le premier est d'origine arabe. "Util" apparaît le plus fréquemment au-dessus de l'entrée des hôtels récents.

Certains Occidentaux pensent que les funduq sont les auberges traditionnelles et les util des hôtels de style occidental. Ce malentendu est soigneusement entretenu par les tour-opérateurs qui y voient une occasion de vendre plus cher un hébergement soi-disant typique. Funduq se traduit simplement par "hôtel" et c'est le mot à utiliser lorsque vous en cherchez un.

Inspection de la chambre

Demander à voir les chambres avant de se décider est tout à fait admis. Dans les grandes villes, les hôtels sont nombreux et la concurrence peut jouer. Après vous être informé sur la disponibilité et le prix, dites simplement *mumkin ashūf* au réceptionniste qui s'empressera de vous montrer la chambre. Pour jeter un œil à la salle de bains commune, ajoutez *mumkin ashūf al-hammām*.

Si on vous propose une salle de bains privée, vérifiez que l'eau du robinet coule et s'écoule correctement et que le chauffe-eau est raccordé. L'aiguille du thermomètre peut indiquer 60°C sans que l'eau soit chaude. Ne croyez pas que cela peut être arrangé comme on vous l'assure. Si le branchement n'est pas fait sur-le-champ, il ne le sera jamais. Un chauffe-eau sans voyant rouge est en panne.

Voyager seule

Si vous voyagez seule, choisissez des hôtels de catégorie supérieure. Trouver un hôtel confortable et bon marché est de toute manière une gageure. Dans une ville fréquentée par des groupes organisés, le meilleur hôtel coûtera sans doute moins cher que l'hôtel de luxe à 2 000 RY ; habitué à la fréquentation des touristes occidentaux, il ne prêtera aucune attention au fait que vous soyez une femme. Dans les bourgades reculées, vous aurez peu de chance de trouver un hôtel.

Prix

Compte tenu du développement du tourisme, les hôtels ont augmenté leurs tarifs pour les étrangers. Il est essentiel de marchander. Afin de payer les prix réservés aux Yéménites, suivez ces recommandations :

- Payez en riyals. Payer en dollars américains entraîne une augmentation d'au moins 200%.
- Lorsque les tarifs sont affichés à la réception, comparez les prix indiqués dans les deux types caractères (voir le tableau de correspondance dans le chapitre *Langue*).
- Dans le doute, comparez avec les tarifs des hôtels voisins ou des établissements que vous avez précédemment fréquentés.

Réservations

Bien que ce guide vous indique les numéros de téléphone et de fax de la plupart des hôtels, les réservations ne sont généralement honorées que dans les hôtels internationaux. Ailleurs, on acceptera votre réservation, mais personne ne s'en souviendra. Cela ne pose pas de problème, excepté pendant les hautes saisons touristiques, aux alentours de Noël et de Pâques, lorsque l'hébergement devient difficile.

Camping

Ceux qui ont fait l'expérience de déplier leur sac de couchage sous le ciel étoilé du Yémen nous ont adressé des lettres enthousiastes. Cependant, ils ont pris des risques : les scorpions et les serpents, communs dans ce pays, apprécient la chaleur humaine dans la fraîcheur des nuits en montagne.

Il est conseillé d'emporter une tente, aussi petite soit-elle. Si vous la plantez près d'un village, sachez que vous attirerez l'attention. Dans quelques endroits, comme al-Khawkha ou Bir 'Ali, les tour-opérateurs utilisent des tentes depuis plusieurs années et le camping ne suscite plus de curiosité.

Hôtels sans-drap

Dans notre classification, nous avons remplacé le système des étoiles par celui, moins conventionnel mais plus adapté, de l'absence ou du nombre de draps (correspondant à l'équipement des lits).

Les établissements de la catégorie la plus basse, souvent appelés *lukanda*, existent dans n'importe quelle ville ou gros bourg. Pour 300 à 400 RY, vous aurez un matelas installé sur un sommier ou à même le sol, doté de nombreux oreillers et couvertures, toujours crasseux, et pas de drap. Dans un pays aussi aride que le Yémen, l'eau est un bien précieux qui ne se gaspille pas : la literie est en général très sale car on ne la lave pas.

Malgré la saleté, vous pouvez loger dans ces auberges en utilisant vos propres draps. Un sac de couchage est peu pratique compte tenu de la chaleur. Les nuits sont parfois fraîches en montagne, mais on vous fournira toujours plus de couvertures que nécessaire ; sur le littoral, vous aurez plutôt envie de fraîcheur. Ce dont vous avez besoin c'est un textile à étendre entre vous et la literie.

Dans ces établissements, le *hammam* signifie généralement toilettes et non salle de bains. Dans les grandes villes, le hammam est équipé de robinets d'eau froide, de seaux, et parfois d'une douche (froide). Dans les petites villes, l'eau courante est rare, on se sert de seaux. Dans les maisons basses de la Tihama, les toilettes se limitent à un trou creusé dans le sol.

Les lits en dortoir (10, 20 ou 30) sont généralement disposés dans une vaste pièce. Les femmes seules ne sont pas admises mais les couples mixtes peuvent y dormir. Certains établissements disposent de chambres plus petites, de 4 à 6 lits, que vous pourrez louer pour vous seul si l'auberge n'est pas pleine. Il faut souvent payer pour chaque lit, ce qui ne vous ruinera pas vu la modicité des prix.

Les hommes apprécieront aussi une chambre séparée car les dortoirs sont bruyants. La télévision marche à fond pour surmonter le brouhaha des conversations, souvent jusqu'à minuit. L'air s'emplit rapidement de l'épaisse fumée des pipes à eau. Au bout de quelques semaines, vous souhaiterez un peu d'intimité.

Ces auberges se regroupent généralement près des arrêts de bus, des stations de taxis et des marchés centraux. Bien que les enseignes soient rares, même en arabe, elles sont faciles à trouver. A votre arrivée en ville, demandez au chauffeur un *funduq rakhi:s* (hôtel bon marché) ou un lukanda. Si vous n'avez pas l'air trop riche, il vous déposera devant une maison proche.

Dans beaucoup d'auberges, le dortoir principal, situé au rez-de-chaussée, donne immédiatement sur la rue. Si vous voyez un vaste hall rempli d'hommes allongés sur des lits, fumant une pipe à eau en observant la rue, vous avez trouvé un *lukanda* (ou hôtel *mada'a*).

Hôtels à un-drap

Dans cette catégorie, un lit à un-drap vous reviendra de 300 à 500 RY.

L'unique drap est aussi large que le matelas et, parfois, vous en obtiendrez deux. Les draps ne sont pas changés lors du départ des clients mais selon un calendrier préétabli : une fois par semaine en saison et une fois par mois hors saison.

Les hammams sont équipés d'éléments inimaginables il y a vingt ans : eau courante, morceau de savon posé sur le lavabo et,

de plus en plus fréquemment, un petit chauffe-eau offrant le luxe d'une douche chaude. Les salles de bains ne sont pas propres ; aussi, évitez d'y entrer pieds nus. En revanche, les portes ferment à clé et les femmes peuvent donc les utiliser. Après quelques jours d'excursion, cela ressemble parfois au paradis.

A part ces inconvénients, les établissements de cette catégorie sont similaires aux hôtels sans-drap. Ils possèdent de vastes dortoirs, mais disposent plus souvent de chambres. Toutefois, les chambres simples n'existent pas et les doubles sont rares. Les plus petites sont généralement munies de trois ou quatre lits. Le prix est toujours donné par lit. Si vous louez la chambre entière, vous paierez pour chaque lit.

Vous n'en trouverez pas dans les villages, mais vous aurez le choix dans les agglomérations plus importantes.

Hôtels à deux-draps

Ce type d'établissement ne se trouve généralement que dans les villes. Les destinations touristiques sont souvent dotées d'hôtels récents, qui appartiennent au moins à cette catégorie. Les prix varient de 400 à 1 000 RY par nuit et par personne.

Les draps correspondent aux normes occidentales et sont changés au départ du client, voire tous les deux jours. Ces hôtels ne possèdent pas de dortoir. Ils comptent parfois des chambres simples et les doubles sont souvent les plus petites. Les prix sont fixés à la chambre.

La différence se fait sur la propreté. Si vous choisissez un hôtel propre aux prix les plus bas (entre 800 et 1 200 RY la double), ne demandez une salle de bains privée que si l'hôtel est récent. Une salle de bains commune est souvent plus propre car nettoyée tous les jours ; si la première ne vous satisfait pas, vous pouvez essayer la suivante, un peu plus loin dans le couloir.

Une salle de bains privée vous coûtera au moins 300 RY, mauvaises odeurs et cafards éventuels compris. Si la chasse d'eau cesse de fonctionner, le personnel, subitement, semble ne plus comprendre l'anglais et, vous devrez vous débrouiller avec un seau. De plus, l'évacuation des eaux est tellement lente que vous risquez d'inonder la chambre en prenant une douche. Bref, évitez ce luxe !

Dans la Tihama et sur la côte sud, vous souhaiterez sans doute la climatisation. Ce confort est inconnu dans les hôtels de catégories inférieures. En revanche, on vous proposera un ventilateur, avec ou sans système de refroidissement (le prix varie, naturellement). Dans certains établissements bon marché, vous aurez le choix entre des chambres avec ou sans système de refroidissement. Sachez que ce plus vous coûtera 200 à 400 RY de supplément. Les hôtels à deux-draps des hauts-plateaux ne disposent pas de ventilateurs. En hiver, vous préférerez des radiateurs : n'y comptez pas !

Certains hôtels à deux-draps possèdent leur propre restaurant. Les repas ne sont pas inclus dans le prix des chambres. En règle générale, si le restaurant se trouve au dernier étage, les clients sont peu nombreux et la nourriture, sans intérêt, coûte cher. S'il est situé au rez-de-chaussée, qu'il donne sur la rue et qu'il attire une clientèle yéménite nombreuse, la nourriture sera bonne et peu chère. La présence de clients étrangers pourra sera un gage sur la qualité des plats.

Hôtels palais

Principalement à Sanaa mais aussi dans quelques autres villes, des maisons-tours traditionnelles ont été transformées en hôtels. Ils appartiennent généralement à la catégorie deux-draps, avec matelas sur le sol et salles de bains communes. Ils sont souvent dotés de restaurants au rez-de-chaussée, de cafés dans la *mafraj* (pièce au sommet de la maison) ou le *manzar* (grenier) et proposent un service en chambre. Bien qu'ils soient quelque peu spartiates, ils dégagent une atmosphère particulière et offrent aux visiteurs l'occasion de découvrir l'intérieur d'une maison traditionnelle. Pour bon nombre de touristes, un séjour dans ces hôtels reste leur meilleur souvenir du pays.

Les prix correspondent généralement à ceux des meilleurs hôtels à deux-draps et le petit déjeuner est souvent inclus. Parfois, des taxes sont ajoutées à la note.

Hôtels de luxe

Bien que la mention *diluk* soit largement utilisée, les hôtels de luxe sont plutôt rares. Dans presque toutes les régions touristiques vous trouverez de bons hôtels avec des doubles de 2 000 à 5 000 RY. Si vous souhaitez payer en dollars, vous dormirez dans un fabuleux hôtel de style occidental pour 50 $US. Les meilleurs hôtels internationaux se situent à Sanaa et à Aden ; leurs prix peuvent grimper jusqu'à 210 $US en double. A al-Hudayda, Taez et al-Mukalla, vous découvrirez des hôtels de style occidental, très confortables et quatre fois moins chers.

ALIMENTATION

La cuisine yéménite, très simple, repose essentiellement sur le sorgho et autres céréales. Elle s'assortit de fenugrec (utilisé dans la soupe, *hilba*), de légumes, de riz et de haricots. La viande, le lait, les œufs et les fruits, autrefois réservés aux classes sociales supérieures, ont rejoint la table de la plupart des Yéménites grâce à l'argent envoyé par les travailleurs émigrés. Dans la Tihama et le long de la côte sud, légèrement influencée par l'Inde et l'Extrême-Orient, le poisson fait partie de l'alimentation quotidienne.

L'alimentation de base est le pain. Les Yéménites, qui le préfèrent chaud, en font cuire une à deux fournées par jour lorsqu'ils disposent de suffisamment de bois ou de gaz. Dans les restaurants (*mukhbāza*), un four (*tannūr*) pour cuire le *khubz* (pain plat) à la demande est indispensable. Certains pains se mangent immédiatement, d'autres se conservent plusieurs jours. Il en existe une trentaine de variétés régionales, dont le *khubz tawwa* (pain ordinaire fait à la maison), le *ruti* (acheté dans les magasins) et le *lahuh* (une de galette de sorgho réservée aux jours de fête).

Comme partout au Moyen-Orient, les *kebabs* sont bon marché et très répandus.

Cependant, les Yéménites proposent leurs propres spécialités culinaires. Le plat national est un ragoût épais et très relevé appelé *salta*. Il se compose d'agneau ou de poulet accompagné de lentilles, de haricots, de pois chiches, de coriandre, d'épices (et de restes) déposés sur un lit de riz. Les Yéménites apprécient également la *shurba*, un hybride de soupe et de ragoût. Goûtez également la *shurba bilsan* (soupe de lentilles) et la *shurba wasabi* (soupe d'agneau). Elles sont servies avec un fin pain arabe recouvert d'une couche de beurre clarifié et d'une pâte à base de fenugrec et de coriandre. Dans la chaleur de l'après-midi, le *shafūt* (soupe verte au yaourt) est très rafraîchissant.

Les végétariens apprécieront particulièrement ce pays où les restaurants proposent des plats destinés à ceux qui n'ont pas les moyens de s'offrir de la viande. Le *fūl* (ragoût de haricots noirs, d'oignons, de tomates et de piments), le *mushakkil* (légumes frits) et le *fasūlīya* (haricots frits) figurent sur toutes les cartes.

Spécialité typiquement yéménite, le *bint as-sahn* se compose de pain sucré, riche en œufs, trempé dans un mélange de beurre clarifié et de miel. Bien que les touristes le considèrent comme un dessert, il est traditionnellement servi en entrée lors des repas de fête. Les souks, notamment ceux de la Tihama, regorgent de fruits délicieux. Les pêches et les figues sont cultivées ici depuis des millénaires, tandis que les bananes, les papayes, les melons et les mangues ont été introduits plus récemment.

Le déjeuner constitue le repas principal. Vous le verrez en voyageant en bus ou en taxi collectif. A midi, le véhicule s'arrête dans un village et tous les voyageurs se dispersent dans les snack-bars. Le dîner, servi après la prière du soir, est plus léger.

Restaurants

Au Yémen, les restaurants ne sont pas des lieux de rencontre. Ce rôle est plutôt rempli par les séances de qat (voir l'encadré *Qat* dans le chapitre *Présentation du pays*).

Mauvaise nouvelle pour ceux qui souffrent du mal du pays : il n'existe pratiquement pas de restaurant de style occidental. McDonald n'a pas encore frappé, même si Pizza Hut s'est installée à Sanaa et à Aden. Les nouveaux hôtels servent parfois une variante yéménite du petit déjeuner continental (thé, pain sans levain, confiture et fromage), mais seuls les restaurants des hôtels de luxe proposent une cuisine occidentale, c'est-à-dire sans épices.

La cuisine locale est délicieuse. Les restaurants ne manquent pas et les Yéménites semblent ne jamais manger chez eux ! Même les hameaux en bordure de route comptent plusieurs bons restaurants. Dans les grandes villes, vous trouverez quelques établissements libanais ou éthiopiens.

Certains touristes redoutent parfois de manger au restaurant. La crainte d'un petit problème intestinal ne doit pas vous priver de goûter aux délices de la cuisine yéménite. Aux restaurants propres mais vides, préférez les endroits où l'affluence est un gage de fraîcheur. Évitez les légumes frais et tout ce qui n'est pas servi brûlant, sauf le pain. Ne buvez *jamais* l'eau des pichets en plastique posés sur les tables, demandez une Shamlan, une Hadda ou toute autre marque d'eau minérale ou de soda.

La carte est souvent affichée au mur ; il est plus rare de trouver des cartes sur les tables. Généralement, elle est rédigée en arabe, souvent au stylo. Vous découvrirez quelques merveilles de calligraphie. Le choix est vaste et même les petits restaurants proposent une trentaine de plats. Cela ne veut pas dire que tout est disponible, certaines spécialités étant réservées aux jours de fête. Si vous demandez conseil au serveur, ses suggestions porteront sur le foie, le poulet, la viande ou le poisson. Un poisson frit entier est généralement un régal.

Les Yéménites ignorent couteau et fourchette. Parfois, ils mangent avec une cuillère mais, le plus souvent, avec un morceau de pain qu'ils tiennent de leur main droite (la main gauche est considérée impure). Tous les restaurants possèdent un lavabo où se laver les mains avant et après le repas. Dans les grandes villes, certains disposent de couverts.

BOISSONS
Thé et café

Le thé, servi dans de petits verres, est sans conteste la boisson la plus répandue. Il est parfois parfumé de graines de cardamome ou d'une feuille de menthe. Le *sha'i talqīm*, ou thé traditionnel, est délicieux et nous vous le recommandons, même si le *sha'i libtun*, ou thé en sachet, domine aujourd'hui. Le thé se boit avec (*sha'i ma' Halīb*) ou sans lait (*sha'i aHmar*). Il est toujours très sucré ; le sucre est ajouté à l'eau dans la théière.

Le *qahwa*, ou café, moins populaire, se boit surtout à la maison. Il est très fort lorsqu'il est préparé avec des grains de café (*bunn*), très léger s'il est à base d'écorce (*qirsh*). On le sert aussi sucré que le thé et souvent parfumé au gingembre ou à tout autre aromate.

Eau

Dans le moindre village, vous pourrez acheter de l'eau minérale et des sodas. Des échoppes sont dressées à chaque carrefour.

Alcools

Le Coran bannit l'alcool et ce précepte est aisément suivi au Yémen, où il est introuvable dans les supermarchés ou les restaurants. Le doux raisin de Rawdha ne se consomme qu'en fruit. Les supermarchés des villes touristiques vendent de la bière sans alcool. Les spiritueux sont totalement prohibés dans les provinces du nord depuis des siècles.

Les Britanniques avaient construit une brasserie à Aden durant l'époque coloniale. Fait surprenant, elle a survécu non seulement à la révolution de 1967 mais au régime communiste. Les Adenites non musulmans, les marins et les salariés des entreprises étrangères avaient l'autorisation de boire. Durant la guerre de 1994, la brasserie Seera fut bombardée et les restaurants servant de la bière détruits. Aujourd'hui, le pays ne produit plus une goutte d'alcool.

Cette interdiction ne signifie pas que vous n'en trouverez pas, même dans le nord du pays. Le niveau de tolérance officiel varie d'une année sur l'autre, de l'interdiction totale au laxisme. En 1998, les clubs d'Aden et certains hôtels de luxe d'Aden, de Sanaa et d'al-Hudayda en vendaient ouvertement ou en cachette. A la fin de cette même année, un restaurateur adenite fut cependant condamné à 80 coups de fouet pour avoir vendu de l'alcool.

Les prix et la disponibilité sont par conséquent totalement imprévisibles. Récemment, une canette de bière coûtait 400 RY à Aden, alors qu'auparavant elle revenait à 10 000 RY à Sanaa. Al-Makha a toujours été le principal port de trafic et, si vous empruntez la route de la Tihama entre Taez et al-Hudayda, de nombreux vendeurs vous solliciteront aux alentours de Mafraq al-Makha. Ils vous proposeront sans doute les meilleurs prix de tout le pays.

Certains Yéménites ont pris goût à l'alcool à l'étranger et conservent cette habitude après leur retour. Certains mâchent le qat l'après-midi et boivent du whisky dans la soirée. Souvent ces hommes n'ont pas retrouvé d'emploi et leur séjour à l'étranger les a éloignés du travail de la terre. Au lieu de retourner dans leur village natal, ils s'installent dans les villes, vivent dans des hôtels bon marché et dépensent leurs économies en qat et en alcool.

OÙ SORTIR

Les hôtels fréquentés par des groupes proposent souvent des spectacles de danse et de musique, en particulier dans la région de Manakha. A Sanaa et à Aden, les hôtels de catégorie supérieure organisent régulièrement des banquets et des soirées musicales. Regardez les annonces dans le *Yemen Times*.

MANIFESTATIONS SPORTIVES

Le football est le passe-temps national. Vous vous en rendrez compte dans les villages, mais il est peu probable que le Yémen figure au prochain palmarès de la Coupe du monde. Il se positionne régulièrement à la 130e place dans la liste de la FIFA. Les compétitions sportives sont rares et le pays compte peu d'athlètes de niveau international. A Sanaa et dans quelques villes, vous pourrez occasionnel-

Le Prince Naseem

Les sportifs yéménites ne se sont guère illustrés lors des compétitions internationales, à l'exception de quelques-uns, partis à l'étranger. C'est le cas du champion de boxe Naseem Hamid Kashmim. Son père quitta la région de Rada' pour le Royaume-Uni trente ans avant que son fils ne devienne champion européen poids coq en 1994, à l'âge de vingt ans.

En dépit de sa nationalité britannique, ses exploits lui ont valu une récompense nationale, décernée par le président 'Ali Abdullah Salih. Un an plus tard, lorsqu'il a remporté le championnat poids plume de la WBO, son effigie a orné le timbre-poste de 10 RY. Belle réussite pour celui dont le nom signifie "Petite Brise" !

Toujours champion en titre de la catégorie poids plume de la WBO, Naseem est devenu une star dans le monde du sport. Avec un revenu de 12 millions de dollars US en 1997, il s'est placé en 22e place dans la liste des athlètes les mieux payés. Il vit aujourd'hui à New York et adore les voitures de sport. Le Prince Naseem, de son nom de scène, possède un site officiel : www.princenaseem.com. En tant que musulman pratiquant, il n'a jamais consommé d'alcool ou de drogue et s'est marié en 1998.

Isra Girgra, ou "Beauté ardente", est née à Aden mais a quitté son pays avec ses parents pour le Canada en 1974, à l'âge de deux ans. Elle s'est ensuite installée à Atlanta pour poursuivre sa carrière, tandis que ses parents sont retournés à Sanaa à la fin des années 90. En 1998, elle fut la première femme couronnée championne de la Fédération internationale de boxe. Elle se classe aujourd'hui dans les quatre premières mondiales.

Il n'est pas étonnant que les Yéménites adorent la boxe.

---

lement assister à un match de ligue nationale. En 1995, la Ligue de cricket yéménite inaugura sa première saison.

Jusqu'à aujourd'hui, le Yémen a participé à quatre Jeux olympiques, avec plus de cent athlètes en lice. Malheureusement, aucun n'a ramené de médaille olympique.

ACHATS

Le Yémen n'est guère réputé pour son artisanat et les touristes en quête d'objets authentiques – les tapis d'Orient par exemple –, seront sans doute frustrés. Par ailleurs, la plupart des articles "yéménites" sont, en fait, fabriqués en Inde ou au Liban.

Objets quotidiens

Les biens de consommation courante produits sur place constituent de jolis souvenirs utiles. Dans de nombreux souks, vous pourrez acheter de belles étoffes colorées, des vanneries et des poteries.

Au centre de chaque souk, et en particulier dans le vieux Sanaa, vous découvrirez une allée bordée d'une variété infinie d'épices et d'aromates. Vous trouverez, à bon prix, du safran (*saffarān*), de la cardamome (*hayl*), du piment (*bisbas*), de la cannelle (*qirfa*), de la coriandre (*kazbara*), du cumin (*kamūn*), du ^{e} (*hulba*), de l'ail (*tum*), de la menthe (*na'na*), de l'okra (*bamiya*), du poivre (*filfil*) et du curcuma (*hurud*).

Le bunn et le qirsh s'y vendent également. Le moka, emballé sous vide, est proposé dans les supermarchés sous la marque "Yemen Cafe".

Différentes variétés d'encens sont disponibles. A Sanaa, les Africaines vendent le *luban*, à respirer ou à mâcher, pour 20 ou 30 RY pièce. Lorsqu'il brûle, il dégage une délicieuse odeur.

Vêtements

Vous n'achèterez probablement pas de vêtements, car ils ne sont pas très pratiques. La tenue masculine typique est la *futa*, qui descend un peu en dessous du genou, portée avec une chemise et une veste de type (faussement) occidental. Cette combinaison a peu de chance de devenir à la mode ailleurs.

Pour les femmes, les souks de Sanaa et de Taez offrent un vaste choix de robes et de voiles noirs ; les petits marchés proposent des vêtements colorés. Un essayage suscitera une vive émotion et n'espérez pas marchander.

Les voiles, depuis les traditionnels *sharshaf* noirs au *lithma* noir, rouge et blanc des femmes de Sanaa ou aux tissus colorés des Bédouines, feront de beaux souvenirs. Le *nakhl*, un chapeau de paille conique du Hadramaout, est aussi séduisant quoique un peu encombrant.

Musique enregistrée

La musique locale constitue l'un des meilleurs souvenirs. Les Yéménites écoutent davantage de musique arabe et nationale que de rythmes occidentaux. Les traditions musicales varient énormément d'une région à l'autre. Les styles tihamite, sanaani et hadramite sont parfaitement reconnaissables.

La majorité des enregistrements est piratée. Si vous décidez d'acheter une cassette dans un souk, le vendeur vous enregistrera probablement une copie sur place (aussi, n'attendez pas le matin du départ pour vous décider).

L'avantage de cette pratique est que le prix ne dépasse généralement pas 120 RY. Cependant, la qualité du son varie de l'acceptable au franchement mauvais. Mieux vaut acheter plusieurs cassettes dans différents stands. L'investissement reste minime.

Armes à feu

Durant leur seconde période d'occupation dans le nord du pays, les Ottomans furent particulièrement dépendants des armes à feu modernes importées d'Europe occidentale. L'Allemagne, l'Italie et la France soutinrent la colonisation turque de la péninsule Arabique afin d'affaiblir l'influence britannique. Ainsi, les armes affluèrent au Yémen pour tomber finalement aux mains des rebelles.

Aujourd'hui, vous pouvez acheter de nombreuses armes anciennes dans le souk de l'argent de Sanaa : carabines françaises Gras Cavalry, fusils italiens Vetterli-Vitali et fusils allemands Mauser datent tous des années 1870 et suivantes et les prix sont raisonnables. Un fusil, vieux de cent ans et en état de marche, s'achète pour 200 RY et l'on trouve parfois de vieux pistolets et des épées.

Toutefois, il est déconseillé d'acheter des armes en raison des problèmes que cela peut poser lors des divers passages en douane. N'oubliez pas que, si les commerçants sont prêts à vous vendre des antiquités, la loi yéménite interdit l'exportation des objets de plus de quarante ans sans autorisation spéciale.

Pipes à eau

Les immenses *mada'a* – que les hommes fument dans tous les funduq du pays – ne sont guère pratiques à emporter chez soi. La pipe à eau se compose d'un trépied en laiton sur lequel repose le bol d'eau et où se range le tuyau (pouvant atteindre 2 m de long). Le sommet du tube vertical est couvert d'un cône en terre cuite rempli de tabac et de charbon. C'est souvent la seule partie faite au Yémen, le reste de la pipe provenant d'Inde.

La mada'a typique mesure 1 m de haut avec un trépied de 75 cm de diamètre. Toutes les parties de la pipe sont vendues séparément. Les prix varient selon les matériaux utilisés et la manière dont ils sont travaillés.

OBJETS DE CÉRÉMONIE ET ARGENT

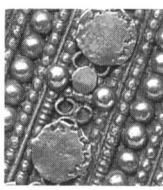

Bijoux

Si vous aimez les bijoux, visitez les souks de Sanaa et de Taez. Vous trouverez des colliers, des boucles d'oreilles, des anneaux de nez, des bracelets, des chaînes, des amulettes et des petites boîtes portées en sautoir, destinées à renfermer des versets coraniques.

De tous temps, les juifs du Yémen furent les orfèvres du pays. Leur rôle était important car les bijoux en argent représentaient la richesse indispensable à tout mariage yéménite. Néanmoins, les orfèvres ne jouirent jamais d'un statut social élevé car les juifs étaient méprisés et opprimés.

Lorsque la plupart d'entre eux émigrèrent, en 1949 et 1950, vers le nouvel État d'Israël, les imams yéménites décidèrent qu'aucun orfèvre juif ne pourrait quitter le pays avant d'avoir transmis son savoir à un Yéménite. En raison de la brièveté de leur formation, les orfèvres yéménites étaient encore de simples apprentis lorsque leurs maîtres partirent pour réaliser la prédiction d'Isaïe : "Ils s'élèveront d'un coup d'aile, tels des aigles." Les juifs yéménites ont, en effet, quitté Aden et rejoint Israël grâce à un pont aérien répondant au nom de code "Tapis volant".

Il existe aujourd'hui des centaines d'orfèvres, mais l'artisanat n'a jamais tout à fait retrouvé sa qualité d'antan. L'argenterie yéménite est rarement très ancienne. Lorsqu'une Bédouine meurt, tous ses bijoux sont fondus pour en fabriquer de nouveaux. En revanche, les citadins et les fermiers les conservent pendant plusieurs générations.

Les bracelets et les anneaux de cheville sont généralement très lourds, en argent massif. Ceux que vous verrez sont identiques à ceux découverts dans les ruines sabéennes.

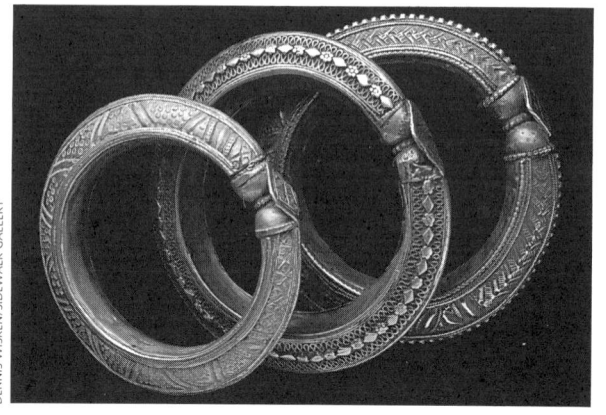

En haut : Détail d'une boucle de ceinture yéménite (photo de Dennis Wisken/ Sidewalk Gallery).

Au milieu : Un bracelet bédouin (photo de Dennis Wisken/ Sidewalk Gallery).

En bas : Trois bracelets juifs yéménites.

Renseignements pratiques – Objets de cérémonie et argent

Les colliers en argent comportent des motifs très élaborés et sont parfois incrustés de pierres rouges ou noires, de corail et/ou d'ambre. Certains se portent sur le front afin de maintenir le voile ou, lors de fêtes ou de mariages, remplacent le voile.

L'élite religieuse achète elle aussi des bijoux. Elle affiche son rang en arborant une ceinture savamment brodée dans laquelle se glissent la *dhuma* (poignard d'un noble) d'argent et les autres armes de cérémonie.

Les encensoirs et les boîtes à amulette en argent sont également utilisés. Ces dernières sont en général plates, triangulaires ou rectangulaires, incrustées de pierres noires ou rouges, et montées sur des sautoirs faits de petites boules creuses en argent. Vous trouverez ce même type de bijoux en Éthiopie, signe d'une origine axumite. Certaines boîtes, plus raffinées et de forme cylindrique, sont dotées d'un capuchon amovible, richement décoré. Elles sont souvent accrochées à la ceinture de la *jambiya* (poignard d'un homme des tribus) et contiennent parfois un papier revêtu d'un verset coranique.

Les boîtes à khôl sont faites d'argent finement travaillé. Le khôl, une poudre noire utilisée pour le maquillage des yeux, est appliqué grâce à une tige en argent attachée au couvercle.

Une grande partie de l'argenterie est destinée aux touristes et subit un traitement chimique qui lui confère un air ancien. L'argent n'est jamais très pur et certains objets n'en contiennent pas un gramme. Beaucoup sont en étain et ne sont pas censés être vendus pour de l'argent. Ne vous compliquez pas trop la vie : si un objet vous séduit, achetez-le. Veillez cependant à ne pas payer le premier prix proposé. Le marchandage se pratique couramment dans les souks d'argent. Si le prix ne vous convient pas, passez à la boutique suivante.

Aujourd'hui, les Yéménites préfèrent l'or, même si les créations n'ont rien d'authentique. L'or coûte moins cher au Yémen que dans les pays occidentaux. Cependant, il faut connaître les cours et savoir évaluer la pureté du produit. L'or est probablement meilleur marché à al-Hudayda ou à Taez qu'à Sanaa.

En haut : Collier de perles en argent juif yéménite (photo de Dennis Wisken/Sidewalk Gallery).

En bas : Poinçon d'argent juif yéménite (photo de Dennis Wisken/Sidewalk Gallery).

Le thaler de Marie-Thérèse

Objet particulier, le thaler de Marie-Thérèse est une pièce d'argent frappée en Autriche et introduite au Moyen-Orient par Napoléon lors de la conquête d'Égypte en 1798. Les Ottomans l'importèrent au Yémen où il devint monnaie nationale jusqu'à la fin de l'imamat.

Aujourd'hui, ces thalers sont difficiles à dénicher, car les touristes les ont presque tous achetés. Si vous en trouvez un, ne vous laissez pas tromper par la date indiquée car toutes les pièces mentionnent 1780, même si leur production s'est poursuivie jusqu'en 1960 ! Le plus souvent, ils font partie d'un bijou élaboré.

Jambiya et dhuma

Le poignard à lame incurvée que les hommes portent à la ceinture est l'objet le plus typique des pays du sud de l'Arabie. Sa fabrication et sa forme varient selon les régions, les tribus et le rang. La tradition a été interdite dans le Sud sous le régime communiste mais n'a jamais cessé dans les provinces du Nord.

La *jambiya*, nom donné au poignard des hommes des tribus, se porte sur le ventre, la pointe du fourreau orientée à droite. Les membres de l'élite, tels les *qudha* ou les *sada*, portent leur poignard sur le côté droit. Dans ce cas, il s'agit de *dhuma*, plus incurvées. Les dhuma et leur ceinture sont, en général, richement ornées d'or et d'argent, tandis que les jambiya sont agrémentées de tissu et de cuir.

En haut : Boîte à monnaie et thalers de Marie-Thérèse (photos de Dennis Wisken/Sidewalk Gallery)

En bas : Une jambiya

Renseignements pratiques – Objets de cérémonie et argent

Les poignards sont des objets essentiellement rituels. Compte tenu de leur forme, leur utilité n'est pas évidente. Ce sont des objets de fierté qui se transmettent de père en fils. Leurs prix peuvent atteindre des sommes faramineuses. Si une simple jambiya coûte 1 000 ou 2 000 RY, une dhuma, incrustée d'or et d'argent, atteint facilement la somme de 10 000 RY. Naturellement, si cette dernière a appartenu à un *qadhi* très respecté, elle coûtera des centaines de milliers de riyals.

Les poignards les plus chers sont munis de manches en corne de rhinocéros. En fait, le Yémen est le premier consommateur de cette matière précieuse qui met en péril la survie de la race. Aussi est-elle remplacée aujourd'hui par de la corne de girafe ou du vulgaire plastique.

A droite :
Un Yéménite brandissant fièrement sa jambiya

Comment s'y rendre

VOIE AÉRIENNE
Préparation au voyage. Depuis la France, vous trouverez des adresses, des témoignages de voyageurs, des informations pratiques et de dernière minute dans *Long Courrier*, le trimestriel gratuit de Lonely Planet (écrivez-nous pour être abonné), dans le magazine *Globe-Trotters*, publié par l'association Aventure du Bout du Monde (ABM, 7, rue Gassendi, 75014 Paris, France, ☎ 01 43 35 08 95).

Le *Guide du voyage en avion*, de Michel Puysségur (48 FF, éd. Michel Puysségur), vous donnera toutes les informations possibles sur la destination et le parcours de votre choix. Le Centre d'information et de documentation pour la jeunesse (CIDJ, 101, quai Branly, 75015 Paris, France, ☎ 01 44 49 12 00) édite des fiches très bien conçues : "Réduction de transports pour les jeunes" n°7.72, "Vols réguliers et vols charters" n°7.74, "Voyages et séjours organisés à l'étranger" n° 7.51. On peut se les procurer par correspondance, renseignements sur Minitel 3615 CIDJ pour les prix des fiches (entre 10 et 15 FF) en envoyant un chèque au service Correspondance.

Le magazine *Travels*, publié par Dakota Editions (49 FF en librairie), est une autre source d'informations pour les réductions accordées aux jeunes sur les moyens de transport, notamment des promotions sur les vols. On peut le trouver gratuitement dans certains lycées, universités ou écoles de commerces françaises.

Depuis la Belgique, la lettre d'information *Farang* (La Rue 8a, 4261 Braives) traite de destinations étrangères. L'association Wegwyzer (Beenhouwersstraat 24, B-8000 Bruges, ☎ 50-332 178) dispose d'un impressionnant centre de documentation réservé aux adhérents et publie un magazine en flamand, *Reiskrand*, que l'on se peut se procurer à l'adresse ci-dessus.

En Suisse, Artou (Agence en recherches touristiques et librairie, 8 rue de Rive, 1204 Genève, ☎ 022-818 02 40 (Librairie du voyageur) et 18, rue de la Madeleine, 1003 Lausanne, ☎ 021-323 65 54, fournit des informations sur tous les aspects du voyage. A Zurich, vous pourrez vous abonner au *Globetrotter Magazin* (Rennweg 35, PO Box, CH-8023 Zurich, ☎ 01-211 77 80) qui, au travers d'expériences vécues dans un pays, informe sur les transports et les renseignements pratiques.

Aéroports et compagnies aériennes
Il existe deux aéroports internationaux, situés dans les anciennes capitales des deux anciens Yémen. Avant la réunification, ils possédaient chacun leur compagnie nationale – Yemenia pour la RAY et al-Yemda pour la RDPY. Toutes deux assuraient des vols intérieurs et internationaux. Elles ont fusionné en 1994 après la réunification en gardant le nom de Yemenia (ou Yemen Airways).

L'aéroport international de Sanaa a été construit par les Allemands en 1973, et les appareils ont été fournis par l'Arabie saoudite. Cette dernière ayant aidé à la création de Yemenia en 1977, elle possède 49% de la compagnie – un arrangement quelque peu boiteux étant donné les relations entre l'Arabie saoudite et le Yémen. Construit par les Anglais, l'aéroport international d'Aden a été agrandi à la fin des années 80 grâce à des fonds soviétiques ; il comporte un immense terminal ultra-moderne, mais qui est exploité en dessous de ses capacités.

Ces deux aéroports accueillent également le trafic militaire. La force aérienne yéménite s'entraîne régulièrement au-dessus de l'aéroport de Sanaa.

Taxe de sortie
La taxe d'aéroport coûte 10 $US pour les destinations étrangères. Elle doit être acquittée en monnaie locale à l'enregistrement des bagages.

Depuis/vers l'Europe

Yemenia effectue des vols directs entre l'Europe et Sanaa au départ de la plupart des capitales européennes. Les liaisons sont plus fréquentes au départ de Paris, Francfort, Rome ou Londres. La Lufthansa, seule autre compagnie à relier directement l'Europe de l'Ouest à Sanaa, propose trois vols hebdomadaires depuis Francfort ou Paris. Les tarifs aller-retour entre ces villes d'Europe et Sanaa commencent à 1 150 $US, mais il existe des billets à tarif réduit à partir de 560 $US au départ de Francfort ou de 975 $US au départ de Londres. Sur Internet, le site www.tiss.com permet de dénicher des vols bon marché.

De nombreuses compagnies nationales des pays arabes relient également l'Europe à Sanaa *via* leur capitale respective. Les tarifs pratiqués par Emirates, Gulf Air et Royal Jordanian comptent parmi les plus économiques. La principale compagnie aérienne en Afrique noire, Ethiopian Airlines, représente une autre possibilité intéressante.

La compagnie russe Aeroflot se rend une fois par semaine à Sanaa, une alternative intéressante pour les passagers d'Europe du Nord. Le billet Moscou-Sanaa ne coûte que 765 $US pour un séjour de 10 à 35 jours. La correspondance depuis/vers les capitales européennes étant gratuite, c'est très abordable, même au départ de Paris. Consultez plutôt une agence de voyages spécialisée dans les vols bon marché pour l'Asie et l'Afrique. Elle vous proposera certainement des vols sur Aeroflot. Sans doute devrez-vous réserver votre billet plusieurs mois à l'avance car ces vols sont souvent vite complets.

Vous ferez une escale à Moscou – qui peut se prolonger deux ou trois nuits, les correspondances n'étant pas toujours synchrones. Une nuit à l'hôtel vous coûtera 70 $US par personne au minimum. Il vous faudra un visa de transit de 24h et plus, avant de visiter la ville. Comptez une semaine pour l'obtenir. La durée de votre visite étant précisée, vous devrez décider de vos dates à l'avance.

Depuis/vers l'Afrique

Depuis l'Afrique de l'Est, le voyage en avion pour le Yémen est facile et relativement bon marché. Yemenia relie directement Khartoum, Addis-Abeba, Asmara, Le Caire, Nairobi et Djibouti au départ de Sanaa et d'Aden. Air Tanzania dessert Aden une fois par semaine au départ de Dar es-Salaam avec escale à Zanzibar. Ethiopian Airlines propose un vol semblable au départ d'Addis-Abeba *via* Djibouti. Les prix varient : l'aller simple Sanaa-Djibouti en classe économique coûte 153 $US.

Les compagnies aériennes soudanaises desservent aussi le Yémen

Depuis/vers le Moyen-Orient

Vous ne devriez avoir aucune difficulté pour vous rendre au Yémen depuis les pays du Moyen-Orient. Les vols économiques sont cependant très rares. Royal Jordanian, Egyptair, Gulf Air, Emirates, Saudia Airways et Syrian Arab Airlines assurent toutes la liaison, et Yemenia propose des vols directs à destination de nombreuses capitales arabes. Le Koweït et Oman constituant l'exception à la règle.

Seules les compagnies Air Tanzania et Ethiopian Airlines desservent Oman au départ du Yémen ; leurs vols à destination d'Aden continuent ensuite sur Muscat.

Depuis/vers l'Asie

Yemenia dessert Karachi et Mumbai (Bombay). Les autres compagnies qui assurent des liaisons directes depuis l'Inde et le Pakistan – ou suivent des itinéraires plus sinueux – proposent peut-être des tarifs plus intéressants. Il est également possible de prendre un vol pour Amman, en Jordanie, puis une correspondance pour le Yémen.

Pakistan International Airlines propose un vol hebdomadaire Karachi-Sanaa, continuant sur Nairobi, et retour. Air India dessert aussi le Yémen. Ethiopian Airlines relie Aden à Mumbai (Bombay) et Bangkok.

Depuis/vers le Canada et les États-Unis

Il n'existe aucun vol direct entre les États-Unis et le Yémen. Mieux vaut passer par l'Europe. Des correspondances sont assurées par la plupart des grandes compagnies transatlantiques et du Moyen-Orient. Renseignez-vous sur celle proposée par Ethiopian Airlines, qui effectue par ailleurs une liaison directe Washington D.C.-Addis-Abeba.

VOIE TERRESTRE
Depuis/vers l'Europe

Aucune ligne de bus ne franchit les frontières du Yémen. Si vous ne prenez pas l'avion, vous devrez donc venir avec votre propre véhicule. C'est un moyen de transport intéressant mais peu pratique, et en tout cas très coûteux. Bien que circuler en 4x4 dans la péninsule Arabique soit désormais possible, au Yémen, il vous faudra recourir aux services d'un chauffeur local dans les régions dépourvues de routes goudronnées et de panneaux de signalisation. Si vous ne disposez pas de véhicule, entrer ou sortir du Yémen par voie terrestre n'est possible que par la frontière avec Oman.

Depuis/vers l'Arabie saoudite

Le véritable problème consiste d'abord à entrer en Arabie saoudite, le pays n'accordant de visa touristique qu'aux groupes. Dans la mesure où les deux provinces yéménites du sud-ouest, l'`Asir et le Najran, font partie des principaux attraits touristiques du pays, il est possible que des opérateurs se mettent à proposer des extensions vers le Yémen. Cela dépendra toutefois de l'évolution des relations entre les deux pays.

A moins de séjourner en Arabie saoudite pour d'autres raisons, vous aurez besoin d'un visa de transit, que vous n'obtiendrez que si vous possédez un visa pour entrer au Yémen.

Ce visa de transit n'étant valable que trois jours, il est impératif de traverser cet immense pays dans ce délai. Cela ne devrait cependant pas vous poser de problème – les grands axes saoudiens sont goudronnés et en bon état ; et votre voiture est sûrement en excellent état si vous avez envisagé de partir avec au Yémen ! Côté pratique, sachez que seules les Toyota peuvent être réparées au Yémen, les autres marques étant extrêmement rares. Il n'est pas recommandé d'avoir un moteur Diesel, ce carburant étant difficile à trouver tant en Arabie saoudite qu'au Yémen – les diesels étaient même interdits il y a encore une dizaine d'années, au même titre que les Ford. Sachez aussi que l'essence sans plomb n'existe pas dans ce pays. Pour aller au Yémen et en revenir, une voiture ordinaire fera l'affaire, mais si vous visitez des villages plus isolés ou poursuivez votre route vers Oman, un 4x4 sera indispensable.

Quel que soit votre véhicule, vous devrez fournir la preuve qu'il vous appartient. Il vous faudra en outre posséder une excellente assurance : si vous tuez un Saoudien ou un Yéménite dans un accident de la route, vous risquez d'avoir à payer des millions de riyals de dommages-intérêts à la famille de la victime. Pour éviter tout problème sur place, informez-vous auprès de votre compagnie d'assurances sur les procédures à suivre au cas où vous devriez laisser votre véhicule au Yémen.

Les pistes désertes entre les deux pays ne sont pas sûres pour les étrangers, mais il existe deux axes commodes qui relient l'Arabie saoudite et le Yémen. La route des hauts plateaux entre Zahran et Saada est le plus souvent interdite en raison des troubles qui éclatent de temps à autre dans la région, où sévit un important trafic de contrebande. La route de la Tihama qui relie Jizan et al-Hudayda est ouverte, goudronnée et ne présente aucun problème. Les formalités de douane et d'immigration s'effectuent à Harad. Elles prennent en général un temps fou – préparez-vous à passer quelques heures, voire une journée entière, à la frontière. A Sanaa, vous devrez obtenir un autre permis pour retourner à Harad.

Oman

Il existe trois postes frontières entre Oman et le Yémen. La route de la côte est néanmoins très mauvaise et envahie par d'épais brouillards ; le poste frontière situé à cet endroit semblait d'ailleurs fermé lors de notre passage. Le deuxième, Habarut (appelé aussi Habfrut), à 80 km de la côte vers l'intérieur des terres, n'est pas conseillé en raison de la très faible densité de circulation. Mieux vaut utiliser celui qui se trouve le plus au nord de la frontière, à 140 km de la côte ; il s'appelle

Masyouna côté Oman et Makinat Shihan côté Yémen. Une zone frontière inhabitée de 12 km sépare les campements militaires. La meilleure route entre Habarut et le Yémen est en fait celle qui passe par Makinat Shihan.

Côté Oman, les routes sont relativement bonnes, bien qu'aucune ne soit goudronnée à l'ouest de l'axe Muscat-Salalah. Pour rejoindre la frontière si vous êtes à pied, suivez d'abord la route jusqu'à Thumrayt, à 80 km de Salalah. A l'ouest, une longue bande de terre nivelée de 82 km mène au village de Mudayy – pour trouver le point de départ de la route de Mudayy, allez jusqu'au rond-point le plus à l'ouest surmonté d'un petit monticule au milieu ; c'est un emplacement idéal pour faire du stop. A 39 km en direction du nord/nord-ouest, vous trouverez Qafa, endroit assez désolé où vous ne verrez rien d'autre qu'une petite station-service (elle sert aussi d'épicerie et d'auberge !). Cet axe est emprunté par la plupart des transports de marchandises circulant entre Dubai et le Wadi Hadramaout, et vous devriez pouvoir reprendre la route au bout de quelques heures. Les camions étant souvent bondés, vous aurez plus de chance avec les voitures particulières, moins nombreuses malheureusement. De Qafa, Masyouna est encore à 68 km. Si vous faites du stop, sachez qu'un riyal omanien pour chaque portion de route (le prix du bus de Salalah à Thumrayt) est considéré comme un dédommagement correct par les chauffeurs.

Le poste frontière omanien à Masyouna est à la fois moderne et efficace ; côté yéménite, celui de Makinat Shihan est un campement militaire où vous serez logé si vous ne trouvez pas de véhicule pour poursuivre votre route. Si vous disposez du vôtre, il vous sera fourni un chauffeur et un garde armé (10 $US ou 1 400 RY pour chacun), car vous n'êtes pas autorisé à conduire vous-même dans le Gouvernorat d'al-Mahra. Peut-être devrez-vous attendre quelques heures ou quelques jours avant de pouvoir repartir. Si vous demandez qu'une voiture soit mise à votre disposition, vous devrez payer environ 50 $US jusqu'à la ville la plus proche.

Pour quitter le Yémen et passer à Oman, la meilleure solution est d'aller à Makinat Shihan. De là, vous pouvez conduire vous-même ou faire du stop, dans la mesure où de nombreux camions en provenance de Dubai déchargent ici et repartent à vide. (Voir la rubrique *La frontière entre le Yémen et Oman* dans le chapitre *al-Mahra*).

Bien entendu, vous devrez être muni des visas exigés par les deux pays au moment de passer la frontière. Sur le formulaire de demande de visa pour Oman, vous aurez à indiquer si vous entrez dans le pays par voie aérienne, maritime ou terrestre ; à défaut de le faire, vous obtiendrez un visa qui ne vous permettra d'entrer et de sortir du pays que par voie aérienne. Sur le formulaire, quatre postes frontières sont indiqués : comme aucun n'est situé sur la frontière yéménite, ne cochez aucune case et inscrivez celui par lequel vous passerez. Si vous quittez le Yémen par voie terrestre, pensez à demander une prorogation de votre visa de résident. Enfin, sachez que circuler à travers l'Hadramaout et al-Mahra risque de vous prendre plus de temps que prévu.

VOIE MARITIME
Depuis/vers l'Europe

Il n'existe aucun service régulier de passagers à destination du Yémen. Renseignez-vous sur les itinéraires proposés par les organisateurs de croisières dont certains bateaux se rendent au Yémen.

Il arrive qu'un cargo européen fasse escale à al-Hudayda. Néanmoins, si Aden est le port le plus desservi du pays, les services de passagers sont quasiment inexistants. Il faut donc emprunter les cargos. L'ouverture du nouveau port d'Aden devrait élargir les possibilités.

Depuis/vers l'Afrique

Des bateaux effectuent plus ou moins régulièrement des liaisons entre l'Afrique et le Yémen ; au Soudan, des cargos partent de Port-Soudan et font route vers al-Hudayda. Les liaisons entre le Yémen et l'Érythrée ont repris depuis que le problème des îles

Hanish a été résolu ; vous devriez pouvoir emprunter un des cargos qui circulent de temps à autre entre Massawa et al-Hudayda, et d'Assab à al-Hudayda ou à al-Makha. Le tarif est de 14 $US minimum par personne au départ d'Assab ou de 1 500 RY au départ d'al-Makha ; cinq heures suffisent pour traverser le détroit de Bab al-Mandab.

Entre Djibouti et al-Makha s'épanouit un commerce de contrebande des plus irréguliers. Vous pouvez effectuer la traversée à bord d'un *sambuq* ou d'un cargo. Les horaires sont disponibles sur place ; le prix par personne ne devrait pas excéder 3 000 RY en partant d'al-Makha, et de 60 à 90 $US au départ de Djibouti.

Oman

De nombreux *sambuq* relient les villes côtières du Sud-Yémen et d'Oman. Le port yéménite avec services d'immigration le plus proche de la frontière avec Oman est Nishtun, à al-Mahra. Côté Oman, le port le plus à l'ouest est Salalah, à Raysut, qui entreprend de vastes travaux d'agrandissement et de modernisation. C'est le concurrent direct du port d'Aden, au Yémen. Le trajet en bateau dure entre 12 et 13 heures et ne devrait pas coûter plus de quelques dizaines de dollars US.

CIRCUITS ORGANISÉS

Plusieurs agences européennes organisent des circuits au Yémen, parcourant la plupart des sites décrits dans cet ouvrage. Les prix indiqués incluent les vols aller-retour.

Depuis la France et la Suisse, Clio organise des circuits culturels d'excellente qualité, axés sur l'architecture ou sur la route de l'Encens, entre 12 et 18 jours (à partir de 12 000 FF). Intermèdes offre des circuits axés sur l'archéologie ou des voyages plus conventionnels ; un circuit de 15 jours coûte 16 480 FF. Orients propose plusieurs formules pour découvrir les citadelles d'Arabie. Peuples du Monde combine randonnée dans la vallée de l'Hadramaout et traversée du désert en 4x4 avec bivouac (à partir de 11 000 FF pour 15 jours). Terres d'Aventure, spécialiste de la randonnée, met en place plusieurs voyages à différents degrés de difficulté (à partir de 9 500 FF pour 9 jours). La FUAJ propose une expédition de 3 semaines en demi-pension à 10 300 FF. Tamera, axé sur le voyage d'aventure, propose un circuit de 9 jours à 9 300 FF. Voyez également du côté de Djos'Air, spécialiste du Moyen-Orient.

En Suisse, SSR (☎ à Zurich 01-242 30 00) propose des circuits de 16 jours dans le nord pour 3 990 FS et 14 jours dans le Sud pour 4 300 FS. Le circuit combiné de 4 semaines coûte 5 950 FS.

Clio
    34, rue du Hameau, 75015 Paris
    (☎ 01 53 68 82 82 ; fax 01 53 68 82 60)
    11, rue du Mont-Blanc, CH-1201 Genève
    (☎ 022-731 70 26)
Djos'Air
    153, av.Jean Lolive, 93500 Pantin
    (☎ 01 41 71 19 19, fax 01 41 71 19 39)
FUAJ
    10, rue Notre-Dame-de-Lorette, 75009 Paris
    (☎ 01 42 85 55 40)
Intermèdes – Arts et culture
    60, rue La Boétie, 75008 Paris
    (☎ 01 45 61 90 90, fax 01 45 61 90 09, webmaster@intermedes.com)
Orients
    29, rue des Boulangers, 75005 Paris
    (☎ 01 40 51 10 40)
Peuples du Monde
    10, rue de Montmorency, 75003 Paris
    (☎ 01 42 72 50 36)
Tamera
    26, rue du Bœuf, 69005 Lyon
    (☎ 04 78 37 88 88, fax 04 78 92 99 70, tamera@asi.fr)
Terres d'Aventure
    6-8, rue Saint-Victor, 75005 Paris
    (☎ 01 53 73 77 77)
SSR
    Leonhardstrasse, 5 et 10, Zurich
    (☎ 1-297 11 11)

Comment circuler

AVION
Lignes intérieures

Pour la plupart des voyageurs indépendants, se déplacer en avion à l'intérieur du Yémen n'est une solution à envisager qu'à condition d'être pressé et de vouloir combiner une visite de la vallée d'Hadramaout et des hauts-plateaux. Par ailleurs, les transports routiers sont bon marché, fréquents et assez rapides ; ils constituent le meilleur moyen pour découvrir les paysages du Yémen, aussi inoubliables que variés.

Sur un vol intérieur, un billet d'avion en classe économique coûte environ trois fois plus cher que par transport routier pour les détenteurs d'un passeport yéménite, et de trois à dix fois plus pour les étrangers. Seuls les vols qui relient Sanaa à Taez et Aden comportent une première classe et permettent de prendre une correspondance sur les lignes internationales. Les trajets en taxi depuis/vers les aéroports sont en général à prix fixes et reviennent à au moins dix fois le prix demandé partout ailleurs sur une distance similaire.

Les grandes villes sont très bien reliées entre elles. Il existe plusieurs vols quotidiens entre Sanaa et Aden (les départs s'effectuent en journée plutôt que le soir). Il est possible de faire l'aller-retour dans la journée entre Sanaa et Taez ou Say'un et al-Mukalla. De nombreuses petites villes sont également desservies plusieurs fois par semaine. L'aéroport d'al-Buq à Saada, près de la frontière saoudienne, n'accueille pas les civils – en tout cas, pas les civils étrangers.

Les billets s'achètent dans les nombreuses agences de voyages et compagnies aériennes de Sanaa, Taez, al-Hudayda et Aden, qui vendent en général les billets de Yemenia. En outre, toutes les villes possédant un aéroport ont un bureau de la compagnie Yemenia. Le personnel parle sou-

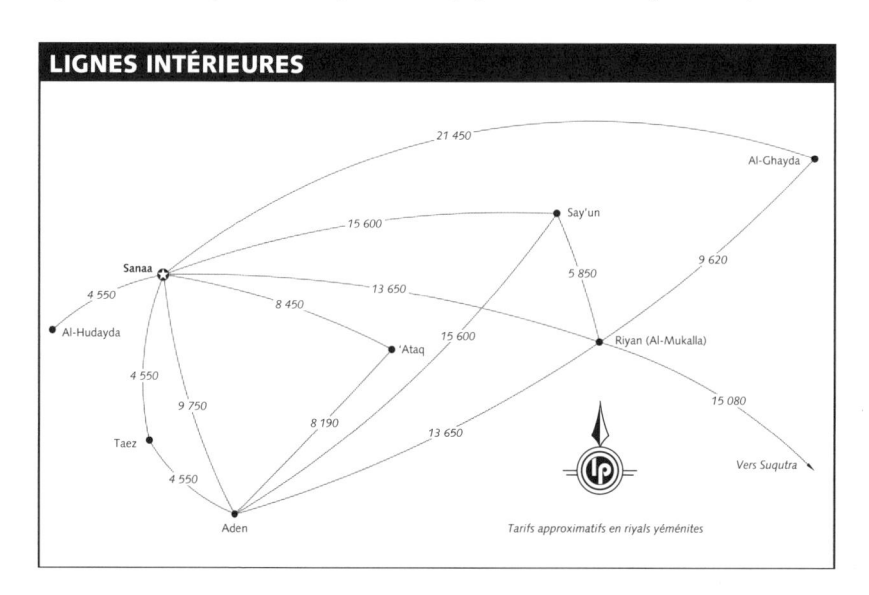

LIGNES INTÉRIEURES

Tarifs approximatifs en riyals yéménites

vent anglais. Il revient moins cher de payer son billet en riyals yéménites qu'en dollars.

Les vols ne sont pas d'une extrême ponctualité. Il arrive qu'ils soient retardés de 24h ou annulés ; si votre avion doit décoller tôt le matin, renseignez-vous la veille auprès du bureau local de Yemenia ou avant de partir à l'aéroport.

Aucune taxe d'aéroport n'est perçue sur les lignes intérieures.

BUS

Les deux principaux moyens de transport routier sont le bus et le taxi collectif, ce dernier étant vraiment le plus original. Les bus yéménites fonctionnent comme tous les autres bus du monde et vous ne rencontrerez aucune difficulté en les empruntant.

Les bus restent le moyen le moins coûteux et le service allie en outre ponctualité et fiabilité. Ils ont été introduits au Yémen vers 1985. Les compagnies (General Transport Corporation au nord et Yemen Land Transport Company au sud) ont d'abord connu une période de croissance rapide, puis la tendance s'est inversée. Le service se dégrade depuis quelques années, les villes desservies sont moins nombreuses et le matériel s'use. Toutefois, de nouvelles compagnies, comme Yemitco, ont fait leur apparition ; elles mettent en service des bus de luxe plus récents et pratiquent des tarifs plus élevés.

Malheureusement, les vitres, souvent en verre teinté gris ou brun pour atténuer les rayons du soleil, ne s'ouvrent pas et il est impossible de prendre des photos. En outre, l'atmosphère est fortement enfumée.

Les bus ne roulent que sur les routes goudronnées et sont particulièrement adaptés aux longs trajets, notamment de Sanaa à Taez ou d'Aden à al-Mukalla. Ils sont très pratiques pour se rendre dans les petites villes se trouvant sur le trajet des grandes lignes (comme Ibb, entre Sanaa et Taez), mais pour aller de Yarim à Dhamar, mieux vaut prendre un taxi.

Achat du billet

Des guichets sont installés dans toutes les gares routières ainsi qu'à certains arrêts. Des horaires existent uniquement pour les

Comment circuler en bus au Yémen

Distance (en km) entre les principales villes par la route goudronnée la plus directe.

	Sanaa	Al-Mahwit	Hajja	Saada	Al-Hudayda	Taez	Ibb	Al-Bayda	Dhamar	Marib	Aden	'Ataq	Al-Mukalla	Say'un
Al-Mahwit	125													
Hajja	115	240												
Saada	231	356	371											
Al-Hudayda	231	356	346	462										
Taez	257	382	372	488	264									
Ibb	192	317	307	423	329	65								
Al-Bayda	278	403	393	509	434	295	266							
Dhamar	102	227	217	333	258	155	90	176						
Marib	204	329	319	435	435	461	396	482	306					
Aden	396	521	511	627	442	178	243	241	294	670				
'Ataq	585	710	700	816	725	582	557	291	467	386	404			
Al-Mukalla	855	980	970	1086	1011	864	843	577	753	757	690	376		
Say'un	1142	1267	1257	1373	1298	1151	1130	864	1040	1044	977	663	287	
Al-Ghayda	1407	1532	1522	1638	1563	1416	1395	1129	1305	1309	1242	928	552	787

Horaire des bus

De	A	Départs	Départs (retours)	Durée (heures)	Prix RY	Arrêts
Aden	al-Mukalla	6h30	6h 6h30	12	900	al-'Ayn, Habban, 'Azan, Bir'Ali
Aden	'Ataq	6h30	6h30	6	600	al-'Ayn, an-Nuqba
Aden	'Azan	6h	6h 14h	6	600	al-'Ayn, Habban
Aden	Taez	6h30 20h 10h30 23h 11h		3	400	Lahej, ar-Rahida
al-Hudayda	Harad (Djedda)	7h		3	500	al-Qanawis, Suq al-Khamis, Suq 'Abs
al-Hudayda	Taez	6h30 13h	7h 13h	4	500	Bayt al-Faqih, Zabid, Hays, al-Juma'a, Mafraq, al-Makha
al-Mukalla	Say'un	6h	6h	5	600	al-Qatn, Shibam
Sanaa	al-Hudayda	6h30 13h30 7h 14h	6h30 13h	4½-5	500	soit Mafhaq, Maghraba, Bajil ; soit Ma'bar, Madinat ash-Sharq, Bajil
Sanaa	al-Bayda	7h	7h	4	500	Ma'bar, Dhamar, Rada'
Sanaa	Taez	6h30 13h30 7h	7h 14h	4½-5 13h	500	Ma'bar, Dhamar, Yarim, Ibb, al-Qa'ida
Sanaa	Aden	6h30 13h 7h	6h 12h30	6 13h	700	Ma'bar, Dhamar, Yarim, Hammam, Damt, Qa'taba, Lahej

départs en gare routière, mais ils n'indiquent pas les arrêts. Les guichets ouvrent généralement de une demi-heure à une heure avant le départ ; ils ferment immédiatement après. Si l'achat du billet s'effectue la plupart du temps une heure avant le départ, vous ne pourrez parfois le faire qu'à bord du bus – le système varie au gré des besoins et de l'humeur des responsables.

Aux arrêts intermédiaires, il n'y a généralement pas de guichets. Si vous voulez monter dans un bus, vous parviendrez peut-être à le faire arrêter n'importe où le long de la route, à condition qu'il y ait de la place et que vous essayiez dans un endroit animé, près d'un souk, par exemple.

Il est difficile de repérer le guichet avant le départ car les Yéménites n'ont pas l'habitude de prévoir longtemps à l'avance. Il vous faudra faire preuve d'une grande spontanéité. La conversation suivante, que nous avons eue sur place, illustre parfaitement la différence de mentalité entre un Yéménite et un Européen cartésien :

Où se trouve le guichet, s'il vous plaît ?
  Il n'y en a pas ici.
Mais peut-on prendre le bus ici ?
  Non, le bus est déjà parti.
Peut-on en prendre un demain matin ?
  Oui, bien sûr.
Alors peut-on acheter le billet dans le bus ?
  Non, il faut l'acheter au guichet.
Mais vous venez de dire qu'il n'y en a pas ici.
  Demain, il y en aura un.
Où ?
  Ici.

Présentez-vous suffisamment longtemps avant l'heure prévue pour le départ. Pour les lignes très fréquentées, telles Sanaa, Aden, al-Hudayda, al-Mukalla et Taez, cela signifie une bonne heure à l'avance, notamment le week-end. Même si plusieurs bus desservent votre destination, tous les billets peuvent être vendus une demi-heure avant le départ.

TAXI

Il existe deux types de taxis : les *sarwi* ou taxis collectifs et les *inqiz* ou taxis privés.

Taxis collectifs

Les taxis collectifs sont très courants dans les pays arabes. Au Yémen, ils effectuent des trajets préétablis, de Sanaa à Shibam par exemple. Toutes les lignes de bus sont desservies par les taxis qui empruntent également des routes non goudronnées. Ils ne respectent aucun horaire mais attendent d'être "au complet" pour partir. Cela peut prendre quelques minutes comme plusieurs heures. En général, ils emmènent quatre ou six personnes, mais les chauffeurs considèrent que le taxi est plein lorsqu'ils ont six ou même dix passagers. Si ceux-ci se connaissent, davantage de personnes, encore, prennent place. Ainsi, j'ai vu une fois un homme assis avec ses deux épouses et ses trois enfants devant, à côté du chauffeur.

Les taxis sont si vieux qu'on se demande comment ils arrivent encore à rouler. Bien qu'ils semblent totalement négliger leur entretien, les chauffeurs prennent grand soin de l'intérieur de leur véhicule : le tableau de bord est décoré d'étoffes de style arabe et des porte-bonheur sont accrochées au rétroviseur (souvent des calligraphies en laiton signifiant "Allah" ou "Mahomet").

Prendre un taxi collectif constitue une expérience très enrichissante. Les passagers partagent souvent leurs repas et mêlent leurs prières durant les arrêts. Il est conseillé de faire un effort pour communiquer avec les autres afin de se faire plus facilement accepter. Ce type de voyage permet de découvrir des mosquées et des villages que l'on ne remarquerait pas autrement et de s'arrêter pour prendre des photos. Les Yéménites apprécient les étrangers loquaces, notamment l'après-midi après avoir "mâché" du *qat*.

Les taxis collectifs ne stationnent pas aux mêmes endroits que les bus. Il existe souvent plusieurs stations, un peu à l'écart du centre-ville.

On les reconnaît aisément car ils sont peints en blanc et barrés d'une large bande horizontale. La porte du chauffeur porte en outre un gros cercle indiquant l'itinéraire en arabe. Les taxis ordinaires et les taxis collectifs desservant des destinations proches présentent une bande noire, tandis que les taxis effectuant de longs trajets portent des bandes de couleur différente en fonction de leur itinéraire.

Trajet	Couleur
Sanaa à al-Hudayda	bleu
Sanaa à Saada	brun
Sanaa à Marib	jaune
Sanaa à Taez et Aden	vert
Taez à al-Hudayda	rouge
Al-Hudayda à al-Harad	rouge

Tarifs. Il est important de savoir que le tarif est indiqué pour la place, donc pour une personne. Il doit toujours être négocié avant le départ. Si vous êtes en couple ou en groupe, sachez qu'il faut multiplier le prix que vous indique le chauffeur par le nombre de personnes.

En général, les tarifs des taxis sont fixes et non négociables. Méfiez-vous car les Occidentaux doivent souvent acquitter une "taxe pour étranger". Si vous voyagez avec des Yéménites, on vous indiquera tout de suite le bon prix. En revanche, si vous êtes seul, on vous demandera un tarif exagéré. Renseignez-vous, si possible, auprès de diverses personnes (notamment des chauffeurs qui se rendent vers d'autres destinations) et écoutez les réponses fournies aux Yéménites.

Si vous montez dans le véhicule, cela signifie que vous êtes d'accord avec la somme et il n'est plus possible de marchander. Si vous avez accepté un tarif et vous asseyez seul dans la voiture, le chauffeur risque de démarrer sans plus attendre et vous devrez payer pour les places vides (cinq à dix fois le prix de votre place). Le chauffeur ne cherche pas à vous escroquer mais à vous offrir un excellent service car vous semblez en avoir les moyens.

Pour marchander, mieux vaut déjà avoir une idée des tarifs. La distance ne représente pas l'unique paramètre car l'état des routes varie énormément. Pour estimer le prix d'une course, demandez au chauffeur combien de temps il faut pour arriver à destination. Il n'exagérera pas de peur que vous n'abandonniez l'idée de partir ou que vous ne trouviez le tarif trop élevé.

En général, une voiture coûte entre 1 200 et 1 400 RY de l'heure. Le voyage de Sanaa à al-Hudayda (240 km sur une bonne route goudronnée mais sinueuse) prend environ 5 heures, le tarif s'élève donc à près de 800 RY par personne dans un taxi d'une capacité de huit à dix passagers. C'est un peu cher car il s'agit d'un trajet également effectué par les bus. Les Yéménites considèrent que les taxis collectifs sont plus confortables que le bus et acceptent de payer 15 à 50% de plus. Sur les itinéraires non desservis par les taxis collectifs, comptez environ 2 000 à 3 000 RY de l'heure en 4x4 avec chauffeur.

Parfois, si le taxi n'est pas plein au bout de 2 heures, le chauffeur répartit le supplément sur le prix des places des passagers présents.

Même si vous descendez avant la destination finale, on vous demandera de payer la totalité du trajet. Tout dépend si le chauffeur pense prendre ou non de nouveaux passagers à l'endroit où il vous déposera.

A vous de décider si vous acceptez ou non ces conditions. Souvent, vous pourrez trouver d'autres solutions. Si vous montez dans un taxi à mi-chemin, vous devriez toujours bénéficier d'une réduction.

Taxis privés

La différence entre les taxis collectifs et les taxis privés est très vague au Yémen. Certains petits taxis circulent le long des itinéraires bon marché à la recherche de passagers supplémentaires ("taxi public"), tandis que d'autres vous emmènent directement où vous voulez, vous considérant comme le propriétaire du véhicule ("taxi privé"). Chacun fait payer sa course en conséquence. Même les grands bus peuvent se transformer en taxi privé si un touriste semble un peu perdu et ne cesse de demander comment se rendre à un certain endroit. Normalement, vous devez pouvoir vous rendre partout dans Sanaa pour moins de 300 RY et dans Taez ou al-Hudayda pour moins de 200 RY. Il vous faudra néanmoins un peu de patience pour trouver le bon taxi.

Parfois, les chauffeurs des taxis privés s'emploient à offrir un service un peu trop zélé. Imaginez que vous vouliez vous rendre à une station de taxis collectifs mais que vous ignoriez où cette dernière se trouve dans la ville. La course ne devrait jamais vous coûter plus de 200 RY. Cela n'empêchera pas le chauffeur d'insister pour vous conduire à votre destination finale pour environ 10 000 RY. Ne discutez pas mais prenez-en un autre. Les taxis ne manquent pas.

VOITURE
Code de la route

Au Yémen, les véhicules roulent à droite. Les policiers chargés de la circulation sont très nombreux dans les villes. Pratiquement tout le reste semble être soumis à la loi de l'improvisation, aussi vous faudra-t-il quelque temps avant de vous habituer à la manière de conduire des Yéménites. La circulation est plus problématique à Sanaa et dans les grandes villes du nord qu'à Aden et les autres grandes villes du sud.

LOCATION DE VOITURES
Avec chauffeur

La location de véhicules au sens où les Occidentaux l'entendent est récente et assez rare. Les voitures se louent généralement avec chauffeur, soit auprès d'une compagnie de location de voitures, soit dans les agences de voyages locales. Un 4x4 avec chauffeur revient à 9 000 RY par jour (65 $US), voire 11 000 RY (80 $US) par jour ; enfin, si vous parcourez de longues distances ou faites des trajets sur de mauvaises routes (de Say'un à al-Mukalla *via* Wadi Daw'an, par exemple), il vous en coûtera plus de 20 000 RY (140 $US) par jour.

Si vous êtes seul ou en petit groupe, ces prix sont nettement supérieurs à ceux des courses en taxi collectif ou en bus. Néanmoins, si vous êtes cinq ou plus, renseignez-vous auprès des tour-opérateurs. En outre, votre chauffeur pourra vous servir de guide. Certaines agences proposent des chauffeurs parlant français, anglais ou allemand. Cela peut aussi s'avérer un inconvénient si le chauffeur insiste pour participer à la prise de décision concernant l'itinéraire, la durée des arrêts, le choix des restaurants et des hôtels. Vous devrez probablement payer aussi ses frais car il est poli d'exprimer sa gratitude lorsqu'on bénéficie d'un service de qualité.

Pour connaître quelques-unes des agences de voyages à Sanaa, reportez-vous à la rubrique *Circuits organisés* plus loin dans ce chapitre. Certaines des plus importantes disposent de bureaux dans d'autres villes, mais elles peuvent se charger de toutes les réservations et offrent souvent plus de souplesse, de même que des prix plus avantageux. Pour contacter des entreprises privées, le mieux est de vous informer auprès du personnel de votre hôtel.

Sans chauffeur. Louer une voiture sans chauffeur est un concept qui n'est apparu que vers le milieu des années 80 – et qui reste peu répandu. A Sanaa, plusieurs agences de location sont installées dans az-Zubayri St et Hadda St. Hertz (☎ 268748) possède un bureau dans l'Universal Building, 60 Meters Rd à Sanaa, ainsi qu'à l'aéroport. Les prix vont de 6 000 à 8 000 RY par jour. Les plus petits 4x4 coûtent environ 7 000 RY. A cela s'ajoute le carburant (35 RY le litre).

Essence se dit *bitrūl* en arabe. Les pompes étant fournies par l'Arabie saoudite, ne soyez pas surpris de voir indiqués riyals saoudiens et halalas (un riyal saoudien vaut 1 000 halalas). De toute façon, les prix sont indiqués également en riyals yéménites.

BICYCLETTE

Louer un vélo est impossible au Yémen, mais vous pouvez emporter le vôtre dans l'avion, à condition que le poids total de vos bagages ne dépasse pas les 20 kg autorisés. Cela risque naturellement de limiter les autres affaires que vous pourrez emporter, et vous obligera à prendre ce qui est lourd avec vous en cabine. Votre vélo devra être emballé ; certaines compagnies disposent de boîtes en carton prévues à cet effet. N'oubliez pas de dégonfler vos pneus pour éviter qu'ils n'éclatent.

Au Yémen, les hôtels accepteront volontiers de garder votre vélo. Si vous préférez vous promener à pied, vous pourrez demander à un commerçant ou à un employé d'une échoppe de surveiller votre vélo et votre équipement.

Faire du vélo dans les régions montagneuses n'est pas aussi éprouvant qu'on l'imagine, car les côtes excédent rarement 5%. Si vous restez sur les routes goudronnées, seul le passage des cols vous demandera un effort. Certaines routes vallonnées sont longues de plus de 30 km. Emportez de l'eau et partez le matin de bonne heure, avant que la chaleur ne devienne trop suffocante. Si vous évitez les tenues trop découvertes (qui risquent de choquer), vous serez accueilli par des rires, des cris enthousiastes et des concerts de klaxon.

Pédaler sur les pistes en terre nécessite un VTT en bon état, qui vous sera de toute façon utile, les routes goudronnées étant elles-mêmes parfois en mauvais état. Les VTT étant rares au Yémen, pensez à apporter quelques pièces de rechange élémentaires. Circuler en dehors des routes principales comporte un autre type d'inconvénient : les panneaux de signalisation étant peu nombreux, vous risquez de vous perdre facilement. Certaines agences de voyages organisent des circuits en VTT, accompagnés d'un 4x4 pour ouvrir la route et assister le groupe de cyclistes. Vous devrez néanmoins apporter votre propre vélo.

EN RANDONNÉE ET EN STOP

De nombreux visiteurs viennent au Yémen pour se promener en montagne. Le pays, notamment au nord-ouest de Sanaa ou près d'Ibb et de Taez, offre effectivement de très belles possibilités de randonnées. Les villages sont assez proches les uns des autres, à quelques heures de marche au plus, et les habitants sont toujours prêts à vous aider en cas de problème.

Pour les randonnées plus longues, il est facile de faire du stop, sauf sur les routes goudronnées empruntées par les bus et les taxis. Les Yéménites désargentés se déplacent souvent de cette manière (moyennant une petite contrepartie, voire gratuitement). Bien que de nombreux touristes pratiquent le stop, il n'est pas très sûr de voyager ainsi et ce n'est pas parce que nous expliquons comment s'y prendre que nous le recommandons. Si vous choisissez de faire du stop, vous aurez tout intérêt à le faire à deux, et après avoir informé quelqu'un de la destination où vous comptez vous rendre.

Vous verrez beaucoup de camions à plate-forme sur les routes et les pistes, transportant une à vingt personnes en plus de leur cargaison. Pour rejoindre ces passagers, il suffit souvent de faire signe au conducteur pour qu'il s'arrête, de lui demander cordialement où il va et s'il est d'accord pour vous emmener. Parfois on vous fera même une place pour que vous puissiez vous asseoir dans la cabine.

Les militaires et les policiers, ainsi que les Yéménites cultivés souhaitant pratiquer

---

Du danger de la conduite au Yémen

Ne louez un 4x4 que si vous savez vous servir de ce type de véhicule, car les pistes de montagne sont très difficiles. Si les chauffeurs yéménites semblent capables d'aller n'importe où, c'est parce qu'ils ont des années de pratique derrière eux. Il est épuisant de conduire sur ces routes qui changent d'une saison à l'autre et ne figurent sur aucune carte. Ne comptez pas sur d'éventuels passants pour vous indiquer le chemin à chaque croisement. Le Yémen est un pays de très faible densité de population et, dans certaines régions, vous pouvez rouler pendant des heures sans croiser âme qui vive.

Les routes sont soumises aux lois musulmanes et tribales. Cela signifie, entre autres, que le moindre accident peut coûter très cher au conducteur, a fortiori s'il est étranger. Si vous êtes considéré responsable de la mort d'un homme, vous risquez d'avoir à verser des millions de riyals à la famille de la victime, la moitié de la somme s'il s'agit d'une femme et un peu moins s'il s'agit d'un enfant. Durant le Ramadan et la saison des pèlerinages, ces sommes doublent.

Sachez que les bergers ne vous seront d'aucun secours si vous tombez en panne.

leur anglais, prennent souvent les auto-stoppeurs. Il peut être plus malaisé de trouver une âme charitable sur une route fréquentée par les bus et les taxis. Vous aurez aussi des difficultés dans les endroits plus reculés où les gens craignent pour leur sécurité et refusent tout contact avec les étrangers.

Manifestez toujours votre gratitude vis-à-vis du chauffeur. Discutez avec lui et répondez à ses questions. S'il n'en pose aucune, engagez la conversation. S'il ne parle que l'arabe, essayez de vous faire comprendre par gestes. Si pour une quelconque raison il ne veut pas discuter, il vous le fera savoir.

Avant de descendre, offrez une compensation en espèces : moins que s'il s'agissait d'un taxi collectif mais assez pour ne pas offenser l'aimable conducteur. Il refusera ou bien il acceptera la somme sans un mot de remerciement. Dans les deux cas, c'est normal.

Certains Yéménites ont entendu de folles rumeurs à propos de touristes étrangers qui acceptent de payer des sommes astronomiques pour quelques kilomètres seulement. Il est donc possible qu'on vous demande des milliers de riyals pour un trajet d'une demi-heure. Le cas échéant, refusez. Ce n'est bien ni pour vous, ni pour les Yéménites, ni pour les voyageurs qui viendront après vous.

TRANSPORTS LOCAUX
Bus
Dans les villes, des minibus (*dhabar*) et des bus assurent le transport local. La place coûte entre 10 RY et 25 RY. A Sanaa, les bus les moins chers desservent les principales portes de la ville et les places. Ils attendent d'être pleins pour démarrer, le chauffeur criant sa destination aux passants.

De nombreux minibus à bande noire effectuent aussi des trajets particuliers et prennent les passagers dans les rues. Leur tarif varie en général de 10 à 20 RY par personne, parfois 25 RY. C'est un moyen de transport idéal, bon marché, fiable et rapide pour se déplacer en ville. Le seul problème consiste à repérer leur trajet. Tous peuvent se transformer en taxi privé si vous indiquez une destination ne figurant pas sur leur ligne. N'oubliez pas de demander le prix avant de vous installer. A al-Hudayda, tous les minibus fonctionnent en taxis privés uniquement.

CIRCUITS ORGANISÉS
Sanaa compte un grand nombre d'agences de voyages qui proposent un grand choix de circuits d'une à trois semaines à travers le pays. Ils coûtent de 700 à 750 $US par personne pour un circuit de deux semaines pour deux personnes, ou de 800 à 1 000 $US par personne pour un circuit de trois semaines pour quatre personnes (la capacité d'un 4x4). Ces prix comprennent la demi-pension et l'hébergement dans des hôtels rudimentaires (ou parfois sous des tentes dans les régions reculées). Il existe aussi des circuit "grand luxe".

En négociant, sachez qu'un bref circuit de quelques jours vous reviendra approximativement aux prix suivants : un 4x4 avec chauffeur coûte de 65 à 80 $US par jour, un guide parlant couramment l'anglais, le français, l'allemand, l'italien ou l'espagnol demande de 35 à 50 $US par jour, et les hôtels seront choisis en fonction de vos préférences. Si vous souhaitez faire une balade à dos de chameau, de la plongée ou une randonnée avec un guide, il vous faudra payer un supplément.

Voici une liste de quelques agences de voyages à Sanaa (le code téléphonique pour le Yémen est le 967, celui de la région de Sanaa est le 1). Appelez-les avant afin d'avoir confirmation de leur adresse ; les plus grandes agences disposent de plusieurs bureaux en ville et acceptent de venir vous chercher à l'hôtel pour négocier. Il existe quantité d'autres agences de voyages autour d'Ali Abdul Mogni St et d'az-Zubayri St, ainsi que dans le vieux Sanaa.

Aden Tourism Agency
   (☎ 224220, fax 223921)
   PO Box 2533, Old City al-Ghasmy Zone.
   Excursions à bord d'un yacht pour faire de la plongée dans la mer Rouge, circuits Yémen/Éthiopie possibles.

Arabia Tours
  (☎ 265259, fax 241793)
  PO Box 18060.
  Circuits Yémen/Oman, Yémen/Éthiopie ou Yémen/Jordanie possibles.
AT Tours
  (☎ 212290, fax 212291, att@y.net.ye)
  PO Box 15077.
  Randonnées, plongée de surface, escalade et VTT.
AZ ABM Tours
  (☎ 264785, fax 264788)
  PO Box 10420.
  Une petite agence de voyages très dynamique.
Baztours
  (☎ 412307 ou 276948, fax 417067 ou 270880 ; baz-grp@y.net.ye)
  PO Box 12519, Zubayri St (près de Hadda St).
  Une des agences les plus importantes et les mieux implantées.
Cameleers Tours
  (☎/fax 271941) PO Box 20373.
  Une petite agence qui a bonne réputation.
Caravan Tours
  (☎ 273190, fax 271584, caravan-tours@y.net. ye)
  PO Box 2826, Old City al-Ghasmy Zone.
  Souvent recommandée par des clients satisfaits.
Al-Mokalla Tours
  (☎ 273055, fax 280127, mokalla-tours@y.net.ye, www.almokalla.com)
  PO Box 4269, Old City Talha Zone.
  Randonnées, balades à dos de chameau, observation des oiseaux, plongée, circuits VTT.
Socatra Tours
  (☎ 280212, fax 280213 ou 267718)
  PO Box 4177.
  Randonnées, balades à dos de chameau, circuits VTT.
Universal Travel Company
  (☎ 272861, fax 272384, universal@universalyemen.com, www.universalyemen.com)
  Bawniya St, PO Box 10473.
  Probablement la plus grande agence au Yémen avec des bureaux dans tout le pays.
Voyages au Yémen
  (☎ 270716, fax 245471)
  PO Box 3980, Old City Sanaa.
  Une agence consciente des problèmes d'environnement qui offre une bonne sélection de circuits de randonnées.
Yemen Arab Tourism Agency
  (☎ 224236)
  PO Box 1153, Sanaa.
  La plus ancienne agence du Yémen.
Yemen Explorer Tours
  (☎ 203119, fax 209225, yestours@y.net.ye, www.al-bab.com/yet)
  PO Box 23091, Zubayri St.
  Un bon choix de circuits originaux, comprenant de la plongée et des cours d'arabe.

Sanaa

La capitale du Yémen, Sanaa (şan'a ; San'a), se situe dans la province de Sanaa sans en faire partie. Métropole d'un pays presque à peine plus petit que la France, elle connaît les embouteillages et les problèmes d'environnement propres aux grandes villes. Elle abrite cependant l'un des plus grands musées en plein air du monde. En effet, Sanaa a su préserver les traces de son passé millénaire. Isolée pendant 1 500 ans, visitée seulement par une poignée d'Européens, cette ville légendaire fit brutalement son entrée dans le monde moderne dans la seconde moitié du XXe siècle. Loin d'y perdre tout son charme, la perle de l'Arabie Heureuse offre aujourd'hui une vision encore plus fascinante : la ville ancienne se dresse fièrement au milieu de quartiers modernes balayés par les nuages de poussière que soulèvent les voitures.

En bref

Renseignements pratiques
Code téléphonique régional : 01
974 000 habitants

A ne pas manquer
• Flâner dans le vieux Sanaa

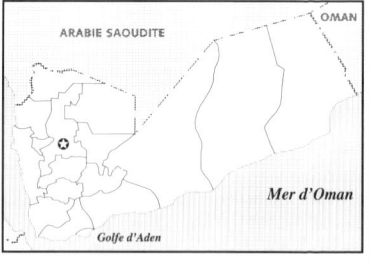

Histoire

Si l'on en croit le folklore yéménite, Sanaa a été fondée par Sem, l'un des fils de Noé ; elle serait l'un des premiers sites de peuplement humain. La légende, qui a donné à la ville le surnom de "Cité de Sam", veut que Sem, arrivé au Yémen par le nord, ait décidé de s'installer à l'endroit indiqué par un oiseau. .

Après Sem, d'autres notables religieux, juifs, chrétiens et musulmans, y vécurent. La ville s'appela un temps Azal, du nom du sixième fils de Joktan (Qahtan en arabe), en qui toutes les tribus du sud de l'Arabie voient leur ancêtre. Aujourd'hui, Azal est, plus prosaïquement, la marque d'une eau minérale.

Selon la tradition orale, un immense palais fut construit à l'époque des royaumes de Saba et d'Himyar, au début de notre ère, quelque part dans l'actuelle Sanaa ou aux environs. Cet édifice, le Ghumdan, comportait, dit-on, vingt étages et s'ornait de lions de bronze aux quatre angles. Son toit en albâtre était si fin et si transparent que le roi pouvait suivre le vol des oiseaux.

Au Xe siècle, le célèbre historien yéménite al-Hamdani consigna par écrit les événements survenus 800 ans auparavant. Selon lui, le roi sabéen Sha'r Awtar fit édifier, à la fin du IIe siècle, une muraille autour du palais de Ghumdan, instaurant une tradition appliquée par la suite à la ville. Sanaa signifie d'ailleurs "ville fortifiée".

Les plus anciens documents fiables concernant la capitale datent du Ier siècle. Cependant, ils fournissent peu d'informations concernant les changements de statut de la ville. Quelques siècles plus tard, Sanaa fut subitement promue capitale du royaume d'Himyar, au détriment de Dhafar, sans que la date exacte de cet événement soit connue. Lorsque les Aksoumites d'Éthiopie conquirent Himyar en 525, Sanaa avait déjà abrité la résidence de plusieurs souverains.

Les écritures de cette période décrivent la "qalis" (du grec "ecclesia" signifiant église) de Sanaa comme une splendide cathédrale en teck cloutée d'or et d'argent, renfermant une chaire d'ébène elle-même ornée d'or et d'argent. C'était un lieu de pèlerinage pour les chrétiens d'Arabie. Aujourd'hui encore, certains habitants des vieux quartiers arrêtent les touristes pour leur montrer l'emplacement supposé de la cathédrale.

Il ne reste rien des monuments les plus anciens. Seuls les documents attestent de la présence des Perses, une cinquantaine d'années après les Éthiopiens. Très rapidement après l'apparition de l'islam au Yémen (628), les palais des non-musulmans – ainsi que de nombreux autres bâtiments sanaani – furent détruits. Leurs pierres servirent à bâtir la Grande Mosquée de Sanaa.

Au cours des siècles suivants, Sanaa fut à plusieurs reprise la capitale de l'ensemble du Yémen ou bien d'une petite région située au milieu des plaines des hauts plateaux. Si la ville connut une grande prospérité, elle fut aussi souvent humiliée et détruite lors des luttes de pouvoir entre sultans.

Les premiers troubles se produisirent peu de temps après l'expansion musulmane. Au début du IXe siècle, les Yéménites combattirent pour se libérer du joug des califes abbassides de Bagdad. Sanaa fut détruite par les troupes du légendaire calife Harun al-Rashid en 803. Environ cent ans plus tard, la ville tomba aux mains d'un rival proche, le jeune État zaydite, qui s'empara pour la première fois de Sanaa en 901. La cité fut à nouveau dévastée en 1187, plusieurs dynasties rivalisant pour le pouvoir.

Au début du XVIe siècle, les mamelouks d'Égypte occupèrent brièvement le Yémen et parvinrent à prendre Sanaa. En 1548, ils cédérent la place aux Turcs. Ceux-ci conservèrent la cité pendant plusieurs décennies avant de partir en 1636, pour revenir dans le pays deux siècles plus tard, en 1849, et reconquérir Sanaa en 1872. Leur pouvoir fut maintes fois contesté par les troupes des imams zaydites et la ville connut d'innombrables batailles.

Il fallut attendre le traité de Da''an en 1911 – par lequel les Turcs acceptaient de se retirer des hauts plateaux yéménites, laissant la région aux mains de l'imam Yahya – pour que Sanaa commence à prospérer en paix. En 1918, elle devint la capitale du royaume indépendant du Yémen.

Les conflits reprirent en février 1948, lorsque les "Yéménites libres", un groupe réunissant des commerçants chaféites et d'autres opposants à l'imamat, assassinèrent l'imam Yahya dans les environs de Sanaa. Ils proclamèrent Abdullah al-Wazzir nouvel imam. Avec l'appui des Saoudiens, le fils de Yahya, Ahmad, reprit le pouvoir, exécuta al-Wazzir et laissa les tribus zaydites piller la capitale. La tête d'al-Wazzir fut exposée sur un rocher plat près de la porte Bab al-Yaman pendant des semaines en guise d'exemple. L'une des rues principales de Sanaa fut baptisée plus tard Mohammed Mahmud az-Zubayri, du nom de l'un des chefs révolutionnaires.

Après la tentative de coup d'État, Ahmad transféra la capitale à Taez. Sanaa demeura un important centre des hauts plateaux et redevint capitale du Yémen peu après 1962. La révolution de 1962 fut provoquée par la nomination du fils d'Ahmad, Mohammed al-Badr, au rang d'imam à la mort de son père. Le 26 septembre, une semaine après son investiture, le nouveau chef de la garde, Abdullah as-Sallal, donna l'ordre aux chars de l'armée de bombarder l'imam al-Badr dans son palais de Sanaa.

Al-Badr survécut et s'enfuit dans les montagnes où il organisa la résistance armée contre les nouveaux dirigeants. La guerre civile qui s'ensuivit dura jusqu'à la fin des années 60, la victoire passant alternativement des mains des royalistes à celles des républicains. Le 1er décembre 1967, les royalistes assiégèrent Sanaa. Le siège, qui dura 70 jours, se solda par un échec. La guerre civile prit fin en 1970.

Depuis, la ville a doublé de taille tous les quatre ans. En 1962, les remparts étaient intacts et séparaient la ville des champs verdoyants de la campagne environnante. Une carte datant de 1964 montre clairement que d'immenses pans des fortifications furent détruits pour faire place à de nouveaux quartiers. Au milieu des années 80, la ville

126 Sanaa – Histoire

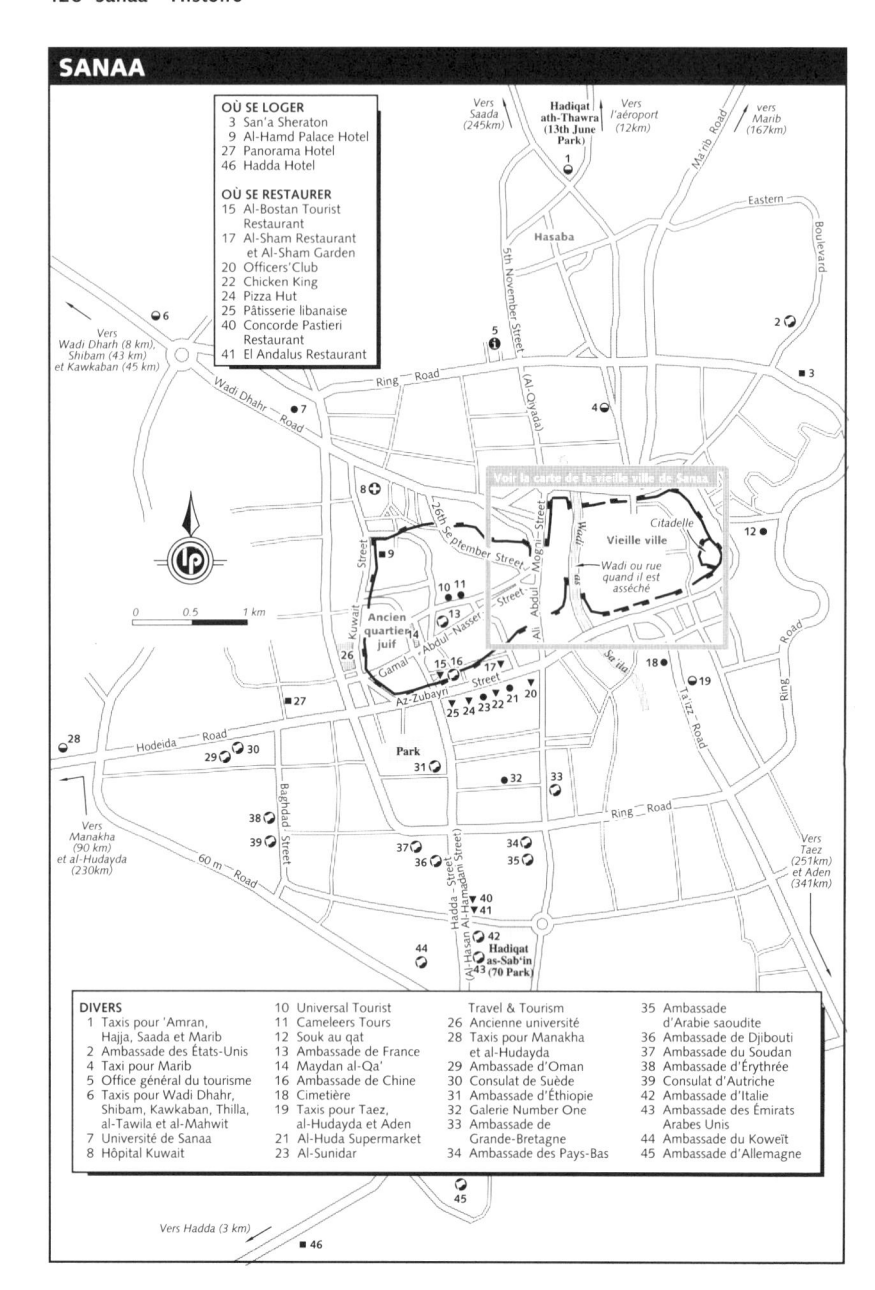

SANAA

OÙ SE LOGER
- 3 San'a Sheraton
- 9 Al-Hamd Palace Hotel
- 27 Panorama Hotel
- 46 Hadda Hotel

OÙ SE RESTAURER
- 15 Al-Bostan Tourist Restaurant
- 17 Al-Sham Restaurant et Al-Sham Garden
- 20 Officers' Club
- 22 Chicken King
- 24 Pizza Hut
- 25 Pâtisserie libanaise
- 40 Concorde Pastieri Restaurant
- 41 El Andalus Restaurant

DIVERS
1. Taxis pour 'Amran, Hajja, Saada et Marib
2. Ambassade des États-Unis
4. Taxi pour Marib
5. Office général du tourisme
6. Taxis pour Wadi Dharh, Shibam, Kawkaban, Thilla, al-Tawila et al-Mahwit
7. Université de Sanaa
8. Hôpital Kuwait
10. Universal Tourist
11. Cameleers Tours
12. Souk au qat
13. Ambassade de France
14. Maydan al-Qa'
16. Ambassade de Chine
18. Cimetière
19. Taxis pour Taez, al-Hudayda et Aden
21. Al-Huda Supermarket
23. Al-Sunidar Travel & Tourism
26. Ancienne université
28. Taxis pour Manakha et al-Hudayda
29. Ambassade d'Oman
30. Consulat de Suède
31. Ambassade d'Éthiopie
32. Galerie Number One
33. Ambassade de Grande-Bretagne
34. Ambassade des Pays-Bas
35. Ambassade d'Arabie saoudite
36. Ambassade de Djibouti
37. Ambassade du Soudan
38. Ambassade d'Érythrée
39. Consulat d'Autriche
42. Ambassade d'Italie
43. Ambassade des Émirats Arabes Unis
44. Ambassade du Koweït
45. Ambassade d'Allemagne

Vers Saada (245km)
Hadiqat ath-Thawra (13th June Park)
Vers l'aéroport (12km)
vers Marib (167km)
Ma'rib Road
Eastern Boulevard
Hasaba
5th November Street
Vers Wadi Dharh (8 km), Shibam (43 km) et Kawkaban (45 km)
Wadi Dhahr Road
Ring Road
(Al-Qiyada)
26th September Street
Kuwait Street
Wadi Mogri Street
Citadelle
Vieille ville
Wadi ou rue quand il est asséché
Ancien quartier juif
Gamal Abdul-Nasser Street
Az-Zubayri Street
Ali Abdul-Moghni Street
Sa'ila
Ta'izz Road
Ring Road
Hodeida Road
Park
Baghdad Street
60 m Road
Vers Manakha (90 km) et al-Hudayda (230km)
Hadda Street
Al-Hasan Al-Hamdani Street
Hadiqat as-Sab'in (70 Park)
Vers Taez (251km) et Aden (341km)
Vers Hadda (3 km)

Voir la carte de la vieille ville de Sanaa

0   0.5   1 km

s'était étendue dans toutes les directions, englobant les villages voisins et couvrant des centaines d'hectares de terres arables. La population passa alors de 55 000 à près de 500 000 habitants.

En 1990, lors de la réunification des deux Yémen, Sanaa devint la capitale de la nouvelle République du Yémen, ce qui accrut son développement. Au recensement de 1994, la ville comptait 972 000 âmes. Cette croissance se poursuit visiblement sans aucun contrôle. Selon les estimations, la nappe phréatique du bassin sanaani sera asséchée d'ici 2010.

Orientation

Les plus importants points de repère de la ville sont fournis par ses places. Maydan at-Tahrir (place de la Libération, ou place de Tahrir) est le point de rencontre des différents quartiers de la vieille ville. C'est le centre post-révolutionnaire de la ville, le terminus des lignes de bus interurbaines et le quartier général des administrations. Bab al-Yaman, la porte du Yémen, au sud du quartier est de la vieille ville, fut le secteur le plus important durant l'occupation turque. Le plus grand marché du pays, le souk al-Milh, entoure la porte.

Parmi les places de moindre importance, Bab ash-Sha'ub, au nord de la vieille ville, et Maydan al-Qa', à l'ouest, sont toutes deux reliées à Maydan at-Tahrir par un service de bus.

L'appellation des rues prête à confusion. La ville est divisée en zones, dont les petites rues sont numérotées de un à plusieurs douzaines. Les artères principales changent de noms, soit d'un pâté de maisons à l'autre (comme la très centrale Ali Abdul Mogni St, qui s'appelle plus loin al-Qiyada St, puis al-Mishaq St, avant de devenir l'Airport Rd), soit parce qu'elles ont été rebaptisées et signalées par de nouvelles plaques alors que les habitants et les plans continuent à les mentionner sous leurs anciens noms (par exemple, dans la Hadda St ou Hadd St, la plaque indique al-Hasan al-Hamadani St à partir du croisement d'az-Zubayri St). Certaines rues, telle la Ring Rd, apparaissent sous leur nom anglais sur tous les plans, mais les plaques de rue mentionnent des noms différents d'un pâté de maisons à l'autre. Les noms de rues sont signalés en arabe et en anglais.

Cartes. La Sanaa Tourist Map, un plan pratique du centre-ville, est en vente dans de nombreuses boutiques de souvenirs et auprès des vendeurs de rue devant la poste de Maydan at-Tahrir.

Renseignements

Office du tourisme. Le bureau local de l'Office général du tourisme se trouve à l'extrémité ouest de Maydan at-Tahrir. Son exposition artisanale (ou boutique de souvenirs) présente un certain intérêt. Même si vous n'achetez pas de jambiya en argent ou de jolis vêtements colorés de la Tihama, vous pouvez vérifier les prix avant de faire vos achats dans les souks. La boutique vend aussi toutes les cartes que les autorités acceptent de diffuser au public ainsi qu'un bon choix de cartes postales, d'affiches et de reproductions d'œuvres d'art. Elle ouvre, de façon irrégulière, entre 9h et 13h.

Le siège du Commissariat général du tourisme est installé à Hasaba, le quartier nord de Sanaa. Si vous souhaitez vous rendre dans des endroits reculés et vous renseigner sur le niveau de sécurité, c'est là qu'il faut vous adresser. La course en taxi vous reviendra à 200 RY.

Argent. Les nombreuses banques des environs de Maydan at-Tahrir changent les espèces et les chèques de voyage. Les petites officines de change abondent dans Ali Abdul Mogni St, Qsar al-Jumhuri St et Gamal Abdul Nasser St. Vous obtiendrez un meilleur taux de change pour les billets de 100 $US que pour les petites coupures.

Poste. La poste centrale se situe à l'angle sud-est de Maydan at-Tahrir. Des cartes postales sont vendues près de l'entrée principale, moins cher qu'à l'Office général du tourisme ou dans les librairies.

Le charme enchanteur de Sanaa

En dépit du rythme infernal du développement de la capitale, le vieux Sanaa, notamment les quartiers est, a su demeuré quasiment intact. Les remparts ont été détruits en plusieurs endroits, afin de permettre aux voitures et aux motos de pénétrer dans les étroites ruelles, et des canalisations d'eau en acier courent le long des chaussées et des façades. Pourtant, même ces rajouts modernes ne parviennent pas à défigurer Sanaa. De nombreuses maisons ont plus de quatre siècles et toutes sont bâties selon les mêmes méthodes traditionnelles millénaires.

En fait, la vieille ville a été inscrite au Patrimoine mondial culturel de l'Unesco qui, en décembre 1994, a lancé une campagne internationale de sauvegarde. Le projet concerne également la ville de Shibam, dans le Wadi Hadramaout. En ce qui concerne Sanaa, l'opération devrait coûter 223,5 millions $US (la contribution de la RAY s'élevant à 500 000 $US) et durer cinq ans. En réalité, ce délai a été largement dépassé.

Pourquoi Sanaa est-elle si spéciale ? Deux raisons s'imposent d'emblée. D'abord, la medina est l'un des vieux centres fortifiés du monde arabe, parmi les plus vastes et les mieux conservés. Depuis le souk al-Baqr, au cœur de la vieille ville, vous pouvez parcourir 500 m dans n'importe quelle direction sans rencontrer de bâtiment "occidental" ou "moderne". Seules deux écoles, édifiées au début des années 90, gâchent cette harmonie. D'autre part, l'architecture sanaani est véritablement unique au monde. Si le Yémen compte d'autres joyaux, ceux-ci sont plus petits et plus difficilement accessibles.

Les maisons de Sanaa présentent un fascinant mélange de styles et de matériaux typiquement yéménites. Les premiers étages, construits en pierre sombre de basalte, supportent les niveaux supérieurs en brique. Jusqu'en 1990, les briques de terre brune séchées au soleil étaient utilisées en exclusivité. La brique rouge a fait son apparition au cours de ces dernières années. Le dernier étage est parfois recouvert de terre. Les façades sont généralement ornées de frises complexes et de gypse blanc.

Les fenêtres *takhrim*, avec leurs savantes découpes superposant des formes arrondies et anguleuses étaient autrefois éclairées par des plaques d'albâtre, que le verre coloré remplace depuis le début des années 90. La vision de ces vitraux illuminés le soir laisse des souvenirs inoubliables.

Les maisons du quartier est de la médina, notamment à l'est de la sa'ila (l'oued qui traverse la ville du nord au sud), sont plus prestigieuses que celles de l'ouest. Ces maisons-tours comptent cinq à six étages, chacun ayant une fonction particulière. Le rez-de-chaussée est souvent réservé aux animaux et à l'entrepôt. Les excréments, issus des toilettes des étages supérieurs, sont généralement recueillis dans une petite pièce pour servir ensuite de combustible. Dans les pièces du premier étage sont rangés les produits agricoles et les articles ménagers. Le deuxième étage abrite parfois le *diwan* ou salon de réception pour les invités.

Les maisons-tours yéménites étant occupées par des familles étendues, les membres des différentes générations se partagent généralement les deux ou trois étages suivants. L'utilisation des pièces peut varier en fonction des saisons, les plus fraîches étant occupées l'été, les plus chaudes l'hiver. La cuisine est installée en étage, équipée d'une gaine qui traverse les étages inférieurs jusqu'à un puits situé en dessous de la maison.

Le dernier étage abrite la plus belle pièce de la maison, la vaste *mafraj*, ou "chambre avec vue", où les invités du maître de maison viennent mâcher le qat l'après-midi. Le *manzar*, un grenier séparé sur le toit, remplit souvent la même fonction, mais ressemble à une hutte plus petite et moins prestigieuse.

Vente de tissus à Bab al-Yemen, dans la vieille ville de Sanaa

La vieille ville de Sanaa

Étal de pots en terre cuite, vieille ville de Sanaa

Ferronnier du souq al-Milh, vieille ville de Sanaa

Une boutique de *Jambiya* à Sanaa

Scène de rue à Hajjarayn

Téléphone. Pour les appels interurbains, vous pouvez utiliser les cabines de la poste centrale. Les annuaires n'existent pas mais le personnel se fera un plaisir de vous aider. Plusieurs centres de télécommunications internationales se chargeront de vos appels vers l'étranger, notamment dans Qasr al-Jumhuri St, à trois pâtés de maisons d'Ali Abdul Mogni St. On vous demandera un acompte équivalant à trois minutes de communication.

Les téléphones sont équipés d'un petit écran à cristaux liquides sur lequel défile le montant en riyals pendant la durée de l'appel ; vous paierez ce qui est affiché.

Prorogations de visa. Elles sont délivrées par le service de l'immigration, installé à l'est de Taez Rd, près de la Yemen Commercial Bank. De Bab al-Yaman, un minibus vous y déposera en 10 minutes (20 RY par personne) ; demandez le *maktab al-jawazat* (bureau des passeports).

Agences de voyages. Vous réserverez un vol dans n'importe laquelle des agences de voyages d'Ali Abdul Mogni St, entre Maydan at-Tahrir et az-Zubeyri St, ou dans az-Zubeyri St, entre Sa'ila St et Hadda St.

Librairies. Trouver des livres français au Yémen n'est pas facile (voir la rubrique *Livres* dans le chapitre *Renseignements pratiques*). Les boutiques de souvenirs des hôtels Taj Sheba et Sheraton proposant un choix limité d'ouvrages en anglais ; essayez les librairies de Qasr al-Jumhuri St.

Avant de partir, procurez-vous *Sanaa hors les murs* (Urbama-CFEY, 1995) qui, à travers une étude sérieuse de la ville, offre mille et un détails sur les charmes de la capitale, ses souks et son architecture.

Soins médicaux. Les hôpitaux yéménites manquent sérieusement de personnel et le niveau de qualification laisse à désirer. Si possible, évitez les traitements importants et les interventions chirurgicales. Faites-vous donner les premiers soins et sautez dans l'avion pour rentrer chez vous ou vous rendre dans un pays mieux équipé. A Sanaa, les expatriés fréquentent l'hôpital koweïtien (☎ 283282) dans Kuwait St, près du croisement de Wadi Dhahr Rd.

En cas d'urgence. Étant donné le nombre de mains qui se tendront pour vous aider, vous n'aurez pas à vous débrouiller par vous-même à Sanaa. Ces numéros de téléphone pourront cependant vous être utile :

Police (*shurta*, en arabe)	☎ 199
Accidents de la route	☎ 194
Pompiers	☎ 191

La vieille ville

Le plus fascinant à Sanaa est bien la ville elle-même. Flâner plusieurs jours dans ses rues permet de découvrir sans cesse de fabuleuses maisons et mosquées et de nouveaux souks. Chaque quartier semble offrir une atmosphère différente selon les heures de la journée et les jours de la semaine, au gré de l'humeur de ses habitants. Emportez le double de pellicules dont vous pensez avoir besoin : elles ne seront pas inutiles !

La partie est de la vieille ville est merveilleuse à explorer à pied. Partez de Bab al-Yaman, d'où vous plongez immédiatement dans le quartier du souk central. De là, vous pouvez arpenter ce quartier jusqu'à la mosquée Bakiriya, au nord de Bab ash-Sha'ub, puis aller vers le sud-ouest et ses établissements touristiques. Si vous longez Talha St et traversez la Sa'ila, vous arriverez au marché très animé de Bab as-Sabah.

De multiples mosquées pointent leurs minarets au-dessus des toits des superbes maisons-tours. Malheureusement, l'accès des lieux religieux est pratiquement impossible aux Occidentaux. La ville compte aussi de très nombreux *hammams,* ou bains publics, datant de l'occupation turque. Certains sont réservés aux hommes, d'autres aux femmes ; quelques riyals suffisent pour prendre un bain.

Ne manquez pas la visite des parcs. Les remparts de la vieille ville abritent des hectares de jardins qui échappent aisément à

130 Sanaa – La vieille ville

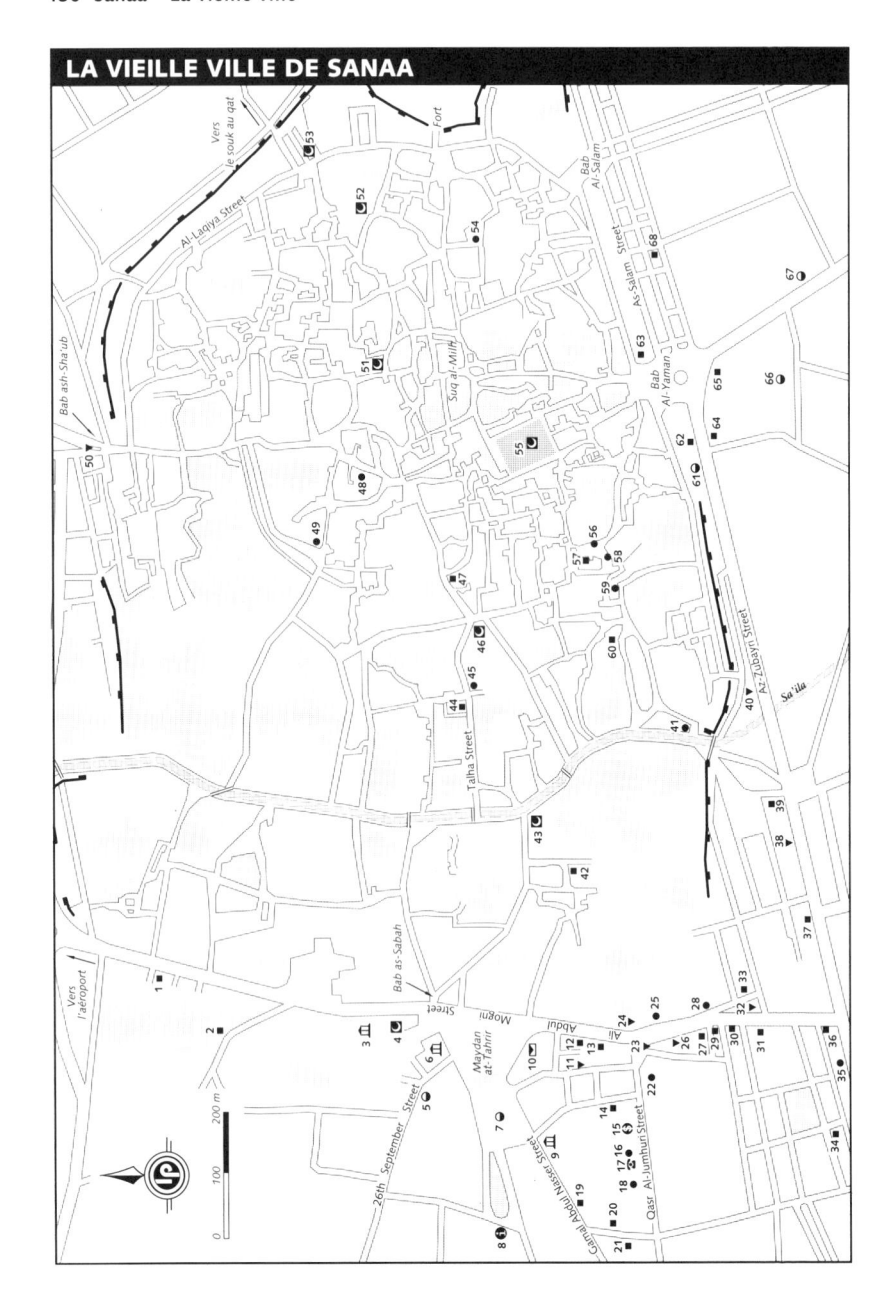

LA VIEILLE VILLE DE SANAA

SANAA - VIEILLE VILLE

OÙ SE LOGER
1. Sam City Hotel
2. Hilltown Hotel
12. Al-Anwar Hotel
13. Al-Makha Hotel
14. International Hotel
19. Manakha Hotel
20. Al-Mukalla Hotel
21. Queen Arwa Tourism Hotel
27. Gulf of Oman Tourist Hotel
29. Say'un Hotel
30. Shabwa Hotel Tourism
31. Taj Sheba Hotel
33. Alshamiri Plaza Hotel
34. Al-Ikhwa Hotel
36. Asia Hotel
37. Middle East Tourist Hotel
39. Sindbad Tourism Hotel
42. Sultan Palace Tourist Hotel
44. Golden Daar Tourist Hotel
47. Taj Talha Hotel
57. Old San'a Palace Hotel
60. Al-Qasmy Hotel
62. Adwa al-Yaman Hotel
63. Tourist Hotel
64. Aden Tourist Hotel
65. Himyar Land Hotel
68. Reidan Palace Hotel

OÙ SE RESTAURER
11. Restaurant de poisson Al-Dobaey
23. Salon de thé
24. Restaurant Palestine
26. Restaurant Shazarwan
32. Teahouse of 26th September
38. Restaurant Al-Afrah
40. Salon de thé
50. Salon de thé

DIVERS
3. Musée national
4. Mosquée al-Mutwakil
5. Taxis collectifs pour Matbah
6. Musée des arts et traditions
7. Bus pour Bab al-Yaman, Bab ash Sha'ub et Qa'al-Yahud
8. Office général du tourisme
9. Musée militaire
10. Bureau de poste
15. Crédit Agricole Indosuez
16. Librairie
17. Télécommunications internationales
18. Librairie
22. Stade
43. Mosquée Qubbat al-Mahdi
46. Mosquée Qubbat Talha
48. Centre d'études des langues arabes et orientales
49. Centre d'artisanat ("Women Branch")
51. Mosquée Al-'Aqil
52. Mosquée Salah ad-Din
53. Mosquée Qubbat al-Bakiriya
54. Ancien site de Qalis
55. Grande Mosquée
61. Guichet des bus ; départ des bus pour Al-Hudayda, Taez, Ibb et Al-Mahwit
66. Bus urbains et station de taxis
67. Taxis pour Taez, Al-Hudayda et Aden

l'œil car ils sont privés et souvent entourés de murs, accessibles depuis les arrière-cours des maisons et des mosquées. Ils offrent de véritables havres de paix dans cette immense agglomération urbaine ; pour les admirer de l'extérieur, le mieux est de monter dans les *manzars* des hôtels de luxe, ou de jeter un coup d'œil par-dessus le mur d'enceinte. Ces jardins – qui, autrefois, approvisionnaient la ville en fruits et en légumes – sont encore largement exploités.

Bien que les vieux quartiers couvrent une vaste zone, il n'est pas nécessaire d'avoir un plan pour s'orienter. La structure même de la ville vous conduit vers les axes principaux. Si vous empruntez les ruelles, vous découvrirez rapidement qu'il s'agit d'impasses. Cependant, il est fort probable qu'une âme charitable vous demande où vous souhaitez aller. La frontière entre les rues publiques et les cours privées est en effet très floue et vous serez gentiment prié de respecter l'intimité des maisons, inviolable dans une ville arabe.

Le pavage des rues principales du vieux Sanaa n'a commencé qu'au début des années 80, avec l'aide de l'Italie. Avant l'introduction des véhicules motorisés, ce revêtement était inutile puisque les passants, les chèvres, les dromadaires et les ânes piétinaient le sol sans soulever de poussière. Avec guère plus d'un mois de pluie par an, la boue ne gênait pas non plus et les pluies torrentielles ne suffisaient pas à emporter les décombres des ruelles.

Après la révolution de 1962, la technologie moderne a malheureusement commencé à détruire les rues de Sanaa. La circulation soulève d'immenses nuages de poussière qui forment une sorte de couvercle au-dessus de la ville. Ce phénomène est, en outre, accentué par les cimetières installées dans la banlieue.

En reprenant votre promenade à Bab as-Sabah, vous traverserez Ali Abdul Mogni St, une rue très encombrée, avant d'arriver à Maydan at-Tahrir, ornée du tank qui aurait tiré les premières salves de la révolution. Le domaine de Mutwakil et ses musées se dressent sur votre droite. L'autre partie de la vieille ville s'étend alors à gauche et en face de vous ; elle rassemble des bâtiments plus récents, moins surprenants. Ses nombreuses épiceries, grandes surfaces et boutiques d'électronique regorgent de produits d'importation (appareils photo japonais, aspirateurs néerlandais, biscuits finlandais, bière sans alcool australienne), attestant d'une prospérité qui surprend alors que le Yémen fait toujours partie des pays les moins riches du monde.

Néanmoins, une promenade dans ce quartier s'avère plein d'intérêt ; la plupart des anciennes ambassades sont installées à l'extrémité ouest de Bir al-'Azab, à l'est de Maydan al-Qa', qui compte de nombreuses et superbes maisons anciennes. Gamal Abdul Nasser St, le principal bazar du textile de Sanaa, mène directement de Maydan at-Tahrir à Maydan al-Qa', où les restaurants en plein air du centre de la place accueillent fréquemment des banquets de mariage. L'ancien quartier juif, Qa' al-Yahud (ou Solbi, ou encore Qa' al-Ulufi), est situé au sud-ouest de Maydan al-Qa'. Nombre de maisons ont été détruites mais, avec un peu de chance, vous en découvrirez une d'origine, identifiable à l'étoile de David au-dessus de la porte ou des fenêtres. Les autres maisons, en pisé, sont extrêmement modestes. Sous le régime des imams, les juifs n'avaient pas le droit de construire des maisons de plus de neuf mètres de haut, de sorte qu'ils creusaient des sous-sols, chose rare au Yémen.

Les remparts

Les plus beaux vestiges des fortifications se dressent sur la rive ouest de la Sa'ila ainsi que dans az-Zubeiry St, entre la Sa'ila et Bab al-Yaman. A l'origine, la muraille était uniquement en terre. La partie en pierre est le fruit d'un effort de restauration datant de 1990, qui a certes permis de préserver la structure mais en a détruit l'esprit.

D'autres fragments de rempart subsistent dans le quartier nord de la médina, près de Bab ash-Sha'ub. A l'extrême pointe sud-est du quartier fortifié s'élève l'ancienne citadelle, entourée d'épaisses murailles. Utilisée par les forces armées, elle est fermée au public.

Souk al-Milh

Ce marché central s'étend sur 500 m, de Bab al-Yaman à la Grande Mosquée. Édifiée dans les années 1870 par les Turcs, Bab al-Yaman s'intègre aussi peu à l'architecture traditionnelle que la fontaine construite devant cette porte par les Coréens en 1986.

Le souk est ouvert toute la journée mais vous profiterez mieux de son animation le matin ou en fin de journée, entre 18 et 19h. Après avoir franchi Bab-al-Yaman, une myriade de produits s'offrent à vous. Malgré son nom, qui signifie marché au sel, le souk al-Milh propose toutes sortes de marchandises. Il se compose en réalité de quarante petits souks, chacun spécialisé dans un domaine particulier.

Autrefois, chaque souk était contrôlé par le *shaykh as-suq* et possédait (et possède encore) une *samsara* (pluriel *samāsir*), un bâtiment servant à la fois d'entrepôt et d'auberge pour les marchands. Aujourd'hui, ces caravansérails sont tombés en désuétude mais les plus importants doivent faire l'objet de travaux de restauration. Quinze grands sama/-sir jouxtent encore les souks correspondants. On les reconnaît à leur façade en brique agrémentée de céramique.

De nombreuses marchandises passent la nuit dehors, surveillées par les *shaykh al-layla* du haut de leur tour de guet. Autrefois, une samsara centrale (Samsara Mohammed Ibn al-Hassan) permettait de stocker l'argent et les autres biens précieux. Cette tradition s'est perdue en 1948 lorsque, après une tentative d'assassinat, l'imam Ahmad ordonna aux hommes des tribus de piller Sanaa, ainsi que la samsara.

Le long de l'allée centrale du souk, la Samsara an-Nahas a été rénovée et transformée en centre d'artisanat, essentiellement destiné aux touristes. Le toit de la maison offre un magnifique panorama sur la vieille ville. Un autre centre d'artisanat (signalé "Women Branch") se situe à l'ouest du souk al-Milh. Tenu par des femmes, il est spécialisé dans les tapis modernes ornés de motifs représentant les symboles nationaux.

Près de Bab al-Yaman, des échoppes proposent des jambiyas, des cassettes et autres objets d'hier et d'aujourd'hui. A mesure que vous vous enfoncerez dans le souk, ses différentes subdivisions vous apparaîtront plus distinctement. Nombre d'entre elles sont spécialisées dans les articles traditionnels mais d'autres vendent des produits d'importation. Dans l'actuel souk aux jambiyas, vous pouvez assister à la réalisation élaborée de ces armes symboliques. La prospérité du marché de l'argenterie repose essentiellement sur les prix élevés payés par les touristes alors que la plupart de ces objets prétendus anciens sont fabriqués sur place ou importés d'Inde. Peut-être aurez-vous la chance de tomber sur une pièce en or provenant des campagnes yéménites ? Vous reconnaîtrez son authenticité à son prix astronomique.

Le marché aux épices est, de loin, l'endroit le plus agréablement parfumé du Yémen. Les légumes, le qat, le maïs, le raisin, la poterie, les vêtements, les tapis et le cuivre, parmi tant d'autres produits, ont également leur propre souk.

Souk al-Qat

A l'est de la vieille ville, le souk au qat, récent, est entouré de remparts. Outre le qat, sont vendus des poulets, des vaches, des céréales et du bois.

Ouvert tous les jours, il est recommandé à ceux qui aiment la foule et les atmosphères animées.

Les hammams de Sanaa

Les Yéménites adorent les bains chauds, et les bains publics, ou hammams, abondent dans le pays. La vieille ville de Sanaa en compte plus de quinze à elle seule. Les visiteurs étrangers osent rarement s'y aventurer, ce qui est dommage car c'est une expérience agréable, dont on se souvient longtemps.

Les hammams se composent de plusieurs bassins à différentes températures. Le bassin d'eau froide est généralement le plus proche de l'entrée, tandis que ceux remplis d'eau chaude ou très chaude se trouvent dans des salles séparées au cœur du bâtiment. En passant d'une salle à l'autre, vous remarquerez que le sol s'incline légèrement et que les bassins les plus chauds sont creusés dans la terre afin d'éviter les déperditions d'énergie.

Aux bains, les deux sexes sont strictement séparés et certains jours sont réservés aux hommes, d'autres aux femmes. Peut-être vous sentirez-vous plus à l'aise, la première fois, si vous vous faites accompagner par un guide. Déposez vos chaussures et vos biens de valeur auprès du gardien et changez-vous au vestiaire. Ne vous déshabillez pas complètement ou bien utilisez une futa (pagne) ou un tissu similaire pour couvrir vos parties intimes.

Passez directement dans les pièces chaudes où des employés vous arroseront d'eau chaude. Asseyez-vous un moment pour profiter de la chaleur et de la vapeur. La plupart des gens viennent ici entre amis. Se baigner est un acte social et le brouhaha des conversations emplit la salle. Quand vous aurez emmagasiné assez de chaleur, passez dans une salle plus tempérée où vous pourrez vous laver.

Le prix du bain n'est pas fixe ; les clients paient selon leurs moyens.

La Grande Mosquée

Pour les touristes de confession musulmane, la visite de la **Grande Mosquée** (Al-Jami' al-Kabir) s'impose.

Sise à l'extrémité ouest du souk al-Milh, la Grande Mosquée fut construite du vivant du prophète Mahomet, en 630, autrement dit peu de temps après l'apparition de l'islam au Yémen. Depuis, elle a été détruite et restaurée à maintes reprises. En 705, l'édifice d'origine fut considérablement agrandi. En 875, il fut sérieusement endommagé par une crue et, en 911, dévasté durant les guerres contre les Qarmates. Au XIIe siècle, la mosquée et ses deux minarets furent restaurés. La majeure partie du bâtiment actuel date de cette période mais les ornements intérieurs ont été rajoutés plus tard, sous l'occupation ottomane.

La Grande Mosquée est construite dans le plus pur style islamique. L'enceinte renferme tous les attributs d'un lieu de culte musulman : une fontaine et un bassin pour les ablutions ; le *mihrab*, le mur le plus richement décoré, est tourné vers La Mecque ; l'imam dirige la prière du vendredi depuis le *minbar*, ou chaire, près du mihrab et le muwadhdhin lui répond durant le sermon depuis la *dikka*, ou plate-forme, installée au centre.

L'entrée est généralement interdite aux non-musulmans. De hauts murs droits leur masquent la beauté de la mosquée et même les minarets se distinguent difficilement, faute de recul. Si vous tentez de jeter un coup d'œil sur la vaste salle remplie de colonnes, des fidèles ne manqueront pas de vous demander de partir.

Autres mosquées

Les non-musulmans apprécieront davantage les mosquées qui révèlent leur beauté de l'extérieur. Il en existe un bon nombre dans cette "ville au 64 minarets".

La **mosquée Salah ad-Din**, à l'est de la ville, est un bel exemple du style yéménite, tandis que les coupoles de la **mosquée Qubbat Talha**, à l'ouest de la médina, témoignent de l'influence turque.

La nuit, le splendide minaret de la petite **mosquée al-'Aqil** brille de mille feux au-dessus du souk al-Milh. Plus récente, la **mosquée al-Mutwakil**, dans 5th November St, à l'angle nord de Maydan at-Tahrir, près du Musée national, fut édifiée dans le style turc par l'imam Yahya, au début du siècle.

A l'extrémité est de la vieille ville, la **mosquée Qubbat al-Bakiriya** est peut-être la plus imposante car elle se distingue de loin dans la large al-Laqiya St. Sa construction débuta en 1585 et se termina au début du XVIIe siècle, durant la première occupation turque. Elle fut restaurée en 1878 par les Turcs, de retour pour occuper le Yémen durant la seconde moitié du XIXe siècle. Ses onze coupoles sont de style turc mais le minaret en brique est yéménite.

A la fin des années 80, plusieurs mosquées ont vu le jour dans les quartiers modernes de Sanaa. Ces massifs ouvrages de béton sont, certes, impressionnants mais pas vraiment agréables à l'œil. La **mosquée ash-Shuhada**, près des stations de taxi, au sud de Bab al-Yaman, en est un parfait exemple.

Musée national

Situé dans Ali Abdul Mogni St, à 100 m au nord de Maydan at-Tahrir, le Musée national jouxte la mosquée al-Mutwakil. Le bâtiment est un ancien palais royal du nom de Dar as-Saada (maison de la chance), construit dans les années 30.

Il ouvre tous les jours de 8h30 à 13h et de 15h à 17h, sauf le vendredi où il ferme l'après-midi (entrée : 30 RY). Chacun de ses quatre étages, consacrés à un thème différent, renferme plusieurs salles. Le petit rez-de-chaussée accueille les statues originales d'anciens rois, trouvées dans la région d'al-Hada dans le Dhamar, ainsi que des copies allemandes de statues yéménites.

Le 1er étage abrite une exposition permanente d'intéressants vestiges archéologiques pré-islamiques. Des salles sont consacrées aux anciens royaumes, tels Saba, Marib, Ma'in et Himyar, et des cartes sont exposées. Les fouilles provenant du temple as-Sawda dans la province d'al-Jawf disposent d'un département spécial.

Le 2ᵉ étage présente le passé islamique du pays. Certaines salles renferment des calligraphies coraniques, des objets en cuivre et des pièces de monnaie ainsi que des informations sur les hauts lieux de l'islam au Yémen, tels Dhafar, Dhi Bin et Zabid. Un diaporama est visible toutes les heures.

Les vitrines du 3ᵉ étage illustrent la culture folklorique yéménite contemporaine. Dans cette section ethnographique, vous verrez de nombreuses scènes traditionnelles des campagnes (qui tendent à disparaître très vite). L'agriculture, la pêche, la fabrication des jambiyas, la menuiserie, la poterie, le tissage des tapis, les costumes, la joaillerie et même les mariages sanaani sont représentés dans des petites salles séparées.

Musée de l'Artisanat

Ce nouveau musée, ouvert en 1995, présente une collection consacrée aux objets yéménites traditionnels, qui était trop à l'étroit au Musée national. Il se situe dans Dar ash-Shukr (maison des remerciements), un palais d'imam plus petit et plus ancien du domaine de Mutwakil, près de Maydan at-Tharir.

Ces deux musées ont bénéficié du concours de spécialistes et de financements néerlandais.

Musée militaire

Situé à l'angle sud-ouest de Maydan at-Tahrir, ce bâtiment est facilement repérable à sa façade exubérante ornée de matériel militaire. Il retrace l'histoire militaire du Yémen vue par le gouvernement. La guerre de l'Unité de 1994 a fait son apparition dans ces illustrations.

De nombreux équipements sont exposés sur les deux étages et dans la petite cour de l'édifice, les principaux événements historiques étant dépeints par des textes et des photos. Ne manquez pas les petits objets tels que le timbre portant la mention "Le royaume libre mutawakkilite combat l'agression impérialiste égyptienne".

Le musée ouvre tous les jours de 9h à 12h et de 16h à 20h (fermé le vendredi et le dernier jeudi du mois). L'entrée coûte 30 RY, plus 10 RY pour un appareil photo.

Musée de l'ancienne Université

Dans l'enceinte de l'ancienne université (à ne pas confondre avec l'université de Sanaa), un petit musée expose des découvertes archéologiques des provinces d'al-Jawf et de Marib, ainsi que de nombreuses photos de mosquées yéménites. Les commentaires sont, pour la plupart, rédigés en arabe. La véritable attraction est la salle des momies, une pièce close et climatisée où des corps naturellement momifiés de Shibam, Thilla et al-Mahwit sont présentés dans des vitrines (entrée gratuite le matin). Pour accéder à la salle des momies, adressez-vous au gardien. Pour entrer dans l'ancienne université, prenez Kuwait St au nord de la partie ouest de Gamal Abdul Nasser St, puis tournez à gauche dans la St n°7. Une fois à l'intérieur, demandez *l'al-mathaf al-mūmiyāt*.

Galeries d'art

La **galerie Number One**, propriété du plus célèbre artiste du Yémen, Fuad al-Futaih, présente les œuvres d'artistes yéménites et étrangers. Elle se trouve à 15 minutes à pied du croisement d'az-Zubayri St et d'Ali Abdul Mogni St. Suivez Ali Abdul Mogni St vers le sud jusqu'à la St n°15 (Khartum St, anciennement al-Mujahid St), puis tournez à droite : la minuscule galerie est située quelques maisons plus loin.

Fuad al-Futaih dirige également le **Centre artistique national**, dans la vieille ville, qui expose des artistes locaux et internationaux. Il occupe la maison Samsarat al-Mansura, au nord-ouest du souk al-Milh, près de la Grande Mosquée, et ouvre de 9h à 12h30 et de 16h à 19h.

Les tours de la porte **Bab al-Yaman** cachent plusieurs petites salles, transformées depuis 1998 en galeries d'artisanat et d'arts populaire et moderne. **Bayt al-Halaqa**, dans la St n°56, près du croisement de la Ring Rd et de l'az-Zubayri St, abrite une exposition permanente d'art moderne, de photographie, de gravures et de sculptures. Elle est gérée par Halaqa, le cercle culturel yéménite international, et ne se visite que sur rendez-vous ; appelez le

☎ 209675. Une autre galerie d'art, la **galerie Hadda**, dans Damascus St, près de Hadda St, expose des œuvres contemporaines de Hadda.

Circuits organisés

Outre les circuits mentionnés dans le chapitre *Comment s'y rendre*, les hôtels de luxe, comme les tour-opérateurs, du vieux Sanaa proposent des excursions.

Où se loger

Sanaa dispose de la plus grande variété d'hôtels du pays. Les prix varient de 300 RY à 210 \$US la nuit. Évitez de sélectionner le bas de gamme, sachant qu'au cours de votre voyage, vous n'aurez souvent pas d'autre choix que celui-ci.

De nombreux hôtels à prix raisonnables sont installés dans les environs de Maydan at-Tahrir et de Bab al-Yaman.

Où se loger – petits budgets

Si vous n'êtes pas trop exigeant et si vous vous contentez d'une toilette de chat à l'eau froide, plusieurs hébergements très bon marché s'offrent à vous. Le moins cher, le **Reidan Palace Hotel** (☎ *245686)*, à proximité de Bab al-Yaman, en prenant vers l'est une des rues qui partent d'az-Zubayri St, propose des lits sans drap. En face de Bab al-Yaman, près de l'arrêt des bus en provenance de Maydan at-Tahrir, l'***Aden Tourist Hotel*** (☎ *244341)* dispose de doubles sans drap à 600 RY ; les s.d.b. avec eau chaude sont communes à plusieurs chambres.

Un peu mieux, l'***Adwa al-Yaman Hotel***, près de Bab al-Yaman dans az-Zubayri St, propose des triples à un-drap pour 1 000 RY. Mais l'eau chaude sera disponible "demain" ! A l'intérieur des remparts de la vieille ville (tournez à droite après avoir passé Bab al-Yaman), dans une vieille maison-tour, le **Tourist Hotel** (☎ *286004)*, assez crasseux, comporte des doubles à un-drap à 800 RY.

Des hôtels plus propres et d'un meilleur rapport qualité/prix sont installés dans la partie ouest de la vieille ville. Dans une maison délabrée des années 70, l'***al-Mulkalla Hotel*** (☎ *277021, Gamal Abdul Nasser St)* demande 900 RY pour des doubles à deux-draps avec s.d.b. relativement propres. Bruyant et sombre, l'***al-Anwar Hotel*** (☎ *272843, Ali Abdul Mogni St)*, près de la poste, loue des doubles pour 700 RY. Plusieurs hôtels similaires, aménagés dans des bâtiments des années 70, bordent cette rue.

Où se loger – catégorie moyenne

La plupart des hôtels du centre de Sanaa pratiquent des prix allant de 500 à 1 000 RY par personne. Les chambres doubles ou triples, avec TV, possèdent des lits à un ou deux-draps ; les simples sont plus rares. Vérifiez que l'eau chaude fonctionne avant de réserver. Sur demande, vous obtiendrez du savon (*sabun*) et des serviettes (*munshafa*).

Bien situé mais très bruyant, le ***Himyar Land Hotel*** (☎ *244257)* fait face à Bab al-Yaman. La chambre double, à un-drap, coûte 1 000 RY et le niveau d'hygiène est typiquement yéménite.

L'***International Hotel*** (☎ *272812, fax 272811)* occupe une maison récemment rénovée dans une petite rue proche de Qasr al-Jumburi St. Cet établissement modeste loue des chambres doubles, à un-drap, 1 200 RY. Vous pouvez obtenir un drap de dessus (*torrāHa*).

Relativement propre, le ***Middle East Tourist Hotel***, ou ***Funduq ash-Sharq al-Awsat as Siyahi*** (☎ *270081, az-Zubayri St)*, entre la Sa'ila et Ali Abdul Mogni St, possède des doubles à deux-draps avec s.d.b. à 1 500 RY.

Ali Abdul Mogni St regroupe plusieurs hôtels construits, au début des années 70, dans le style égyptien contemporain. Le confort varie et le prix des doubles à deux-draps avec s.d.b. commune s'échelonne de 600 à 1 200 RY. Le ***Gulf of Oman Tourist Hotel*** (☎ *278817)* propose des doubles d'une propreté exceptionnelle à 1 800 RY. A côté, près du Taj Sheba, le ***Shabwa Hotel Tourism*** (☎ *272318)* et le ***Say'un Hotel*** (☎ *272318, fax 279357)*, très corrects, possèdent des chambres doubles/triples à 1 800/2 200 RY.

Suivez Qasr al-Jumburi St sur quelques pâtés de maisons puis tournez à droite pour arriver au ***Queen Arwa Tourism Hotel*** *(☎ 275102, fax 275153)*, qui dispose de simples/doubles à deux-draps relativement propres pour 700/1 200 RY.

Derrière le Taj Sheba, l'*al-Ikhwa Hotel* *(☎ 274909, fax 271847)*, bien qu'un peu plus cher et un peu fatigué, présente un bon rapport qualité/prix. Comptez 1 500 RY pour une double spacieuse avec s.d.b. Un restaurant occupe le dernier étage.

Palaces. Sanaa possède une catégorie d'hôtels qu'on ne trouve nulle part ailleurs. Plusieurs maisons-tours anciennes des vieux quartiers ont été reconverties en hôtels au début des années 90. Bien qu'il ne s'agisse pas véritablement de palaces, les prix pratiqués excluent toute clientèle yéménite, en demeurant abordables pour les Occidentaux. Y loger, c'est aussi l'occasion de voir l'intérieur d'une maison traditionnelle. Lors de la réservation, assurez-vous que les taxes et le petit déjeuner sont compris. Tous ces hôtels acceptent sans sourciller les voyageuses solitaires.

Selon l'usage yéménite, les lits sont de simples matelas posés sur le sol. Les toilettes et les s.d.b. communes sont un ajout récent. Le plus souvent, la maison abrite un restaurant au rez-de-chaussée et un café dans le *manzar* (grenier). Les services proposés sont plus nombreux que dans les hôtels ordinaires : circuits, guides, voitures avec chauffeurs, etc. Il est préférable de se renseigner ailleurs pour comparer les prix.

Dans la partie ouest de la vieille ville, le ***Sultan Palace Tourist Hotel*** *(☎ 276175, fax 273766)*, demande 1 900 RY en double, petit déjeuner compris. Dans la partie sud du vieux Sanaa, l'***Old Sanaa Palace Hotel*** *(☎ 283023, fax 274239)* propose des simples/doubles à 1 600/2 200 RY. Tout proche, l'***al-Qasmy Hotel*** *(☎ 273816, fax 271997)* loue des simples/doubles/triples pour 1 450/2 300/3 250 RY, petit déjeuner compris. Du haut de cet hôtel, vous aurez une vue splendide sur la vieille ville. De nombreux tour-opérateurs sont installés à proximité de ces deux derniers établissements.

Certains de ces palaces ont renoncé à ajuster leurs tarifs en riyals au gré de l'inflation et préfèrent afficher les prix en dollars. Au centre de la vieille ville, le ***Taj Talha Hotel***, près de la mosquée Qubbat at-Talha, comporte des simples/doubles/triples à 14/18/25 $US, ainsi que 5 chambres avec s.d.b. Tout proche, le ***Golden Daar Tourist Hotel*** *(☎ 287220, fax 287293, e-mail goldendaar-tourshotel@y.net.ye)* facture ses simples/doubles/triples 16/18/24 $US, avec petit déjeuner.

Traditionnel, l'***al-Hamd Palace Hotel*** *(☎ 283119, fax 283117)* fonctionne depuis la fin des années 70. Situé dans la partie ouest du vieux Sanaa, il se trouve à 1 km de Maydan at-Tahrir. Comptez 4 100/5 700 RY pour une simple/double avec de vrais lits et une luxueuse s.d.b.

Où se loger – catégorie supérieure

Les hôtels traditionnels offrent le confort et la propreté qu'on est en droit d'attendre, y compris des s.d.b. privées avec les serviettes changées chaque jour… Tous disposent de restaurants au rez-de-chaussée ou au dernier étage. Mais les plats proposés sont souvent chers et sans grande saveur. Les femmes seules seront bien accueillies dans ce genre d'établissement.

Au sud du Taj Sheba, l'***Asia Hotel*** *(☎ 272312, fax 272324)* demande 2 500/ 3 100/5 500 RY pour des chambres spacieuses en simple/double/suite, avec réfrigérateur et clim. Devant la Sa'ila, le ***Sinbad Tourism Hotel*** *(☎ 272539, fax 272728, az-Zubayri St)*, de même catégorie, offre des simples/doubles, petites mais très propres, à 2 500/3 500 RY.

Proche du centre également, le ***Sam City Hotel*** *(☎ 270752, fax 275168, 5th November St – al-Qiyada St)* loue ses doubles 25 $US. C'était autrefois l'un des hôtels les plus luxueux de Sanaa ; il a été fermé à la fin des années 80 pour vente illicite d'alcool et a rouvert, après rénovation, au milieu des années 90. Sur le toit, son restaurant jouit d'une vue magnifique. Dans une tour semblable située au cœur même de la ville, l'*Alshamiri Plaza Hotel (☎ 274346, fax 272604, Ali Abdul Mogni St)*, près de la Teahouse of 26th September, possède des simples/doubles/suites à 30/50/65 $US.

Autre bâtiment imposant des années 90 situé à l'ouest de la ville, le ***Panorama Hotel*** *(☎ 218971, fax 2041492)*, dans la Ring Rd, comporte des simples/doubles à 7 280/8 400 RY, petit déjeuner et communications téléphoniques urbaines compris. Le ***Hilltown Hotel*** *(☎ 278426, fax 278427)*, situé derrière le Musée national, frôle la catégorie luxe. Prévoyez 45/61 $US pour une simple/double.

Si votre budget le permet ou bien si votre agence de voyages s'est occupée de vos réservations, vous logerez au ***Taj Sheba*** *(☎ 272372, fax 274129, Ali Abdul Mogni St)*. Ce somptueux établissement appartient à une chaîne hôtelière indienne. Ses simples/doubles à 160/175 $US offrent tout le confort imaginable.

Si vous ne souhaitez pas résider dans le centre-ville, vous pouvez choisir le moderne ***San'a Sheraton*** *(☎ 237500, fax 251521)*, dans la Ring Rd en banlieue est. Il pratique des prix similaires au Taj Sheba. Autre bel hôtel, le ***Hadda Hotel*** *(☎ 415215, fax 463094, Hadda St)* dispose de simples/doubles/suites à 13 000/15 000/ 25 000 RY, plus 12% de taxe.

Où se restaurer

Au Yémen, les hommes (les femmes sortent peu le soir !) aiment aller au restaurant et Sanaa compte un grand nombre d'endroits où dîner. Éparses dans la vieille ville, d'innombrables échoppes longent les grands axes. Des restaurants prospèrent également dans les quartiers périphériques. Tous proposent des menus yéménites de base, sans grand exotisme.

Cuisine orientale. Les environs de Bab al-Yaman et de Maydan at-Tahrir abritent les meilleurs établissements.

Très fréquenté, l'*Al-Shazarwan/Al-Shathrawan Restaurant* se situe près du Gulf of Oman Tourist Hotel, en face du cinéma d'Ali Abdul Mogni St et non loin de la Teahouse of 26th September. Il emploie des cuisiniers talentueux et propose des plats sains et savoureux dans un cadre particulièrement propre. Là, se déguste l'un des meilleurs poulets grillés du pays (350 RY le demi-poulet).

En face, à côté du cinéma, le ***Palestine Restaurant*** est un peu plus cher. Il se distingue par sa grande rôtisserie installée près de la porte et par son excellent *shawarma* (grande broche verticale d'agneau). La popularité de ce mets assure la fraîcheur de la viande.

La petite rue parallèle à l'Ali Abdul Mogni St, entre la poste et la Qasr al-Jumhuri St, regroupe quelques restaurants de poisson bon marché. Essayez l'*al Dobaey Fish Restaurant* ; le prix d'un poisson grillé servi sur une épaisse tranche de *khubz* varie selon la taille du poisson (800 RY pour deux à trois personnes).

Dans l'az-Zubayri St, entre l'Ali Abdul Mogni St et la Sa'ila, l'*al-Afrah Restaurant*, excellent et peu coûteux, prépare de délicieux cubes de viande accompagnés de riz à 200 RY, thé compris. La pancarte "Dry cleaning" au fond de la salle indique l'endroit où se laver les mains. Également bon, mais plus cher, l'*al-Sham Restaurant*, dans az-Zubayri St, de l'autre côté d'Ali Abdul Mogni St, juste après l'Arab Bank, sert de la cuisine libanaise et possède des cartes en anglais. Derrière, vous trouverez l'entrée d'*al-Sham Garden*, dont la partie réservée aux familles comporte des terrains de jeux pour enfants, des billards et des jeux de société.

Le long de Hadda St, plusieurs bons restaurants visent essentiellement la clientèle des expatriés. Près de l'ambassade italienne, ***El Andalus Restaurant*** et le ***Concorde Pastieri Restaurant*** servent tous deux des *koftas* et des *shish taouks* du Moyen-Orient à 350 RY, des steaks à l'occidentale à 500 RY et des soupes à 200 RY. L'*al-Bostan Tourist Restaurant*, du côté nord d'ar-Zubayri St, est un établissement en plein air avec des terrains de jeux pour les

> ### Le miswak, la brosse à dent yéménite
>
> Parmi les innombrables vendeurs de rue, vous remarquerez bien vite les marchands de *miswak* (batonnets à mâcher). Assis sur les trottoirs, ils proposent une ou deux douzaines de batonnets de bois fraîchement taillés, d'une dizaine de centimètres de long et pas plus épais que le petit doigt. Le miswak sert à nettoyer les dents, les gencives et la langue et à rafraîchir l'haleine.
>
> Cette coutume remonte à l'antiquité. Elle fut préconisée par le prophète Mahomet, mais elle était déjà en usage à Babylone, en 5 000 av. J.-C. Le miswak provient de différentes espèces d'arbre, mais principalement de l'*al-arak*. Les vertus médicinales de cette pratique sont attestées, le miswak contenant du fluor, de la silicone et des agents antibactériens. Il prévient la plaque dentaire et les inflammations buccales.
>
> De nombreux Yéménites utilisent le miswak avant et après les repas, ainsi que lors de leurs ablutions religieuses. Il est aussi fort utile pour effacer les tâches verdâtres laissés par le *qat*.

enfants, des oiseaux et des lapins en cage. Il offre un large choix de plats libanais et yéménites, les prix variant de 100 à 300 RY pour les entrées et de 450 à 700 RY pour les plats principaux.

Cuisine occidentale. La cuisine occidentale pénètre lentement au Yémen. Dans les quartiers les plus récents de Sanaa, vous trouverez même des échoppes proposant des barquettes de frites à emporter.

Quelques fast-foods – le ***Chicken King***, par exemple, près de Bab al-Yaman et du al-Huda Supermarket –, sont apparus.

Les hôtels de luxe servent des plats occidentaux dont les prix correspondent à leur standing. Le ***Taj Sheba*** et le ***Sheraton*** organisent des dîners-buffets et des banquets hebdomadaires occidentaux et yéménites (de 2 500 à 6 500 RY). Repérez leurs publicités dans le *Yemen Times*.

Pâtisseries. Près du croisement de Hadda St et d'az-Zubeiry St, plusieurs boutiques vendent des pâtisseries arabes. La ***Lebanese Pastry Shop*** offre une variété infinie de desserts orientaux et des glaces.

Faire son marché. Si vous souhaitez préparer vos repas, vous pourrez faire vos courses dans les innombrables petites épiceries de la ville. Essayez celles situées derrière la poste centrale, dans le quartier des hôtels. Sanaa compte de bons supermarchés, comme l'*al-Huda Supermarket*, dans az-Zubayri St, ou le *Hadda Supermarket* dans Hadda St.

Thé. Sanaa regorge de salons de thé, souvent installés au rez-de-chaussée des immeubles et débordant sur la rue. La plupart proposent, matin et soir, d'excellentes miches de pain (*khubz*) à 10 RY ; un de nos préférés se trouve sur la place derrière la poste. C'est quasiment la seule nourriture vendue dans la rue, hormis le maïs grillé au charbon de bois que l'on trouve partout.

Plusieurs ***salons de thé***, ouverts depuis peu, offrent de savoureux *shāhi talqīm* et des en-cas. Vous en trouverez un au croisement d'Ali Abdul Mogni St et de Qsar al-Jomburi St, un autre dans le parc miniature proche du pont qui enjambe la Sa'ila, dans az-Zubayri St, et un autre encore dans Bab ash-Sha'ub. Cependant, l'endroit branché reste la ***Teahouse of 26th September***, où l'intelligentsia désargentée de la ville, journaux et livres de cours sous le bras, se réunit depuis les années 60. Installée dans un parc, elle se situe dans Ali Abdul Mogni St, en face du Taj

Sheba. Il est agréable de s'asseoir à l'ombre des arbres et de siroter un *libtun* en observant l'incessante animation de l'avenue.

De l'autre côté du croisement d'Ali Abdul Mogni St et d'az-Zubeiry St, l'*Officers' Club* est ouvert aux civils.

Où sortir

Le Yémen n'est pas réputé pour avoir une vie nocturne trépidante ! A défaut de bars et de discothèques, vous pourrez assister à un match de football au *stade* Qasr al-Jumhuri St. C'est là aussi que la télévision filme les spectacles de danse folklorique les jours de fête nationale.

Les cinémas de Sanaa présentent essentiellement des films égyptiens et indiens ainsi que quelques "westerns spaghetti" des années 70. Pour suivre l'action, il faut maîtriser l'arabe car les films étrangers sont doublés en égyptien. Quoi qu'il en soit, l'atmosphère vaut le déplacement. Vous pourrez aller au *Sinama Bilqis*, dans Ali Abdul Mogni St, près du Palestine Restaurant, ou au *Hadda Cinema Center*, dans Hadda St.

Les hôtels Taj Sheba, Sheraton, al-Hamd Palace et Hadda organisent ponctuellement des banquets agrémentés de spectacles de danse folklorique. Fort onéreux, ils coïncident généralement avec les périodes de vacances occidentales. Ils sont annoncés dans le *Yemen Times*.

Si vous voyagez avec des enfants, sachez que le *Hadiqat ath-Thawra*, ou 13th June Park, à Hasaba, et le *Hadiqat as-Sab'in*, ou 70 Park, au sud de Sanaa, comportent des aires de sport et des manèges.

Comment s'y rendre

Sanaa compte plusieurs stations de taxi et des lignes de bus qui desservent diverses destinations.

Le sud et l'ouest. Les bus pour Taez, al-Hudayda et al-Mahwit partent d'az-Zubayri St, à 200 m à l'ouest de Bab al-Yaman. Vous ne pourrez pas rater l'arrêt car de nombreux bus stationnent à cet endroit. Les taxis pour Taez, Aden et al-Hudayda partent de la grande station de taxis située dans Ta'izz Rd, au sud d'az-Zubeiry St, derrière les maisons. Si vous préférez vous rendre à al-Hudayda par l'ancienne route pittoresque, allez à la station de taxis de l'extrémité ouest d'az-Zubeyri St. Un minibus vous emmènera pour 15 RY.

Le nord-ouest. Malcommode, la station des taxis desservant Wadi Dhahr, Thilla, Shibam, at-Tawila, Kawkaban et al-Mahwit se trouve dans Matbah, à quelque 5 km au nord-ouest de Maydan at-Tahrir. Un taxi collectif vous y conduira depuis 26th September St, au nord de Maydan at-Tahrir (20 RY).

Le nord. Les taxis à bandes brunes rejoignant 'Amran, Hajja et Saada partent de Hasaba, au croisement des routes de Saada et de l'aéroport. Des minibus à bandes noires venant de Maydan at-Tahrir s'arrêtent à la station (20 RY).

L'est. Les taxis à bandes jaunes qui rallient Marib partent du nord de Bab ash-Sha'ub. Cependant, les touristes indépendants ne sont pas actuellement autorisés à franchir les postes de contrôle de la région.

Comment circuler

Desserte de l'aéroport. Le tarif officiel de la course en taxi (800 RY) est indiqué sur un panneau à la station de taxis de l'aéroport. Peu de chauffeurs accepteront de vous emmener pour ce prix et vous demanderont plutôt 1 000 RY. Si vous vous éloignez d'une centaine de mètres de l'entrée de l'aéroport en direction de la ville, la place dans un taxi collectif ne vous coûtera que 50 RY.

Si vous ne trouvez pas de taxi collectif en ville pour aller à l'aéroport, prenez un minibus à bandes noires à Maydan at-Tahrir : il vous déposera à Hasaba (20 RY par personne) ; au carrefour de la route de Saada, un autre minibus vous conduira à l'aéroport pour le même prix. Si vous choisissez cette solution, sachez qu'il ne faut être ni pressé ni trop chargé.

Bus. Il est très facile de se déplacer dans Sanaa car le réseau de transports publics est bien développé. De Maydan at-Tahrir, des bus urbains desservent Bab al-Yaman, Bab ash-Sha'ub et Maydan al-Qa'. Les chauffeurs crient leurs destinations en attendant les passagers aux arrêts et ne partent que lorsque les bus sont complets (10 RY). L'itinéraire de Maydan at-Tahrir à Bab al-Yaman est le plus fréquemment desservi.

Les minibus à bandes noires font la navette dans les rues principales : az-Zubeiry St, Ali Abdul Mogni St (route de l'aéroport), Hadda St et certaines portions de la Ring Rd. Le tarif habituel s'élève à 10 RY par personne, de 15 à 25 RY pour les trajets plus longs. Attention aux minibus vides dont les chauffeurs acceptent de vous emmener où vous voulez ! Ils se transforment facilement en taxis privés à 400 RY ou plus. Vérifiez le prix avant de monter.

Taxi. Les taxis collectifs à bandes noires font, comme les minibus, la navette dans certaines rues. La course coûte 20 à 30 RY par personne selon le trajet. Marchandez avant de vous asseoir mais n'insistez pas si le prix ne vous convient pas ; vous aurez le choix entre au moins cinq autres véhicules.

Presque toutes les voitures à bandes noires peuvent devenir un taxi privé, demandant au maximum 100-200 RY pour la course. En ville, il n'y a guère de raison d'emprunter un taxi privé, à moins de ne pas savoir comment rejoindre sa destination. Dans ce cas, assurez-vous que le chauffeur connaît vraiment la route.

Les environs de Sanaa

Quelques sites intéressants, à la limite du bassin sanaani, offrent d'agréables excursions d'une demi-journée ou d'une journée.

AR-RAWDA
(ar-rawza ; ar-Rawdah, Raudah)
Ce village, à 8 km du centre de la capitale vers le nord, à l'est de la route de l'aéroport, est entouré de vignobles. Autrefois, il servait de résidence d'été à l'imam. Aujourd'hui c'est une banlieue de Sanaa dont la visite est particulièrement recommandée par l'office du tourisme yéménite.

A voir
Le **marché** animé du dimanche matin et quelques monuments méritent le détour.

La **mosquée d'Ahmad ibn al-Qasim**, proche de l'ancien palais de l'imam (voir le Rawda Palace Hotel, ci dessous), possède d'intéressants murs extérieurs et un minaret orné de versets du Coran. L'imam Ahmad, petit-fils de Qasim al-Kabir, régna de 1676 à 1681 (la mosquée de Dhawran, dans les montagnes 'Anis, date de la même époque ; voir la rubrique *Dhawran* du chapitre *Dhamar*).

Dans le village, le **hammam d'ar-Rawda** ne laisse apparaître que ses coupoles : ces bains publics, construits par les Ottomans dans un style épuré, sont souterrains.

Où se loger
Le *Rawda Palace Hotel* (☎ *340226, fax 340268*) fut construit au centre du village, pour l'imam. Exemple parfait d'architecture sanaani, il offre au visiteur l'occasion de découvrir l'intérieur d'une maison-tour en pierre et en pisé. Du toit, vous pourrez admirer les paysages magnifiques des alentours. Il faut compter 2 000/2 600/ 2 800 RY pour une chambre simple/ double/triple modestement meublée.

Comment s'y rendre
Prenez un minibus pour Hasaba dans Ali Abdul Mogni St, près de Maydan at-Tahrir (10 RY). De là, empruntez un taxi à bandes noires pour ar-Rawda (25 RY par personne ou 400 RY le taxi entier).

Essayez de visiter ar-Rawda le dimanche, jour du marché, quand les bus (20 RY) font la navette entre Bab al-Yaman et le village, de l'aube jusqu'à 12h.

WADI DHAHR
A 15 km environ au nord-ouest de Sanaa, Wadi Dhahr (wādi zahr) est une vallée fertile pleine de charme, parsemée de petits villages et de vergers ceints de murs de terre.

Verdoyante tout au long de l'année, elle produit toutes sortes de fruits méditerranéens. C'est à Wadi Dhahr que vous pourrez visiter **Dar al-Hajar**, l'édifice-symbole du pays.

Il est agréable de se promener quelques heures dans cette vallée dont le vert contraste avec les flancs ocres et bruns des montagnes. En remontant le wadi à l'ouest (en dehors de la zone couverte par la carte ci-après), vous arrivez à Bayt Na'am. En continuant un peu plus loin, vous atteindrez la source du wadi.

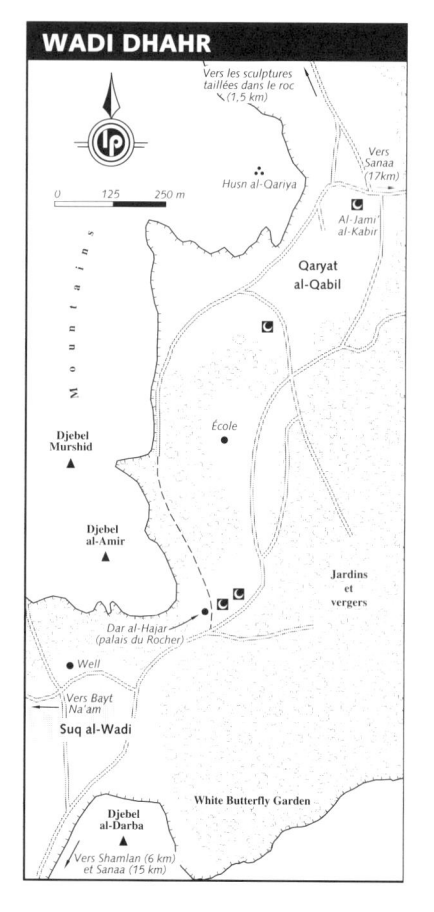

Le jeudi est le jour de la célébration des mariages dans cette région et, le vendredi, vous pourrez voir les danses en plein air qui suivent les festivités. Venez après 9h mais avant 12h et demandez au chauffeur de taxi de s'arrêter avant que la route ne commence à descendre vers le wadi. Une pancarte signalant "White Butterfly Garden" conduit vers un beau point de vue sur le wadi.

Qaryat al-Qabil

Au nord de Dar al-Hajar, Qaryat al-Qabil est un charmant village, animé par un petit marché le vendredi. Il est dominé par une impressionnante muraille de pierre formée, il y des millions d'années, lors de la montée des eaux. Vous aurez du mal à imaginer le phénomène si vous venez durant la saison sèche. Pourtant, en 1975, les villages de la vallée ont été submergés par une crue de 8 m de haut.

Vous apprécierez l'harmonie architecturale yéménite, qui permet aux constructions de se fondre dans le paysage. Les maisons semblent sorties de la roche.

La région était déjà habitée avant l'époque himyarite. Si vous regardez en direction du précipice, vous apercevrez plusieurs grottes. Les fortifications en ruine, au sommet des collines environnantes, datent probablement de l'occupation turque mais certaines semblent plus anciennes. En continuant en direction du nord, le long du sentier qui passe devant le cimetière du village et traverse les champs au fond de la vallée (demandez votre chemin), vous découvrirez, près de la rive du wadi, des **sculptures taillées dans le roc**, représentant des animaux et des chasseurs. Elles se trouvent dans la cour d'une petite maison ; n'hésitez pas à faire un petit don aux propriétaires.

A l'est du village, vous arriverez à une route goudronnée menant à la nationale Sanaa-Saada. Vous pourrez ainsi rejoindre la capitale sans revenir sur vos pas.

Comment s'y rendre

Pour aller de Sanaa à Wadi Dhahr, prenez un taxi collectif à la station située à deux pâtés de maisons au nord de Maydan at-Tahrir (80 RY par personne). Si aucun autre passager ne se présente, empruntez un taxi collectif ou un minibus de 26th September St jusqu'à Matbah (20 RY), puis continuez vers Wadi Dharh. La route menant au wadi part de la route goudronnée Sanaa-Shibam, à environ 9 km de la capitale, et descend dans la vallée au lieu-dit Suq al-Wadi.

HADDA
Le village de Hadda (hadda ; Haddah), au pied du djebel Hadda, s'étend à 10 km au sud-ouest de Sanaa, le long d'une route goudronnée. L'expansion de la capitale l'a progressivement transformé en banlieue.

Hadda possédait de magnifiques vergers en terrasses, arrosés par un canal traversant le village. Depuis l'extension de la capitale, les beaux vergers des pentes supérieures ont été abandonnés, effaçant le charme champêtre du lieu ; il faut désormais descendre vers l'est pour découvrir quelques jardins.

A flanc de montagne, au-dessus du village, un magnifique panorama s'ouvre sur Sanaa, entre deux collines. De là, vous pouvez continuer vers d'autres villages de montagne et rejoindre Bayt Baws, situé à moins de 10 km à l'est.

Comment s'y rendre
La solution la moins onéreuse consiste à prendre un minibus dans az-Zubayri St,

Dar al-Hajar – Le palais du Rocher

Ce palais est un magnifique édifice bâti sur un rocher saillant de la vallée du Wadi Dhahr. Reproduit dans pratiquement tous les ouvrages sur le Yémen, il est devenu le symbole du pays. Si vous ne précisez pas votre destination au chauffeur de taxi au départ de Sanaa, c'est là, spontanément, qu'il vous déposera.

Construit comme résidence d'été pour l'imam Yahya dans les années 30, le palais compte cinq étages. L'idée de construire un tel bâtiment dans un environnement aussi extraordinaire ne venait pas de lui. La colline abritait déjà les ruines d'un édifice préhistorique. Le puits, creusé à côté de la demeure, est censé être d'origine.

Le palais, qui appartient au gouvernement, est resté inoccupé de 1962 à 1990, date à laquelle un "projet de rénovation et d'ameublement" a débuté avec l'aide des Pays-Bas. Selon certaines rumeurs, il sera bientôt transformé en hôtel de luxe doté d'un casino (!) au dernier étage, ou bien réquisitionné par le président pour en faire sa résidence officielle.

Quoi qu'il en soit, ce bâtiment remarquable abrite actuellement un musée, dont le seul joyau est l'édifice lui-même. Remarquez les superbes fenêtres takrim et admirez le panorama depuis le toit. Le Dar al-Hajar ouvre de 8h à 13h et de 14h à 18h ; l'entrée coûte 10 RY.

jusqu'au croisement de Hadda St (10 RY), puis un autre jusqu'au point le plus éloigné de Hadda St ; enfin, un taxi vous conduira jusqu'à Hadda (50 RY en collectif, 100 RY en privé). La route passe devant l'hôtel Hadda, le plus ancien établissement de luxe du nord du pays. A l'est de Hadda, vers les montagnes, plusieurs hameaux sont installés au bord des ruisseaux qui coulent des sommets.

BAYT BAWS

Bâti sur un petit affleurement rocheux à 7 km de Hadda, Bayt Baws (bayt baws ; Beit Baws) est le village de montagne le plus proche de Sanaa et le plus à l'est. Son origine remonte à des temps très reculés, comme en témoignent les inscriptions sabéennes gravées sur une pierre proche de la porte du village. Une petite citerne, enterrée à l'extrémité de Bayt Baws, constituait autrefois la seule réserve d'eau. Aujourd'hui, l'eau est amenée par des pompes à moteur.

Côté Sanaa, près des champs où travaillent les villageois, un nouveau quartier abrite une école construite récemment. Les écoles comme les pompes d'irrigation fourmillent dans la campagne yéménite, montrant la ferme intention du gouvernement de préserver la vitalité des régions rurales.

Toutefois, les habitants de Bayt Baws n'apprécient guère ces canalisations. Ils ont déserté leur hameau pour le nouveau village.

Comment s'y rendre

Bayt Baws n'est pas desservi par des taxis réguliers. Pour vous y rendre, vous pouvez parcourir à pied les sept kilomètres qui le sépare de Hadda ; des sentiers montagneux relient les deux villages, mais ils ne sont pas bien indiqués. Les nouvelles routes goudronnées ont provoqué l'abandon progressif des sentiers traditionnels de la vallée. Les villageois vous guideront vers ces voies modernes, guère plaisantes pourtant pour les promenades. Le mieux est encore d'effectuer le trajet en taxi privé.

Province de Sanaa

La province de Sanaa s'étend de Kusma (entre Dhamar et Bayt al-Faqih), au sud, à Suq al-'Inan (à l'est de Saada), au nord. C'est la plus importante région du nord du Yémen. En 1998, il a été décidé de faire de cette partie nord du pays une province à part, avec 'Amran pour capitale. Lors de votre visite, cette nouvelle mesure aura probablement été ratifiée.

Cette vaste région cultivée est formée de hauts plateaux s'élevant à plus de 2 000 m d'altitude, et dominée par des sommets au-delà de 3 000 m. Quelques villes et villages intéressants bordent les grandes routes, à l'ouest et au nord. Leur visite peut aisément s'intégrer à des circuits plus vastes.

En bref

Renseignements pratiques
Code téléphonique régional : 01
1,9 million d'habitants

A ne pas manquer
- Les maisons-tours de Thilla
- Une randonnée dans les monts Haraz

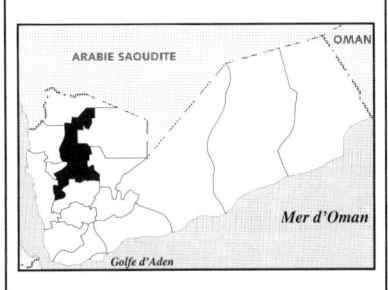

THILLA
(thillā ; Thulla, Thula)
Cette magnifique ville ancienne se dresse à 54 km au nord-ouest de Sanaa. Bâtie sur les contreforts orientaux de la montagne, près d'un vaste bassin dont les cultures en terrasse s'étagent en pente douce, elle est surmontée d'une forteresse qui illustre le système de défense ayant si efficacement protégé les Yéménites des envahisseurs étrangers.

Thilla est une des rares villes presque intacte des hauts plateaux. De loin, on distingue les maisons-tours émergeant délicatement des remparts ; on entre dans la cité par l'une des sept portes de l'enceinte. La pierre de la montagne – matériau utilisé pour la construction de l'ensemble – crée une unité agréable au regard. Le plaisir de déambuler dans les rues pavées et les méandres du vieux souk est accentué par la découverte, à chaque détour, de frises et d'ornements qui décorent différemment chacune des maisons.

Thilla a toujours été une ville libre. Sous l'occupation turque, au XVIe siècle, l'imam Muttahir Sharaf ad-Din parvint à la protéger de ses agresseurs armés.

Dans les années 90, Thilla a développé une industrie touristique florissante. Les magasins d'antiquités abondent et de jeunes vendeuses, parlant un nombre étonnant de langues européennes, accueillent les clients potentiels.

La visite de Thilla peut se conjuguer avec celle de Shibam et de Kawkaban (voir le chapitre *al-Mahwit*), toutes proches. Chacune de ces villes possède par ailleurs des hôtels modestes et vous n'aurez aucun mal à vous loger. En consacrant deux ou trois jours à ce circuit, vous pourrez même aller jusqu'à at-Tawila et al-Mahwit.

A voir
Près des portes nord et sud, vous découvrirez des **aqueducs** en excellent état et de magnifiques **citernes** sculptées. D'autres citernes, situées près de **Husn Thilla**, la forteresse au sommet de la montagne, approvisionnaient la population en eau potable

THILLA

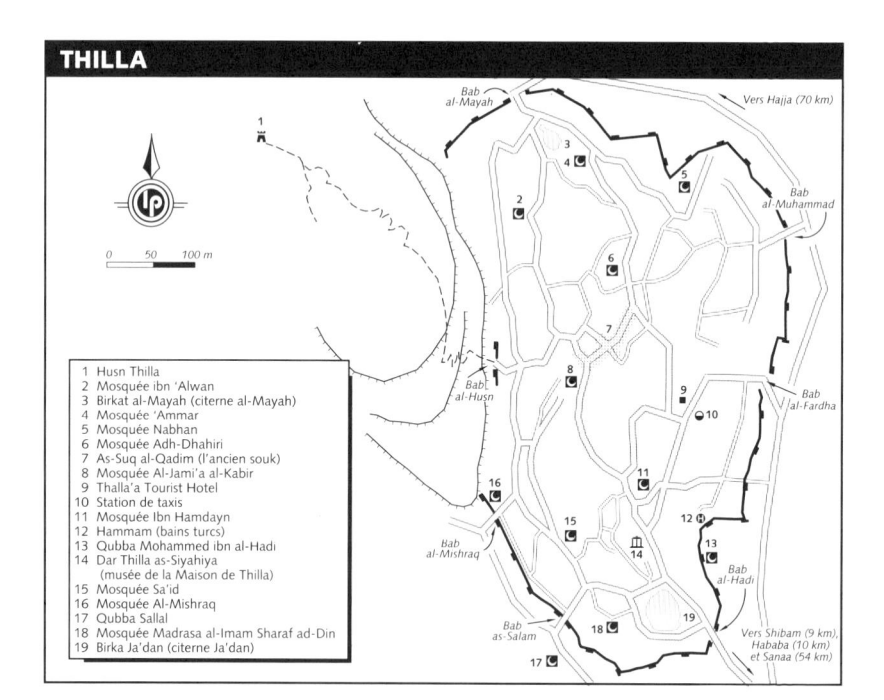

1 Husn Thilla
2 Mosquée Ibn 'Alwan
3 Birkat al-Mayah (citerne al-Mayah)
4 Mosquée 'Ammar
5 Mosquée Nabhan
6 Mosquée Adh-Dhahiri
7 As-Suq al-Qadim (l'ancien souk)
8 Mosquée Al-Jami'a al-Kabir
9 Thalla'a Tourist Hotel
10 Station de taxis
11 Mosquée Ibn Hamdayn
12 Hammam (bains turcs)
13 Qubba Mohammed ibn al-Hadi
14 Dar Thilla as-Siyahiya (musée de la Maison de Thilla)
15 Mosquée Sa'id
16 Mosquée Al-Mishraq
17 Qubba Sallal
18 Mosquée Madrasa al-Imam Sharaf ad-Din
19 Birka Ja'dan (citerne Ja'dan)

durant les conflits. Les anciens dômes marquent l'emplacement des tombes des imams.

Malheureusement, il n'est pas facile de visiter la forteresse. L'ascension nécessite 20 minutes de marche mais les gardes postés devant le portail, au début du sentier, refusent, généralement, le passage. On nous a permis d'y accéder moyennant une petite somme. Si vous voulez tenter votre chance, il suffit de traverser la ville en droite ligne depuis la porte est (les taxis y déposent leurs passagers) pour trouver le début du sentier.

Le **Dar Thilla as-Siyahiya** (ou maison du tourisme de Thilla) est un musée privé et bien tenu dans la partie ouest de la ville. Cette maison-tour traditionnelle est entièrement meublée d'objets de fabrication locale – les commentaires sont en allemand, en anglais et en arabe. La visite vaut largement les 50 RY demandés à l'entrée, plus le pourboire au gardien qui vous fera découvrir le musée. Une petite boutique de souvenirs est installée au rez-de-chaussée.

Où se loger et se restaurer

En face de la station de taxis, le *Thalla'a Tourist Hotel* (☎ 462005), une maison-tour de style ancien, construite sur le modèle des palaces de Sanaa, abrite un restaurant. Un lit revient à 500 RY (700 RY avec petit déjeuner) dans des chambres de diverses tailles. Vous pourrez également prendre vos repas au *Al-Noor Restaurant*, sur la place centrale.

Comment s'y rendre

De Sanaa, prenez un taxi collectif depuis 26th September St jusqu'à Matbah (20 RY), puis continuez avec un autre taxi collectif. Vous pouvez aussi prendre un taxi à bande noire ou un minibus (150 RY) pour Shibam et descendre à *mafraq* Thilla, un carrefour situé à quelque 2 km avant Shibam et à 9 km de Thilla. Pour 20 RY, n'importe quelle voiture particulière acceptera de vous emmener à destination. De Thilla, quelques taxis rallient directement Sanaa, le matin uniquement.

HAZ

A mi-chemin entre Sanaa et Thilla, Haz est un modeste village doté d'un site archéologique. Sa visite termine agréablement une excursion à Thilla ou à Shibam/Kawkaban. Les ruines ne sont guère importantes, mais vous verrez de multiples pierres gravées d'inscriptions pré-islamiques et de motifs picturaux, tels que des serpents et des mains humaines, intégrées dans les façades des maisons modernes.

Pour vous rendre à Haz, laissez votre taxi à la station-service qui se trouve à 22 km de Thilla. De là, un sentier empierré mène jusqu'au village, à quelque 3 km au nord. Haz est invisible depuis la route et vous devrez demander votre chemin.

DJEBEL AN-NABI SHU'AYB

(jabal an-nabī shu'ayb ; Dzebel Nabi Shoeib) La plus haute montagne du pays (et de la péninsule Arabique) culmine à 3 660 m et se dresse à 30 km environ à vol d'oiseau de Sanaa. Pour vous y rendre, prenez un bus ou un taxi à destination de Matna, à 25 km à l'ouest de la capitale par l'ancienne route d'al-Hudayda. L'escalade du djebel se fait sans peine, et même en 4x4 ; de Matna, une piste grimpe jusqu'au sommet et plusieurs embranchements conduisent aux villages éparpillés sur les versants sud-est.

En continuant sur la route d'al-Hudayda, avant Suq Baw'an (petit marché le jeudi), à 34 km de Sanaa, une autre route pittoresque bifurque sur la droite. Après 18 km de lacets sur les flancs ouest du djebel an-Nabi Shu'ayb, on arrive à al-'Urr, où le marché a lieu le mardi.

MANAKHA

(manākha ; Manakhah)
Dans les monts Haraz, à 90 km à l'ouest de Sanaa, se dresse le fier village de Manakha, à 2 200 m d'altitude. Au centre d'une région d'intenses cultures en terrasse, arrosée par la mousson, Manakha est un marché important pour les villageois des environs.

Depuis le XIIe siècle, les monts Haraz ont servi de refuge aux descendants des Sulayhides dont la dynastie était établie à Jibla (voir la rurique *Jibla* du chapitre *Ibb*). Les Sulayhides appartenaient à la secte chiite des ismaéliens, et les ismaéliens du Haraz entretiennent toujours des liens avec leurs coreligionnaires de l'étranger, notamment en Inde. Les ismaéliens Buhara de Mumbai (Bombay) financent la construction d'une route goudronnée vers le village de al-Khutayb (voir l'encadré *Randonnées dans les monts Haraz*), où ils se rendent chaque année, le 16 Muharram, en pèlerinage.

Sous l'occupation ottomane, Manakha jouissait d'une position stratégique permettant de protéger les lignes d'approvisionnement entre Sanaa et al-Hudayda, dans la Tihama. Les Turcs installèrent leurs canons dans les montagnes, bloquant efficacement les routes en contrebas.

Aux voyageurs occidentaux d'aujourd'hui, Manakha offre un excellent point de départ pour les randonnées. Les villages et hameaux éparpillés entre les terrasses qui s'étagent jusque sur les versants les plus escarpés confèrent à cette région une majesté très particulière.

La moderne rue principale de Manakha est la prolongation de l'unique route goudronnée menant au village ; elle rassemble des magasins d'antiquités ; le Manakha Tourist Hotel, une station-service et des bureaux de change.

Où se loger et se restaurer

Juste avant l'entrée du village, le ***Tawfiq Tourist Hotel***, sur la gauche, est le plus ancien hôtel touristique de Manakha. Sur la droite à l'entrée du village, le ***Manakha Tourist Hotel***, plus récent, est une maison-tour aux magnifiques fenêtres en verre coloré et aux murs recouverts de plâtre, construite par des artisans juifs de Saada. Tous deux louent un matelas dans un dortoir pour 1 500 RY, avec s.d.b. communes. Ce prix comprend le petit déjeuner, le dîner et une "party" – un spectacle folklorique de

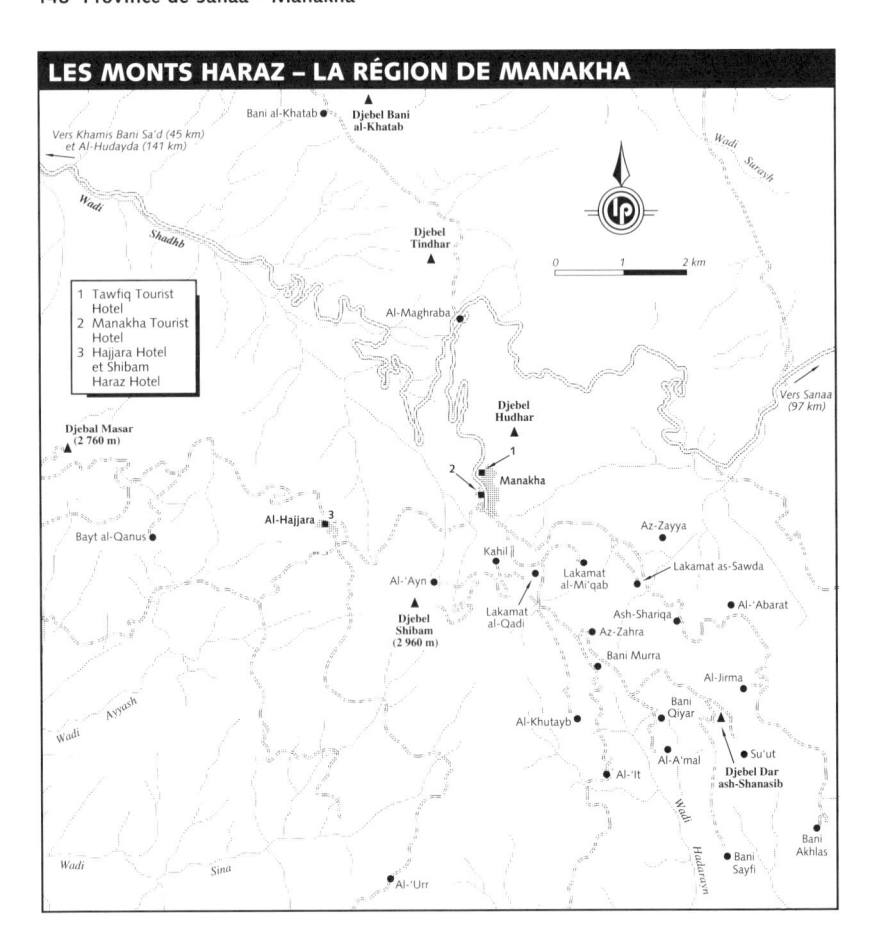

LES MONTS HARAZ – LA RÉGION DE MANAKHA

Légende :
1. Tawfiq Tourist Hotel
2. Manakha Tourist Hotel
3. Hajjara Hotel et Shibam Haraz Hotel

musique et de danse qui se déroule le soir dans le *mafraje* de chaque hôtel. Un vieil **hôtel sans nom** est installé à gauche de la route qui mène à al-Hajjara et pratique des tarifs semblables. En marchandant, vous parviendrez peut-être à payer moins de 1 000 RY la nuit, repas non compris. Les quelques restaurants de la rue principale ne sont guère attrayants.

Si vous recherchez la solution la moins coûteuse (et la plus spartiate), descendez dans le ***lukanda*** d'al-Maghraba, sur la route Sanaa-al-Hudayda. Une nuit en dortoir sans-drap revient à 500 RY.

Comment s'y rendre

Manakha, situé à quelques kilomètres de l'ancienne route Sanaa-al-Hudayda, est très bien desservi par les bus et les taxis qui empruntent cette route. Prévoyez au moins deux jours d'excursion.

Les bus et les taxis à destination d'al-Hudayda partent de Bab al-Yaman à Sanaa. Achetez un billet (300 RY) pour le village

Randonnées dans les monts Haraz

Courtes randonnées. Les villages ismaéliens, avec leurs maisons décorées, offrent de superbes randonnées au sud-est de Manakha ; vous pourrez en visiter plusieurs en une seule journée.

Al-Khutayb, un important lieu de pèlerinage pour les adeptes de ce courant chiite, s'étend à 5 km en contrebas de Manakha. Pour l'atteindre, traversez Manakha et suivez la route qui part vers le sud, à l'est de la ville. N'hésitez pas à demander votre chemin aux habitants. Un bâtiment badigeonné à la chaux blanche renferme les tombeaux de saints du XVIe siècle, mais seuls les musulmans sont autorisés à y pénétrer.

Les routes, pistes et sentiers qui descendent vers l'est mènent à d'autres villages ismaéliens.

Au retour, bifurquez à gauche après environ 2 km et dépassez Lakamat al-Qadi (un site à admirer), pour aller à Kahil, qui surplombe Manakha. De là, continuez vers l'ouest et le djebel Shibam, le point culminant des monts Haraz à près de 3 000 m. De Kahil, un sentier escarpé rejoint Manakha.

Un des plus beaux villages fortifiés des hauts plateaux, al-Hajjara, se trouve à 5 km à l'ouest de Manakha. Prenez la route qui part à l'ouest de la ville, devant le Manakha Tourist Hotel. Les maisons en pierre à quatre ou cinq étages d'al-Hajjara se repèrent de loin. Le village date du XIIe siècle et fut une place forte de première importance lors des occupations turques. C'est aujourd'hui un site de randonnées encore plus apprécié que Manakha. Parcourez encore 5 km vers l'ouest pour découvrir le djebel Masar et plusieurs autres beaux villages.

Longues randonnées. Si vous allez au Yémen pour faire de la randonnée, si vous disposez de temps et de l'équipement adéquat (tente, boussole, purificateur d'eau, chaussures et vêtements adaptés), vous pouvez envisager de partir de la région de Manakha pour un trek de plusieurs jours. C'est un défi : il n'existe aucune carte, les sentiers ne sont pas balisés et la population locale, ne comprenant pas pourquoi vous marchez, vous indiquera le chemin le plus rapide pour trouver un taxi au lieu du village que vous voulez atteindre. Vous vous égarerez forcément : emportez suffisamment d'eau et de provisions (prévoyez un minimum de sept litres d'eau par jour, bien plus en saison chaude).

Un itinéraire conduit hors de la région à partir du sud d'al-Hajjara pour atteindre le village d'al-'Urr en quelques heures. Tournez alors vers l'ouest et suivez la route qui longe un petit wadi. Après deux jours de marche à travers ce paysage verdoyant parsemé de petits villages, vous arriverez à 'Ubal ('uba:l), lieu de marché, près du Wadi Siham et de la route Ma'bar-Bajil. Là, vous pouvez retourner vers les hauts plateaux ou continuer vers la Tihama. Depuis Manakha, vous aurez déjà descendu près de 2 000 m.

Un autre itinéraire part vers le nord pour rejoindre al-Mahwit. Le mieux consiste à partir de Khamis bani Sa'd, à 45 km à l'ouest d'al-Maghraba (voir le chapitre *al-Mahwit*).

Moins fréquenté et plus difficile, l'itinéraire partant directement au nord d'al-Maghraba pour ar-Rujum, sur la route at-Tawila-al-Mahwit, vous prendra plusieurs jours et vous réservera moult occasions de vous perdre. Réservé aux plus expérimentés, ce circuit suit le Wadi Day'an jusqu'au Wadi Surdud (wādi surdūd), suivant un dénivelé de 1 000 m depuis al-Maghraba. En continuant vers le sud-ouest, le wadi vous emmènera jusqu'à Khamis bani Sa'd. Au nord-est, le Wadi Ahjar longe Shibam et Kawkaban. Si vous prenez l'une des vallées du Wadi Surdud en direction du nord, vous arriverez, épuisé, quelque part sur la route at-Tawila-al-Mahwit. Désolé, il n'existe aucune carte fiable !

d'al-Maghraba (82 km depuis Sanaa) ; son petit marché constitue une halte agréable pour les conducteurs au moment du déjeuner. Sachez qu'un taxi essaiera de vous faire payer la course jusqu'à al-Hudayda de peur de ne pas trouver de passagers à al-Maghraba.

De là, une route de 6 km conduit à Manakha. Les taxis locaux demandent 30 RY pour la course ; si vous n'envisagez pas d'entreprendre de longues randonnées dans la région, vous pourrez au moins faire de belles photos en effectuant le trajet à pied.

Quitter Manakha implique parfois une longue attente pour un taxi à al-Maghraba. Mieux vaut prendre un bus pour Sanaa ou al-Hudayda. Pour les horaires, souvenez-vous que al-Maghraba se trouve à mi-chemin entre ces deux villes.

AL-HAJJARA

Autre base très prisée des randonneurs dans les monts Haraz, le pittoresque village en pierre d'al-Hajjara accueillait autrefois un marché sur l'ancienne route Sanaa-al-Hudayda. Ces dernières années, il a développé ses infrastructures touristiques et accueille la plupart des groupes organisés.

Le village historique d'al-Hajjara s'élève sur un sommet montagneux et un sentier facile relie son unique porte à la "banlieue" moderne où s'arrêtent les véhicules. Pour entrer dans le village, vous devrez acheter un ticket (100 RY) : le village entier est un musée et le droit d'entrée s'applique même aux clients des hôtels des environs immédiats. L'endroit comporte de nombreux magasins d'antiquités.

Où se loger

Sur la route, proche du al-Hajjara moderne, l'*Al-Hajjarah Tourist Hotel* demande 1 500 RY pour un matelas à deux-draps dans un des beaux dortoirs de taille variable (quatre lits au minimum). Les s.d.b. communes sont équipées de chauffe-eau et l'hôtel propose un service de blanchisserie. Le prix, négociable, comprend la pension complète et une soirée folklorique. Si vous êtes végétarien, vous parviendrez à ne payer que 1 000 RY.

Le *Shibam Haraz Hotel (☎ 460270)* se trouve à quelques centaines de mètres à gauche de l'entrée du Al-Hajjara Hotel. Bien qu'un peu plus modeste, il offre des services et des prix similaires, mais est souvent plus tranquille, les groupes n'étant acceptés ici que lorsque le Al-Hajjara affiche complet. Ces deux hôtels sont tenus par la même famille, qui possède également le Manakha Tourist Hotel ; difficile par conséquent de négocier un meilleur tarif dans l'un ou l'autre.

Comment s'y rendre

Pour atteindre al-Hajjara depuis Manakha, le plus simple est de marcher – il faut en effet une demi-heure pour parcourir les cinq kilomètres de mauvaise route en 4x4. Un transport privé vous reviendra à 1 000 RY, plus du double de ce que paie la population locale. C'est la rançon du développement touristique et vous aurez du mal à négocier ce prix.

BAYT AL-HUQQA
(bayt al-Huqqa)

A près de 23 km de Sanaa en direction d''Amran, le petit village de Bayt al-Huqqa abrite de nombreux vestiges himyarites. Les plus belles découvertes, faites par des archéologues allemands dans les années 20, sont exposées au Musée national de Sanaa. Cependant, de nombreuses pierres des anciens temples ont été utilisées dans les constructions actuelles et portent des traces d'ornements et de représentations d'animaux.

Selon les chercheurs, le **temple d'al-Huqqa** et la citerne adjacente datent du IIIe siècle av. J.-C. Le temple fut détruit par l'éruption d'un volcan cinq siècles plus tard.

Comment s'y rendre

Bayt al-Huqqa n'est pas desservi par les taxis réguliers. Prenez un taxi jusqu'à 'Amran et descendez là où commence la piste, à droite juste avant le village d'al-Ma'mar, à 20 km de Sanaa. Il vous restera 5 km à parcourir à pied. La route traverse

Bayt al-Hawiri et continue jusqu'à al-Jahiliya. Tournez à gauche avant d'arriver à ce village.

'AMRAN
('amrān ; Amran)
Ville fortifiée sise au milieu des champs à 50 km au nord-ouest de Sanaa, 'Amran se trouve sur la route nationale Sanaa-Saada, à l'endroit où la route de Hajja bifurque vers l'ouest. Les alentours du croisement se sont largement construits ces dernières années et vous ne verrez là que les quartiers neufs d''Amran.

La visite de la **vieille ville** mérite le détour, notamment le vendredi, jour du marché. L'**architecture** mêle pierre et pisé : les étages inférieurs, souvent bâtis en pierre, soutiennent des niveaux supérieurs en brique de terre, et les bords des toits sont relevés aux quatre coins. Les maisons rappellent, en plus modestes, les maisons-tours de Sanaa et présentent certaines caractéristiques du style de Bani Husaysh, à l'est. Certaines pierres portent des inscriptions pré-islamiques.

Les **remparts**, percés de trois portes, sont en pierre, fait exceptionnel dans cette région d'architecture en pisé. Le **vieux souk** d''Amran mérite aussi une visite pour ses colonnes de pierre rondes qui soutiennent le toit des boutiques. On retrouve ce type de construction au marché de Kuhlan. Les juifs possédaient leur propre souk à l'extérieur des remparts, près du **souk des musulmans** installé autour de la porte ouest de la ville, de part et d'autre du mur d'enceinte. Le marché d'origine est aujourd'hui surpassé par celui installé au bord de la route de Hajja.

Où se loger
La plupart des visiteurs s'arrêtent à 'Amran pour déjeuner. Plusieurs restaurants bordent la route Sanaa-Saada, où quelques *lukanda* offrent un hébergement modeste.

La valeur des armes à feu

Le Yémen compte probablement plus d'armes par habitant qu'aucun autre pays en paix ; les estimations vont de 50 à 60 millions, des armes de poing à l'artillerie lourde. Ceci représente trois ou quatre armes par habitant, femmes et enfants compris. Il est vrai que des conflits, internes et externes, ont troublé ce pays tous les sept ans au cours de ce siècle.

Où que vous alliez, vous verrez des hommes à l'air farouche armés de *jambiya* et de fusils imposants, avec souvent une rangée de munitions à la ceinture. Loin de servir uniquement à faire la guerre ou à impressionner, ces fusils sont aussi utilisés lors de joyeuses occasions. Si vous entendez des coups de feu dans les montagnes, plus que d'un affrontement intertribal, il s'agira probablement d'un mariage, fêté par des tirs en l'air !

L'AK-47 semi-automatique – ou Kalashnikov, du nom de son inventeur – est l'arme la plus répandue. Un pistolet dissimulé sous un vêtement ne confère aucun prestige ! Le port d'un fusil affirme la virilité, l'indépendance et la place d'un homme au sein de la tribu et de la société. Un homme sans arme n'est pas digne de respect. Le fusil sert aussi de garantie dans les transactions : pour emprunter la voiture de son voisin, on lui laisse son arme en dépôt.

Des souks particuliers sont consacrés à la vente des armes. Le plus réputé est le Suq at-Talh, au nord de Saada, que les touristes peuvent visiter. Un autre est installé à Jihana, à 39 km au sud-est de Sanaa, sur la route de Sirwah. Situé au milieu d'une région montagneuse, il dispose d'excellents terrains d'entraînement, où les clients peuvent essayer les armes en payant les munitions. Étant donné que Jihana fournit les clients de différentes tribus en respectant un délicat équilibre, l'endroit est habituellement interdit aux étrangers.

Comment s'y rendre

Mieux vaut combiner la visite d'ʻAmran avec celle de Hajja, à l'ouest, ou de Saada, au nord. Les taxis à bande brune à destination d'ʻAmram stationnent à Hasaba, près de la route de l'aéroport et demandent 200 RY par personne.

RAYDA

(rayda ; Raidah)
Le marché de Rayda, à 22 km au nord d'ʻAmran, a lieu le mardi. Les taxis pour Saada s'y arrêtent pour acheter des cigarettes, du *qat* ou de l'eau. Les restaurants en bordure de route servent de simples plats de poulet ou d'agneau à 200 RY ou de la *salta* à 80 RY. Nous vous déconseillons le *lukanda* local.

Rayda constitue un excellent exemple de la manière dont les règles tribales traditionnelles imprègnent encore la société yéménite. En 1979, Bayt Harash, un nouveau village équipé d'installations modernes pour accueillir le marché, a vu le jour à 2 km à peine à l'est. Bien qu'ayant lieu le même jour, les deux marchés ont prospéré car celui de Rayda est sous le contrôle des Bakils, tandis que Bayt Harash a été fondé par les tribus Hashid. Si le Yémen est aujourd'hui entré dans le XXe siècle, l'ancien système de valeurs gouverne encore le mode de pensée des habitants.

NAʻIT

Ce site archéologique est devenu célèbre grâce aux photos largement diffusées de ses deux colonnes, l'une soutenant l'autre, d'un style proche de celui de Marib. Situées dans une zone en proie à des luttes tribales, les ruines moins impressionnantes du temple du dieu-lune Taʻlab sont rarement visitées. Elles occupent une surface assez vaste et comprennent quelques citernes très anciennes. Nombre de vestiges pré-islamiques en pierre ont été utilisés dans la construction de nouvelles maisons. A l'est de Rayda, une mauvaise piste d'environ 15 km mène jusqu'au site. Pour des raisons de sécurité, il est conseillé de louer un 4x4 à Sanaa pour se rendre à Naʻit. On peut associer la visite de ce site à celles de Dhafar et de Dhi Bin, mais ce sera une journée longue et fatigante.

DHAFAR ET DHI BIN

En parcourant une trentaine de kilomètres sur la route goudronnée qui part au nord-est de Rayda, vous arriverez à un embranchement. De là, une piste conduit au petit village de Dhi Bin, réputé pour sa mosquée du XIIIe siècle érigée sur la montagne voisine.

De l'embranchement, un sentier de 3 km grimpe jusqu'au minuscule village de montagne de Dhafar et aux ruines de fortifications antiques ; les sommets avoisinants sont parsemés de citernes anciennes. Il existe des sentiers plus courts, mais plus abrupts, derrière les montagnes.

L'étendue des ruines est immense – le site est classé en seconde position après celui de Baraqish à al-Jawf – mais l'histoire de Dhafar demeure méconnue. La mosquée, en cours de restauration grâce à un projet coordonné par l'Unesco, est actuellement coiffée d'un toit en tôle ondulé peu flatteur. Les voyageurs musulmans pourront admirer, à l'intérieur, de délicates calligraphies.

Bien que la mosquée figure sur une carte postale publiée par l'Office général du tourisme de Sanaa et que les ruines de Dhafar comptent parmi les plus impressionnantes du pays, l'endroit est déconseillé aux visiteurs pour des raisons de sécurité. Récemment, il était possible de s'y rendre en louant une voiture (avec chauffeur) auprès d'une agence de voyages (9 000 RY par jour). Vous aurez besoin des services d'un guide local pour gagner le sommet des montagnes ; un jeune garçon s'en chargera volontiers pour 500 RY.

KHAMIR

(khamīr)
Autre petit bourg bâti au cœur de cette région de tribus, Khamir est situé sur la route Sanaa-Saada, à 22 km au nord de Rayda. Le marché se tient le dimanche. C'est pratiquement la seule raison d'y faire une halte. La nouvelle route, construite à la fin des années 90, contourne le village.

HUTH
(Hūth)

Huth, la plus grosse bourgade entre 'Amran et Saada, semble assoupie, excepté le vendredi, jour du marché. C'est un endroit pratique pour faire une pause-déjeuner. L'*Al-Naswan Restaurant* se situe au carrefour des routes en direction de Saada et de Shihara. Huth, à 118 km de Sanaa et à 120 km de Saada, est dépourvu d'hébergement correct.

SUQ AL-'INAN
(sūq al-'inān)

Ce village des monts Barat présente un remarquable style architectural. Bien que la région ne manque pas de pierre, ses maisons sont bâties en terre, selon la technique *zabur*, courante à Saada. Les façades et le pourtour des fenêtres sont ornés de larges bandes d'ocre rouge et jaune ou de plâtre blanc. Vous apercevrez quelque maisons de ce style au nord de Huth, depuis la route de Saada. Suq al-'Inan se trouve en plein cœur de la région où fleurit cette architecture. Son marché a lieu le lundi.

Comment s'y rendre

Les taxis collectifs ne se rendent pas dans cette région très faiblement peuplée et les habitants de Suq al-'Inan n'apprécient pas beaucoup les étrangers. Même les touropérateurs refuseront de vous y emmener.

Si la situation évolue, sachez qu'il faut parcourir 36 km depuis Huth, en direction de Saada, jusqu'à al-Harf. De là, un sentier rocailleux conduit au nord-est de Suq al-'Inan (65 km).

Al-Mahwit

La plus petite province du Yémen, celle d'al-Mahwit, au nord-ouest de Sanaa et au sud de Hajja, regroupe plusieurs sites intéressants. Les villes antiques de Shibam et de Kawkaban méritent l'attention – elles figurent dans la plupart des circuits des tour-opérateurs yéménites – comme at-Tawila et al-Mahwit, qui sont d'importants bourgs de marché des hauts plateaux.

L'architecture en pierre de la province est liée à celle de Thilla, à l'est de Shibam. Les ornements se composent de frises, d'incrustations et d'ouvertures délicatement travaillées. Les magnifiques fenêtres sont placées très bas, presque au niveau du sol. Assez grandes, elles sont souvent entourées de deux étroits *takhrims* (décors de fenêtres), une caractéristique locale.

Al-Mahwit est aussi l'une des plus belles provinces de montagne du pays et ses nombreux villages et sentiers en font une excellente région de randonnée. Habitués aux touristes, les habitants vous réserveront un accueil chaleureux. Les villes sont reliées entre elles – et aux provinces voisines – par de nombreux sentiers ou de petites routes. Les voyageurs les plus intrépides pourront marcher d'at-Tawila à Hajja.

La région connaît un développement rapide et la route Shibam-al-Mahwit, nouvellement goudronnée, est bien desservie depuis Sanaa. La prospérité d'al-Mahwit repose sur la culture du café, héritée des siècles passés.

SHIBAM
(Shibām)

Il existe d'autres Shibam au Yémen : Jabal Shibam, près de Manakha, et le Shibam de la vallée du Hadramaout, célèbre pour ses extraordinaires gratte-ciel. Le Shibam d'al-Mahwit, dans le nord, est une petite ville d'allure plus modeste, chargée d'histoire cependant. Elle se dresse à 2 500 m d'altitude, en bordure du bassin de Sanaa, au

En bref

Renseignements pratiques
Code téléphonique régional : 07
403 000 habitants
Capitale : al-Mahwit
(9 000 habitants)

A ne pas manquer
- Les extraordinaires panoramas sur les montagnes environnant Shibam et Kawkaban
- Les randonnées autour de la ville d'al-Mahwit

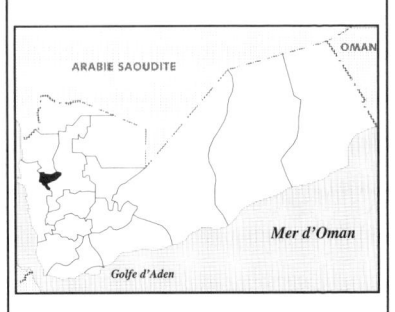

pied du djebel Kawkaban, une montagne au vaste sommet aplati qui culmine à 2 850 m.

La ville mérite une visite, surtout en raison de sa situation, de son passé et de son marché animé du vendredi.

Histoire

Shibam fut peuplé bien avant l'arrivée de l'islam au Yémen. Durant le Ier siècle de notre ère, elle fut la capitale d'un petit État indépendant et éphémère. L'apparition (et la disparition) de ce type d'États était courante dans les hauts plateaux durant le déclin du royaume de Saba et l'émergence du royaume de Himyar, dont la capitale

> **Un pet historique**
>
> Shibam et Kawkaban se disputent l'honneur d'être la seule ville du Yémen où se déroule l'un des contes des *Mille et une nuits*.
>
> Abdul Husayn, un honorable marchand, vivait seul après son veuvage. Ayant décidé d'épouser en seconde noces une belle jouvencelle, il organisa un mariage somptueux et donna de grands festins pour célébrer cette union. Quand arriva la nuit de noces, il entra dignement chez l'épousée tout en recevant les vœux de son entourage. C'est alors qu'il lâcha un pet tonitruant. Honteux, il s'enfuit dans la nuit et ne s'arrêta qu'une fois arrivé en Inde, sur la côte de Malabar.
>
> Il y resta dix années. La langueur et le mal du pays furent si forts qu'il se décida à retourner dans son pays natal, en espérant ne pas être reconnu. Déguisé en derviche, il marchait vers le centre de la ville quand il surprit une conversation entre une grand-mère et sa petite-fille. A la question de la seconde qui désirait connaître la date exacte de sa naissance, la première répondit : "la nuit de l'année où Abdul Husayn lâcha le pet". Le malheureux prit ses jambes à son cou et repartit pour l'Inde, où il vécut dans l'amertume et l'exil jusqu'à sa mort.

était Dhafar. Certaines pierres utilisées pour la construction de la porte de la ville, de la mosquée et d'autres édifices anciens portent des inscriptions datant de l'époque de ces deux royaumes. En regardant attentivement, vous en remarquerez quelques-unes. Certains piliers en pierre du vieux marché remontent à la période sabéenne.

De 845 à 960 (ou 1004, selon les sources), Shibam redevint capitale, sous la dynastie Bani Ya'fur. Première dynastie purement yéménite de l'ère islamique, elle profita en grande partie de la faiblesse des Abbassides. A son apogée, elle régna sur la majeure partie des hauts plateaux, d'al-Janad, au nord de Taez, à Saada, dans le nord. C'est à cette époque que la mosquée de Shibam fut édifiée à l'emplacement d'un temple himyarite. Écrasée par les Zaydites, la dynastie Bani Ya'fur n'exerça plus son influence que sur Shibam et Kawkaban.

Où se loger

De nombreux touristes apprécient le ***Shibam Hanida Tourist Hotel***, un sans-drap rudimentaire mais où vous logerez dans un environnement yéménite traditionnel (600 RY le lit, 1 200 RY en pension complète). Pour trouver le *funduq*, descendez l'ancienne route d'at-Tawila depuis la place du marché jusqu'à la petite arche sur votre droite ; l'hôtel est la maison moderne de l'autre côté de l'arche.

Plus confortable, l'***Hotel al-Shamsi Shibam*** (☎ *450465*) propose des lits avec draps dans une maison propre et tranquille, à 10 minutes à pied de l'animation bruyante du centre (700 RY par personne, 900 RY avec le petit déjeuner). Depuis la place centrale, prenez la rue sur votre droite (en faisant face à la montagne ; parvenu à la fin de la zone construite, demandez votre chemin.

Comment s'y rendre

Les taxis à bande noire font la navette entre Shibam et Sanaa (150 RY, 45 km, 1 heure). La station se trouve à Matbah, au nord-ouest de la capitale, près de l'embranchement des routes de Wadi Dhahr et d'al-Mahwit.

KAWKABAN

(kawkabān ; Koukaban)

Si vous préférez les chambres d'hôtels confortables et les circuits guidés d'une demi-journée aux randonnées indépendantes, Kawkaban vous offrira le meilleur exemple de village yéménite inaccessible, bâti à flanc de montagne. Ce nid d'aigle permet, en effet, de découvrir un magnifique panorama. Kawkaban est aussi la base idéale d'un voyage d'étude ornithologique (voir l'encadré *L'observation des oiseaux au Yémen* dans le chapitre *Présentation du pays*).

Juché au sommet du djebel Kawkaban qui domine Shibam, Kawkaban fut construit pour protéger la ville. Durant les conflits, les habitants étaient regroupés dans la forteresse. Plusieurs citernes taillées dans la roche recueillaient les eaux de pluie et les silos à grains étaient remplis en temps de paix afin d'assurer la survie de la population lors d'un long siège. L'unique porte de la ville est, encore aujourd'hui, fermée durant la nuit.

Le seul chemin conduisant au village, un abrupt et sinueux sentier partant de Shibam, était aisément défendu. Plus d'un attaquant muni d'armes à feu sophistiquées se vit débouté par de simples jets de pierre. Ce n'est que durant la guerre civile des années 60 que Kawkaban connut la défaite, comme de nombreuses autres forteresses yéménites. La plupart de ses édifices subirent alors des bombardements aériens. Une partie de la ville est encore en ruine.

La falaise, haute de 350 m, offre une vue magnifique sur les champs environnants. Au nord, à 9 km à peine de Shibam, on aperçoit la ville basse de Thilla et sa forteresse ; ce lieu mérite absolument une visite (voir la rubrique *Thilla* du chapitre *Sanaa*). Au sud, vous apercevrez peut-être le sommet du djebel an-Nabi Shu'ayb, le point culminant du Yémen (3 660 m).

Où se loger et se restaurer

L'*Hotel Jabal Kawkaban* (☎ *450170*) et le *Kawkaban Hotel* (☎ *450154*) se dressent côte à côte dans la partie nord-est du village. En entrant par la porte principale, traversez le village tout droit, passez devant le marché le long de la ruelle des boutiques en pierre, puis traversez le sommet plat de la colline. Ces maisons-tours anciennes offrent un hébergement spartiate. La première, très rudimentaire et plutôt sale, propose des chambres doubles à 1 600 RY avec douche froide commune. La seconde dispose de chambres sans-drap plus propres, certaines avec s.d.b., et accueille les clients des tour-opérateurs. Elle possède un restaurant correct – le seul du village – où vous pourrez goûter des spécialités yéménites à prix raisonnables – ils varient cependant selon la demande. On nous a demandé 2 000 RY par personne en pension complète ; l'eau chaude fonctionnait. Ces prix incluent une taxe, démesurée, pour la vue offerte…

Comment s'y rendre

A pied, il faut au moins une heure pour aller de Shibam à Kawkaban, sans compter les arrêts pour admirer la majesté du paysage. Emportez une bonne provision de pellicules. Le sentier, pavé mais escarpé, commence derrière la grande mosquée.

La plupart des villages yéménites sont desservis par des 4x4 et Kawkaban ne déroge pas à la règle. Il existe maintenant une route goudronnée qui part de Shibam et contourne la montagne, mais elle n'offre pas un grand intérêt panoramique. En revanche, elle a sauvé le village de l'exode. En effet, dans de nombreux villages haut perchés, les habitants préfèrent descendre s'installer dans des endroits plus accessibles. A mi-chemin de la route, un autre sentier mène à Kawkaban.

AT-TAWILA

(aṯ-ṯ-awîla ; at-Taweelah)
Les maisons de ce bourg, construit au sud d'une courte chaîne montagneuse, sont entourées de rochers majestueux. S'étendant à flanc de montagne, la vieille ville est coincée entre la route et la roche, ce qui lui a peut-être valu son nom (*tawila* signifie long). De nouveaux quartiers s'étirent de l'autre côté de la route.

Une grimpette par les sentiers qui surplombent le bourg procure une vue superbe sur at-Tawila et un aperçu de la vallée qui se profile derrière les immenses rochers. D'ouest en est, quatre sommets se découpent : al-Mahdhur, al-Munqur, ash-Shamsan et al-Husn. Un cinquième, al-Qarani, se dresse plus au nord-est. La plupart sont couronnés de forts, dont l'accès est interdit (ce sont des zones militaires).

Deux hôtels modestes sont installés près de la station de taxis d'at-Tawila. L'*Alsslam Hotel* ou *funduq as-salām* propose des doubles à 1 000 RY. Un *hôtel sans nom* (et

Randonnées dans la province d'al-Mahwit

Cette province est sans doute la mieux adaptée à la randonnée. Les distances ne sont pas trop longues, les paysages sont époustouflants et la population locale très hospitalière. Les sources et les ruisseaux arrosent les pentes montagneuses, où les fermiers cultivent leurs champs. La faune, et principalement l'avifaune, abonde. La région bénéficie régulièrement des eaux de pluie dues aux nuages qui s'amoncèlent au-dessus des montagnes, même en saison sèche. Pendant la saison humide, les cascades constituent une véritable attraction. Il n'est pas surprenant que la région montagneuse qui entoure al-Mahwit soit appelée *bilad ghayl* (pays du printemps).

De nombreux itinéraires conduisent dans les provinces voisines en quelques jours. Préparez minutieusement votre randonnée. Emportez une tente et suffisamment d'eau et de nourriture. Ne sous-estimez pas la difficulté de certains passages.

D'al-Mahwit ou d'at-Tawila, on peut aller vers le nord jusqu'à Hajja et Kuhlan (voir le chapitre *Hajja*), en traversant le Wadi La'a qui coule vers l'ouest. Les plus aventureux découvriront d'innombrables sentiers non répertoriés. A mi-chemin, vous pouvez vous arrêter au djebel Maswar (3 240 m), à quelque 35 km au sud-est d'al-Mahwit. De magnifiques terrasses couvrent les flancs de la montagne. A l'est de cette dernière et à 20 km au nord d'at-Tawila, se trouve le village de Bayt 'Adhaqa. De là, vous pouvez continuer en empruntant les sentiers en direction du nord-ouest vers Hajja ou du nord vers Kuhlan. Si vous préférez le confort d'un 4x4, prenez la piste qui part à l'est pour 'Amran et rejoint la route carossable 'Amran-Kuhlan dix-sept kilomètres plus loin, à mi-chemin entre les deux villes.

Vous pouvez aussi opter pour la très belle route du sud, à l'est de Bayt 'Adhaqa, qui rejoint Thilla après 31 km.

A 26 km d'al-Mahwit en direction de Khamis bani Sa'd, la route bifurque. La voie de droite conduit aux versants nord du djebel Hufash et du djebel Milhan, avant de rejoindre la route d'at-Tur à Dayr Dukhna dans le bassin d'at-Tur. C'est une très longue randonnée pour rejoindre le nord de la Tihama (130 km d'al-Mahwit à Dayr Dukhna).

---

sans-drap) est situé de l'autre côté de la place ; il propose des lits à 300 RY.

At-Tawila est aisément accessible en taxi collectif depuis Shibam (100 RY, 1 heure 15) ou Sanaa (300 RY, 2 heures 15). Nous vous recommandons de faire les 29 km à pied depuis Shibam. La route grimpe dans les montagnes à plus de 3 000 m et traverse, aux alentours d'at-Tawila, des petits villages et des champs en terrasses ombragés, une rareté dans les montagnes yéménites.

AL-MAHWIT
(al-maHwīt ; al-Mahweet)
Al-Mahwit est la plus importante ville de la province. Cette superbe cité comporte des maisons anciennes au sommet des collines centrales, sur les flancs desquelles s'étirent les quartiers neufs. Le marché, attraction incontournable, a lieu le mardi.

La vue splendide sur les vallées est souvent masquée par les nuages durant la saison des pluies. Les montagnes environnantes n'ont rien à envier aux monts Haraz, près de Manakha.

Le principal intérêt d'al-Mahwit réside dans ses environs. Le chemin panoramique jusqu'au point de vue appelé **Hadiqat** (jardin) donne l'occasion d'une belle promenade. De la ville, suivez la piste qui part au nord-ouest le long de la crête, après les champs en terrasse et les vergers. Au bout de 45 minutes, vous arrivez à un terrain vague clôturé et nivelé ; au-delà s'étend une vue à couper le souffle sur la partie nord-est de la corniche. Le sommet le plus proche s'appelle **ar-Riady** (le pilote). Faites plutôt cette petite marche le matin, car l'après-midi les nuages s'amoncellent et bouchent le paysage. Cette région est particulièrement propice aux randonnées (voir l'encadré *Randonnées dans la province d'al-Mahwit*).

Où se loger et se restaurer

Très économique, le *Funduq an-Nil*, à l'ouest du quartier du marché, possède des doubles/triples et un dortoir. Les s.d.b., installées dans le couloir, sont sales et dépourvues d'eau chaude. Comptez 400 RY pour un lit sans-drap, quelle que soit la chambre.

Beaucoup plus agréable, le *Friendship Hotel* occupe une maison traditionnelle à l'autre extrémité du marché. Il propose des doubles à 1 000 RY et des doubles/triples avec douche privée à 1 200/1 400 RY ; les draps sont fournis à la demande. Le personnel est aimable et l'atmosphère très sympathique.

Le plus luxueux, l'*Hotel Mahweet* (☎ *404767, fax 404591*) se trouve à un pâté de maisons en contrebas du Funduq an-Nil, près de la route principale et du marché. Il dispose de petites chambres à un ou deux lits à 35 $US et de suites à 45 $US. Son restaurant, au dernier étage, offre une belle vue.

En dehors des hôtels, les bons restaurants sont rares. Les plus intéressants bordent la route principale qui mène au marché central.

Comment s'y rendre

La route de Shibam à at-Tawila traverse une vallée agricole, passe devant ar-Rujum, où se tient un marché le lundi, et grimpe dans les montagnes d'al-Mahwit pour rejoindre al-Mahwit. La course en taxi depuis Shibam (80 km) revient à 200 RY par personne, 400 RY depuis Sanaa.

La province s'étend au sud d'al-Mahwit jusqu'à la route allant de Sanaa à al-Hudayda ; Khamis bani Sa'd, qui accueille un marché le jeudi, marque le début de la piste menant à al-Mahwit. Aucun taxi n'emprunte cette route mais il est possible de monter à l'arrière d'un 4x4. Prévoyez au moins 5 ou 6 heures (ou 2 jours de marche facile) pour effectuer les 60 km de route. Les véhicules passent par le Wadi Sari' puis par Juma'a Sari' (marché le vendredi) avant d'entamer la longue ascension vers al-Mahwit. Les flancs des montagnes illustrent parfaitement le Yémen rural : les terrasses sont intensément cultivées et parsemées de hameaux.

Hajja

La province de Hajja, au nord-ouest de Sanaa et d'al-Mahwit, présente une bizarrerie sur la carte du pays. Cette région assez vaste s'étire des montagnes de l'ouest au nord de la Tihama. Bien que le réseau routier national la traverse en plusieurs sens, de nombreuses parties de la province ne sont pas reliées entre elles ; aller d'une ville à l'autre nécessite souvent de quitter la province pour y rentrer par une autre route.

Les touristes seront particulièrement intéressés par la visite de Hajja, capitale de la province, et par Shihara, un extraordinaire village de montagne situé au nord de la province. Malheureusement, les montagnes ne sont pas toujours sûres pour les voyageurs. Le nord de la Tihama attire peu de touristes, hormis ceux arrivant d'Arabie saoudite par la route.

HAJJA
(hajja ; Hajjah, Haddzhah, Haggah)
Hajja est une ville moderne, qui se targue de posséder les premiers feux de circulation du pays. Elle couvre plusieurs sommets montagneux. Offrant peu de sites touristiques en dehors d'un petit marché et de quelques mosquées, elle n'attire pas les foules. Les touristes préfèrent admirer la géographie des environs, parsemés d'innombrables villages perchés au sommet et sur les flancs des montagnes, cultivées en terrasses. La route qui traverse les hauts plateaux jusqu'à Hajja vaut à elle seule le déplacement.

En dépit de son aspect moderne, Hajja est une bourgade très ancienne, mentionnée pour la première fois dans des documents datant des XIVe et XVe siècles. L'État zaydite y installa brièvement sa capitale. Hajja doit son importance à sa situation stratégique, qui permet de contrôler les montagnes densément peuplées et intensément cultivées de la Tihama, dans le bassin d'at-Tur, le long du Wadi Mawr.

La population de Hajja a chèrement payé ce privilège. Sous l'occupation turque,

En bref

Renseignements pratiques
Code téléphonique régional : 07
1 250 000 habitants
Capitale : Hajja
(37 000 habitants)

A ne pas manquer
- Traverser l'ancien pont de Shihara
- Parcourir la route d'"Amran à Hajja

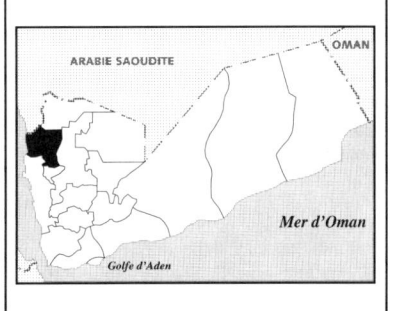

ce bastion zaydite fut souvent vaincu. Cependant, les Turcs s'employèrent au développement de la ville. Durant les dernières années de l'imamat, Hajja servit tout à la fois de bastion à la dynastie zaydite et aux dissidents ; c'est la raison pour laquelle elle fut amplement bombardée lors de la guerre civile des années 60. La majeure partie de la ville fut construite après la révolution de 1962.

Les Turcs commencèrent par bâtir la citadelle d'al-Kwal'a sur le plus haut sommet. Les imams zaydites s'y installaient lorsque le pays n'était pas occupé. Pratiquant la prise d'otages parmi les tribus rebelles, ils la dotèrent de vastes prisons souterraines. Certaines anciennes maisons présentent des ornements de style turc, tandis que les édifices récents mêlent de vives couleurs, une caractéristique unique au Yémen.

Terminée en 1907, la mosquée al-Hawra fut construite au cours des dernières années de l'occupation ottomane. Dépourvue de coupole et dotée d'un minaret de 9 m de haut, elle ne présente pas les caractéristiques habituelles du style turc. Une partie de la mosquée est réservée aux hommes, l'autre aux femmes.

Hajja offre une gamme raisonnable d'hôtels et peut servir de point d'attache pour les randonneurs, si la sécurité le permet.

Où se loger

Deux hôtels très modestes et sans enseigne sont installés près de la station de taxis centrale. En venant de Sanaa, prenez la première rue à droite au principal croisement et demandez *mumkin funduq rakhīs*. Tous deux offrent des doubles/quadruples, sans-drap ou avec un drap très sale, à 400 RY par personne. Les s.d.b. communes sont dépourvues de douche et d'eau chaude.

Le ***Funduq Ghamdan Hajja*** ou ***Ghamdan Hotel Hajah*** *(☎ 220420, fax 220423)* se tient au sommet de la colline, à l'ouest du centre-ville. Vous pouvez vous y rendre à pied en 10 minutes depuis le carrefour central (à droite en venant de Sanaa). Le Ghamdam propose des simples/doubles à 3 150/3 575 RY, possède un restaurant et accepte les voyageuses solitaires.

Comment s'y rendre

Hajja est reliée à Sanaa par une route goudronnée. Les taxis partent de Hasaba, au croisement des routes de l'aéroport et de Saada (300 RY, 115 km, de 2 heures 30 à 3 heures).

Le trajet offre des vues magnifiques, notamment sur les 65 km qui séparent 'Amran de Hajja. La route serpente d'abord parmi les cultures en terrasse en montant doucement jusqu'à 2 800 m. Aux abords du bassin d''Amran, certaines des pires conséquences du boom pétrolier au Moyen-Orient sautent aux yeux. La demande de main d'œuvre a vidé les campagnes yéménites de ses habitants, qui sont partis travailler en Arabie saoudite et dans les pays du Golfe, et les terrasses ont été laissées à l'abandon. Deux ans après cet exode massif, les fortes pluies ont lessivé la terre, ne laissant que des plateformes de pierre.

Après le passage du col le plus élevé, la route descend en lacets jusqu'à Wadi Sharas, à 1 000 m d'altitude. Cette descente de presque 2 km traverse divers climats, paysages, végétations et plantations. La route, construite par les Chinois, vaut le coup d'œil. Une terrasse permet d'admirer ce bel ouvrage, près du village de Kuhlan. Arrêtez-vous pour contempler cet alignement harmonieux.

A Suq Sharas, un petit marché a lieu le dimanche, là où la route traverse la rivière, au fond de la vallée. Vous remarquerez les conceptions différentes de l'esthétique, yéménite et chinoise : une pagode se dresse au milieu des échoppes modernes en tôle ondulée.

Après la traversée du wadi, la route remonte vers Hajja, à 1 700 m d'altitude.

Jusqu'à la construction de la route 'Amran-Hajja, la seule voie praticable en voiture était la piste venant de Dayr Dukhna. Cette dernière offre toujours une intéressante alternative (voir la rubrique *Comment s'y rendre* du chapitre *Al-Hudayda*), mais la route n'est pas goudronnée, mais nivelée. La course en taxi de Hajja à Dayr Dukhna coûte 300 RY, plus 200 RY jusqu'à al-Hudayda.

KUHLAN

(kuHlān ; Kohlan)

A mi-chemin entre 'Amran et Hajja, après une autre plate-forme d'observation, deux embranchements partent vers la droite (côté nord). Les panneaux indiquent "Hesn Kohlan". Ce petit village perché dans la montagne mérite un détour de quelques heures. Il est, en outre, aisément accessible par de bonnes routes.

Kuhlan offre un parfait exemple de village yéménite. Accrochées au flanc de la montagne, ses maisons sont bâties les unes au-dessus des autres. Essayez de venir le

La roche noire du Husn al-Ghurab (forteresse du corbeau) contraste avec le sable de la plage de Bir'Ali

Khurayba était autrefois un lieu de halte des caravanes entre la côte et le wadi Hadramaout

Marib, cité aux tours de terre impressionnantes, est la porte du désert Ruba'al-Khali

Une maison en ruine, sur les hauteurs de Shihara

Vue d'al-Mukalla, port de l'Hadramaout

Pont de pierre de Shihara

Le désert de Ramlat as-Sab'atayn

lundi, jour de marché. Le dernier embranchement avant Hajja, sur la route 'Amran-Hajja, mène directement au souk. Les échoppes sont encadrées de portiques posés sur des colonnes de pierre, semblables à celles du souk d''Amran.

Des sentiers escarpés traversent et contournent le village pour atteindre le sommet de la montagne. La citadelle qui la coiffe, réservée au gouvernement, est fermée au public. Sur sa gauche, un chemin mène à l'autre versant et à la route de Hajja.

SHIHARA

(shihāra ; Shaharah)
C'est l'un des villages fortifiés les plus célèbres du pays. Situé au sommet du mont Shihara, qui culmine à 2 600 m, dans une région d'une altitude moyenne de 1 500 m, ce village pratiquement inaccessible a longtemps été le théâtre de conflits armés. Durant les siècles passés, les imams zaydites s'y réfugièrent à plusieurs reprises lorsque des envahisseurs étrangers les menaçaient. Prêts à se battre jusqu'au bout, les villageois ont toujours manifesté une forte méfiance à l'égard des étrangers. Aujourd'hui encore, ils font preuve d'une grande réserve.

Histoire

Durant les XVIe et XVIIe siècles, Shihara a joué un rôle important dans la résistance contre les Ottomans, qui occupaient la majeure partie des hauts plateaux. La défense s'organisa en 1598 depuis Shihara sous la conduite de l'imam Qasim ibn Mohammed (ou imam al-Mansur Bi-llah) et prit fin avec son fils, l'imam Mu'ayyid, en 1635. Les combats firent tant de victimes parmi les occupants que le Yémen fut baptisé "le tombeau des Turcs". Durant la seconde période d'occupation turque au XIXe siècle et au début du XXe, Shihara demeura le bastion occidental de la région contrôlée par les tribus indépendantes.

Pendant la guerre civile des années 60, le village servit à nouveau de quartier général militaire, cette fois pour les royalistes en lutte contre les républicains. Les nouvelles techniques de guerre entraînèrent sa chute : les républicains utilisèrent l'aviation pour bombarder lourdement le village. Même si de nombreuses maisons ont été reconstruites dans le style traditionnel, les traces des bombes sont encore visibles aujourd'hui.

Orientation

Au pied du djebel Shihara, le hameau d'al-Qabai marque le point de départ de la route qui grimpe vers la montagne. Quatre villages bordent la route. Après le troisième, Hababa, la route bifurque. L'embranchement de droite est un sentier abrupt qui mène directement à la plus petite des deux parties de Shihara. On peut apercevoir le fameux pont qui la relie au village principal. La route de gauche est moins escarpée mais plus longue. Elle serpente autour de la montagne et traverse Suq al-Khamis, un autre village de tôle ondulée où le marché se tient le jeudi. Ici la route bifurque à nouveau ; le sentier de droite rejoint Shihara et la porte Bab an-Nakhla.

A voir

L'architecture locale ne favorise pas l'ornementation. Les **maisons en pierre** comportent jusqu'à cinq étages mais se contentent de quelques frises et de petites ouvertures rondes ou cruciformes au-dessus des fenêtres supérieures. Les fenêtres sont souvent soulignées de plâtre blanc, appliqué sans grand soin de l'intérieur. Vous verrez ici de parfaits exemples de l'architecture montagnarde d'origine.

Shihara possède 23 **citernes** creusées en amphithéâtre dans la roche. La plus grande côtoie la mosquée, au centre du village. Elles ont été construites durant la première occupation ottomane afin d'assurer la survie des habitants durant les sièges survenant en saison sèche.

Al-Jami' al-Kabir, la grande mosquée, fut édifiée au début des années 1600 par l'imam Qasim ibn Mohammed ; elle abrite d'ailleurs sa sépulture.

Les deux parties du village sont reliées par un pont de pierre (appelé *al-'aqd*). Ce remarquable ouvrage du début du XVIIe siècle enjambe une gorge de 300 m de profondeur.

Ses plans, établis par le célèbre architecte Salah al-Yamani, prévoyaient trois arches superposées ; seule subsiste aujourd'hui l'arche supérieure.

Où se loger

Shihara compte deux hôtels rudimentaires, sans-drap, qui proposent des lits en dortoirs. La maison-tour est plus agréable que l'établissement à un seul étage. Les maisons en pierre à l'ancienne de Shihara sont réservées par des groupes organisés en mal d'"exotisme" et les prix sont généralement négociés au préalable. Les voyageurs indépendants devront passer un long moment à marchander ; certains disent avoir payé 1 000 RY, d'autres 2 000 RY. La demi-pension est incluse dans le prix, le village ne possédant aucun restaurant. Vous trouverez des boutiques où acheter des biscuits et des boissons.

Comment s'y rendre

Shihara est l'un des rares villages yéménites gâché aujourd'hui par le tourisme. Au milieu des années 80 – avant le "boom" touristique –, c'était encore un site que seuls les voyageurs les plus "téméraires" se risquaient à visiter. Aujourd'hui, l'aventure a totalement disparu. Les villageois, abandonnant leur hostilité et leur méfiance à l'égard des étrangers, ont acquis un grand sens du commerce ! Des directives officielles obligent les touristes à passer par un tour-opérateur pour visiter Shihara. Les agences de Sanaa proposent une voiture avec chauffeur pour 65 à 85 $US par jour. Les transports locaux sont rares et aussi coûteux.

Bien que Shihara ne se trouve qu'à 163 km de la capitale, il vous faudra une journée entière pour y arriver. Après 118 km sur la route Sanaa-Saada, vous arriverez à la petite bourgade de Huth. Il ne reste que 45 km jusqu'à Shihara, mais compte tenu de l'état de la route, le trajet jusqu'au pied de la montagne peut prendre plusieurs heures.

A 18 km à l'ouest de Huth, vous rencontrerez al-Ashsha, un petit village doté de quelques épiceries. En continuant la route cahoteuse qui longe la vallée fertile et subtropicale du Wadi al-Wa'ar, vous passerez devant des plantations de dattiers, de bananiers et de papayers avant d'arriver aux cabanes en tôle ondulée de Suq al-Ahad, à 12 km au sud-ouest d'al-Ashsha. Le marché du dimanche attire la population des environs.

Le village d'al-Qabai, au pied du djebel Shihara, se situe à 15 km à l'ouest de Suq al-Ahad. C'est de là que part la route escarpée et difficile qui grimpe sur 1 400 m jusqu'au djebel.

Les villageois vous obligeront à changer de véhicule. Les tour-opérateurs de Sanaa n'ont pas le droit de vous conduire jusqu'au sommet de la montagne et vous devez louer une voiture avec chauffeur, ce qui revient au prix exorbitant de 6 000 RY environ. C'est le tarif appliqué à tous les véhicules arrivant de la capitale. Il est impossible de réunir deux groupes dans une même voiture. Deux véhicules en provenance de Sanaa signifient deux 4x4 à Shihara, même si chacun ne prend qu'un seul passager !

La meilleure solution consiste à marcher en profitant du magnifique panorama sur les terrasses et les plantations de *qat*. Toutefois, lors de notre passage, la population locale interdisait les randonnées dans ces montagnes. Si la situation change, sachez qu'il faut être en excellente forme physique car le trajet demande au moins cinq heures ; vous comprendrez pourquoi les Turcs n'ont pas réussi à conquérir Shihara !

Saada

La province de Saada, la plus septentrionale du pays, inspire le respect. Sa capitale, Saada, est le berceau du zaydisme, la plus puissante école spirituelle de la pensée musulmane au Yémen. La région abrite de nombreuses tribus montagnardes qui tiennent farouchement à leur indépendance. Dans les années 60, les fiers clans de Saada furent les derniers à déposer les armes et à accepter la République. C'est là, également que la réunification des deux Yémen, en 1990, a suscité la plus forte résistance.

La frontière nord de la province avec l'Arabie saoudite n'est pas définie dans sa majeure partie ; à l'est, ses limites se perdent dans les sables de l'ar-Ruba' al-Khali. L'influence saoudienne a marqué la région tout au long de l'histoire du Yémen indépendant. En temps de paix, les Saoudiens y introduisaient frauduleusement des biens de consommation ; lors des conflits, ils procuraient des armes et un soutien idéologique à la résistance yéménite.

La plupart des touristes visitent Saada. La ville déçoit souvent ceux qui ont déjà vu d'autres régions. Peut-être n'y voient-ils qu'une cité ancienne, encombrée de voitures d'importation, parmi d'autres. La province est relativement peu peuplée et la plupart de ses villages sont perchés dans les montagnes à l'ouest de la capitale régionale ; les voyageurs n'y vont pas. La route nationale traverse les plateaux désolés jusqu'à Saada.

Saada mérite pourtant que vous la visitiez. Vous apprécierez les solennelles traditions d'une ville antique brusquement plongée dans le XXe siècle finissant. Saada présente un style architectural très particulier et tente de lutter contre le béton et la tôle ondulée.

Certains comportements témoignent d'une culture ancestrale rattrapée par la modernité : le jeune soldat qui marche seul à notre rencontre au sommet des remparts, s'arrête et gesticule pour qu'on le prenne en photo avec sa Kalashnikov, sans pro-

En bref

Renseignements pratiques
Code téléphonique régional : 07
Population : 484 000 habitants
Capitale : Saada
(28 000 habitants)

A ne pas manquer

- Se promener sur les remparts de Saada

- Escalader le mont Umm Layla

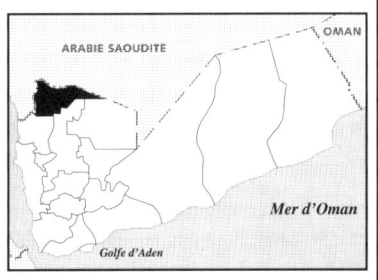

noncer un mot. D'un signe de tête, il nous remercie et s'éloigne immédiatement après le déclic...

SAADA
(ṣa'da ; Sadah, Saadah)
La ville fortifiée de Saada se dressait autrefois au milieu des champs. Les remparts sont toujours debout, mais les quartiers neufs empiètent sur la campagne. Bien que sérieusement endommagée durant la guerre civile des années 60 et malgré la destruction partielle de ses remparts dans les années 70 – afin de faciliter le passage des véhicules motorisés –, une grande partie de la ville d'origine est demeurée intacte. Quelques édifices administratifs modernes, construits près des fortifications, semblent incongrus.

Histoire

A Saada, comme partout au Yémen, les habitants insistent sur le fait que leur ville existait avant l'arrivée de l'islam.

Située à mi-chemin entre les villes de Ma'in (au sud-est) et de Najran (au nord), près de la source du Wadi Najran et au centre d'un bassin long de 35 km, Saada représentait une halte idéale pour les caravanes de chameaux suivant la route de l'Encens. Il reste peu de vestiges de cette époque.

En 901, Yahya bin Husayn bin Qasim ar-Rassi (originaire de Basra, en Irak) se proclama imam et fit de Saada sa capitale. Ce haut dignitaire religieux chiite avait séjourné à Médine et suivi l'enseignement de Zayd ibn 'Ali (697-740), qui donna son nom au mouvement zaydite. Yahya avait été sollicité par les habitants de Saada en 892 pour arbitrer une querelle entre les tribus Hashid et Bakil. Il finit par accepter de quitter Médine en 897 et régla le différend avec beaucoup de succès. C'est ainsi qu'il fonda un État unifié dont il prit la tête, devenant 'al-Hadi ila-l-Haqq', ce qui signifie "le guide vers la Vérité".

Le zaydisme est un courant chiite spécifique au nord du Yémen (voir la rubrique *Les sectes islamiques* du chapitre *Présentation du pays*). Les enseignements zaydites sont considérés comme un soutien pour l'État car ils soulignent la différence entre les droits et les devoirs privés et publics.

Les anciens États zaydites étaient dirigés par un imam. Selon leurs principes, toute personne, si elle satisfait à quatorze critères, peut être élue à ce poste. Le candidat doit être un homme, né libre, en bonne santé, qui paie ses impôts et connaît le Coran. Les onzième et douzième conditions sont plus

Al-Hamdani, l'historien

Le premier écrit concernant Saada date du Xe siècle. Al-Hamdani, célèbre historien et géographe yéménite, la mentionne dans sa description de l'Arabie du Sud. A cette époque, Saada jouissait déjà d'une certaine importance en raison de l'introduction du zaydisme à la fin du siècle précédent.

Si Al-Hamdani passa la plus grande partie de sa vie à Saada, il voyagea aussi beaucoup, et consigna ce qu'il découvrait avec force détails, transcrivant même les inscriptions trouvées sur les ruines des royaumes disparus. Son travail est une source documentaire précieuse sur l'ancienne Arabie. Il informe ainsi sur la situation des chrétiens de Suqutra, sur le château royal et le cours d'eau percé dans une montagne à Baynun, sur la disparition de Shabwa et sur la prospérité de Hajjarayn dans le Hadramaout. Au XXe siècle, certains sites anciens ont été découverts grâce aux écrits d'Al-Hamdani. Il reste connu pour être *al-lisan al-yaman* (la langue du Yémen).

Al-Hamdani était aussi généalogiste. Dans son ouvrage en 10 volumes, *Al-Iklil*, rédigé vers 930-940, il décrivit la structure tribale du Yémen du Nord avec une étonnante précision. La description des villes ou des villages habités par les Bakil ou les Hashid est encore valable aujourd'hui. Dans la mesure où chaque tribu et chaque Yéménite fait remonter ses origines jusqu'à Qahtan, le fils du prophète Hud – lui-même petit-fils de Shem, le fils de Noé –, la généalogie fait partie intégrante de la vie yéménite. Dans les régions tribales, il n'est pas rare que les anciens connaissent par cœur le nom de leurs ancêtres sur six générations et puissent citer tous les habitants de leur propre village et de ceux des environs, ainsi que leur lien de parenté avec chacun d'eux.

restrictives car elles stipulent que l'imam doit être choisi parmi les descendants directs d''Ali et de Fatima, le gendre et la fille du Prophète.

Ce système a donné naissance à une noblesse religieuse, la *sada* (voir la rubrique *Classes sociales* dans le chapitre *Présentation du pays*), un groupe de familles puissantes. Durant les mille ans que dura le régime zaydite, le nombre de ses membres s'éleva à 50 000. Ils occupaient la plupart des postes gouvernementaux, tandis que les terres demeuraient la propriété du petit peuple des tribus. La justice tribale et l'imamat se heurtèrent souvent, mais la sada fut toujours très respectée.

L'imam Yahya régna jusqu'en 911. Les trois imams suivants demeurèrent à Saada, puis la capitale fut transférée dans d'autres villes, telles Hajja ou Sanaa. Ce ne fut que six cents ans plus tard, en 1597, lorsque l'imam Al-Mansur al-Qasim ibn Mohammed installa son camp de base à Saada pour lutter contre l'occupant ottoman, que la ville retrouva son statut de capitale de l'État zaydite. En 1636, les Turcs furent définitivement chassés et la capitale réinstallée à Sanaa. Néanmoins, Saada demeura la capitale spirituelle du pays, la ville sacrée de l'imamat.

En 1962, le dernier imam, Al-Badr al-Mansur, fut déposé par les révolutionnaires qui fondèrent la RAY. Al-Badr se réfugia dans les montagnes au nord-ouest de Saada d'où il dirigea une vaine campagne contre les nouveaux dirigeants. La guerre civile dura sept ans. Aujourd'hui encore, c'est dans cette région la plus septentrionale du pays que le pouvoir du gouvernement républicain est le plus faible.

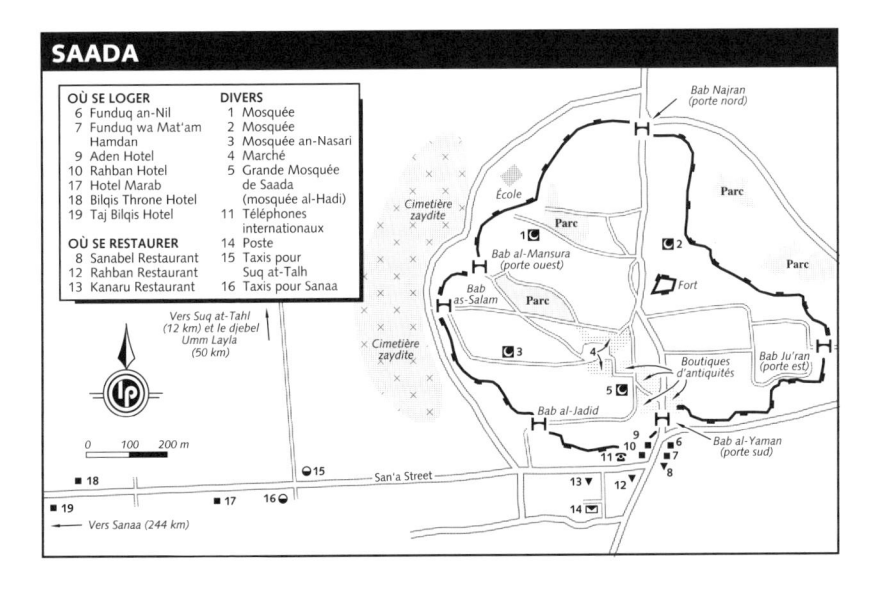

Au début des années 90, c'est là que l'opposition à la réunification était la plus vigoureuse. La ville et son aristocratie religieuse perdirent beaucoup dans cette lutte. L'affaiblissement des liens économiques du Yémen avec sa voisine saoudienne contribua à isoler Saada, le centre marchand du pays ayant été transféré dans le lointain port d'Aden. En outre, la réunification n'entama pas les lois "libérales" du sud au grand dam de l'*ulama* (l'élite religieuse et politique) de Saada, horrifiée à l'idée que des femmes cultivées, non voilées, puissent travailler pour un salaire. L'ulama put finalement assouvir sa vengeance après la guerre de 1994.

Orientation et renseignements

Les taxis vous déposent devant Bab al-Yaman, la porte sud. Les hôtels, les restaurants, les stations de taxis et le poste de police se regroupent dans Sanaa St, à 2 km des remparts. La poste se trouve à un pâté de maisons au sud de Sanaa St.

A voir

Lieu le plus sacré des Zaydites, la **Grande Mosquée** date du XIIe siècle. Douze coupoles abritent les tombes de l'imam Yahya, fondateur du zaydisme, et de onze autres imams. Les non-musulmans devront se contenter d'en admirer l'extérieur. Il en va de même pour la **mosquée an-Nisari**, remarquable, dans la partie est de la vieille ville. Le fort, au sommet de la colline centrale, abrite des locaux gouvernementaux (autrement dit, une base militaire) : inutile, ici aussi, de tenter d'y pénétrer.

Ne vous découragez pas, partez à la découverte de la ville elle-même. En dépit de quelques édifices modernes, Saada offre une architecture de style *zabur* en excellent état. Construits en terre sous le règne de l'imam Yahya, les **remparts** étaient alors suffisamment larges pour qu'un âne attelé d'une charrette puisse y circuler. Un projet de restauration, au début des années 90, supérieur à celui mis en œuvre à Sanaa, leur a restitué l'aspect d'origine. Se promener sur ces murailles constitue le meilleur moyen d'admirer la beauté de Saada. Pour y accéder depuis Bab al-Yaman, entrez dans la vieille ville et prenez l'étroite ruelle à droite, à côté d'une échoppe d'argent.

La porte nord **Bab Najran**, entourée d'un labyrinthe de murs, constitue un étonnant dédale ! Faites preuve de discrétion si vous pointez votre objectif sur les jardins privés que l'on aperçoit du haut des remparts.

Saada se découvre également en flânant dans les rues. Le **marché** ouvre tous les jours mais il bat surtout son plein le dimanche. D'innombrables boutiques d'antiquités vendent des bijoux fabriqués par des bijoutiers juifs (voir plus loin l'encadré *Les juifs du Yémen*). Malheureusement, les touristes ont dévalisé les magasins de thalers de Marie-Thérèse, cette pièce d'argent qui constituait autrefois la seule unité monétaire.

En dehors de la ville, à l'ouest des remparts, un immense champ "vide" est entouré de modestes murs. Il s'agit du **cimetière zaydite**, de loin le plus vaste et le plus ancien du Yémen, parsemé d'innombrables stèles et de tombes savamment sculptées. Quelques petits dômes distinguent les mausolées des parents des imams ou des érudits zaydites des tombes plus modestes.

Où se loger – petits budgets

L'*Aden Hotel*, juste avant Bab al-Yaman, loue des triples à un-drap d'une propreté douteuse, avec ventilateur, pour 600 RY ; toilettes et douches sont dans le couloir. En face, le *Funduq an-Nil*, ou Nile Hotel, offre un confort similaire, quoique encore moins propre. Il propose des simples/doubles/dortoirs, avec s.d.b. communes équipées de douches ; pour l'eau chaude, branchez le chauffe-eau et attendez deux heures. Si vos finances ne vous laissent pas d'autre choix, trois funduqs, dont le *Funduq Hamdan*, aux enseignes uniquement en arabe, occupent les maisons voisines. A 1,5 km de Bab al-Yaman, l'*Hotel Marab*, dans Sanaa St, offre des doubles à deux-draps à 400 RY.

Où se loger
– catégorie moyenne

Deux autres hôtels bordent Sanaa St, à 2 km de la vieille ville. Le *Bilqis Throne Hotel* (☎ 512973), une auberge à un-drap, d'une propreté remarquable, dispose de triples avec s.d.b. et eau chaude à 1 200 RY. A l'extérieur de la ville, le *Taj Bilqis Hotel* (☎ 512459, fax 512203) est sans doute le plus propre de Saada. Comptez 1 035/1 265 RY pour une simple/double à deux-draps.

Très bien situé tout près de la vieille ville, le *Rahban Hotel* (☎/fax 7512856) est installé dans une maison moderne mais délabrée, incurvée comme une *dhuma*.

Les juifs du Yémen

Le judaïsme fut introduit au Yémen sous la dynastie himyarite, avant l'apparition de l'islam. A la même époque, le christianisme, qui s'imposait sur la rive opposée de la mer Rouge grâce au soutien des dirigeants aksoumites, pénétra également dans le pays. Après la conversion du Yémen à l'islam, vers 630, les chrétiens furent chassés, mais une petite minorité de juifs demeura durant les quatorze siècles suivant.

Les juifs yéménites ont toujours été considérés comme des citoyens de seconde classe et, conformément aux traditions tribales ; ils n'ont jamais été autorisés à porter des armes. Ils ont néanmoins joué un rôle de premier plan en tant qu'artisans, particulièrement dans la fabrication des bijoux en argent et des fenêtres *takhrim*. Les longues mèches bouclées des hommes, les *zinar*, et les *karkush* brodés d'argent dont sont coiffées les femmes ont toujours distingué les juifs des autres Yéménites.

De 1948 à 1950, le jeune État d'Israël organisa l'opération "Tapis volant", qui établit un pont aérien entre Aden et Israël et qui permit à 50 000 juifs yéménites d'émigrer. Seules quelques centaines, éparpillés dans le pays, restèrent. Le plus grand nombre d'entre eux se trouve à Rayda et dans un village proche de Saada. Avec un peu de chance, vous devriez encore pouvoir acheter un souvenir dans une bijouterie juive de Saada.

Depuis la réunification du pays en 1990, des groupes d'intérêts juifs israéliens et américains tentent de convaincre les juifs restés au Yémen d'émigrer. Ces efforts ont dans l'ensemble abouti puisque la majeure partie de la jeune génération a déjà quitté le pays. Ce processus fera disparaître une interaction culturelle unique qui a duré des centaines d'années.

En 1998, 300 juifs vivaient au Yémen, harcelés en permanence par une foule de journalistes et de touristes curieux. Cela leur donne la désagréable impression d'être considérés comme des pièces de musée. Si nombre d'entre eux ne demandent qu'à finir leurs jours paisiblement au Yémen, quelques-uns conservent l'espoir de partir.

Fréquenté par les tour-opérateurs, cet hôtel à deux-draps est parfait pour les femmes seules. Les doubles spacieuses avec s.d.b. reviennent à 1 400/1 900 RY sans/avec petit déjeuner.

Où se restaurer

De nombreux *salons de thé* bordant la rue principale, face à Bab al-Yaman, servent également des repas. L'excellente carte touristique du *Sanabel Restaurant* mélange les cuisines yéménite et occidentale ; son shish kebab s'accompagne de *khubz*, de riz, de frites et de thé (300 RY). Très accueillant, le *Rahban Restaurant* vous étonnera. Plus loin dans Sanaa St, le *Kanaru Restaurant*, s'il n'a rien d'extraordinaire, est cependant très fréquenté à l'heure du déjeuner.

Comment s'y rendre

La visite de Saada a toujours fait l'objet de restrictions. Fin 1998, il était fortement conseillé de recourir aux services d'un tour-opérateur, bien que l'Office général du Tourisme ait délivré des permis aux voyageurs indépendants.

De Sanaa, il est préférable de rejoindre Saada en taxi. Les taxis à bande brune, stationnés à Hasaba, partent à toute heure (500 RY par personne, 231 km, 4 heures environ).

LES ENVIRONS DE SAADA

Tout près de Saada, de superbes villages sont construits dans le style zabur. Ne manquez pas de vous promener quelques heures le long du Wadi Saada.

De Bab al-Yaman, parcourez quelques kilomètres vers le sud-est en suivant le wadi pour arriver au joli village de Raqban (raqba:n). L'embouchure de l'étroit Wadi 'Abdin (wa:di 'abdi:n) se situe à 1 ou 2 km de là. Sur la rive gauche, le vieux fort as-Sinnara mérite la visite – si on vous y autorise.

A 15 minutes de marche à l'est de Bab al-Yaman, près d'antiques citernes, d'immenses rochers pré-islamiques sont sculptés d'ibis et de chèvres. A quelque 6 km au sud-ouest de Bab al-Yaman, visitez le village de Ghuraz. Il existerait des peintures rupestres à 7 km au nord de la ville ; adressez-vous à un guide local.

Suq at-Talh
(suq aṭ-ṭalH)
Ce marché, qui se tient du vendredi au dimanche à 12 km de Saada, en direction de Najran, est le plus important de la province. Vous pouvez y acheter tout ce qui se vend sur un marché yéménite, y compris du bétail, du *qat*, des fruits et des poteries.

Suq at-Talh était autrefois l'un des endroits les plus extraordinaires du pays. C'était le plus grand marché de biens importés d'Arabie saoudite. Des centaines de camions et de jeeps passaient la frontière, chargés de matériaux de construction, de produits électroniques, d'armes automatiques, de grenades, etc.

Légalement ? Les cheiks des tribus Bakil ont ici plus de pouvoir que le gouvernement.

Depuis la fin des années 80, les gouvernements de l'ex-RAY et de l'Arabie saoudite ont tenté à plusieurs reprises de mettre un terme à la fraude en votant de nouvelles lois. Le problème est de les faire respecter. La détérioration des relations entre les deux pays pendant la guerre du Golfe en 1990, puis la guerre de 1994 a durement touché Suq at-Talh. Néanmoins, la contrebande a repris depuis le rapprochement entre les deux voisins. Par ailleurs, profitant de la difficulté à contrôler la région frontalière, de nombreux véhicules utilisés dans le Yémen du Nord circulent sans immatriculation et échappent aux taxes.

Umm Layla
A près de 50 km au nord-ouest de Saada, le mont Umm Layla (Mère Nuit) domine la route menant à la frontière saoudienne. C'est la région accessible la plus septentrionale du pays. Outre sa forme étrange due à l'érosion, cette montagne de grès porte des sculptures datant de l'époque du commerce de l'encens. Un jeune garçon se proposera pour vous guider moyennant 500 RY : la beauté du panorama les vaut largement et l'ascension ne demande que 1 heure 30. D'anciennes fortifications et une mosquée dotée d'une citerne se dressent au sommet. Les inscriptions pré-islamiques gravées sur les rochers prouvent que la montagne servait de poste de garde sur l'une des branches ouest de la route de l'Encens.

Al-Hudayda

La province d'al-Hudayda s'étend dans les plaines côtières de la Tihama, d'al-Khawkha, au sud, à al-Luhayya, au nord. De la côte aux contreforts des monts yéménites occidentaux, elle présente une largeur moyenne de 50 km et ne devient plus ample que lorsque les *wadi* (Wadi Mawr au nord, Wadi Siham au sud d'al-Hudayda, et Wadi Zabid au sud) ont creusé leurs cours dans les montagnes.

Malgré la chaleur et l'humidité extrêmes, auxquelles s'ajoutent des vents de sable quotidiens, cette province contribue largement à la production agricole du pays. Dépourvue d'architecture spectaculaire et de sites historiques, al-Hudayda charme cependant le visiteur par la diversité de sa population, qui contraste fortement avec l'homogénéité des habitants des hauts plateaux.

En bref

Renseignements pratiques

Code téléphonique régional : 03
Population : 1 750 000 habitants
Capitale : Al-Hudayda
(303 000 habitants)

A ne pas manquer

- Les récifs de corail au nord d'al-Hudayda
- Les marchés hebdomadaires de Suq al-Khamis et de Bayt

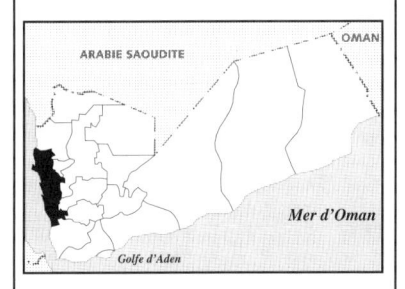

AL-HUDAYDA

(al-Hudayda ; Hudaydah, Hodeida)
Toutes les routes régionales mènent à al-Hudayda, capitale de la province. Point de départ ou terminus des bus et des taxis, il est impossible de l'éviter si vous visitez la Tihama. Vous arriverez sans doute de Sanaa ou de Taez, ou encore – c'est moins probable – de Hajja ou de l'Arabie saoudite.

La route de Taez, construite par les Soviétiques, offre peu de surprises et un paysage plutôt monotone.

Deux routes goudronnées relient Sanaa à al-Hudayda. Celle du nord, qui passe près de Manakha, date de la fin des années 50 et du début des années 60. Cet ouvrage spectaculaire, réalisé par les Chinois, démontre que construire une route de montagne en préservant la beauté du paysage est possible. Cette voie est privilégiée par les taxis tandis que les bus utilisent les deux routes.

Moins pittoresque, la route du sud part de l'axe Sanaa-Taez à Ma'bar, grimpe dans les montagnes, descend vers Madinat ash-Sharq, longe le large Wadi Siham puis rejoint la route du nord avant Bajil. Elle a été construite au début des années 80 et son tracé respecte beaucoup moins l'environnement. Par endroits, la montagne a été dynamitée, sans aucun souci écologique. En outre, la vallée agricole du Wadi Siham étant en plein développement, ses villages ont rarement le charme de ceux de la route du nord.

Où que vous décidiez de vous arrêter en route, ne forgez pas vos premières impressions de la Tihama en voyant Bajil. Cette ville industrielle affiche les pires conséquences du manque de planification : une cimenterie arrose la ville de poussière. Si vous arrivez un lundi matin, arrêtez-vous à al-Marawi'a (al-marāwi'a), à 20 km d'al-Hudayda, pour visiter le marché de ce petit village animé. C'est une bonne solution de rechange si vous ne pouvez pas aller à Bayt al-Faqih un vendredi.

De nombreux voyageurs évitent al-Hudayda, cité moderne dépourvue de monuments historiques et de sites attractifs. Cependant, si vous vous y retrouvez en transit, vous ne regretterez pas de quitter votre hôtel climatisé pour visiter la ville.

Histoire

Bien qu'al-Hudayda soit une ville récente, son port existait déjà au début du XVIe siècle. Carsten Niebuhr, chroniqueur de la célèbre expédition danoise des années 1760, le décrit comme constitué de quelques maisons de commerçants en pierre et de nombreuses huttes misérables ; il cite al-Luhayya et al-Makha comme ports du pays. Al-Hudayda, comme la majeure partie du nord de la Tihama, fut détruite en 1809 lors de la conquête du Sud par les forces wahhabites venues de la région de Jizan. Ce fut en 1830, après que les Britanniques eurent commencé à développer Aden, que les Turcs transformèrent al-Hudayda en un port actif, réduisant ainsi l'importance d'al-Makha.

Cependant, les Ottomans ne parvinrent pas à empêcher leurs ennemis d'anéantir leurs efforts. Des guerres successives dévastèrent la Tihama pendant un siècle, pour s'exacerber à l'époque de la Première Guerre mondiale. La population d'al-Hudayda tomba de 40 000 âmes en 1911 à 2 000 en 1918, après que la ville eut été bombardée depuis la mer par les Italiens et les Britanniques. La Tihama ne retrouva la paix qu'après la guerre entre le Yémen et l'Arabie saoudite. A partir de 1934, la ville se développa sans heurts.

L'évolution fut lente pourtant. La politique étrangère isolationniste menée par l'imam Yahya ibn Mohammed n'aida guère l'activité portuaire. Après sa mort, en 1948, le rythme s'accéléra lorsque l'imam Ahmad entrouvrit le pays au monde extérieur. Il contribua à la mise en place de projets de coopération avec la Chine (la route Sanaa – al-Hudayda) et l'Union soviétique (le port d'al-Hudayda).

La ville connut un réel boom après la révolution, et plus particulièrement après la guerre civile, avec une explosion des importations. Depuis 1970, le port figure parmi les plus encombrés du monde et les délais de déchargement peuvent atteindre six mois. Des immeubles de béton et des rues goudronnées ont remplacé les huttes des pêcheurs.

La réunification a placé al-Hudayda au second rang des ports yéménites. Aden étant devenu le premier port marchand du pays, son taux de croissance devrait considérablement ralentir. Par ailleurs, l'expulsion des Yéménites d'Arabie saoudite à la fin des années 90 a doublé la population de la ville pratiquement du jour au lendemain. Rentrés par la route du littoral, la plupart des travailleurs émigrés ont en effet choisi de s'installer à al-Hudayda.

Aujourd'hui, c'est la quatrième plus grande ville du Yémen avec plus de 300 000 habitants. La majeure partie de la province est rurale. Le reste de la population se répartit dans des villes et des villages de moins de 30 000 habitants.

Orientation

Il est relativement facile de s'orienter dans al-Hudayda. Vous arriverez probablement de l'est ou du sud, ou bien de Sanaa ou de Taez. Les bus ou les taxis vous déposeront dans Sanaa St, la rue principale qui pénètre dans la ville par l'est. Le quartier le plus intéressant se situe entre Sanaa St et la côte.

Allez jusqu'à l'extrémité de Sanaa St pour découvrir le parc le plus récent et le mieux entretenu du Yémen, le Hadiqat ash-Sha'b (le jardin du Peuple). Les citadins flânent autour des immenses fontaines, superbement éclairées la nuit. Au sud, en direction du bord de mer, deux autres espaces verts mènent à Maydan at-Tahrir (place de Tahrir), à quelques pas de la mer et près de l'ancien souk.

En 1998, le front de mer s'est doté d'une promenade pavée et de cafétérias. Les parcs et la plage font d'al-Hudayda l'une des villes yéménites les plus développées, certainement digne d'une journée de visite.

AL-HUDAYDA

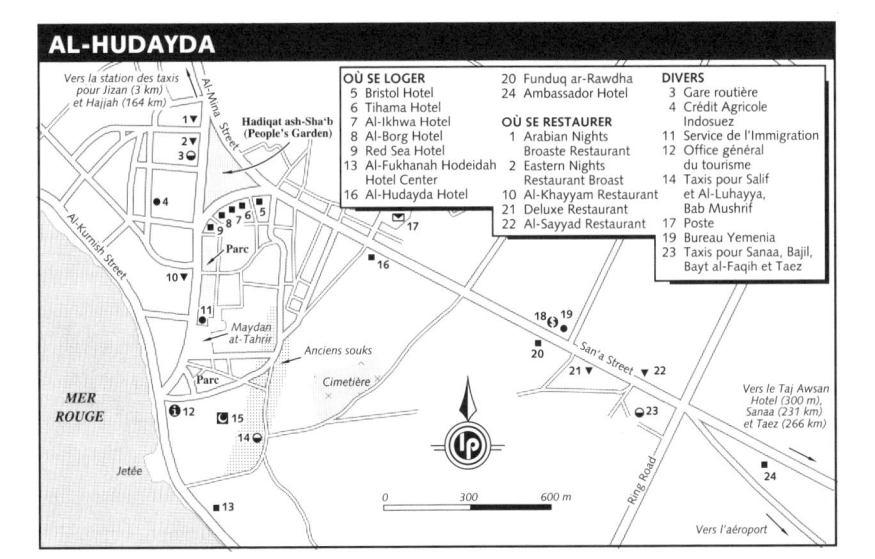

OÙ SE LOGER
- 5 Bristol Hotel
- 6 Tihama Hotel
- 7 Al-Ikhwa Hotel
- 8 Al-Borg Hotel
- 9 Red Sea Hotel
- 13 Al-Fukhanah Hodeidah Hotel Center
- 16 Al-Hudayda Hotel
- 20 Funduq ar-Rawdha
- 24 Ambassador Hotel

OÙ SE RESTAURER
- 1 Arabian Nights Broaste Restaurant
- 2 Eastern Nights Restaurant Broast
- 10 Al-Khayyam Restaurant
- 21 Deluxe Restaurant
- 22 Al-Sayyad Restaurant

DIVERS
- 3 Gare routière
- 4 Crédit Agricole Indosuez
- 11 Service de l'Immigration
- 12 Office général du tourisme
- 14 Taxis pour Salif et Al-Luhayya, Bab Mushrif
- 17 Poste
- 19 Bureau Yemenia
- 23 Taxis pour Sanaa, Bajil, Bayt al-Faqih et Taez

Tous les sites et services dont vous avez besoin se regroupent dans les environs immédiats de Hadiqat ash-Sh'ab : gare routière, taxis, hôtels, "vieille ville", boutiques, marchés, pharmacies, banques et port de pêche. Al-Hudayda est une ville assez étendue et vous vous épuiserez rapidement à déambuler dans les quartiers neufs au nord de Sanaa St.

Renseignements

Office du tourisme. L'Office général du tourisme possède un bureau dans la vieille ville. Vous pourrez vous y procurer une carte d'al-Hudayda datant de 1983. Les voyageurs arrivant au Yémen par bateau souhaiteront sans doute y passer même si les services proposés sont succints, le personnel conseillant essentiellement de contacter les tour-opérateurs de Sanaa.

Argent. La plupart des banques situées aux alentours de Hadiqat ash-Sh'ab ne possèdent pas de guichet de change. Quelques bureaux de change privés sont installés dans Sanaa St. Le Crédit Agricole Indosuez se trouve à l'ouest de Hadiqat ash-Sha'b. La Central Bank of Yemen, dans Sanaa St près de l'agence Yemenia, change également les chèques de voyage.

Poste. La poste centrale se trouve à un pâté de maisons de la rue principale, au nord de la gare routière de Sanaa St. Tout le courrier passe par Sanaa et il n'arrivera pas plus vite si vous le postez ici.

Téléphone. Plusieurs centres de télécommunications internationales sont installés à l'extrémité ouest de Sanaa St.

A voir et à faire

Al-Hudayda offre peu de distractions. Son architecture se résume à des blocs de béton datant des années 60.

Le matin, vous apprécierez sans doute une promenade le long d'al-Kurnish St jusqu'au bord de mer. Plus loin au sud, le **port de pêche** s'anime au retour des pêcheurs, qui vendent leurs prises sur le marché. Ils utilisent encore des embarcations de bois traditionnelles. Si vous les photographiez, prenez garde à ne pas diriger votre objectif sur le matériel militaire, omniprésent dans le port.

Certains touristes sont allés se baigner à quelques kilomètres au sud ou au nord de la ville. Toutefois les femmes risquent d'être gênées par les curieux.

Les plus vieux faubourgs d'al-Hudayda sont les **quartiers turcs**, près de l'ancien marché, où de superbes édifices tombent en ruines. La maison typique des bords de la mer Rouge se compose de trois ou quatre étages agrémentés de balcons et de moucharabieh en bois (ils traduisent l'influence turque) ainsi que de beaux murs ornés de plâtre. L'une des plus jolies demeures de la ville fait face à la mer, dans al-Kurnish St. Coiffée d'un dôme, ce qui est rare, elle est inhabitée depuis de nombreuses années et les vents marins ne l'ont pas épargnée. Sa restauration a commencé en 1990 mais le manque d'argent ralentit les travaux.

L'influence indienne se fait sentir dans les ornements des portes de quelques maisons plus anciennes. Ce n'est guère surprenant car les artisans suivaient les marins et les commerçants dans les villes portuaires de la mer Rouge. Le XXe siècle a mis un terme à ces échanges culturels.

Le **marché** est aussi animé que dans les autres villes. Les mendiants et les marins de diverses nationalités lui confèrent une atmosphère particulière. Le **quartier de l'ancien souk** se cache derrière **Bab Mushrif**, une porte turque voyante. Certains prétendent que les bijoux en or coûtent moins cher ici qu'à Sánaa ou à Taez. N'oubliez pas qu'al-Hudayda est la ville du Yémen où vous risquez le plus d'être dupé ou dévalisé.

Où se loger

Vous trouverez une grande variété d'hôtels à al-Hudayda. Bien qu'ils soient disséminés dans toute la ville, Sanaa St, entre la station de taxis et le Hadiqat ash-Sh'ab, offre un bon échantillonnage.

Où se loger – petits budgets

Les *lukanda* les moins chers n'acceptent pas les voyageurs occidentaux. Le légendaire *hôtel à un riyal*, près de Bab Mushrif, un bâtiment blanc facile à repérer, demande 400 RY par lit. L'immense dortoir du 1er étage, dépourvu de murs, est aéré par la brise tiède de la mer Rouge, amplifiée par des ventilateurs paresseux.

Où se loger – catégorie moyenne

Le *Funduq ar-Rawdha*, un hôtel à deux-draps, loue des doubles climatisées avec s.d.b. pour 1 500 RY. D'une propreté douteuse, il ne vous contentera que si vous êtes fatigué de porter vos bagages. A 500 m sur le même trottoir, l'*Al-Hudayda Hotel* (☎ *239100, fax 212577*), légèrement mieux, offre un accueil sympathique mais il est souvent plein (une triple coûte 1 600 RY).

Cinq hôtels sont installés au sud de Hadiqat ash-Sh'ab. Vous pouvez prendre un taxi local ou marcher depuis la station.

Le *Tihama Hotel* (☎ *239558*) et l'*Al-Ikhwa Hotel* (☎ *247587, fax 239779*), appréciés des voyageurs et des marins, offrent un hébergement acceptable dans la catégorie deux-draps. Comptez 1 400 RY pour une double (supplément de 150 à 250 RY pour une s.d.b. et la clim.).

Beaucoup plus propre, l'*Al-Borg Hotel* (☎ *239279*) dispose de chambres avec un grand lit et une s.d.b. agréable à 2 000 RY environ. Sur le toit, un restaurant, séduisant par ailleurs, pratique des prix trop élevés.

La climatisation est appréciable car la température ne baisse pas durant la nuit. Inutile, en revanche, d'exiger l'eau chaude car l'eau du robinet est rarement froide. Elle est probablement stockée dans des réservoirs installés sur le toit et chauffée par le soleil. Vous prendrez une douche chaude le soir et fraîche le matin, comme il se doit.

Où se loger – catégorie supérieure

Tous les hôtels de cette catégorie acceptent les femmes seules. Le *Bristol* (☎ *239197, fax 239760*) propose de belles chambres avec vue sur le Hadiqat ash-Sh'ab, à

3 980/5 255 RY en simple/double. Classé dans la catégorie de luxe yéménite, il dispose d'un restaurant sur le toit (vous pourrez y boire de la bière).

A quelques centaines de mètres de la station de taxis en direction de Sanaa, dans Sanaa St, l'***Ambassador Hotel*** *(☎ 231247, fax 231028)*, de style occidental, est fréquenté par des hommes d'affaires et des fonctionnaires. Une simple/double avec s.d.b., clim. et TV revient à 4 020/6 200 RY, petit déjeuner compris. Son principal concurrent, le ***Taj Awsan Hotel*** *(☎ 212570, fax 212577)*, plus récent, aussi luxueux, dispose de simples/doubles à 70/80 $US.

Lors de notre passage, un nouvel hôtel-tour était en construction sur le front de mer. L'***Al-Fukhanah Hodeidah Hotel Center*** sera sans doute ouvert pour votre séjour.

Où se restaurer

Les restaurants les moins chers se regroupent le long de Sanaa St et dans le quartier du marché autour de Bab Mushrif. Les petits restaurants sans enseigne de la partie ouest de Sanaa St servent des plats végétariens à moins de 100 RY et un quart de poulet à 150 RY. Les échoppes installées autour de Bab Mushrif vendent du poisson frit 100 RY la portion.

En face de la station des taxis longue destination, l'***Al-Sayyad Restaurant***, dans Sanaa St, est très fréquenté par les voyageurs à petits budgets. Il pratique des prix raisonnables. Du poisson frit pour deux personnes, avec riz, thé et Shamlan, coûte 350 RY. Bien qu'assez cher, l'***Al-Khayyam Restaurant***, dans la rue qui relie le Hadiqat ash-Sh'ab à la Maydan at-Tahrir, est très prisé par les voyageurs. L'***Arabian Nights Broaste Restaurant*** *(☎ 218354)* et l'***Eastern Nights Restaurant Broast*** *(☎ 218364)*, assez semblables, se situent de l'autre côté de la gare routière. Leurs cartes offrent un large choix et les prix s'échelonnent de 150 RY (œufs, salades ou kebab) à 550 RY (crevettes). Au rez-de-chaussée de l'Al-Ikhwa Hotel, l'***Alekoa Tourist Prost & Restaurant***, beaucoup plus agréable que l'hôtel, est légèrement moins cher que les précédents.

Le poisson est excellent à al-Hudayda. Les pêcheurs rapportent leurs prises le matin, aussi vaut-il mieux le savourer au déjeuner. Le dîner se compose généralement de poulet ou de kofta. Pour des raisons religieuses, il est rare que les restaurants servent des coquillages, mais vous en verrez des quantités sur les quais le matin.

Le marché offre un grand choix de fruits, des bananes aux papayes ou aux pastèques, à des meilleurs prix que dans les montagnes, et souvent plus frais.

Comment s'y rendre

Bus et taxis sont pratiques pour se rendre ou quitter al-Hudayda. Le trajet en avion ne se justifie que pour un voyage d'affaires ; peu de vols internationaux desservent la ville. Quelques voyageurs souhaitent entrer ou quitter le Yémen par voie maritime. Aucune ligne de passagers ne dessert al-Hudayda et le seul moyen consiste à prendre un cargo à Port-Soudan ou dans un autre port. Le personnel du port n'est pas très serviable.

Bus. La gare routière se situe dans la rue qui traverse la ville du nord au sud, à l'ouest du Hadiqat ash-Sh'ab. Reportez-vous au chapitre *Comment circuler* pour les horaires. Ils sont aussi indiqués (en arabe seulement) à l'intérieur du guichet. Ce dernier ouvre une heure avant le départ.

Un billet pour Sanaa ou Taez coûte 500 RY. Vous pouvez aussi l'acheter à une étape (voir le tableau des bus dans le chapitre *Comment circuler*).

Taxi. La station de taxis à destination de l'est et du sud se trouve dans Sanaa St, juste avant le périphérique. Ils sont toujours très nombreux en direction de Sanaa et Taez. Si la course coûte 40 à 100 RY de plus que le trajet en bus, les taxis sont plus confortables sur ces itinéraires très fréquentés. Vous ne devriez pas attendre plus de 30 minutes pour que le véhicule soit plein, à moins de vous présenter au beau milieu de l'après-midi ou à minuit.

La station de taxis desservant as-Salif et Luhayya se trouve à Bab Mushrif. Celle rejoignant Harad et l'Arabie saoudite est située au nord du Hadiqat ash-Sha'b.

Comment circuler

Al-Hudayda est une ville yéménite exceptionnelle dans la mesure où le système *dhabar* est inexistant. Les minibus circulant dans les rues ne suivent pas un itinéraire prédéterminé mais fonctionnent comme des taxis privés. Les tarifs démarrent à 100 RY.

Le nord d'al-Hudayda

Seul un intérêt passionné pour la Tihama incite à visiter la région côtière s'étendant au nord d'al-Hudayda : le climat y est insupportablement chaud et humide, les rares lukandas sont spartiates et la plupart des routes (excepté l'axe al-Hudayda – Jizan) ne sont que de mauvaises pistes.

Harad, dans le nord, appartient à la zone frontalière et les visites n'y sont pas encouragées. On peut cependant explorer des sites bordant la route principale très au nord, tel Suq al-Khamis ou Suq 'Abs. Vous pourrez passer une journée à al-Luhayya, à condition de louer une voiture et de trouver un chauffeur qui accepte de partir à 6h du matin et de revenir tard le soir (10 000 à 15 000 RY). Sinon, vous devrez passez la nuit dehors. Vous susciterez, au mieux, l'étonnement des habitants qui n'ont pas l'habitude de croiser des campeurs étrangers !

AS-SALIF

(aş-şalîf)
Cette ancienne ville portuaire, près du détroit séparant l'île Kamaran du continent, abrite de vieilles carrières de sel encore exploitées. Aujourd'hui, as-Salif constitue le point essentiel d'arrivée des pipelines qui acheminent le pétrole depuis la région de Marib – al-Jawf. Seuls quelques taxis collectifs desservent as-Salif. Si vous êtes motorisé, empruntez la route côtière, au nord d'al-Hudayda. Tournez à gauche à 14 km de cette ville et parcourez 50 km pour atteindre as-Salif. Plusieurs belles plages bordent la route ; certaines sont suffisamment désertes pour s'y baigner sans attirer le regard des curieux.

L'île Kamaran, toute proche, n'a fait l'objet d'aucun développement. Elle n'est plus sous contrôle militaire et vous pourrez la visiter en louant un bateau.

Activités sportives

Plongée. La côte yéménite et les îles au nord d'as-Salif, riches en récifs de corail, constituent le secret le mieux gardé du monde de la plongée. Toutefois, il n'existe actuellement ni centre de plongée ni agence locale pour promouvoir cette activité à al-Hudayda ou dans la région.

Cela vous laisse deux options : vous pouvez apporter votre équipement et négocier sur place avec un propriétaire de *sambuq* – cette entreprise, qui nécessite une connaissance minimum de l'arabe, reste très aléatoire ; l'autre possibilité est de louer pour la journée l'un des bateaux qui se consacrent à la plongée le long de la côte. Ce dernier choix exige que vous réserviez par l'intermédiaire d'un tour-opérateur de Sanaa (voir la rubrique *Circuits organisés* dans le chapitre *Comment circuler*). Discutez les prix (ils fluctuent selon la demande). Ce service semble se développer et il devrait être possible d'acheter un forfait plongée auprès d'une agence de voyages de votre pays.

AZ-ZAYDIYA

(az-zaydiya ; al-Zaydiyah)
A 50 km au nord d'al-Hudayda, la route de Jizan traverse az-Zaydiya, la plus grande ville en brique du nord de la Tihama. La brique est plutôt caractéristique de l'architecture du sud de la plaine côtière, Zabid et Hays en offrant les plus beaux exemples. Az-Zaydiya est un important centre de production de *dhuma*.

AL-QANAWIS

(al-qanāwiş)
A 20 km de là, al-Qanawis est un autre village de brique. Plus loin, les constructions en roseau du Wadi Mawr dominent et confèrent à la région une étrange atmosphère afri-

L'excision

Au Yémen, pays voisin de l'Afrique, l'excision est une coutume ancienne. Selon une étude menée par le ministère de la Santé au début des années 90, elle est extrêmement répandue dans la Tihama, où presque 70 % des femmes ont été excisées. Vers l'est et les hauts plateaux occidentaux, cette pratique se fait rare : dans les plateaux du centre et le désert, seulement 5 % des femmes ont subi cette mutilation. La moyenne nationale s'élève à 23 %.

La tradition est profondément enracinée chez ceux qui la pratiquent, autant dans les zones urbaines que rurales. Toutefois, l'opposition à cette coutume se rencontre plus souvent auprès des citadins. Moins les mères sont instruites, plus elles défendent l'excision. Parmi les mères ayant reçu une éducation secondaire ou supérieure, seules 13 % d'entre elles font exciser leurs filles.

Environ 97 % des petites filles excisées subissent cette opération à la maison, au cours du premier mois de leur vie. C'est généralement la sage-femme locale, quelquefois la grand-mère ou une autre parente expérimentée, qui procède à l'ablation du capuchon du clitoris à l'aide d'une lame de rasoir ou de ciseaux. Curieusement, seulement 11 % des mères font part de complications, telles que saignements, infection ou fièvre.

Près de 48 % des femmes yéménites s'opposent à la poursuite de cette coutume. Parmi elles, 70 % la considèrent comme une tradition néfaste, 32 % la jugent non conforme à l'islam. Environ 12 % s'inquiètent des conséquences sanitaires. Seulement 10 % y voient une atteinte à la dignité féminine ; ces femmes appartiennent aux milieux les plus cultivés.

---

caine. Le carrefour de Dayr Dukhna se situe à mi-chemin entre al-Qanawis et Wadi Mawr ; la route de droite mène à Hajja.

AZ-ZUHRA
(az-zuhra ; al-Zuhrah)
A près de 25 km d'al-Qanawis, quelques kilomètres après la traversée du Wadi Mawr, une route de gravier part sur la gauche. Elle conduit d'abord à az-Zuhra, puis à al-Luhayya, à 60 km de la route principale.

Le seul intérêt d'az-Zuhra réside dans les centaines de huttes rondes disséminées dans les alentours. Ce sont de parfaites illustrations de l'architecture de la Tihama. Si, de loin, elles vous semblent modestes, vous vous sentirez étrangement petit en traversant le village. Les plus importantes atteignent en effet 6 m de diamètre et de haut !

Avec un peu de chance, vous serez invité à pénétrer dans l'une de ces huttes. Vous pourrez alors admirer une décoration typique : les sols et les murs, jusqu'au plafond voûté, sont recouverts d'une couche de terre qui cache totalement la structure de roseau. Ces murs, sur lesquels sont accrochés les ustensiles de cuisine, sont peints de couleurs vives et décorés de jolis motifs.

A quelques kilomètres au sud d'az-Zuhra, le village d'ar-Rafi'i (ar-rafi'i) accueille un marché le dimanche. Son ancien fort, de l'époque turque, servait de résidence d'hiver aux imams.

AL-LUHAYYA
(al-luHayya ; Loheyah)
Cet ancien port du nord de la Tihama connut son apogée du XVe siècle jusqu'au début du XIXe. Aujourd'hui, ce bourg de pêcheurs compte 8 000 habitants. Ses maisons rectangulaires en roseau sont totalement différentes de celles d'az-Zuhra. Les quelques maisons typiques de la mer Rouge encore debout se détériorent rapidement et côtoient de nombreuses ruines, qui rappellent l'importance passée de la cité. La mosquée centrale, érigée par les Ottomans au XIXe siècle, présente trois grands dômes et quatorze petites coupoles alignées sur deux rangées.

Où se loger et se restaurer

La seule possibilité d'hébergement est la modeste *lukanda* du souk central, qui demande aux étrangers 500 RY pour un lit, un prix exagéré ! Les restaurants de poissons abondent.

SUQ AL-KHAMIS

(sūq al-khamīs)
A environ 40 km au nord d'al-Qanawis et à 2 km de la route principale, ce petit village semble en sommeil la majeure partie de la semaine. Son nom, Suq al-Khamis, signifie littéralement "marché du jeudi" et c'est effectivement ce jour-là qu'il s'éveille vraiment. Le jeudi matin, des centaines de commerçants et de chalands accourent des villages environnants. Plusieurs centaines de souks semblables animent le nord du Yémen mais celui-ci est le plus important du nord de la Tihama.

Comment s'y rendre

Une ligne de bus relie al-Hudayda au nord de la Tihama jusqu'à Harad, près de la frontière saoudienne. Elle suit la route goudronnée de Jizan jusqu'à l'Arabie saoudite. Vous pouvez descendre à az-Zaydiya, al-Qanawis, al-Ma'ras et Suq al-Khamis ou Suq 'Abs dans la province de Hajja.

Si ces arrêts ne correspondent pas à votre destination, essayez de prendre un taxi ou de faire du stop. Il est préférable, cependant, de louer un véhicule à al-Hudayda. Le bus continue vers le poste-frontière de Harad. Ce ne sera sans doute pas votre destination car les voyageurs indépendants ne sont pas autorisés à pénétrer en Arabie saoudite, à moins de circuler à bord de leur propre véhicule. Dans ce cas, ils doivent être en possession d'un visa de transit, l'Arabie saoudite ne délivrant pas de visa touristique.

Si vous souhaitez passer un peu de temps dans la Tihama et partir à l'aventure, vous pourrez prendre un taxi à destination de Hajja. La station de taxis se trouve sur la route de Jizan. Le prix de la course, disproportionné, s'élève à 200 RY pour une centaine de kilomètres.

La route goudronnée part vers le nord et traverse az-Zaydiya, puis al-Qanawis. A Dayr Dukhna, vous devrez peut-être changer de voiture et attendre une ou deux heures qu'elle se remplisse. Le trajet se continue vers l'est, sur une route nivelée qui devient cahoteuse à l'approche de Hajja, à quelque 70 km *via* at-Tur. Cette partie du voyage prend au moins le double de temps que la première. L'état de la piste nécessite un 4x4. Actuellement, le parcours total revient à 500 RY par personne. L'expérience en vaut la peine si l'on ne souffre pas du mal des transports.

Le sud d'al-Hudayda

Les villes et les villages de la Tihama qui présentent le plus grand intérêt, en raison de leur passé comme de l'évolution contemporaine, se regroupent au sud d'al-Hudayda.

AS-SUKHNA

(as-sukhna)
Cette petite et modeste station thermale, située au pied du djebel Bura', possède des sources chaudes et abritait autrefois l'une des résidences d'hiver des imams. La rumeur dit que le gouvernement prévoit de faire d'as-Sukhna un site touristique. Actuellement, le seul hébergement possible consiste en des lukandas rudimentaires à 300 RY le lit. Durant les mois d'hiver, plus frais, de nombreux randonneurs viennent y planter leur tente. Vous pouvez marcher jusqu'à la région boisée du djebel Bura' et atteindre la route Ma'bar-Bajil en près de trois jours.

Comment s'y rendre

Pour rejoindre as-Sukhna, il faut d'abord aller à al-Mansuriya, un village situé à 44 km au sud-est d'al-Hudayda (80/100 RY en bus ou en taxi). De là, un transport local parcourt la route gravillonnée qui conduit au nord-est jusqu'à la station thermale (20 km).

BAYT AL-FAQIH

(bayt al-faqīh ; Bait, Beyt)
Le marché du vendredi à Bayt al-Faqih date du début du XVIIIe siècle. Ancien haut lieu du négoce du café, c'est l'un des plus célèbres marchés hebdomadaires du pays. Le minuscule village qui existait alors avait été fondé au XIIIe siècle par le cheikh Ahmad ibn Musa de la tribu 'Akk du Wadi Zabid. Celui-ci, grand voyageur, était réputé pour sa sagesse. La ville en bénéficia et devint le "lieu de l'homme sage".

Le système des marchés hebdomadaires, Bayt al-Faqih fonctionne dans de nombreux pays depuis des millénaires. Pour des raisons obscures, il s'est développé à l'extrême dans le nord du Yémen (ce système n'existe pas au sud). Au début des années 80, des experts et des explorateurs occidentaux ont répertorié plus de 300 marchés de ce type en RAY. Actuellement, on en dénombre plus de 500.

Contrairement aux prévisions, la coutume n'a pas disparu après la révolution, malgré les bouleversements économiques qu'elle a entraînés dans la RAY. Dans les villes et les villages dotés de rues goudronnées, le marché a lieu tous les jours. Ces marchés, qui se sont surtout développés au cours des années 70, sont devenus un nouvel élément de l'économie sans étouffer les marchés hebdomadaires. Au contraire, les deux systèmes semblent complémentaires et, lorsque l'économie progresse, tous deux en profitent. En fait, le nombre de marchés hebdomadaires ne cesse de croître depuis la révolution.

Les produits vendus sur les étals proviennent toujours de l'agriculture et de l'artisanat. La majorité des négociants pratique encore une économie de subsistance. Toutefois, certains proposent des marchandises d'importation et leur négoce est florissant.

Compte tenu de sa situation, au centre de la Tihama, Bayt al-Faqih constituait un centre marchand idéal entre les plantations de café des montagnes et les ports. Le commerce du moka fit rapidement connaître la ville auprès des amateurs de café arabe du monde entier. L'explorateur Carsten Niebuhr la décrivait en ces termes en 1760 :

Les commerçants du Hijaz, de Perse, d'Égypte, de Syrie, de Constantinople, du Habash, de Tunis et de Fez viennent s'approvisionner en café sur le marché de Bayt al-Faqih. Ils expédient ensuite les grains *via* les ports d'al-Makha et al-Hudayda. Quelques acheteurs proviennent même d'Inde et d'Europe.

Les habitants de la Tihama manifestent beaucoup moins de réticence que les montagnards à l'égard des appareils photo, et les commerçants de Bayt al-Faqih comprennent l'importance de la publicité. La plupart des gens ne semblent pas ici se préoccuper des exploits photographiques des voyageurs.

Seule exception à la règle : les poseurs de ventouses. Ces derniers exercent leur art antique sous des abris, au beau milieu du marché. Vous pouvez voir les clients allongés sur les lits, le dos nu couvert de petites ventouses en corne. Le praticien aspire le sang par de petites incisions, libérant ainsi le malade de son "mauvais sang" (considéré comme la cause de divers maux). Ces pratiques sous-entendent une certaine intimité et vous comprendrez aisément que les photographier n'est guère apprécié.

Orientation et renseignements

Si vous arrivez en taxi, le chauffeur vous emmènera sûrement directement au "supermarché". Les bus, en revanche, s'arrêtent au croisement et vous devrez faire le dernier kilomètre à pied. Une moto-taxi vous conduira en ville, sur le siège arrière, pour 50 RY.

Les installations modernes (un hôpital pour les urgences, une pharmacie et une station-service) se regroupent le long de la route principale. Vous ne trouverez ni poste ni bureau de change.

Hormis le marché, Bayt al-Faqih offre peu d'attrait. La ville se compose de modestes maisons en brique et les hameaux des environs comportent des maisons en roseau aux murs en terre. Au centre, le fort turc Husn Uthman ne ressemble guère à un site touristique.

Le marché

Âme de Bayt al-Faqih, l'immense marché du vendredi, avec ses allées à ciel ouvert ou couvertes, se divise en fonction de la nature des marchandises. Vous pouvez déambuler de longues heures sans jamais repasser au même endroit. Plus de mille étals se pressent sur la place.

Aujourd'hui, le café est remplacé par les produits agricoles et artisanaux de la région. C'est l'occasion d'acheter des poteries, des vêtements colorés, des paniers... Les animaux vivants, chameau, vache, âne, agneau ou poulet, intéresseront plutôt les Yéménites.

Où se loger

Nous vous déconseillons de passer la nuit à Bayt al-Faqih. Après le marché, l'activité se réduit beaucoup et la soirée du vendredi est bien morne. Si vous venez de Taez, vous souhaiterez peut-être loger sur place le jeudi soir afin d'explorer le marché dès le petit matin. Inutile de préciser que vous ne serez pas seul à chercher une chambre !

Bayt al-Faqih ne possède que des hébergements rudimentaires. Les meilleurs funduqs sans-drap se situent dans la rue reliant le quartier du marché à la route al-Hudayda - Taez, demandent 1 500 RY pour une chambre à quatre lits.

Où se restaurer

A Bayt al-Faqih, la nourriture a l'avantage d'être parfaitement fraîche et sûre. Ailleurs dans la Tihama, le choix des aliments est plus délicate en raison de la chaleur et de l'humidité constantes. Choisissez toujours des plats bouillis. Vous pouvez acheter des en-cas sur les étals du marché ou prendre vos repas dans un restaurant : une allée entière est consacrée à la restauration. Les soupes, en particulier, sont un régal. Si ce n'est pas le jour du marché, préférez les biscuits secs.

Comment s'y rendre

Le plus facile est de venir d'al-Hudayda. Les bus (60 RY) partent à 7h, les taxis (100 RY) à toute heure (55 km, 1 heure). Le long de cette route goudronnée, vous pourrez observer des scènes typiques de la Tihama. Cependant, n'espérez pas voir de sites extraordinaires ; même la ville d'al-Mansuriya s'étend à l'écart de la route. Certains s'extasient devant les stations-service : avec leurs décors imaginatifs et leurs néons multicolores, elles se voient de loin dans la nuit.

Venir de Taez est beaucoup moins pratique et exige de passer la nuit dans un modeste funduq des environs. En effet, le premier bus quitte Taez à 7h, le trajet nécessite 3 ou 4 heures et le marché de Bayt al-Faqih bat son plein entre 7h et 10h. Dès le vendredi après-midi, la bourgade retrouve son calme habituel.

Vous quitterez facilement Bayt al-Faqih le vendredi à 12h. Inutile d'attendre un bus, des taxis partent toutes les deux minutes. N'oubliez pas de négocier le prix (100 RY pour Zabid, de 140 RY pour al-Hudayda et de 350 RY pour Taez, en principe).

ZABID

(zabīd ; Zebid, Zebed)

A environ 37 km au sud de Bayt al-Faqih, Zabid, une des villes les plus anciennes du Yémen, possède un remarquable passé. Bien que délaissée et ayant perdu beaucoup de sa splendeur, elle mérite une visite. En 1994, l'Unesco l'a inscrite au Patrimoine mondial, après Sanaa et Shibam, et a lancé une souscription internationale pour sa préservation et sa restauration. La guerre civile, qui éclata la même année, a visiblement ralenti cette action.

Histoire

On sait peu de chose de la vie dans la Tihama avant l'arrivée de l'islam mais il est certain que le Wadi Zabid est cultivé depuis des temps immémoriaux. La tribu Asha'ir, qui peuplait la plaine côtière au sud du Wadi Rima' (le second en importance au nord du Wadi Zabid), et la tribu 'Akk, qui occupait le centre de la Tihama au nord du Wadi Rima', adoptèrent la religion musulmane du vivant du Prophète. Le cheikh Abu Musa bin Ash'ari, chef de la tribu Asha'ir, rendit visite à Mahomet à Médine. A son retour, il fit édifier l'une des premières mosquées du pays, près d'un puits du Wadi Zabid.

La conversion à l'islam ne sous-entendait pas pour autant la loyauté vis-à-vis du pouvoir central et les premiers siècles de l'hégire furent marqués par trois rébellions menées par les tribus de la Tihama. La première fut écrasée sous le règne d'Abu Bakr, premier calife omeyyade. La troisième se dressa en 819 contre les Abbassides et se termina par la nomination de Mohammed ibn 'Abdullah ibn Ziyad au poste de gouverneur de la région. C'est à lui que l'on attribue la fondation, en 820, de la ville de Zabid. Finalement, il acquit son indépendance vis-à-vis des califes qui lui avaient donné le pouvoir et dirigea "l'ensemble du Yémen" (ce qui signifie au moins la Tihama).

Fondateur de la dynastie des Ziyadides qui régna durant deux siècles (820-1012), Mohammed ibn Ziyad fit beaucoup pour le rayonnement culturel de Zabid dans le monde musulman en créant une université prestigieuse (elle fonctionne d'ailleurs encore partiellement).

Les mots arabes signifiant mosquée (*jāmi'*) et université (*jāmi'a*) dérivent du même verbe (*jama'a*, réunir, rassembler) et les concepts sont effectivement intimement liés. Chaque mosquée abrite une école coranique, dont la fonction principale consiste à enseigner aux enfants à lire et à écrire. L'examen final comporte la récitation de tout le Coran ! Les enfants l'apprennent par cœur sans difficulté apparente, même s'ils ne maîtrisent pas l'alphabet, car c'est le seul exercice auquel ils sont soumis. Avant la révolution, l'enseignement yéménite se résumait à ce seul apprentissage. Aujourd'hui, après vingt ans de scolarisation moderne, le taux d'analphabétisme demeure élevé, entre 70 et 80%.

L'université de Zabid était plus qu'une école coranique. Elle réunissait toutes les écoles et les mosquées de la ville et offrait un enseignement de grande qualité. Mohammed ibn Ziyad n'en était pas le seul fondateur. Il fit appel à At-Taghlabi, un éminent mufti (religieux qui interprète la loi coranique) de Bagdad. Zabid devint rapidement un célèbre centre d'enseignement, attirant des étudiants du monde entier. Certains restaient quelque temps, d'autres y demeuraient toute leur vie. Ceux qui partaient propageaient la réputation de la ville et les préceptes sunnites dans le monde musulman.

L'enseignement de l'université portait essentiellement sur la foi et l'interprétation du Coran. Toutefois, elle dispensait également des cours de grammaire, de poésie, d'histoire et de mathématiques. Le mot "algèbre" a été attribué à un lettré de Zabid du nom d'Ahmad abu Musa al-Jaladi, qui enseignait un système mathématique appelé al-jabr ; cette discipline est probablement beaucoup plus ancienne, mais les Arabes ont en grande partie préservé les connaissances des Grecs et des Romains pendant les époques d'obscurantisme en Europe.

La dynastie ziyadide disparut et fut remplacée par des familles moins importantes telles que les Najahides (1012-1153) et les Mahdiides (1153-1173). Bien que Zabid ne fût plus la capitale de "tout le Yémen", l'université prospéra. Sous le règne des Ayyubides d'Égypte (1173-1229), elle continua à s'étendre, atteignant son apogée à l'époque rasulide (1229-1454). On dit qu'alors, près de 5 000 étudiants fréquentaient ses 200 écoles et mosquées. La ville était le centre de l'enseignement du sud de l'Empire musulman.

Sous le règne des Tahirides (1454-1526), et durant les décennies troublées qui suivirent, notamment sous la première occupation ottomane (1545-1636), les activités de l'université déclinèrent. Durant les siècles suivants, la Tihama subit plusieurs conquêtes étrangères. Seuls les Zaydites des montagnes parvinrent à résister aux occupants ; le centre d'enseignement sunnite perdit peu à peu de son importance. Si de nombreuses mosquées et écoles coraniques fonctionnent encore à Zabid, elles n'atteignent plus le niveau de l'ancienne université.

Orientation et renseignements

Zabid s'étend à l'ouest de la route, derrière quelques maisons et bâtiments commerciaux récents (c'est l'une des rares villes du Yémen à ne pas avoir connu un développement effréné depuis les années 70). En suivant l'allée menant directement au souk, vous remarquerez une vaste place sur votre gauche, juste avant la ville elle-même. Il s'agit du nouveau "centre" administratif de Zabid, l'ancien étant le souk.

Le sud d'Al-Hudayda – Zabid

ZABID

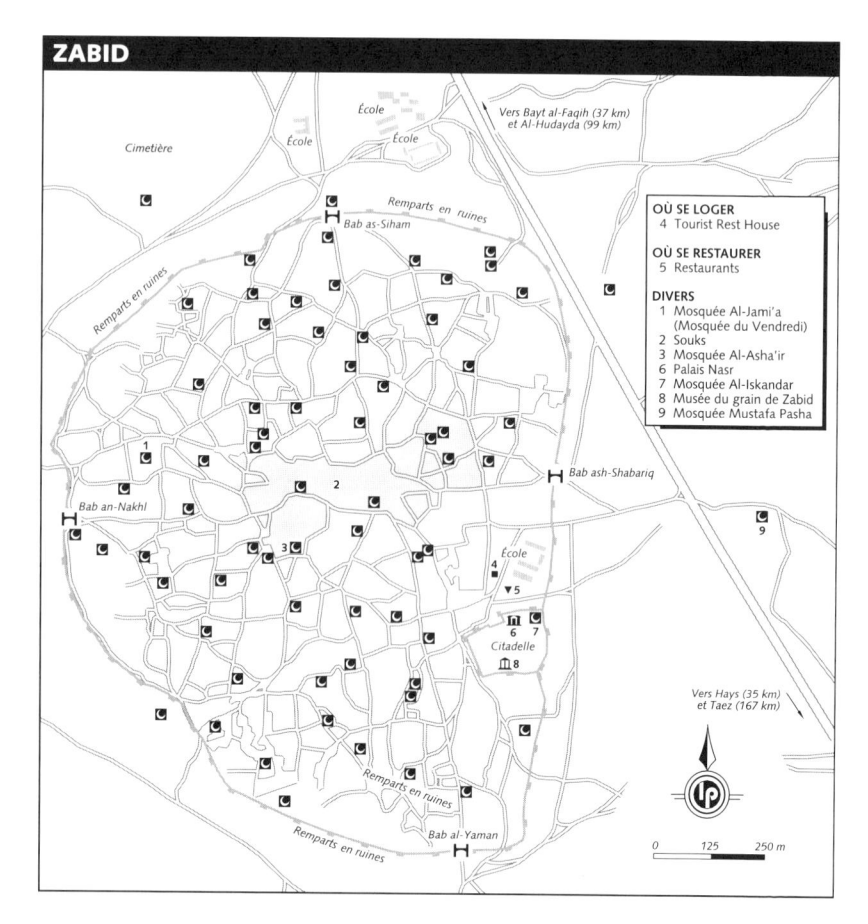

OÙ SE LOGER
4 Tourist Rest House

OÙ SE RESTAURER
5 Restaurants

DIVERS
1 Mosquée Al-Jami'a (Mosquée du Vendredi)
2 Souks
3 Mosquée Al-Asha'ir
6 Palais Nasr
7 Mosquée Al-Iskandar
8 Musée du grain de Zabid
9 Mosquée Mustafa Pasha

Une fois arrivé en ville, vous vous égarerez très vite dans les ruelles sinueuses qui n'offrent ni recul ni perspective. Cependant, la ville, assez petite, est bordée de champs qui vous feront rebrousser chemin.

Les quartiers situés à l'intérieur des remparts sont magnifiques. C'est en flânant dans les ruelles du souk, où les petites échoppes alternent avec des restaurants et des salons de thé, que vous apprécierez le mieux l'atmosphère de Zabid. Le souk était autrefois couvert mais, aujourd'hui, seules quelques allées demeurent ombragées.

Sise au confluent du Wadi Zabid et du Wadi Sanha, Zabid est suffisamment irriguée pour que de nombreux arbres procurent une ombre bienfaisante. Le climat est l'un des plus chauds du pays. Une légende locale affirme qu'un Zabidi condamné à l'enfer sera enchanté d'y trouver un peu de fraîcheur ! Lorsque les habitants des environs ont entendu que nous voulions nous rendre à Zabid, ils ont essayé de nous en dissuader, nous conseillant de visiter plutôt al-Khawkha, un charmant village au bord de la mer Rouge (voir plus loin).

Maisons

En dehors du souk, la ville frappe par sa discrétion. Cette impression vient du style créé par les architectes qui se sont efforcés de camoufler la fortune des propriétaires aux regards des passants. Plus la demeure est imposante et son intérieur richement décoré, plus sa façade est modeste. Les murs extérieurs de ces maisons de brique à un ou deux étages présentent peu d'ornementation.

Si vous entrez dans une cour intérieure, vous découvrirez de somptueuses façades blanches, abondamment décorées selon les goûts artistiques de l'élite locale. Si vous êtes invité (ce qui est fort improbable), vous serez frappé par le contraste entre le faste intérieur et la simplicité extérieure.

Mosquées

A l'époque glorieuse de son université, Zabid comptait 236 mosquées. Aujourd'hui, seules 86 d'entre elles subsistent, mais la ville demeure extraordinaire (Sanaa est célèbre pour ses 64 minarets mais c'est une ville beaucoup plus étendue). Les mosquées abritent toujours des écoles coraniques et Zabid reste un important centre d'enseignement chaféite.

Comme ailleurs, il est difficile, sinon impossible, aux non-musulmans de pénétrer dans ces lieux de culte. La plupart de ces édifices, dont la vaste mosquée al-Asha'ir, ou Grande Mosquée, semblent très modestes de l'extérieur car leurs coupoles ne s'élèvent pas très haut. En revanche, elles occupent un vaste terrain, difficile à évaluer en raison du manque de recul.

Le profane appréciera peut-être davantage les mosquées situées à l'extérieur de la vieille ville.

Mosquée Iskandar. Dotée d'un minaret haut de 60 m, la mosquée Iskandar se dresse à l'intérieur des murs de la citadelle, près de la place. Elle aurait été construite par le Turc Alexandre Ramoz, de qui elle a pris le nom (Iskandar signifiant Alexandre) sous la première occupation ottomane. Vous pourrez la visiter en dehors des heures de prière en offrant 200 RY aux gardes.

Mosquée Mustafa Pasha. Également appelée Baishiya, cette autre mosquée d'origine turque porte le nom du premier gouverneur ottoman de la Tihama (1540). L'imposant édifice, coiffé de douze coupoles, s'élève à l'est de la route Taez – al-Hudayda, à 1 km de la ville. La mosquée faisait autrefois partie de la ville, mais la majeure partie de ce quartier a disparu.

Palais Nasr

Bâti à la fin du XIXe siècle près de la citadelle, le palais attire l'attention en raison de son emplacement central, sur le site d'un édifice turc beaucoup plus ancien. Il abrite actuellement des bureaux administratifs. Au 1er étage, des panneaux accrochés aux murs racontent l'histoire de Zabid. La tour offre un superbe panorama sur la ville et ses environs. De temps à autre, le palais est ouvert gratuitement aux visiteurs.

Musée du grain de Zabid. Ce petit musée a ouvert en 1998 dans une maison située au sud du quartier de la citadelle. Restauré par la Mission archéologique canadienne du Royal Ontario Museum, il expose des objets archéologiques et ethnographiques. L'entrée est de 50 RY.

Où se loger et se restaurer

Les funduqs traditionnels ont disparu de la ville. Juste avant la place principale, la ***Shibam Tourist Rest House***, orientée vers la clientèle occidentale, comporte une vaste salle dotée de lits et de ventilateurs. Les prix se négocient : nous avons payé 500 RY pour un lit en demi-pension.

Des restaurants traditionnels sont installés près de la place et dans le vieux souk.

Comment s'y rendre

Bus et taxis desservent Zabid par la nationale. Du nord, ils arrivent d'al-Hudayda (92 km, 200 RY) ou de Bayt al-Faqih (37 km, 100 RY), du sud, de Taez (161 km, 300 RY) ou de Hays (35 km, 100 RY).

HAYS
(Hays)
En continuant vers le sud, vous traverserez deux villes illustrant parfaitement l'architecture en brique de la région. A 14 km de Zabid, vous atteindrez Suq al-Jarrahi, qui accueille un marché le lundi, et Hays, 21 km plus loin.

Bien que ni l'une ni l'autre ne puisse se targuer d'un glorieux passé, Hays mérite une petite visite de 2 heures. Le dimanche, jour de marché, cette bourgade, densément construite, s'anime. Vous pourrez acheter des poteries jaune et verte, typiques du nord du Yémen. La plupart sont fabriquées sur place avec des techniques introduites au XIVe siècle par les Mamelouks.

Généralement plus petites que celles de Zabid, les maisons de Hays sont recouvertes de gypse blanc et la ville miroite sous les rayons du soleil. Comme à Zabid, seules les façades donnant sur la cour intérieure sont richement décorées.

Comment s'y rendre
De Taez, comptez 200 RY pour vous rendre à Hays, 100 RY depuis Bayt al-Faqih et 300 RY depuis al-Hudayda. De Hays, une correspondance dessert al-Khawkha ; un taxi collectif vous reviendra à 150 RY.

AL-KHAWKHA
(al-khawkha ; al-Khokha, Khokhah, Cocha)
C'est le plus grand village de pêcheurs sur la côte méridionale de la mer Rouge. Les Yéménites, notamment les habitants de la Tihama, aiment beaucoup cet endroit dont ils recommandent chaudement la visite. Les circuits organisés passant par la Tihama comportent toujours une visite d'al-Khawkha.

Al-Khawkha impressionne les Yéménites – et les visiteurs – car il ne ressemble à aucun autre village du pays. Devant l'engouement des Européens pour les Seychelles ou les Maldives, les responsables du tourisme pensèrent qu'al-Khawkha pouvait jouer le même rôle et les années 90 ont vu fleurir de nombreux villages touristiques.

Des palmiers ombragent le rivage, le climat est plus agréable qu'à l'intérieur des terres (moins chaud mais toujours venteux), la baignade est agréable (à condition de ne pas dépasser les récifs à cause des requins) et le poisson grillé est frais et bon marché. Ne marchez pas pieds nus dans l'eau car les morsures des poissons scorpions sont très douloureuses. Vous verrez des pélicans et d'autres oiseaux marins, des récifs de corail et toutes sortes de poissons. Vous rencontrerez des pêcheurs et des constructeurs de bateaux ; al-Khawkha est la capitale officieuse de la construction des bateaux traditionnels en bois.

Où se loger
Le village en lui-même n'est pas le meilleur endroit où se loger, à moins d'être prêt à dormir dans un funduq sans-drap, malpropre, pour 300 RY. Si votre budget est serré, vous pourrez toujours dormir à la belle étoile ou planter votre tente. La population locale est habituée à voir des campeurs et, en parcourant quelques kilomètres le long du rivage, vous devriez trouver un endroit adéquat – à condition que votre tente soit suffisamment solide pour résister au vent.

Superbement situées dans une palmeraie proche de la mer, les huttes en bambou de l'*Ash-Sha'mi*, à 2 km au nord du village, se louent 800 RY par personne en demi-pension. L'ensemble dispose de deux douches, mais l'électricité ne fonctionne que si l'on branche un générateur fort bruyant. Vous pourrez laisser vos bagages dans une salle fermée à clé proche de l'entrée. La baignade est agréable et l'on peut louer des bateaux pour plonger près du récif de corail (800 RY l'heure). Il faut toutefois posséder son propre équipement.

Situé à côté, le *Sindibad Garden*, ou *Sindibad's Tourist Village*, est un peu plus cher. Il propose sept cabanes en pisé, rudimentaires et sans-drap, à 1 600 RY par personne en demi-pension ; chacune dispose de 4 à 6 lits. Si certains visiteurs ont apprécié leur séjour, d'autres ont regretté les nuits à la belle étoile – ce que vous pouvez faire ici pour quelques centaines de riyals.

Plus vieux, mais plus moderne et plus grand, l'*Al-Khokha Tourist Village* se

Les bateaux en bois du Yémen

Al-Khawkha est l'un des centres les plus importants de construction de bateaux en bois ; des douzaines d'embarcations sont construites en même temps le long du rivage. Al-Hudayda et al-Luhayya figurent parmi les autres centres qui bordent la mer Rouge. Cette tradition a complètement disparu sur la côte sud, la RDPY ayant préféré importer des bateaux en fibre de verre.

Le bateau le plus modeste est la *khashaba*, utilisée pour pêcher au filet près des côtes. Il ressemble à un radeau avec ses planches de bois courbé sont attachées les unes aux autres.

Ensuite vient le *huri* (*hūri*), une sorte de pirogue. Cependant, dans la Tihama, ce mot désigne toute embarcation à poupe en traverse, faite de planches en bois reliées par des attaches métalliques. Les huris fonctionnent à l'aide d'un ou deux moteurs hors-bord.

Le plus grand est le *sambuq* (*sanbūq*) : il peut mesurer plus de 25 m de long. Ce bateau à deux bouts est propulsé par un moteur Diesel. Un sambuq .

Les matériaux employés sont souvent d'origine locale. Les planches sont généralement découpées dans des bois en provenance des pentes ouest des monts Haraz. De même, les attaches en fer ou en cuivre sont, la plupart du temps, fabriquées par les forgerons locaux.

Bien que les constructeurs de bateaux d'al-Khawkha continuent d'utiliser des outils traditionnels : herminettes, perceuses à étrave, ciseaux et scies, les outils électriques commencent à faire leur apparition.

---

trouve à 1,5 km plus au nord et comporte un petit restaurant. Comptez 2 580 RY pour une double à deux-draps avec clim. et s.d.b. Toutefois, l'endroit ressemble à une caserne et vous devrez parcourir 100 m pour rejoindre une plage aux eaux peu profondes et moins agréable que celle des deux adresses précédentes.

Le meilleur hébergement d'al-Khawkha, *Le Village Moka Marine* (☎360771), se situe à mi-chemin du village et de l'Ash-Sha'mi ou du Sindibad's. Essentiellement fréquenté par des Français, il offre des simples/doubles dans des cabanes confortables et climatisées à 2 500/3 000 RY. Le petit déjeuner revient à 250 RY, les autres repas à 750 RY.

A près de 8 km d'al-Khawkha, un important tour-opérateur a construit le YATA Camp pour ses propres clients.

Comment s'y rendre

Le plus facile consiste à prendre un taxi à Hays. La course ne devrait pas coûter plus de 150 RY par personne (ou 800 RY le taxi entier). Le trajet de 29 km s'effectue sur une route goudronnée.

Une piste longe la côte depuis al-Makha. Deux fois plus longue que la route mais pittoresque, elle est beaucoup moins fréquentée. Pour l'emprunter, vous devrez louer une voiture (solution onéreuse). Si vous voyagez seul ou à deux, prenez une moto-taxi. Pour 1 200 RY, vous parcourrez cette piste en 2 heures ou 2 heures 30 sur le siège arrière d'une Suzuki ou d'une Yamaha, avec vos bagages sur le dos ou sur le réservoir, entre les jambes du conducteur. C'est une expérience extraordinaire : la route serpente à travers les palmeraies et le long du rivage, où les vagues viennent parfois vous mouiller les pieds.

Comment circuler

Peu de voitures circulent à al-Khawkha, le moyen de transport le plus répandu étant la moto. Le trajet du village à l'un des hôtels touristiques revient à 100 RY.

Taez

Province la plus peuplée du pays, Taez occupe l'extrémité méridionale de l'ancienne RAY, au sud de la Tihama, et comprend le port d'al-Makha. Essentiellement montagneuse, Taez reçoit les premières pluies de la mousson et jouit d'un climat agréable. La plupart de ses villes et villages s'étagent entre 1 000 et 2 000 m d'altitude. Cette région fertile possède un important potentiel agricole.

La population a longtemps été plus cosmopolite qu'ailleurs en raison de la proximité des deux grands ports du pays, al-Makha et Aden. Pendant des générations, les habitants du district de Hujjariya, au sud de la ville de Taez, ont navigué sur toutes les mers, prenant l'habitude de s'exiler. Après le boom pétrolier, ils furent parmi les premiers à partir travailler à l'étranger. Aujourd'hui, leur grande mobilité profite également au développement national : de nombreux commerçants et artisans des villes et villages du nord sont originaires du sud. Les habitants de cette province comptent parmi les plus prospères du pays.

La ville de Taez avait fondé de grands espoirs sur la réunification du Yémen. Avec la disparition de la frontière, elle aurait bénéficié d'un emplacement plus central et aurait prospéré grâce au renforcement de ses liens économiques avec les provinces de Lahej et d'Aden, fortement peuplées. La nouvelle route Sanaa-Aden, *via* Qa'taba, l'a malheureusement laissée à l'écart et a ruiné ses espérances.

La province compte plusieurs sites historiques, dont le port d'al-Makha et la mosquée d'al-Janad. Moins grandioses que les montagnes du nord, celles de Hujjariya et du djebel Sabir s'ouvrent, néanmoins, sur de beaux panoramas ; elles réjouiront les amateurs de flore et d'oiseaux. Un séjour de deux ou trois jours vous permettront d'apprécier cette région.

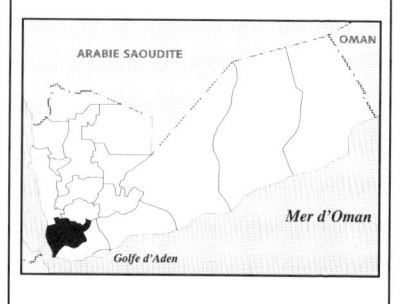

AL-MAKHA

(al-makhā ; al-Mukha, Mocha, Mokka)
Situé à l'extrême pointe ouest de la Tihama, cet ancien port exportateur de café, autrefois célèbre, attire toujours de nombreux visiteurs. Aujourd'hui, al-Makha n'est plus qu'un petit village sans grande valeur touristique. Pour reprendre les termes d'un voyageur déçu, la visite d'al-Makha est "réservée aux nostalgiques amateurs de grands noms". Deux heures suffisent amplement pour explorer ses ruelles et admirer les vagues de la mer Rouge.

Histoire
Muza, un port important, était déjà installé dans cette région à l'époque du royaume d'Himyar, avant l'arrivée de l'islam au Yémen. Les débuts de l'histoire d'al-Makha demeurent néanmoins méconnus. Les pre-

---

En bref

Renseignements pratiques

Code téléphonique régional : 04
Population : 2,2 millions d'habitants
Capitale : Taez
(322 000 habitants)

A ne pas manquer

- Les souks de Taez
- Les mosquées de Yifrus et d'al-Janad

L'histoire du moka ou comment le goût du café vint aux Français

Le caféier, d'origine éthiopienne, est introduit au Yémen vers 1430 et le breuvage devient la boisson favorite des musulmans soufis car elle leur permet de se consacrer à Dieu toute la nuit, en veillant et en priant comme le veut la tradition mystique.

Les Turcs, en s'implantant au Yémen au début du XVIe siècle, adoptent cette coutume et la transmettent aux marchands vénitiens, qui l'exportent dans la cité des Doges dès 1550. Ce n'est qu'en 1669 qu'un ambassadeur ottoman apporte la boisson en France, lors d'un voyage officiel à la cour. Un Italien, Procope, ouvre les portes du premier "café" parisien en 1695. En 1750, la capitale compte déjà 600 établissements de café, bourdonnant de propos révolutionnaires, consignés dans les rapports de police.

L'approvisionnement se fait, au début, par l'entremise de négociants marseillais, qui doivent céder la place à la Compagnie française des Indes et à ses navires malouins, dont le port d'attache est plus proche des nombreux amateurs de café du nord de l'Europe. Le commerce, d'abord "en droiture" (directement du Yémen en France), est ensuite réorganisé de façon triangulaire : les navires appareillent de Saint-Malo pour Pondichéry (comptoir français sur la côte de Coromandel, en Inde), où ils chargent toiles de coton, riz et fer, qu'ils échangent à al-Makha (Moka) contre du café. Puis, ils repartent pour Pondichéry, d'où ils réembarquent pour Lorient ou Saint-Malo (on trouve encore aujourd'hui des Malouins portant le nom de Moka et un quartier de la ville s'appelle ainsi).

Ce système, s'il est pratique pour la Compagnie, se révèle désastreux pour le Yémen car les délais d'acheminement du café en France – entre une et deux années – ne permettent pas de satisfaire la demande du pays, qui doit alors se tourner vers d'autres exportateurs. En effet, le caféier avait été transplanté, dès 1717, sur l'île Bourbon (aujourd'hui l'île de la Réunion) et, surtout, aux Antilles (à Haïti), puis dans toutes les Amériques, par des contrebandiers ; bientôt l'offre de café antillais, moins coûteux, allait ôter au Yémen son rôle de principal producteur de café.

---

miers textes datent du début du XVe siècle et sont dus à un cheikh vénéré, 'Ali Shadhli ibn 'Umar.

En 1616, un voyageur hollandais, Pieter van der Broecke, remarqua une caravane de mille chameaux transportant des fruits, des vêtements, des épices, des teintures, des poteries et, surtout, du café, provenant des montagnes du Yémen. Ce sont les Yéménites qui, les premiers, commercialisèrent le café, dont les plants seraient d'origine éthiopienne. Il devint rapidement l'un des breuvages à la mode en Europe.

Deux ans plus tard, les Anglais et les Hollandais bâtissaient à al-Makha les premières usines de torréfaction, rapidement imités par d'autres Européens et les Américains. Dès le milieu du XVIIe siècle, la demande s'accrut à un point tel que les prix montèrent en flèche, assurant au passage la fortune des négociants d'al-Makha, qui se firent construire de somptueuses villas. Durant cette période, le Yémen jouissait d'un monopole mondial sur le café, alors appelé moka. Puis un jour, des plants de caféier furent exportés en fraude et des plantations apparurent à Ceylan (Sri Lanka) et à Java au début des années 1700. L'exclusivité de son commerce envolée, al-Makha entama son lent déclin.

On cultive toujours le café dans les montagnes du Yémen, mais le qat est aujourd'hui d'un bien meilleur rapport. La restauration du négoce du café fait l'objet d'âpres discussions. Des étrangers travaillent sur des projets d'aide au développement visant à remplacer la culture du *qat* par les caféiers. Cependant, les régions propices à la culture de ces deux plantes se confondent rarement et chacune peut prospérer.

Un sachet de café yéménite (emballé sous vide) est un délicieux souvenir à rapporter. Il se vend en grains ou moulu. Les Yéménites mélangent le café finement moulu à de l'eau bouillante et attendent qu'il se dépose au fond de la tasse pour le boire. Une mouture moins fine est utilisée dans les machines à expresso et une plus grossière encore pour le café filtre.

Lors de l'arrivée des Européens, al-Makha était déjà une cité prospère. Son âge d'or commença au début du XVIIe siècle et dura près de cen cinquante ans, période pendant laquelle son port fut le premier exportateur mondial de café. Sa population avoisinait alors les 20 000 habitants et 30 à 35 bateaux environ y accostaient chaque année. Lorsque la culture du café se développa à l'étranger, al-Makha périclita. Le coup final lui fut porté en 1839, lors de la prise d'Aden par les Britanniques qui s'employèrent à faire de cette ville le principal port d'Arabie du Sud, entraînant al-Makha vers un lent mais inévitable déclin.

Au cours du XXe siècle, la population s'est réduite à une centaine d'habitants et sa principale renommée est d'être le port de contrebande le plus important de la République, en particulier pour les alcools en provenance de Djibouti. Les plans de réaménagement du port conçus par la RAY ont échoué après la réunification de 1990, lorsqu'Aden est devenu le principal port de la nouvelle République du Yémen. La centrale électrique, construite aux abords de la ville au milieu des années 80 (puis reconstruite après les bombardements de la guerre de 1994), est la principale source d'électricité de la province de Taez.

A voir

La **mosquée ash-Shadhli**, dont la magnifique architecture trahit l'influence de Zabid, est vieille de cinq siècles. Un **minaret solitaire** évoque un phare. Les vestiges des **villas des négociants de café** présentent d'intéressants ornements de style tihamite. Il ne reste malheureusement de la plupart d'entre elles que des monticules couverts de sable.

Où se loger et se restaurer

Le centre d'al-Makha compte quelques salons de thé et de modestes restaurants, installés près de la rue principale, juste avant le rivage.

A quelques minutes de marche du village, derrière le boulevard ombragé en direction de Taez, l'***Hotel Al-Rasheed*** *(☎ 046-2357)*, propre et moderne, est le seul hébergement d'al-Makha. Il propose des doubles à deux-draps, avec s.d.b., clim. et vue sur la mer, à 1 400 RY. Un restaurant très fréquenté occupe le rez-de-chaussée.

Comment s'y rendre

Taxi. Al-Makha est bien desservi depuis Taez, par une route goudronnée (105 km, 1 heure 30, 250 RY par personne). Cette destination n'est guère demandée et vous risquez d'attendre trois bonnes heures avant que le taxi ne se remplisse.

Si vous voyagez en direction du sud *via* la route de la Tihama, arrêtez-vous à Mafraq al-Makha (embranchement pour al-Makha), à 70 km de Hays, et attendez un autre taxi pour al-Makha. Le village se trouvant à quelque 2 km au nord du carrefour, faites attention de descendre au bon endroit.

Si vous souhaitez emprunter la piste qui longe la côte jusqu'à al-Khawkha, vous devrez louer une voiture privée (voir la rubrique *Al-Khawkha* dans le chapitre *Al-Hudayda*).

Bateau. Le port d'al-Makha se trouve à moins de 1 km sur la gauche si vous traversez le village en direction de la côte. Vous pourrez y réserver un passage pour Djibouti. Plusieurs *sambuq* et de plus gros bateaux effectuent la traversée chaque semaine, ce qui ne signifie pas qu'il y ait un départ quotidien (environ 3 000 RY par personne, 20 heures). La traversée jusqu'à Assab, au sud de l'Érythrée, ne dure que 5 heures, mais le port est peu accessible en raison du conflit avec l'Éthiopie. Pour les plus aventureux, une liaison irrégulière dessert Berbera, en Somalie.

TAEZ

(ta'izz ; Taiz, Tais)

Malgré son ancien statut de capitale du Yémen, Taez est une ville relativement récente à l'aspect moderne, presque européen. Son architecture date, en grande partie, de l'époque post-révolutionnaire, d'où les nombreux immeubles en béton peint. Ces dernières années, la ville a été largement reconstruite et compte des quartiers neufs et des centres commerciaux plus modernes qu'ailleurs dans le pays.

Néanmoins, Taez possède de très anciens quartiers et de nombreuses mosquées superbes datant de l'époque rasulide. La vieille ville mérite une visite. Bâtie à 1 400 m d'altitude, Taez s'adosse aux contreforts septentrionaux du djebel Sabir, la plus haute montagne de la province, et dégage un charme certain. Un trafic automobile important encombre en permanence les axes principaux, ce qui décourage certains voyageurs.

Histoire

Si le djebel Sabir était déjà peuplé à l'époque pré-islamique, les premiers textes mentionnant Taez datent de 1175, lorsque le chef ayyubide Turan Shah s'y installa après avoir vaincu les Mahdiides de Zabid. Taez devait alors exister depuis plus d'un siècle, bien qu'elle ne fût pas mentionnée par le géographe du Xe siècle, al-Hamdani. Zabid conserva son statut de capitale ayyubide mais, pour un homme d'origine égyptienne, Taez offrait un climat plus agréable, notamment en été.

Après la chute des Ayyubides, les régions méridionales du Yémen tombèrent aux mains des Rasulides (1229-1454), qui régnèrent sur les montagnes du Sud et la Tihama depuis Taez. Ponctuellement, leur royaume s'élargit au nord jusqu'à La Mecque et, à l'est, jusqu'à Oman. Capitale incontestée du Yémen sous le régime rasulide, Taez connut un formidable essor : édification de remparts, construction de mosquées, approvisionnement en eau par aqueduc depuis le djebel Sabir et développement du commerce.

Le règne des Rasulides fut suivi par une période très sombre, durant laquelle Taez fut livrée à divers conquérants étrangers et chefs locaux. L'Empire ottoman choisit plusieurs fois cette voie pour envahir les hauts-plateaux et, durant les années de défaite, parvint parfois à conserver Taez – même après la perte des montagnes du Nord, peuplées par les Zaydites.

Au XXe siècle, Taez redevint capitale du Yémen après les luttes intestines de 1948. L'opposition à l'imamat, représentée par le groupe des "Yéménites libres", s'organisa à Aden. Le groupe rassemblait essentiellement des commerçants chaféites du Sud mais aussi Mohammed Mahmud az-Zubayri, un leader zaydite. Début 1948, le groupe assassina l'imam Yahya et le remplaça par Abdullah al-Wazir, un imam de Sanaa. Toutefois, avec l'appui de l'Arabie saoudite, Ahmad, le fils de Yahya, écrasa rapidement la rébellion et devint l'imam du Yémen.

Ce dernier installa définitivement sa résidence à Taez, qui retrouva son statut de capitale. La prospérité actuelle de la ville est due, en grande partie, à la période courant de 1948 à la révolution de 1962. Même pendant la guerre civile, qui se déroula essentiellement dans le nord, Taez servit de "seconde capitale" du Yémen et la plupart des missions étrangères ne furent transférées à Sanaa qu'au début des années 70.

Aujourd'hui, Taez est une ville marchande en pleine expansion, qui considère la politique menée depuis la réunification comme arriérée et néfaste pour les affaires. C'est là que se déroulent les grandes manifestations populaires contre la corruption et l'incurie économique du gouvernement.

Orientation

Il n'est pas très facile de se repérer dans Taez. Compte tenu de son environnement montagneux, ses rues sont particulièrement sinueuses et, sans plan, vous risquez de vous égarer. Pour vous aider, rappelez-vous que l'immense djebel Sabir s'étend au sud.

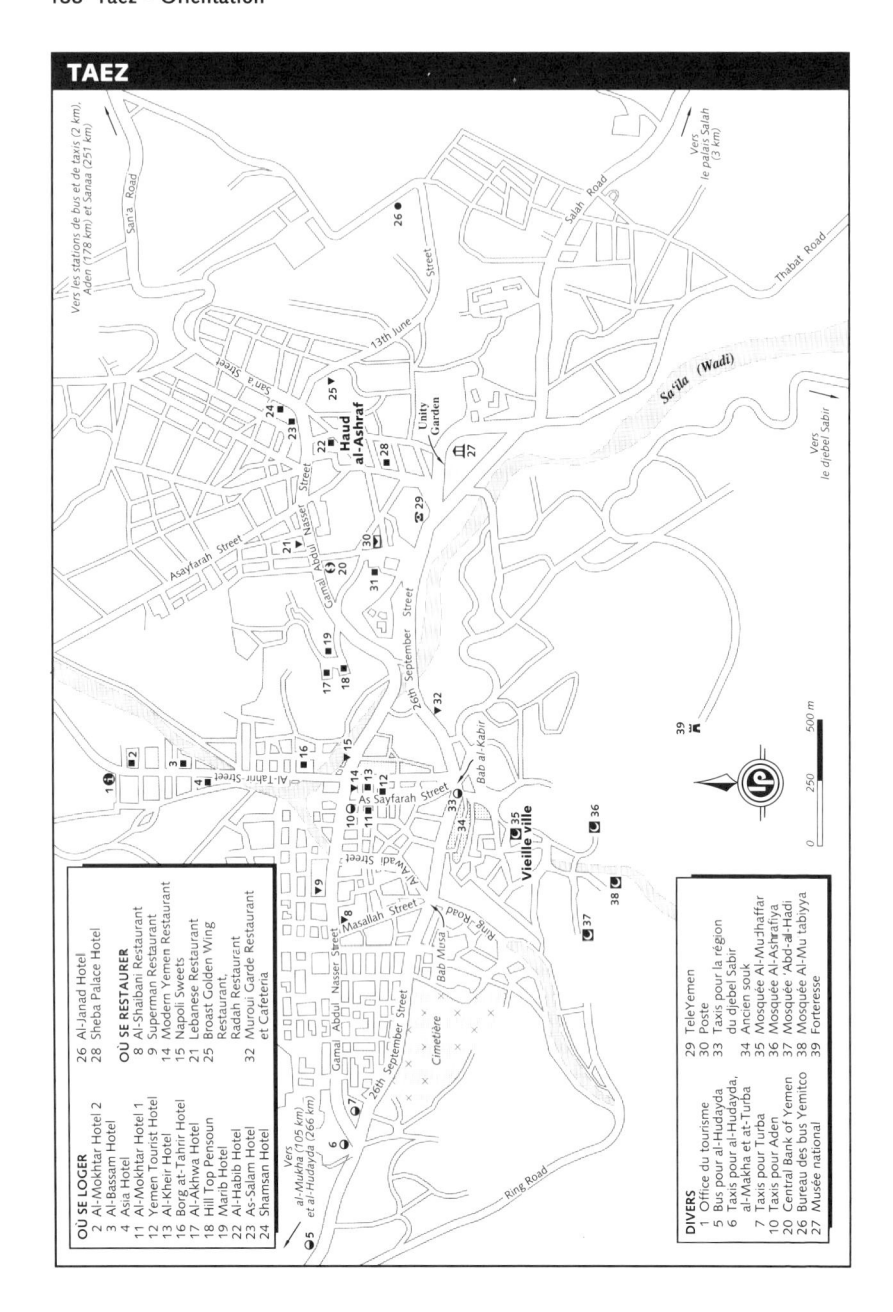

188 Taez – Orientation

TAEZ

OÙ SE LOGER
2 Al-Mokhtar Hotel 2
3 Al-Bassam Hotel
4 Asia Hotel
11 Al-Mokhtar Hotel 1
12 Yemen Tourist Hotel
13 Al-Kheir Hotel
16 Borg at-Tahrir Hotel
17 Al-Akhwa Hotel
18 Hill Top Pensoun
19 Marib Hotel
22 Al-Habib Hotel
23 As-Salam Hotel
24 Shamsan Hotel
26 Al-Janad Hotel
28 Sheba Palace Hotel

OÙ SE RESTAURER
8 Al-Shaiban Restaurant
9 Superman Restaurant
14 Modern Yemen Restaurant
15 Napoli Sweets
21 Lebanese Restaurant
25 Broast Golden Wing Restaurant
31 Radah Restaurant
32 Muroui Garde Restaurant et Cafeteria

DIVERS
1 Office du tourisme
5 Bus pour al-Hudayda
6 Taxis pour al-Hudayda, al-Makha et at-Turba
7 Taxis pour Turba
10 Taxis pour Aden
20 Central Bank of Yemen
26 Bureau des bus Yemitco
27 Musée national
29 TeleYemen
30 Poste
33 Taxis pour la région du djebel Sabir
34 Ancien souk
35 Mosquée Al-Mudhaffar
36 Mosquée Al-Ashrafiya
37 Mosquée 'Abd-al-Hadi
38 Mosquée Al-Mu tabiyya
39 Forteresse

Les femmes du djebel Sabir

Fait impensable dans la plupart des régions montagneuses, certains étals du marché de Taez sont tenus par des femmes. La plupart des guides s'empresseront de vous expliquer que les femmes du djebel Sabir sont de rudes négociatrices qui réussissent mieux dans la vente que les hommes.

De nombreuses histoires relatent l'origine de cette "étrangeté". Selon la plus répandue, les hommes faisaient chaque jour le marché, comme partout au Yémen. Le soir, ils étaient si fatigués par leur longue marche à travers la montagne qu'ils négligeaient leur femme. Celles-ci, insatisfaites, demandèrent alors conseil à l'imam. Afin de leur prouver la lourdeur du travail de leur mari, l'imam leur suggéra de faire le marché à leur place. Elles relevèrent le défi et, depuis, ce sont elles qui tiennent les étals.

Profitant de ce statut "libéré", les femmes, vêtues d'étoffes colorées, se voient rarement et vous pourrez admirer leurs tatouages et les dessins au henné dont elles s'ornent. Comme le préconise le Coran, elles couvrent leurs cheveux et ne se laissent pas photographier. Même si leur conversation avec un client adopte parfois un ton badin, personne ne peut douter de leur dignité.

Deux longues rues traversent la ville d'est en ouest. Selon votre provenance, les bus vous déposent à l'une ou l'autre des extrémités de l'artère principale, Gamal Abdul Nasser St. Plus petite, la 26th September St franchit les remparts de la vieille ville, plus au sud. De nombreux hôtels et restaurants sont installés près du quartier Haud al-Ashraf, là où les deux rues se rapprochent.

Carte. L'Office général du tourisme a publié une carte de Taez au 1/10 000 en 1982. Quoique ancienne, elle est toujours disponible auprès du bureau du Public Tourism Authority.

Renseignements

Office du tourisme. Le Public Tourism Authority possède un bureau dans at-Tahrir St, en face de l'Al-Mukhtar Hotel 2, assez loin du centre. Le personnel, autrefois fort serviable, semble s'être assoupi depuis que cette nouvelle implantation a diminué le nombre de visiteurs.

Argent. Les bureaux de change sont installés dans le centre de Taez. Leur existence est conditionnée par les mesures que le gouvernement impose sur le commerce. S'ils sont frappés d'illégalité lors de votre passage, essayez les boutiques de bijoux en argent dans le souk. De nombreuses banques bordent les rues principales de la ville.

Poste et communications. La poste centrale se trouve dans Haud al-Ashraf, en face de l'Al-Janad Hotel, près du principal bureau des bus.

TeleYemen, 26th September St, au-dessus de l'Al-Janad Hotel, offre un service de téléphone à carte pour les appels internationaux de 7h30 à 20h30, horaires exceptionnels dans un pays où l'on ne travaille que le matin ! Les téléphones de la poste centrale sont réservés aux appels nationaux. L'International Telecommunication Centre se situe dans 26th September St.

Marché central

Comme en témoignent les vestiges des remparts adossés à la montagne au sud de la ville, le vieux Taez était autrefois fortifié. La partie la plus animée de la ville ancienne, le quartier du marché, comprend le vieux souk et s'étend près du rempart nord de la vieille ville. Malgré sa surface réduite – deux allées parallèles qui rejoignent les deux portes principales, **Bab Musa** (porte du cheikh Musa) et **Bab al-Kabir** (Grande Porte) –, le marché présente un intérêt certain. Vous pourrez acheter la plupart des produits vendus dans les souks

L'imam Ahmad

L'imam Ahmad bin Yahya Hamid ad-Din dirigea le royaume mutawakkelite du Yémen de 1948 à 1962.

Son père, l'imam Yahya, le nomma prince héritier en 1927. En instaurant l'hérédité du trône, Yahya brisa la tradition zaydite qui reposait sur l'élection du nouvel imam, ce qui provoqua de nombreux remous. Connu pour sa cruauté envers les opposants, Ahmad fut rapidement surnommé *al-Bahḥūt* ("le terrible"). Dans le palais Salah, vous verrez des photographies le représentant, les yeux exorbités : on dit qu'il s'étranglait lui-même pour obtenir cet aspect terrifiant.

Le père d'Ahmad fut tué lors d'une embuscade fomentée en 1948 par le groupe des "Yéménites libres", qui prit le pouvoir pour une brève période. Ahmad organisa une riposte depuis sa base de Hajja. Il exécuta publiquement les révolutionnaires, s'autoproclama nouvel imam et transféra la capitale de Sanaa à Taez.

Ahmad était un autocrate. Aucun visa ne pouvait être octroyé sans sa signature et aucun avion ne pouvait décoller du pays sans son ordre direct. Il était également connu pour son train de vie fastueux et son goût pour les belles femmes. Il possédait les deux seuls projecteurs cinématographiques du pays et regardait les films que lui prêtaient les diplomates étrangers.

En 1961, Ahmad fut sérieusement blessé lors d'une tentative d'assassinat. Très malade et souffrant d'hallucinations, il se retira dans son palais. Il mourut finalement dans son sommeil en 1962. Huit jours plus tard, un coup d'État mené contre son fils, Mohammed al-Badr, proclama la RAY et marqua le début de la révolution et d'une longue guerre civile.

---

de Sanaa à des prix légèrement inférieurs. Si vous envisagez l'achat d'un objet de valeur en argent, faites un tour au marché de Taez avant de retourner dans la capitale. Le marchandage est de règle ; n'achetez pas dans la première boutique rencontrée !

Dans le vaste éventail des produits alimentaires figurent les poissons de la mer Rouge et les fruits subtropicaux des wadi environnants et de la Tihama. Si vous êtes amateur de *qat*, vous apprécierez la qualité de la production locale. On dit que le meilleur qat du Yémen pousse sur les pentes du djebel Sabir.

Mosquée al-Ashrafiya

D'une architecture exceptionnelle, la mosquée al-Ashrafiya domine majestueusement la vieille ville. Cet édifice rasulide à deux minarets fut construit aux XIIIe et XIVe siècles par al-Ashraf I et al-Ashraf II, les successeurs de Turan Shah. Les prières ne sont plus dites mais l'école coranique, installée dans le bâtiment adjacent, fonctionne toujours. Si on les autorise à entrer, les femmes doivent cependant se couvrir la tête et les bras et tous les visiteurs se déchausser. Du sommet des minarets, une vue superbe embrasse la vieille ville et ses nombreuses mosquées.

Autres mosquées

A l'ouest d'al-Ashrafiya, la remarquable **mosquée al-Mu'tabiya** date du XVIe siècle. Bien qu'elle ait été construite par les Turcs, son style – caractérisé par de nombreuses coupoles et l'absence de minaret – s'inspire de l'Égypte.

La **mosquée al-Mudhaffar**, édifiée au XIIIe siècle, dresse son minaret et sa vingtaine de coupoles au nord d'al-Ashrafiya.

Qal'at al-Qahira

Qal'at al-Qahira (la forteresse imprenable) surplombe la ville du haut d'une falaise. Les plus vieux documents qui la mentionnent datent de 1014. Elle fut construite par le sultan 'Abdallah bin Mohammed as-Sulayhi, le frère du roi 'Ali, lui-même fondateur de la dynastie Sulayhide (voir la rubrique *Jibla* dans le chapitre *Ibb*). Vous devrez l'admirer de loin car elle est occupée par des militaires et sa visite est interdite.

Musée national

L'ancien palais de l'imam Ahmad abrite désormais un musée. Proche de l'extrémité est de 26th September St, il ouvre de 8h à 12h (entrée : 30 RY).

Ce "monument de la contre-révolution" compte parmi les musées thématiques les plus impressionnants au monde. Selon la légende officielle, tout a été conservé en l'état depuis la nuit du 26 septembre 1962, date de la mort de l'imam Ahmad, y compris sa chambre et le matériel médical dont il avait besoin. Les pièces du palais foisonnent de richesses étonnantes – armoires, parfums, armes, radios, cadeaux de chefs d'État contemporains –, visiblement conservées pour illustrer l'injustice sociale du régime de l'imamat.

Les visiteurs nés avant le début des années 50 éprouveront une étrange impression de déjà vu : de nombreux appareils ménagers occidentaux des années 40 et 50 sont présentés comme les éléments exotiques d'une collection rare.

Palais Salah

Autre résidence de l'imam transformée en musée national, cet ancien palais se situe à la périphérie est de Taez. De n'importe quel point de la ville, la course en taxi vous coûtera 150 RY. Vous pouvez aussi prendre un taxi en direction de l'est (15 RY), puis changer à la station de taxis de Salah Rd (20 RY).

Ce musée affiche une conception plus traditionnelle que le précédent. Le rez-de-chaussée est consacré à l'art yéménite contemporain. Les vitrines des étages supérieurs présentent des objets d'argent anciens, des *jambiya*, des *dhuma*, des pièces de monnaie, des manuscrits du Coran, des vêtements et des documents officiels.

Aux murs, sont accrochées des vues aériennes des principales villes de l'ancienne RAY au début des années 60 : Sanaa, al-Mahwit, Hajja, Saada, Dhamar, Yarim, Ibb, al-Hudayda, Zabid, Taez et même al-Makha. Elles vous permettront de comprendre le plan des anciennes cités musulmanes. Les appareils photo sont *mamnu'* (interdits) dans les musées.

Le musée n'ouvre que le matin, jusqu'à 12h (entrée : 50 RY).

Zoo d'al-Hawban

Le palais Salah abritait auparavant l'unique zoo du Yémen, mais ce dernier a été récemment transféré à al-Hawban, à quelques kilomètres de la ville en direction de Sanaa. Il présente les lions de l'imam (ou plutôt leur descendance), ainsi que d'autres espèces, telles que des hyènes, des babouins, des gazelles et des tortues. Certains animaux domestiques sont également présents dans ce parc de recherche de l'Université de Taez. La véritable attraction de ce zoo est une chèvre domestique, blanche avec des touffes de poils marrons, qui écrit clairement les noms "Allah" et "Mohammed" de sa patte gauche.

Le zoo ouvre le matin (entrée : 50 RY). Pour vous y rendre, demandez "Hadiqat al-Hayawan".

Où se loger

Troisième grande ville du Yémen avec plus de 300 000 habitants, Taez offre un vaste choix d'hébergements.

Où se loger – petits budgets

De nombreux hôtels bon marché, à un-drap, disposant de chambres de deux à quatre lits, sont installés entre l'arrêt de bus de Sanaa et la poste centrale. Au **Sheba Palace Hotel**, par exemple, le lit en chambre triple coûte 400 RY. Les s.d.b. communes sont sales et uniquement équipées de douches froides. Au coin de la rue, l'**Al-Habib**, lui aussi d'une propreté douteuse, offre des doubles et des triples avec s.d.b. (douche froide exclusivement) pour 400 RY par personne.

Installé sur la même colline que les hôtels de luxe, le **Hill Top Pensoun** (☎ *210318*) se détériore lentement par manque d'entretien depuis sa construction. Il présente néanmoins un excellent rapport qualité/prix avec ses doubles à deux-draps et s.d.b. à 800 RY.

Où se loger – catégorie moyenne

Au coin de Sanaa St et de Gamal Abdul Nasser St, l'*As-Salam Hotel*, sommaire mais correct, propose des doubles à 1 000 RY. Dans une maison-tour plus récente, une rue plus loin, le *Shamsan Hotel* (☎ *215704, fax 213634*) demande 1 200 RY pour une chambre plutôt sale, avec s.d.b. et douche chaude.

A 100 m environ au nord de Gamal Abdul Nasser St, dans al-Tahrir St, le **Borg at-Tahrir Hotel** (☎ *221483, fax 221482*), assez agréable, dispose de simples/doubles à 650/1 100 RY. Les s.d.b. communes sont propres et dotées de douches chaudes.

Au sud de Gamal Abdul Nasser St, près du marché aux fruits, l'*Al-Kheir Tourist Hotel* (☎*/fax 216647*) possède des simples/doubles avec douches chaudes et TV, à 700/1 300 RY, mais il n'est pas d'une grande propreté. Près de la poste centrale dans le centre-ville, un bon hôtel installé dans une maison traditionnelle, l'*Al-Janad Hotel* (☎ *210529, fax 224497*), loue 1 000/ 2 000 RY des simples/doubles avec s.d.b. et ventil.

Au nord de Bab al-Kabir, le nouvel *Al-Mokhtar Hotel 1* (☎ *222491, fax 214718*), propre et agréable, propose des simples/ doubles équipées de s.d.b. et de ventil., à 1 650/1 850 RY. A proximité, le *Yemen Tourist Hotel* (☎ *219522, fax 219525*) est encore plus plaisant avec ses simples/doubles climatisées à 2 100/2 600 RY.

Dans al-Tahrir St, à 500 m au nord de Gamal Abdul Nasser St, vous pouvez choisir l'*Asia Hotel* (☎ *222948, fax 227846*), avec des simples/doubles à 1 700/2 200 RY, ou l'*Al-Bassam Tourist Hotel* (☎ *211412, fax 232287*), d'un excellent rapport qualité/prix avec des simples/doubles propres à 1 000/1 500 RY. Un peu plus loin du centre, l'*Al-Mukhtar Hotel 2* (☎ *227739, fax 214718*) dispose de simples/doubles à 1 900/2 100 RY.

Où se loger – catégorie supérieure

Les hôtels les plus chers se regroupent sur al-Dabwa, une colline au nord du Haud al-Ashraf, de l'autre côté de Gamal Abdul Nasser St. Très élégant, le *Marib Hotel* (☎ *210350, fax 212122*) propose de spacieuses simples/ doubles de style occidental à 30/50 $US. Bien moins cher, l'*Al-Ikhwa Hotel* (ou *Al-Ekhoh*, ☎ *210364*) facture 1 500 RY la simple et 2 000 RY la double. Il est cependant un peu délabré ; la direction a préféré entamer la construction d'une annexe plutôt que de rénover l'existant. Ces deux hôtels sont dotés de bons restaurants et jouissent de belles vues sur la ville. Si vous logez ailleurs, grimpez sur cette colline pour admirer le panorama et n'oubliez pas votre appareil photo.

Où se restaurer

Restaurants. Taez possède de nombreux restaurants éparpillés dans les quartiers neufs. Plusieurs bordent Gamal Abdul Nasser St, des simples échoppes proposant du poulet grillé aux restaurants familiaux. Le *Modern Yemen Restaurant*, à côté de l'Al-Kheir Hotel, prépare une cuisine rustique, appréciée des voyageurs. Des *kofta* et un thé vous reviendront à 100 RY.

Dans 13th June St, le *Broast Golden Wing Restaurant* et le *Radah Restaurant*, deux établissements ordinaires, se jouxtent et servent des plats de poulet et de viande sans grande originalité pour moins de 300 RY.

Un peu plus haut de gamme, l'*Al-Shaibani Restaurant* (☎ *234647*), dans la partie ouest de Gamal Abdul Nasser St, est fréquenté par des groupes de touristes. Vous dégusterez un excellent poisson grillé sur un lit de *khubz* pour 300 RY, mais le thé et l'eau risquent de doubler la note.

Plusieurs restaurants s'agrémentent de petits jardins sur cour. Le *Muroui Garden Restaurant and Cafeteria*, au centre de

26th September St, est un charmant salon de thé, agrémenté d'un jardin de papayers et de jeux électroniques pour les enfants. Il propose des *shawarma*, du pain et du poulet pour 130 à 150 RY. Très bien tenu, le **Lebanese Restaurant** (☎ *231749*), à l'extrémité est de Gamal Abdul Nasser St, possède une vaste salle destinée aux familles et aux repas de mariage. Comptez de 100 à 200 RY pour une soupe, de 250 à 500 RY pour un plat de viande ou de poisson et 1 000 RY pour des crevettes. Le service (10%) est ajouté à la note.

Cafés. Taez recèle d'excellentes pâtisseries, qui servent également du café et du thé. Essayez celle qui ne porte pas d'enseigne dans 26th September St, au cœur du quartier commerçant, à quelques pas à l'est du souk central, ou le ***Napoli Sweets*** dans Gamal Abdul Nasser St, qui possède également un petit restaurant.

Comment s'y rendre
Avion. Des vols relient Taez à Sanaa mais, les vols intérieurs étant souvent retardés, le trajet en taxi sera plus rapide. L'aéroport se situe au nord de la ville, à 20 km sur la route de Sanaa.

Bus. Pour les liaisons de bus, reportez-vous au tableau figurant dans le chapitre *Comment circuler*. Plusieurs bus partent chaque jour pour al-Hudayda (500 RY), Sanaa (500 RY) et Aden (400 RY) ; les gares routières se trouvent à la sortie de la ville, sur les routes correspondantes à ces destinations. Une gare routière Yemitco accueille des bus récents, aux tarifs plus élevés ; ils relient toutes les destinations. Les billets s'achètent dans le bus ou, à l'avance, à la gare.

Taxi. De nombreux taxis font le trajet depuis/vers Taez. En venant de Sanaa, asseyez-vous du côté droit pour profiter du magnifique paysage, notamment au passage du col de Sumarra.

Les taxis stationnent, comme les bus, à des endroits différents selon leur destination. Ceux qui se rendent à al-Hudayda (al-Makha et at-Turba) attendent à l'angle de 26th September St et de Gamal Abdul Nasser St ; pour Sanaa et Aden, il faut se rendre à l'embranchement des routes correspondantes.

Si, du centre-ville, vous prenez un taxi pour rejoindre l'une de ces stations, refusez que le chauffeur vous emmène jusqu'à destination (cela vous reviendrait à 8 000 RY pour Sanaa, par exemple). La course ne devrait pas vous coûter plus de 200 RY en taxi privé et 20 RY en minibus.

Comment circuler
Contrairement à Sanaa, Taez est dépourvue de bus urbains. Des minibus à bande noire font la navette le long de Gamal Abdul Nasser St (toutes les dix secondes en moyenne !), de 26th September St et des autres longues rues. Comptez de 15 à 20 RY, selon la longueur du trajet.

LES ENVIRONS DE TAEZ
On peut faire plusieurs courtes excursions aux alentours de Taez.

Djebel Sabir
La haute montagne qui se dresse au sud de la ville est habitée depuis la nuit des temps. Aujourd'hui encore, ses flancs sont couverts de cultures en terrasses, notamment de plantations de qat, jusqu'au sommet culminant à 3 006 m. Lorsque le temps est dégagé, la vue sur les environs est magnifique. A la saison des pluies, le temps change très vite.

Compte tenu du dénivelé de 1 600 m, la température baisse considérablement (entre 8 et 16°C). Pensez à vous munir de vêtements chauds avant d'entamer l'ascension vers le sommet, battu par les vents. Au-dessus de 2 700 m, vous découvrirez des petites forêts de genévriers.

La piste jusqu'au sommet est véritablement cahoteuse. Les taxis 4x4 partent de Bab al-Kabir. Une place peut coûter jusqu'à 200 RY, ce qui est justifié puisqu'il faut 1 heure 30 pour parcourir 6 km. Demandez à voir le village d'al-Ar'us, le plus près du sommet. Un camp militaire occupant souvent la cime de la montagne, il est alors impossible d'aller jusqu'au bout.

Le trajet en taxi n'est pas très confortable ; aussi, n'hésitez pas à redescendre à pied. Vous pourrez ainsi admirer les terrasses verdoyantes, parsemées de rosiers et d'autres arbustes. N'oubliez pas que la pluie peut vous surprendre l'après-midi.

Hujjariya

(Hujjariya ; Huggariyah)
Pour visiter le district de Hujjariya, le mieux est d'aller à at-Turba, la ville la plus méridionale de l'ancienne RAY ouverte aux touristes. Le long de la route, vous apercevrez peut-être le plus gros arbre du Yémen, un baobab (*Adansonia digitata*) dont le tronc atteint une circonférence de 20,50 m. Quelques sites dignes d'intérêt bordent la route.

Suq adh-Dhabab. Après l'embranchement d'at-Turba, la route goudronnée descend rapidement vers un wadi verdoyant (l'un des bras supérieurs du Wadi Bani Khawlan), qui serpente entre le djebel Sabir et le djebel Habashi. Le village de Suq adh-Dhabab accueille un marché animé le dimanche. Demandez votre chemin auxhabitants, car le hameau se trouve à 5 minutes de marche de la grande route. En traversant cette vallée fertile, bordée de palmiers et de philodendrons, vous comprendrez d'où proviennent les fruits subtropicaux vendus sur le marché de Taez. Les femmes des environs viennent laver leur linge dans le wadi, où l'eau coule à profusion, et la vallée attire de nombreux promeneurs.

Yifrus (yifrus ; Yufrus, Yafrus). Quelques kilomètres plus loin, la route descend encore pour traverser le Wadi Bani Khawlan. A 22 km du carrefour d'at-Turba, une petite piste croise la route. A droite, elle mène au village de Yifrus, célèbre pour sa mosquée datant de cinq siècles. Ce magnifique édifice blanc se distingue depuis la route d'at-Turba.

Selon la tradition, il aurait été construit par le dernier chef tahiride, 'Amir bin 'Abd al-Wahab, en hommage à l'érudit Ahmad ibn Alwan. Ce dernier, qui vécut à Yifrus à l'époque rasulide, rédigea de nombreux ouvrages sur le soufisme et la loi sunnite.

La mosquée, toujours en activité, est approvisionnée en eau par un aqueduc de 3 km de long. Les non-musulmans ne peuvent y pénétrer, mais l'élégance de la coupole et du minaret mérite le détour.

At-Turba (at-turba ; al-Turbah). Au-delà de l'embranchement de Yifrus, la route d'at-Turba remonte jusqu'au Naqil Hasus (le col de Hassus), à 1 400 m environ, pour accéder au plateau rocailleux de Hujjariya. Tout au long des 50 km qui vous séparent encore d'at-Turba, vous aurez le loisir d'apprécier à quel point ce lieu mérite son nom. Il signifie littéralement "caillouteux". La végétation de la région rappelle la savane africaine.

At-Turba s'est transformé en gros bourg dans les années 90. L'ancien village en occupe le centre. Ses modestes maisons de pierre, rarement hautes de plus de trois étages, présentent peu d'ornements.

Le visiteur apprécie surtout la vue du village surplombant une falaise escarpée. De nombreuses maisons sont construites au bord de cette paroi creusée sur près de 800 m par le large Wadi al-Maqatira, qui se jette dans l'océan Indien. La mieux située est aujourd'hui la prison de la ville. Par temps clair, apparaît au loin la province de Lahej, au sud du pays.

Comment s'y rendre

Les taxis à destination d'at-Turba partent de la station ouest de Taez (voir le plan de la ville). Le trajet de 1 heure 30 ne devrait pas vous revenir à plus de 200 RY. Cette route étant très fréquentée, vous pourrez vous arrêter en route et continuer avec un autre taxi, ou faire de l'auto-stop.

Al-Janad

(al-janad ; Ganad)
Situé près de l'aéroport de Taez, ce modeste village aux maisons basses attire

un flot régulier de touristes, musulmans ou non, parce qu'il abrite la plus ancienne mosquée du Yémen – au moins aussi vieille que la Grande Mosquée de Sanaa. Les deux édifices furent construits avant la mort du Prophète en 632. Depuis, ils ont été rénovés et agrandis à maintes reprises.

La mosquée d'al-Janad arbore un minaret de 70 m de haut. A l'intérieur règne un calme souverain, amplifié par l'austérité de l'architecture. Une place rectangulaire distribue plusieurs halls soutenus par des colonnes et des arches en pierre blanche. La quasi-absence de décoration confère à ce lieu de culte un aspect solennel.

De nombreux groupes de touristes venant visiter la mosquée, l'imam vous laissera probablement entrer en dehors des heures de prière, à condition que vous portiez une tenue décente. Déchaussez-vous et laissez-lui un bakchich en partant.

Comment s'y rendre. Il est relativement facile de rejoindre al-Janad depuis Taez. A la station de taxis pour Sanaa, demandez à un chauffeur de vous conduire à Mafraq al-Janad (dans cette région, au sud du col de Sumarra, le "j" se prononce "g"). La course coûte normalement 40 RY (6 km). Aucun taxi ne va jusqu'à al-Janad, mais pour quelques riyals (ou même gratuitement), on vous prendra en stop sur les cinq derniers kilomètres. Au retour, vous pouvez soit rentrer à Taez, soit partir vers Ibb. Les taxis vous conduiront probablement de Mafraq al-Janad à al-Qa'ida pour 50 RY (12 km). De là, vous pouvez continuer jusqu'à Ibb (100 RY, 36 km).

Ibb

La province d'Ibb s'étend du nord-est de Taez au sud de celle de Dhamar. Cette région d'altitude s'élève en moyenne à 1 500 m. Ses plus hauts sommets sont le djebel Ta'kar (3 230 m), au sud de la ville de Jibla, et une montagne sans nom qui culmine à quelque 3 350 m au nord-est de la ville d'Ibb.

On qualifie Ibb de "province fertile" car elle bénéficie des pluies apportées par les vents du sud. Elle recueille ainsi cinq à dix fois plus de précipitations que Marib, soit 1 500 mm entre fin mai et début septembre, période où il pleut pratiquement tous les après-midi. Les mois d'hiver sont parfois ponctués d'averses. Durant les après-midi d'été, il est très difficile de se promener à pied car des torrents d'eau dévalent les rues et les routes, ce qui est plutôt surprenant en Arabie !

Ses surnoms – elle est le "pays vert de l'Arabie" – ne sont pas exagérés car les flancs des montagnes sont recouverts de champs en terrasses, du fond des vallées jusqu'aux sommets. Ces cultures datent souvent de milliers d'années. Compte tenu de l'abondance d'eau, les champs produisent trois à quatre récoltes par an. Dans ce "grenier du Yémen", vous verrez toutes les plantations imaginables, des palmiers-dattiers aux céréales en passant par le café et le *qat*.

IBB
('ibb ; Ebb)

La capitale de la province, Ibb, est établie au sommet d'une colline (1 850 m), près d'une vallée traversant la chaîne montagneuse du nord-ouest au sud-est. Ces dernières années, la ville s'est développée le long de la vallée, convertissant les terres arables en rues et immeubles. Cette pratique est fréquente dans les villes yéménites en expansion, autrefois de simples hameaux regroupant les cultivateurs des champs environnants. De 35 000 habitants en 1981, la population de cette ville animée est passée à plus de 100 000.

En bref

Renseignements pratiques

Code téléphonique régional : 04
Population : 1,9 million d'habitants
Capitale : Ibb (101 000 habitants)

A ne pas manquer

- La magnifique architecture de Jibla et de Dhafar
- Les sources chaudes de Hammam Damt

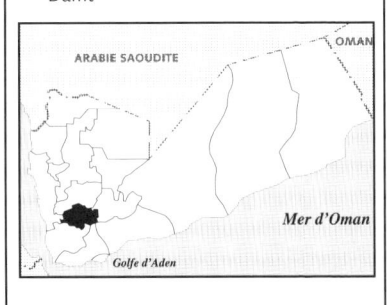

L'architecture locale se caractérise par la maison-tour, typique des régions montagneuses yéménites. Les édifices traditionnels furent construits en pierre grise ou rose de la région, alors que les bâtiments post-révolutionnaires sont édifiés avec la pierre volcanique orangée, plus facile à tailler, qui provient d'une région située à 80 km au nord.

Orientation et renseignements

La route goudronnée de Sanaa à Taez ne traverse plus le centre-ville moderne. Elle a été déviée à quelques kilomètres à l'ouest, lors de la construction de la route asphaltée reliant Ibb à al-'Udayn à la fin des années 80. Si vous arrivez en bus, vous descendrez au carrefour de ces deux

IBB

Vers l'Al-Rasheed Tourist Hotel (500 m), l'hôpital (1 km), le Hadhramout Tourist Hotel (1 km), le Nashwan Tourist Hotel (1,5 km), le djebel Rabi (1,5 km), al-'Udayn (30 km), Taez (65 km) et Sanaa (193 km)

Vers le Bilquis Throne Hotel (500 m) et Jibla (11 km)

Vieille ville

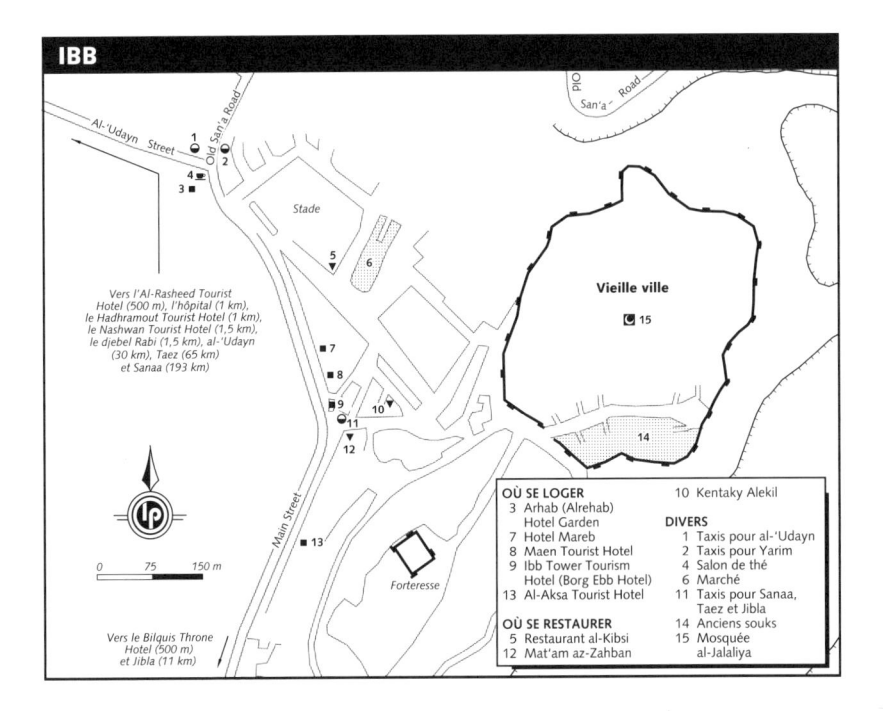

OÙ SE LOGER
- 3 Arhab (Alrehab) Hotel Garden
- 7 Hotel Mareb
- 8 Maen Tourist Hotel
- 9 Ibb Tower Tourism Hotel (Borg Ebb Hotel)
- 13 Al-Aksa Tourist Hotel

OÙ SE RESTAURER
- 5 Restaurant al-Kibsi
- 12 Mat'am az-Zahban

- 10 Kentaky Alekil

DIVERS
- 1 Taxis pour al-'Udayn
- 2 Taxis pour Yarim
- 4 Salon de thé
- 6 Marché
- 11 Taxis pour Sanaa, Taez et Jibla
- 14 Anciens souks
- 15 Mosquée al-Jalaliya

routes. Un minibus vous conduira au centre-ville pour 10 RY.

Les restaurants, hôtels et stations-service sont installés dans le nouveau centre, à 10 minutes de marche du croisement de la route d'al-'Udayn avec l'ancienne route de Sanaa. Ce nouveau centre, en contrebas et à l'ouest de la vieille ville, s'étend rapidement le long d'al-'Udayn St. Une piste continue jusqu'à Suq al-Jarrahi, près de Zabid. Le marché d'Ibb attire le samedi les producteurs agricoles de la province.

A voir

Les touristes se désintéressent souvent de cette ville, même lorsqu'ils s'y arrêtent en allant à Jibla. La vieille ville d'Ibb et ses remparts quasiment intacts méritent pourtant une promenade. Pour y accéder, prenez la rue qui gravit la colline depuis le marché ou la station de taxis.

Les ruelles pavées qui sillonnent le sommet de la colline sont parfois si étroites qu'il est impossible d'y croiser un âne. Les **maisons en pierre**, à quatre ou cinq étages, ne sont pas peintes ; seul le tour des fenêtres est parfois blanchi à la chaux. Bien que clairsemés, les ornements produisent un bel effet. Ce sont des frises soulignant les formes de minuscules fenêtres rondes en albâtre, surmontées d'arcades et regroupées par deux, trois ou cinq. Les vieux quartiers d'Ibb offrent un très bel exemple de l'architecture typique des hauts-plateaux yéménites.

Au centre de la vieille ville (dirigez-vous vers le point le plus haut), la **mosquée al-Jalaliya**, qui date de la première occupation ottomane, est sans doute la plus importante de cette période. Elle fut construite en 1773 par le vice-roi ottoman, Jamal ad-Din Mohammed ibn Mohammed an-Nidhari. Les visiteurs musulmans peuvent admirer le *mih-*

rab orné de somptueuses calligraphies ; les non-musulmans, obligés de rester à l'extérieur, remarqueront les ornements du minaret haut de 35 m. N'ayant guère été entretenu au cours des deux derniers siècles, l'édifice a nettement besoin de travaux de restauration.

L'ancienne forteresse qui coiffe la colline voisine est réservée à l'usage du gouvernement et ne se visite pas. Pour avoir une meilleure vue sur l'ensemble de la ville, montez au sommet du **djebel Rabi** (montagne de Dieu), à mi-chemin entre le centre-ville et la route nationale Sanaa-Taez. Un taxi vous y conduira pour 200 RY, sinon vous pouvez vous faire déposer devant l'hôpital Mustashfa Jumhuriya et gravir le sentier à pied. Le sommet est occupé par un établissement gouvernemental de forme ovale comprenant un restaurant et une piscine. La construction d'un hôtel est en projet.

Où se loger – petits budgets

Compte tenu de son statut de capitale provinciale en plein essor, Ibb possède un bon nombre d'hôtels, mais elle est dépourvue d'établissements de luxe. La plupart bordent l'ancienne route Sanaa-Taez ou al-'Udayn St, avant la nationale.

Une multitude d'hôtels à un ou deux-draps sont installés dans un rayon de 300 m autour du carrefour où stationnent les taxis à destination de Jibla et de Sanaa. Ils proposent des lits en chambres doubles ou triples pour 300 à 450 RY.

Le plus rudimentaire est l'*Hotel Mareb* (☎ *513529*), sans-drap, qui dispose de doubles à 400 RY. Ne rêvez pas avoir l'eau chaude dans les s.d.b. communes, et sales. Tout proche dans Main St, le **Maen Tourist Hotel**, un-drap, offre de bien meilleures chambres à quatre lits avec s.d.b. (eau froide) pour 700 RY.

Dans al-'Udayn St, l'*Al-Rasheed Tourist Hotel* (☎ *406415, fax 402531*), un-drap, possède des petites doubles avec s.d.b. et eau chaude à 600 RY et des chambres plus grandes avec s.d.b. communes à 700 RY. A environ 1 km du carrefour central, le **Hadhramaout Tourist Hotel** (☎ *408488, fax 408708*) demande 800 RY pour ses doubles avec s.d.b.

Où se loger – catégorie moyenne

Construit à la fin des années 80, l'*Arhab Hotel Garden,* ou *Alrehab* (☎ *403955*), propose des doubles assez propres, avec douche et eau chaude, à 1 000 RY. Son "jardin" est en fait un salon de thé moderne installé entre l'hôtel et le croisement de l'ancienne route Sanaa-Taez avec la nouvelle route d'al-'Udayn.

Dans Main St, à 150 m du Borg Ebb, l'agréable *Al-Aqsa Tourist Hotel* (☎ *403432*) offre des simples/doubles à 800/1 000 RY, la plupart avec s.d.b. Plus au sud, sur l'ancienne route de Taez, le **Bilquis Throne Tourist Hotel** (☎ *512973*) loue 1 200 RY une double propre, avec s.d.b. et eau chaude.

Lors de notre passage, l'hôtel le plus propre était le **Nashwan Tourist Hotel** (☎ *408182*), dans al-'Udayn St, à 1,5 km du carrefour central. Il loue ses doubles pour 1 000 RY et les s.d.b. communes sont dotées d'eau chaude.

Où se restaurer

Nous vous recommandons le **Mat'am az-Zahban**, dans Main St, près du Borg Ebb Hotel ; il est signalé en arabe et en anglais. Les groupes comprenant des femmes sont installés dans le salon familial à l'étage. Le petit restaurant, en face, est très simple et correct.

Les grandes fenêtres du **Restaurant al-Kibsi**, ou *Mat'am wa Bufiya ash-Shahid al-Kibsi*, près du stade, s'ouvrent sur une jolie vue. Malgré son enseigne arabe, ce restaurant, perché en étage, est facile à trouver. En allant du marché vers la vieille ville, le **Kentaky Alekil**, très bien tenu, prépare des repas de style occidental (à partir de 300 RY).

Comment s'y rendre

Vous viendrez sans doute à Ibb par la nationale nord-sud. Des bus arrivent de Sanaa (400 RY, 193 km) et de Taez (160 RY, 65 km). Ils vous déposent au carrefour de la nouvelle route Sanaa-Taez et au croisement d'al-'Udayn St. Pour venir en taxi collectif de Sanaa, ajoutez 50 RY au tarif, et 20 RY depuis Taez. Une fois à Ibb, prenez un taxi ou un minibus à bande noire pour rejoindre le centre-ville (*markaz*). Les taxis à bande verte circulent fréquemment sur cet itinéraire et vous conduisent en plein centre.

A 10 km environ avant Ibb, vous pourrez admirer les paysages de montagne les plus spectaculaires du pays. A environ 45 km au nord d'Ibb, la route grimpe à 2 800 m jusqu'au col de Sumarra. Le col de Sayyani, à 20 km au sud d'Ibb, se tient à 2 400 m d'altitude. Pour faire de bonnes photos, asseyez-vous du côté ouest du véhicule.

Pour rejoindre Taez ou Sanaa depuis Ibb, allez sur la route Sanaa – Taez et faites signe à un bus. Les taxis à bande verte sont plus pratiques si vous partez du centre-ville.

Comment circuler

La ville est assez petite pour être facilement explorée à pied. Des taxis à bande noire et des minibus font la navette le long des artères principales (10 RY la place).

JIBLA
(jibla ; Jiblah, Giblah)
Petite ville fortement empreinte d'histoire, Jibla ne se trouve qu'à 8 km d'Ibb et à 3 km de la route de Taez.

Histoire

Jibla est une ancienne capitale des hauts-plateaux. De 1064 à 1138, la région fut dominée par les Sulayhides, dynastie fondée par 'Ali as-Sulayhi. C'était un fervent musulman dont la doctrine, dite fatimide, forme la base de la branche ismaélienne du courant chiite. En 1064, après quinze ans de prédication, il rassemblait suffisamment de fidèles pour se proclamer détenteur de la vérité. Finalement, il créa un État indépendant, dont les principaux rivaux étaient les Najahides de Zabid et les imams zaydites de Saada. Après avoir initié la révolution dans le djebel Masar, il transféra sa capitale à Sanaa.

En 1067, le roi 'Ali fut tué lors d'un pèlerinage à La Mecque et son fils Mukarram lui succéda. Comme ce dernier tomba grave-

La reine Arwa

Sayyida al-Hurra Arwa bint Ahmad as-Sulayhi assuma le pouvoir pendant la maladie de son mari, en 1086, et devint reine à sa mort. La reine Arwa bint Ahmad régna pendant cinquante-deux ans, jusqu'en 1138, date de son décès à l'âge vénérable de 92 ans. Même si elle ne laissa aucun héritier et si l'Etat sulayhide fut rapidement dissout, son influence marqua profondément le pays.

L'une des premières actions de la reine fut de transférer la capitale de l'État sulayhide à Jibla. Durant son règne, la ville prospéra ; on entreprit la construction de la mosquée de la reine Arwa – agrandie depuis à maintes reprises depuis. Les anciennes terrasses, qui s'étagent sur les flancs des montagnes environnantes, connurent un important développement.

Femme cultivée et sage, protectrice des écrivains et des artistes, la reine veilla aussi au bien-être de son peuple, y consacrant une grande part du budget de l'État. Aujourd'hui encore, les Yéménites la surnomment affectueusement la "Petite Bilqis" et l'université d'Ibb porte son nom.

Huit cent cinquante ans plus tard, la région de Jibla témoigne encore de cet essor et de ce bien-être. On vous montrera probablement les ruines de l'ancien palais, juché sur la colline qui surplombe la ville. La légende dit que le palais de la reine Arwa comptait 365 chambres, une pour chaque nuit. Cependant, de nombreux Yéménites pensent qu'un tel luxe n'aurait pu être le fait d'une femme aussi sensée. Une autre version de l'histoire attribue le palais à un autre souverain sulayhide et les 32 mosquées de Jibla à la reine.

ment malade peu après, c'est son épouse qui assuma les fonctions de chef d'État (voir l'encadré *La reine Arwa*). Elle transféra la capitale à Jibla. Depuis lors, la ville a connu un essor sans égal.

Soins médicaux
L'hôpital baptiste de Jibla emploie des bénévoles américains, hollandais et philippins. C'est là qu'il faut vous adresser si vous devez vous faire soigner dans la région.

A voir
Jibla occupe une colline située entre deux wadi qui se rejoignent en contrebas de la ville. Après avoir traversé le pont, vous arriverez à une route menant en ville. Tournez dans la première rue à gauche, juste après le funduq et avant une petite mosquée. Vous aboutirez dans les souks puis à la **mosquée de la reine Arwa**.

La mosquée fut construite par la reine Arwa, qui repose près du mur nord du hall de prière, à côté du mihrab décoré en style persan. Sa tombe porte de belles calligraphies de style qufic et naskhi ancien. Étonnamment, cette tombe fut la cible d'attaques d'extrémistes religieux au début de 1995, après la guerre de l'Unité.

Ce vaste édifice s'orne de deux minarets ; l'école coranique adjacente est toujours en activité. Le site figure au programme des circuits organisés et, avec un peu de chance, vous pourrez entrer en dehors des heures de prière. Ne manquez pas cette occasion car c'est l'une des plus remarquables mosquées du pays. Si vous ne pouvez y pénétrer, contentez-vous d'admirer son élégance depuis les versants de la colline.

En continuant la traversée de la ville, vous passerez devant la superbe petite mosquée **Qubbat Bayt az-Zum** – de nombreux touristes la confondent avec la précédente.

Les maisons de Jibla sont des tours de pierre construites dans le même style que celles d'Ibb, mais souvent plus richement décorées. La route grimpe tout en haut de la colline, d'où vous surplomberez l'aqueduc construit sous le règne d'Arwa ; il apporte toujours l'eau des montagnes jusqu'à la ville après avoir longé le cimetière.

Où se loger
Un petit hôtel à un-drap se situe à l'entrée de la ville. Il dispose de doubles à 600 RY avec s.d.b. commune et eau froide.

Comment s'y rendre
Depuis Ibb, une place dans un taxi collectif vous coûtera 40 RY. Les taxis partent de la station principale. En venant de Taez, vous pouvez descendre à Mafraq Jibla et faire le chemin à pied par la piste (3 km).

AL-'UDAYN
(al-'udayn ; Odein)
A quelque 30 km à l'ouest d'Ibb, cette charmante petite ville longe les rives quasi tropicales du Wadi Zabid. Elle mérite le détour, même si elle n'offre aucune curiosité particulière, ni hôtel où passer la nuit. Si vous aimez sortir des sentiers battus, vous apprécierez cette excursion.

Le meilleur moyen de s'y rendre consiste à emprunter la route goudronnée depuis Ibb, construite à la fin des années 80. Elle descend rapidement de plus de 1 000 m et la pression atmosphérique change brutalement. D'anciennes tours de guet en pierre surplombent les sommets des collines. Une place dans un taxi collectif vous reviendra à 100 RY. Les taxis partent du croisement de l'ancienne route Sanaa-Taez avec la route d'al-'Udayn.

Depuis la création de la nouvelle route Ibb – al-'Udayn, peu de taxis en provenance de Taez choisissent l'itinéraire plus touristique qui traverse la ville de Mudhaykhira. Ils stationnent devant les souks centraux et demandent 400 RY par personne pour les 60 km qui séparent Taez d'al-'Udayn. Vous devrez peut-être prendre des taxis différents vers et depuis Mudhaykhira. Vu la difficulté des routes de montagne, comptez plusieurs heures pour l'excursion.

Le troisième itinéraire passe par les villes tihamites de Hays ou de Suq al-

Jarrahi (près de Zabid) *via* al-Mabraz (59 km d'al-'Udayn et 36 km de la route de la Tihama). Ce trajet n'est pas desservi par les taxis et vous devrez marcher ou faire du stop entre les villages.

DHAFAR
(ẓafar ; Dhofar, Zafar, Zofar)
La capitale de l'ancien royaume d'Himyar est aujourd'hui un petit village oublié, à la frontière septentrionale de la province d'Ibb. Si vous demandez à un Yéménite où il se trouve, ce dernier vous répondra probablement Oman, désignant la province occidentale de ce pays. Peu de cartes locales mentionnent Dhafar, bien que ce soit un site historique officiellement reconnu et qu'il abrite l'un des plus anciens musées du pays.

Histoire
Le royaume d'Himyar vit le jour au IIe siècle av. J.-C., à la suite d'une guerre civile qui signa l'indépendance de deux provinces de l'État de Qataban : Himyar et Radman. Ces dernières couvraient la région située à l'extrême pointe sud-ouest de la péninsule Arabique, contrôlant le détroit de Bab al-Mandab. Cette passe devint stratégique lorsque les progrès de la navigation permirent aux Romains d'établir la liaison avec l'Inde par la mer Rouge.

Vers l'an 20 av. J.-C., les Himyarites entreprirent la construction d'une nouvelle capitale, Dhafar, sur le haut plateau (3 000 m). Cet État prospère accrut son pouvoir et entraîna la chute, en 50, du royaume de Saba, modifiant considérablement le rapport des forces dans le sud de l'Arabie. Saba s'était affaibli à la suite de luttes intestines et d'incessants combats avec ses voisins. En outre, ses revenus avaient diminué depuis l'essor du transport maritime au détriment des caravanes. L'ancienne dynastie sabéenne céda la place aux hommes forts des hauts plateaux.

Les Sabéens se révoltèrent en 190 mais le royaume d'Himyar rétablit son hégémonie à peine un siècle plus tard. Finalement, le souverain himyarite, Shammar Yuharish, régna sur une région couvrant l'ensemble du Yémen actuel. Il se désignait lui-même "roi de Saba, du Dhi Ryada, du Hadramaout et du Yamna".

Dhafar perdit son importance lorsque les Himyarites transférèrent leur capitale à Marib. Saba avait été le centre spirituel de la région pendant des siècles, prêtant ses divinités – la Lune, le Soleil et Vénus – à ses rivaux. Les temples les plus sacrés étaient édifiés à Marib. Avant l'arrivée de l'islam, le royaume himyarite fut détruit par les guerres incessantes opposant, sur le sol yéménite, les Aksoumites éthiopiens aux Perses.

A voir et à faire
Quelques habitants s'improvisent guides pour gagner un peu d'argent mais, vu la taille de Dhafar, vous n'aurez guère besoin de leurs services. Toutefois, repousser leur offre vous semblera peut-être difficile.

Le site est exceptionnellement préservé. Chaque modeste maison de pierre possède une **sculpture himyarite** (ou un fragment) incorporée dans ses murs, souvent au-dessus de l'entrée principale. On reconnaît ainsi des têtes de taureaux, des représentations d'autres animaux, de plantes ou d'êtres humains. Le petit **musée**, construit par le gouvernement au centre du village, semble n'ouvrir ses portes que lorsqu'un visiteur se présente (entrée : 50 RY).

Promenez-vous dans le village. Les falaises qui l'entourent sont creusées de **grottes** servant d'habitation ou d'étable pour les ânes. Le contraste entre l'aspect rudimentaire de ces demeures et l'élégance des sculptures qu'elles abritent indique que la colline est habitée depuis des temps immémoriaux.

Comment s'y rendre
Dhafar n'est qu'à 11 km (30 minutes en 4x4) de la route Sanaa-Taez. Le hameau de Kitab est desservi par les taxis effectuant la liaison entre Ibb, Yarim et Dhamar, à environ 5 km au sud de Yarim. La course d'Ibb à Kitab ou Yarim coûte 160 RY.

Dhafar est un très petit village et de rares véhicules s'y rendent de Kitab le matin ou en début d'après-midi. Aucun taxi collectif ne fait le trajet. Les chauffeurs essaient d'obtenir des touristes des sommes astronomiques, jusqu'à 3 000 RY l'aller-retour ! Heureusement, vous pouvez y aller à pied et/ou faire du stop, mais n'oubliez pas qu'une forte averse au col de Sumarra rendra la route très difficile l'après-midi, particulièrement à la saison des pluies. Après avoir traversé le premier village, vous verrez une montagne pointue plantée au milieu des champs. Au-delà apparaissent les montagnes qui entourent Dhafar. La paroi montagneuse percée de grottes vous aidera à repérer facilement le village. Suivez la route qui grimpe dans la montagne entre d'impressionnantes formations volcaniques.

Vous pouvez varier votre itinéraire et partir de Yarim. Prenez la route qui part à l'est vers Qa'taba jusqu'au village de Khaw. De là, allez vers le sud, à pied ou en voiture, jusqu'à Dhafar (10 km). La région est faiblement peuplée et, si vous vous perdez, vous risquez de marcher des heures avant de pouvoir demander votre chemin.

YARIM
(yarīm ; Yerim)
Lovée dans le fertile bassin de Yarim, cette ville est la plus septentrionale de la province d'Ibb. S'élevant à 2 550 m d'altitude, elle est également la plus haute du Yémen. Malgré sa longue histoire, ses édifices sont en grande partie postérieurs à la guerre civile des années 60. Lorsque le botaniste finlandais Peter Forsskal, membre d'une expédition danoise, y mourut en 1763, Yarim n'était qu'un minuscule village.

Les bassins de Yarim et de Dhamar se situent dans la région volcanique la plus active du nord du Yémen. De nombreuses sources chaudes alimentent des bains publics, bâtiments partiellement enfouis afin de préserver la chaleur. Les petites coupoles sur le toit permettent à la lumière du jour d'éclairer l'intérieur.

Où se loger et se restaurer
Aujourd'hui, Yarim est une ville de marché, dont les nombreux restaurants et les quelques hôtels modestes sans-drap (environ 400 RY) bordent la route principale. Il paraît que les meilleurs cuisiniers d'Ataq, Harib et Marib sont originaires de Yarim ; n'hésitez pas à vous y arrêter pour déjeuner.

HAMMAM DAMT
(Hammām damt)
Cette station thermale, proche d'un volcan éteint, se trouve à 47 km à l'est de Yarim. La route goudronnée continue jusqu'à Aden.

A voir et à faire
Le village d'origine se cache derrière le **volcan** qui s'élève au nord-est de la route. Ces dernières années, Hammam Damt a atteint la taille d'une ville relativement importante dont les édifices modernes contournent le volcan et s'étendent jusqu'à la route.

L'ascension du volcan se fait en quelques minutes grâce à l'escalier métallique installé sur le versant proche du village. Vous devrez peut-être demander l'autorisation de monter au poste de police situé au pied des marches. L'entrée est gratuite.

Le volcan est de loin le site naturel yéménite le plus étrange. Un sentier très plat permet d'effectuer le tour du cratère, à l'exception d'une vingtaine de mètres impossibles à franchir. Au fond du cratère, les eaux vertes d'un petit lac scintillent au soleil. C'est magique !

Les **sources chaudes** abondent sur le versant nord du volcan, généralement entourées de bains publics. Le grand hammam proche du ruisseau est ouvert aux hommes et aux femmes, à des horaires différents. De l'autre côté du cours d'eau s'éparpillent de minuscules cratères.

Visiblement, le site attire les touristes ; les hôtels et les restaurants y sont plus nombreux que dans n'importe quelle autre petite ville. Les étrangers ne tarderont pas à affluer mais, lors de notre visite, nous étions les seuls.

Où se loger et se restaurer

Au carrefour de la grande route et de la rue principale de la ville, le ***Damt Tourist Hotel*** offre des doubles propres, à un-drap, pour 1 000 RY. Les s.d.b. communes sont pourvues d'eau chaude et l'une d'elles est reliée aux sources chaudes. Dans la même catégorie, vous pouvez choisir le ***Damt Hot Spring Beach Hotel***.

Près de la grande route, deux hôtels, signalés en arabe, proposent des chambres plus rudimentaires à 400 RY. Le village principal ne possède aucun établissement sans-drap.

Le Damt Tourist Hotel dispose d'un restaurant qui fait concurrence aux établissements proches de la grande route. Des restaurants sont installés dans la ville neuve, près de la rue principale.

Comment s'y rendre

Bus et taxis desservent Hammam Damt, à mi-chemin entre Sanaa et Aden. De Sanaa et d'Aden, des bus partent deux fois par jour (400 RY). En taxi, la place coûte environ 500 RY jusqu'à Yarim, d'où vous paierez 80 RY pour rejoindre Hammam Damt.

De Yarim à Hammam Damt, la route descend dans une vallée densément peuplée et intensément cultivée qui entoure un wadi. C'est l'une des sources du Wadi Bana, qui traverse la province d'Abyan et se jette dans l'océan Indien, près de la ville de Zinjibar. A environ 34 km de Yarim, vous arrivez au village d'ar-Radhma. Hammam Damt est à 13 km de là. Si vous continuez vers Aden, vous traverserez l'ancienne ville frontalière de Qa'taba avant d'entrer dans la province de Lahej.

Dhamar

La province de Dhamar s'étend au centre des hauts plateaux. Les vastes bassins agricoles de Ma'bar et de Dhamar s'élèvent à près de 2 500 m. L'irrigation se pratique depuis la nuit des temps dans cette région soumise à l'exploitation intensive. La campagne étant relativement plane, les larges terrasses sont parfaitement adaptées aux machines agricoles modernes et à la culture des céréales.

A l'ouest, la province s'incline en direction de la Tihama, à l'est de Bayt al-Faqih et de Zabid. Elle semble n'être qu'un passage pour les négociants yéménites et les touristes étrangers, davantage attirés par les régions avoisinantes.

Sur le plan politique, la province de Dhamar est tiraillée entre deux partis dirigeants, le Congrès général du peuple (CGP) et la Congrégation yéménite pour la réforme (Islah), tous deux fortement soutenus par la population locale. Après la réunification de 1990, les unités militaires de l'ancienne RDPY furent stationnées ici pour tenter d'établir l'équilibre. Ces efforts se soldent par un échec puisque c'est dans la ville de Dhamar que la guerre de 1994 éclata le 4 mai entre les partisans du Parti socialiste yéménite et leurs opposants du Nord. Au cours de ces dernières années, la province a été le théâtre de plusieurs prises d'otages (voir l'encadré *Les enlèvements au Yémen* dans le chapitre *Renseignements pratiques*).

DHAMAR
(dhamār)
La ville de Dhamar, au centre du bassin du même nom, jouit d'une très longue histoire. Elle fut fondée par le légendaire roi himyarite 'Ali, célèbre restaurateur de la Grande Digue de Marib. Bâtie dans la plaine, Dhamar est l'unique ville du nord du Yémen qui ne soit ni fortifiée ni protégée par le relief. Offrant de bonnes liaisons avec les provinces voisines, elle est devenue un marché prospère où, le vendredi, se rencontrent les tribus des environs.

En bref

Renseignements pratiques
Code téléphonique régional : 06
Population : 1,05 million d'habitants
Capitale : Dhamar (83 000 habitants)

A ne pas manquer
- Les anciens canaux d'irrigation de Baynun

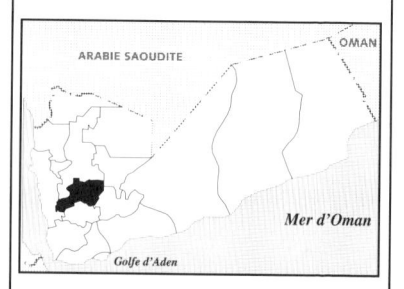

Orientation
La route Sanaa-Taez traverse le Dhamar moderne, qui s'est étendu de chaque côté. La vieille ville s'étire à l'est, au nord de la route menant à al-Bayda.

A voir
Sur le plan architectural, les maisons de la vieille ville mêlent la pierre des maisons-tours, le pisé des bâtisses des plaines orientales et la brique, commune dans les villes de plus grande importance. Les façades en pierre sont décorées d'arcades et d'impostes de brique. Pour adoucir leur aspect, les murs de brique sont parfois recouverts de terre, à l'intérieur comme à l'extérieur. Les ornements sont toutefois moins élaborés qu'à Sanaa. Au centre de la vieille ville, la mosquée al-'Amir Sunbul,

Le qudad, le plâtre yéménite

Lors de votre voyage au Yémen, vous vous interrogerez peut-être sur la technique assurant l'étanchéité des toits. Le secret réside dans l'emploi du qudad (*qudād*), le plâtre traditionnel utilisé pour les citernes, les canaux, les thermes et les toits. Il fut découvert dans les vannes de la Grande Digue de Marib.

Le qudad est un mélange de chaux éteinte (*nūra*) et d'eau, remué de temps à autre pendant au moins deux semaines, en veillant de ne pas le laisser s'assécher. On y ajoute ensuite des agrégats, tels que du sable fin, des petits cailloux ou de la cendre volcanique, facile à trouver dans la région de Dhamar.

Le qudad peut s'appliquer directement sur la pierre ou sur des briques cuites, mais la surface doit être propre, débarrassée de toute poussière et suffisamment abrasive pour permettre l'adhésion du qudad. On en dépose plusieurs couches pour atteindre une épaisseur de 5 à 10 cm sur les murs, et de 15 cm sur les toits.

La phase suivante, le polissage, est la plus importante du processus. La surface durcie est nettoyée avec de l'eau de chaux, puis frottée avec une petite pierre ou un caillou pendant quatre à cinq jours. On passe ensuite au rythme de deux fois par jour, puis d'une fois par jour et enfin une fois tous les deux jours. Au bout d'un mois, la surface ressemble à du marbre.

Après avoir séché pendant un à deux mois, le qudad est entièrement enduit de graisse animale ou de moelle à l'aide d'une peau de chèvre. Ce revêtement imperméable protégera lors de la première saison des pluies. L'achèvement de ce processus nécessite près d'un an de travail. S'il est posé dans les normes, le qudad ne se craquellera pas et deviendra de plus en plus dur au fil des ans. Un bon qudad peut durer des siècles.

Aujourd'hui, de nombreux projets de restauration ont ranimé cet art et les avantages qu'il présente assurent son avenir.

---

de style ottoman, fut terminée en 1622. La **mosquée carrée** en granit s'orne d'un minaret de brique rouge orné de gypse, haut de 35 m.

Les maisons de terre de Qa'al-Yahud, l'ancien quartier juif, Dhamar, cernées d'un mur de fortification, témoignent de l'isolement dans lequel les juifs yéménites étaient autrefois tenus.

Où se loger et se restaurer

Traversée par la grande route, Dhamar dispose de quelques restaurants classiques et de deux hôtels corrects. Au carrefour de la route Sanaa – Taez et de la route d'al-Bayda, le ***Green Valley Hotel*** (☎ *504950*), un modeste établissement à un-drap, loue des doubles pour 600 RY. Plus agréable, l'***Ausan Hotel*** (☎ *506826*), à deux-draps, est situé à 300 m en direction de Taez ; il propose des simples/doubles avec s.d.b. à 800/1 500 RY.

Comment s'y rendre

Située sur la nationale Sanaa – Taez, à 102 km de Sanaa et à 155 km de Taez, Dhamar est facilement accessible par bus ou taxi. Une place dans un taxi collectif revient à 300 RY depuis Sanaa, 350 RY pour Taez et 400 RY pour al-Bayda, à l'est.

MA'BAR

(ma'bar ; Mabar, Maabar)

Cette petite cité ancienne, à 31 km au nord de Dhamar sur la route Sanaa – Taez, présente la particularité de rassembler des maisons en pisé à deux étages. Si ce type d'architecture est fréquent sur les plateaux orientaux, il est assez rare dans cette région où la pierre et les structures mixtes prédominent.

La route qui bifurque à l'ouest de la ville, terminée au milieu des années 80, rejoint al-Hudayda.

DHAWRAN
(ẓawrān ; Dawran)
Dhawran, une bourgade située à 15 km à l'ouest de Ma'bar, servit jadis de résidence royale. L'ancienne mosquée, en partie effondrée, est construite selon le même plan que celle d'ar-Rawdha, près de Sanaa.

HAMMAM 'ALI
(hammām 'ali ; Hammam Ali)
Cette fameuse station thermale, à 35 km au nord-ouest de Dhamar, doit son existence aux innombrables sources chaudes sulfureuses qui jaillissent des flancs du djebel Dhawran. Les multiples thermes publics de Hammam 'Ali attirent des visiteurs des quatre coins du pays. Les Yéménites pensent que l'eau chaude est bonne pour la santé, ce qui est probablement vrai. La haute saison se situe en janvier et février, au creux de l'hiver, lorsqu'un bain chaud fait oublier la rudesse du climat des montagnes.

Hormis l'utilisation des hammams, répartis le long de la vallée, il n'y a pas grand-chose à faire. Hammam 'Ali accueille un marché le lundi.

Les minuscules huttes de pierre, perchées sur les versants plus élevés, servent d'abris temporaires aux clients, très nombreux durant la haute saison.

Les thermes publics occupent généralement un long bâtiment d'un étage divisé en petites salles. L'eau coule de l'une à l'autre et de petites ouvertures ménagées dans le plafond laissent entrer la lumière du jour.

Un bain relaxant ne vous coûtera pas plus de quelques dizaines de riyals. Les hommes et les femmes ne fréquentent pas les mêmes établissements.

Où se loger
Le village dispose de nombreux hôtels traditionnels modestes. Ne vous souciez pas de l'état de la s.d.b. : allez prendre un bain chaud au hammam !

Comment s'y rendre
On peut rejoindre Hammam 'Ali par l'ancienne route, intéressante, ou par la nouvelle, plus facile.

La première part de Dhamar, où des taxis 4x4 attendent les clients des thermes qu'ils emmènent pour 200 RY par personne. Cet itinéraire emprunte la nationale puis, à 8 km au nord de Dhamar, bifurque vers l'ouest sur l'ancienne route Dhamar – al-Hudayda et se dirige vers la montagne pointue qui se profile à l'horizon. Une demi-heure plus tard, après avoir passé un village perché sur une colline et gravement endommagé lors du séisme de 1982, la route descend abruptement vers un wadi. De là, il reste une heure de route jusqu'à Hammam 'Ali.

Le trajet le plus aisé suit la nouvelle route Ma'bar-Bajil, qui passe près de Hammam 'Ali avant de rejoindre Madinat ash-Sharq, plus loin le long du même wadi. En continuant au-delà de Hammam 'Ali, vous arriverez à cette route après quelques kilomètres.

BAYNUN
(baynūn)
Pour ceux que passionne l'histoire du Yémen, les ruines de cette autre capitale himyarite se dressent à l'est de Dhamar. Baynun fut totalement détruite vers 525 par les Aksoumites (anciens Éthiopiens). Il s'agit de l'un des sites historiques les moins fouillés de sorte que l'on ne connaît ni la date précise de sa fondation ni les dimensions de la cité. En 1998, une équipe d'archéologues hollandais a entamé de nouvelles fouilles et l'on peut espérer de plus amples informations.

Le **musée de Baynun** a ouvert ses portes au milieu des années 90, à l'initiative du cheikh de Baynun. Il présente des pierres votives, des colonnes de pierre gravées, une bague, des frises de bouquetins, des pierres tombales et des objets en bronze datant du Ier au IVe siècle. Le musée ouvre à la demande (entrée : 50 RY). En outre, les pierres aux inscriptions himyarites, utilisées dans des constructions récentes, font du village de Baynun un véritable musée.

Les vestiges les plus impressionnants sont les **tunnels** et les **canaux d'irrigation** creusés dans la roche, de l'autre côté de la route menant au village. Datant d'au moins 1 500 ans, ces ouvrages, bien qu'asséchés, sont superbement conservés. Al-Hamdani, célèbre historien yéménite du Xe siècle, décrivait le djebel Baynun comme une véritable meule de gruyère. Il est encore possible de visiter l'un des tunnels longs de 150 m ; l'autre est obturé à mi-chemin. Près de l'entrée, la roche porte des inscriptions indiquant que les canaux ont été creusés afin d'irriguer les plantations de Wadi an-Numara, à l'est de la montagne. Le wadi, un affluent du Wadi Dhana, coule vers le nord-est jusqu'au lac de retenue de la nouvelle digue de Marib.

Comment s'y rendre

Un 4x4 et les services d'un guide sont indispensables pour atteindre Baynun. Le meilleur itinéraire suit la piste au nord-est de Dhamar, impraticable pendant la saison des pluies. Ce trajet de 40 km s'effectue en 2 ou 3 heures (8 000 RY l'aller-retour). Si vous n'avez pas de 4x4, renseignez-vous à la station de taxis de Dhamar sur les possibilités de location. N'oubliez pas de vérifier les conditions de sécurité auprès du Commissariat général du tourisme de Sanaa avant de prendre la route.

Monts al-Isi et Isbil

La spectaculaire région volcanique située à l'est de Dhamar offre de magnifiques randonnées, en particulier sur deux monts aux pentes parsemées de sources chaudes. Prenez la route d'al-Bayda, à l'est de Dhamar. Après 12 km, vous apercevrez au nord le plus jeune volcan du Yémen, l'al-Isi, qui expulse des fumerolles de temps à autre. Une station de télécommunications est juchée au sommet du mont, sur les flancs duquel vous verrez un fort turc.

Pour atteindre le djebel Isbil, encore plus spectaculaire, continuez la route principale sur une trentaine de kilomètres après Dhamar et tournez à gauche juste avant le village de Sanaban. La piste traverse le bourg de Hammat Sulayman et rejoint le mont Isbil, qui culmine à 3 190 m. A quelque 20 km de la route asphaltée, les thermes de Jarf Isbil attirent les Yéménites. Aucune infrastructure n'est prévue pour les touristes occidentaux ; les Yéménites apportent leur nourriture et leur tente.

La piste se poursuit en direction du nord-ouest, entre les monts Isbil et Dhi Rakam, pour arriver à Baynun, après une vingtaine de kilomètres.

Al-Bayda

La province relativement peu peuplée d'al-Bayda est située dans la partie sud-est de l'ancienne RAY, à l'est des gouvernorats de Dhamar et d'Ibb, et au sud de celui de Marib. La capitale, al-Bayda, à l'extrême pointe sud-est, est voisine de la ville de Mukayras, dans l'Abyan. Une route asphaltée traverse la province et relie ses deux villes principales, al-Bayda et Rada', à Dhamar.

Dans les villes, l'architecture fait la part belle à la pierre et à la terre, parfois dans le même édifice, la pierre étant réservée aux niveaux inférieurs et la terre aux niveaux supérieurs. En chemin, vous traverserez des agglomérations mais l'habitat des montagnes du sud-est consiste essentiellement en petits hameaux de maisons d'un ou deux étages en pierre crépie de boue. Çà et là, surgissent des tours de schiste dont les angles – caractéristiques – sont fortement surélevés.

RADA'

Bien que Rada' (radā') ne soit pas la capitale, c'est la ville la plus importante du gouvernorat. Depuis une quinzaine d'années, sa population a augmenté de manière exponentielle. Elle est située dans une plaine ; la vieille ville, cependant, s'appuie contre une colline rocheuse fortifiée. Des fragments de l'enceinte, ainsi que la porte ouest, sont encore debout. Bien que les habitations soient pour la plupart construites en terre, la muraille est en pierre.

Orientation

Les bus et les taxis vous laissent à proximité de la route de Dhamar. Le vieux Rada' s'étend sur votre gauche. Le premier arrêt sera sans doute dans le centre de la nouvelle ville, apparemment surgi du néant dans la seconde moitié des années 80. Demandez plutôt le Brothers Hotel (Funduq al-Ikhwa) et vous descendrez alors à un carrefour situé à 200 m de la vieille ville. La route conduit directement dans le centre où vous trouverez

En bref

Renseignements pratiques
Code téléphonique régional : 06
Population : 506 000 habitants
Capitale : al-Bayda
(20 000 habitants)

A ne pas manquer
- Les maisons-tours élégamment décorées de Rada'
- Les méharées au départ de al-Bayda

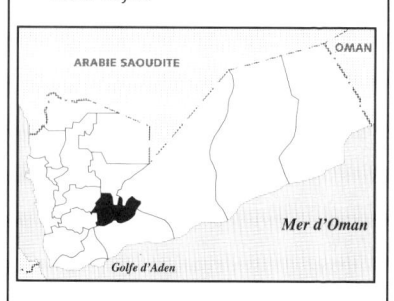

tous les services indispensables : hôtels, restaurants, poste de police et pharmacie. Les rues goudronnées, et dotées de trottoirs, ont été pour la plupart construites à la fin des années 90, dans le cadre d'un projet de développement hollandais.

A voir

La visite de la **vieille ville**, assez vaste, s'avère des plus intéressantes. Les maisons en brique et en terre diffèrent énormément de l'architecture en pierre des moyens-plateaux (celle d'Ibb, par exemple). Si les rez-de-chaussée sont en pierre, les étages supérieurs sont le plus souvent en brique ornée d'un beau revêtement de terre lisse qui doit être renouvelé chaque année. Avec un peu de chance, vous assisterez à la réalisation de ce travail artisanal élaboré. La terre locale est d'une curieuse teinte grise, unique au Yémen.

Admirez les **fenêtres** ainsi que les **impostes**, dont les arcs doubles ou triples – garnis de grandes plaques d'albâtre dans un encadrement de terre et de brique – sont particuliers à Rada'. Vous n'en verrez nulle part ailleurs dans le pays. Le **vieux souk**, voisin de la **mosquée al-'Amiriya** (consultez l'encadré *Madrassat al-'Amiriya*), mérite également un coup d'œil.

La ville nouvelle constitue un bel exemple du respect des Yéménites pour la géographie et la tradition architecturale locales. Les maisons revêtues de terre qui bordent la route de Dhamar sont à comparer avec les maisons nouvelles édifiées à Sanaa ou Taez, par exemple.

Où se loger

Si vous aimez les vieilles maisons de style yéménite, sans être avide d'un trop grand confort, choisissez le ***Funduq Arsh Bilqis***, une maison-tour avec l'enseigne "Hôtel" sur le toit, à 300 m du carrefour de la route Dhamar-al-Bayda. Il dispose de doubles, triples et quadruples à seulement 200 RY le lit. Les s.d.b. communes possèdent des douches, mais la plupart des chauffe-eau sont hors service. Les beaux jours de l'hôtel semblent désormais révolus et la propreté laisse à désirer.

Madrassat al-'Amiriya

La mosquée al-'Amiriya est l'un des fleurons de l'architecture tahiride du Yémen. Cette mosquée exceptionnelle, dotée aux angles de coupoles cannelées mais sans aucun minaret, fit autrefois office de *madrassa* (école coranique). Elle n'est plus utilisée aujourd'hui. Sa restauration, entreprise en 1990, nécessita l'intervention d'une nouvelle génération d'experts en qudad (reportez-vous à l'encadré *Qudad, le plâtre yéménite* dans le chapitre Dhamar), en raison de l'utilisation massive de ce revêtement.

La madrassa fut terminée en 1504, ou en "910" (selon le calendrier musulman) comme l'indique l'inscription en stuc figurant sur le mur est de la salle des prières. Elle fut construite par 'Amir bin 'Abd al-Wahab, le sultan tahiride qui fit édifier plusieurs mosquées et écoles à Taez, Zabid, Ibb et Aden ; on peut encore en admirer certaines.

Al-'Amiriya fut édifiée dans un style unique au Yémen, bien qu'elle fut profondément influencée par la mosquée Mu'tabiya de la région rasulide de Taez.

La madrassa comprend deux étages pleins et un troisième à ciel ouvert. Les dix-huit petites chambres situées au rez-de-chaussée ne sont accessibles que de l'extérieur. Elles étaient probablement louées à des hommes de lettres de passage, afin de récolter des fonds pour la madrassa. Le bâtiment comprend également un hammam et des petits bassins situés dans l'aile sud, qui a été, de toute évidence, construite plus tardivement.

Au premier étage, une cour découverte est entourée d'arcades aux colonnes de marbre. Les salles de cours sont situées de chaque côté du bâtiment, et la salle de prières – la mosquée actuelle – à l'extrémité nord.

Les coupoles et tous les plafonds sont amplement décorés ; les différents motifs sont inspirés de textiles importés d'Inde (les fameuses "indiennes"), avec laquelle commerçait la riche dynastie des Tahirides.

Le ***Brothers Hotel*** (ou ***Funduq al-Ikhwa***, ☎ *551290, fax 553465*), visible depuis la route Dhamar-al-Bayda, date de 1986. Son style moderne a évidemment pour but d'attirer les étrangers. Les prix pratiqués sont pourtant ceux d'un hôtel assez économique : les chambres doubles coûtent 1 600 RY, la s.d.b. (avec douche chaude) étant commune à deux chambres. Un dortoir au rez-de-chaussée accueille les voyageurs disposant d'un petit budget.

De l'autre côté de la route, le ***Kasr Al Sdagh Tourism Hotel*** (☎ *553897, fax 553898*) propose des chambres à trois lits, avec s.d.b., à 1 500 RY.

Où se restaurer

Plusieurs restaurants s'alignent le long de la route, entre le marché central et le carrefour principal. Situé à côté du Brothers Hotel, l'***Al-Mukalla Restaurant*** est un établissement propre et agréable, doté d'un petit jardin. Plus fréquenté, le *restaurant* situé au croisement sert du poulet grillé accompagné de riz et de spaghetti à 150 RY.

Comment s'y rendre

Rada' est régulièrement desservie par des bus depuis Sanaa (consultez le tableau des horaires de bus dans le chapitre *Comment circuler*). Depuis Dhamar, le plus simple est de prendre dans un taxi collectif. Le trajet de 55 km, sur une route de plaine en très bon état, coûte 100 RY par personne et dure moins d'une heure.

AL-BAYDA

A l'époque des deux Yémen, al-Bayda (*al-baydā*) était une ville frontalière et jouissait déjà du statut de capitale provinciale. Après la réunification, elle se développa grâce à la route assurant la liaison la plus directe et la plus simple entre Sanaa et al-Mukalla.

Autour de la vieille ville, de nombreux édifices en pierres de style post-révolutionnaire sont badigeonnés de couleurs saisissantes. Les maisons anciennes sont en pierre ou en terre ; certaines combinent les deux matériaux, avec un étage inférieur en pierre et un étage supérieur en terre. Les fenêtres sont petites et les conduits d'évacuation de l'eau sont aujourd'hui remplacés par des tuyaux saillants.

La route goudronnée qui traverse la province est sans grande surprise. Hormis deux ou trois bourgs et quelques hameaux perchés sur la colline, vous n'apercevrez que des étendues minérales et désolées ponctuées çà et là d'arbrisseaux. Quelques minuscules wadi traversent la route qui suit la ligne de partage des eaux entre les bassins du Wadi Bana se jetant dans l'océan Indien et du Wadi Adhana coulant vers Marib. De très beaux villages à l'architecture de terre s'étendent aux abords d'al-Bayda.

Orientation

La route principale traverse la ville nouvelle, laissant au sud-ouest la vieille ville sur les hauteurs. Les hôtels, les restaurants et la station de taxi d'al-Bayda se trouvent à une centaine de mètres du rond-point central.

A faire

Al-Bayda est le principal point de départ, officieusement, des méharées du gouvernorat de l'Hadramaout. De nombreuses agences de Sanaa organisent, pour des touristes impatients, une excursion à dos de dromadaire d'environ une heure autour des wadi et des plateaux au nord de la ville. Il n'existe cependant aucune agence locale. Adressez-vous au personnel des hôtels qui vous mettra en contact direct avec les chameliers.

Où se loger

Près de cinq hôtels occupent quatre maisons situées le long de la rue principale, mais certains étaient fermés lors de notre passage. L'***Al-Salam Hotel*** est sans doute le plus économique. De propreté douteuse, il propose une triple à un-drap, avec s.d.b. commune, à 500 RY.

Dans le même pâté de maison, l'***Al-Wahda Hotel*** (☎ *533335*) possède des triples à un-drap, propres, avec s.d.b. à 1 000 RY. Dans la même catégorie, le *Yarmouk Tourism Hotel* (☎ *532159*) dispose de simples/doubles à 800/1 200 RY. De l'autre côté de la rue, au *Tage Shammer Tourist Hotel* (☎ *533442*), les doubles à un-drap, avec s.d.b. commune, sont facturées de 1 500 RY – un prix astronomique pour ce qu"elles offrent.

Où se restaurer
Plusieurs restaurants sont situés dans la rue principale. A côté du rond-point, au *Mat'am Rada'*, vous pourrez déguster un demi-poulet avec du riz, du *khubz* et du thé pour 225 RY. Repérez-vous à l'enseigne "Hotel" sur le mur de la maison. Situé à côté du Tage Shammer Tourist Hotel, le *Hadhramawt Restaurant & Cafeteria Tourist* est également une bonne adresse.

Comment s'y rendre
On rejoint facilement al-Bayda depuis Sanaa grâce à un bus quotidien ; le trajet coûte 500 RY. Depuis Dhamar ou Rada', au contraire, il est préférable de prendre un taxi. La course coûte 400/300 RY pour une distance de 176/121 km.

Depuis al-Bayda, vous pourrez continuer sur al-Mukayras dans le gouvernorat d'Abyan. La course en taxi ne revient pas à plus de 60 RY. Plus loin, vers Shabwa ou Aden, vous pourrez prendre un taxi pour al-'Ayn ; il vous coûtera 400 RY.

Marib

Marib est la province la plus orientale de l'ancienne RAY. Seule sa frontière occidentale est clairement établie. Aucune borne frontalière ne se dresse dans les sables du ar-Ruba' al-Khali et aucune limite n'est tracée sur une carte. Ici commence le domaine des tribus bédouines. Seuls quelques villages bordent les *wadi* qui descendent des montagnes orientales et vont se perdre dans le désert.

Ce gouvernorat, dont la population et la végétation sont rares, se développe lentement. Là naquit cependant le plus puissant royaume de l'ancienne Arabie, celui de Saba. Marib est aussi le site des découvertes pétrolières des années 80, promesse de salut pour l'économie yéménite.

Peu de sites de la région sont réellement accessibles aux touristes : la ville de Baraqish, les villages du vieux et du nouveau Marib, ainsi que la route du Shabwa *via* Harib sont ouverts. S'il n'est plus totalement interdit, l'essentiel du territoire reste cependant sous le contrôle des tribus. De même, il ne vous est pas permis de visiter les sites pétroliers, à moins d'avoir été invité par la compagnie. Avant la construction de la route asphaltée en 1980, l'avion était le seul moyen pour les visiteurs d'accéder à Marib. Actuellement, l'aéroport est réservé au trafic militaire et industriel.

En bref

Renseignements pratiques
Code téléphonique régional : 0630
Population : 183 000 habitants
Capitale : Marib (4 000 habitants)

A ne pas manquer
- Les temples de Mahram Bilqis et de 'Arsh Bilqis
- Les ruines de Baraqish
- Le vieux village de Marib
- L'ancienne et la nouvelle digues de Marib

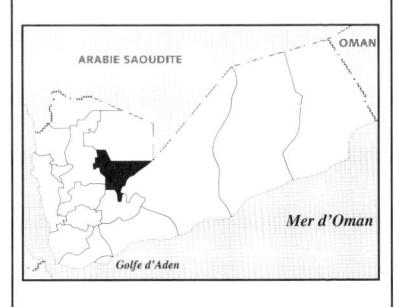

BARAQISH

Première capitale du royaume de Ma'in, également connue sous le nom de Yathil, Baraqish (*barāqish*) se trouve sur la rive orientale du Wadi Farda, affluent du Wadi al-Jawf. Encore aujourd'hui, les ruines sont des plus impressionnantes bien que les siècles ne les aient pas épargnées. C'est le seul site historique de cette province, mis à part ceux de la province d'al-Jawf, éventuellement accessible aux voyageurs.

Baraqish n'est restée la capitale que quelques dizaines d'années autour de l'an 400 av. J.-C. Son habitat était très concentré. L'enceinte de 14 m de haut, surmontée d'une douzaine d'immenses tours de guet autrefois visibles à des kilomètres à la ronde, est encore à peu près intacte. Sa fonction défensive ne fait pas de doute mais elle symbolisait surtout la richesse de la ville. Ici et là dans le mur d'enceinte, de vieilles pierres portent des inscriptions minéennes.

L'histoire de Baraqish, après le transfert de la capitale à Ma'in, se résume au fait qu'elle est restée habitée pendant des siècles, avec de nouvelles constructions s'élevant sur les ruines des anciennes.

Elles ont servi à le consolider. La partie supérieure de la ville, aujourd'hui déserte, atteint presque le sommet des remparts et les quelques maisons restantes sont de style islamique. Au cœur de la zone se dressent les ruines d'une mosquée dotée d'un puits profond en son centre. Des fouilles ont permis de dégager partiellement les restes d'une structure qui serait le temple d'un dieu éminent, Attar.

La ville est entourée d'une clôture que l'on franchit du côté nord. Assurez-vous d'être en bons termes avec les bédouins qui gardent le site. Le seul profit qu'ils en tirent vient des touristes.

Comment s'y rendre

La visite de Baraqish se combine commodément avec celle de Marib. Elle ne rallonge le trajet en automobile que d'une heure. A la fin des années 80, une route asphaltée reliant al-Hazm fut construite à partir de la route Sanaa-Marib, à 35 km au sud de Baraqish. La nouvelle route traverse Baraqish et Ma'in. Les transports publics vers Baraqish sont inexistants et vous devrez contacter un tour-opérateur de Sanaa ou louer un taxi privé à Marib.

MARIB

Marib (*mā'rib*) est le site archéologique le plus célèbre du Yémen. Au VIe siècle, après l'effondrement du royaume, l'ancienne capitale de Saba n'était déjà plus qu'un petit village ; il n'a pas changé pendant des siècles. Les premières expéditions européennes du XIXe siècle en ont donné une description qui pouvait encore s'appliquer dans les années 80.

Les Yéménites considèrent qu'il est du devoir de tout voyageur de visiter la ville, même s'ils ne la connaissent pas eux-mêmes. Son accès étant facile depuis Sanaa, vous pouvez, en partant vers 6h ou 7h, voir Marib et Baraqish au pas de course et être de retour à Sanaa avant le coucher du soleil. Cependant, mieux vaut prendre votre temps.

Une autre possibilité est de visiter Marib en allant, depuis Sanaa, vers le Shabwa ou le Hadramaout.

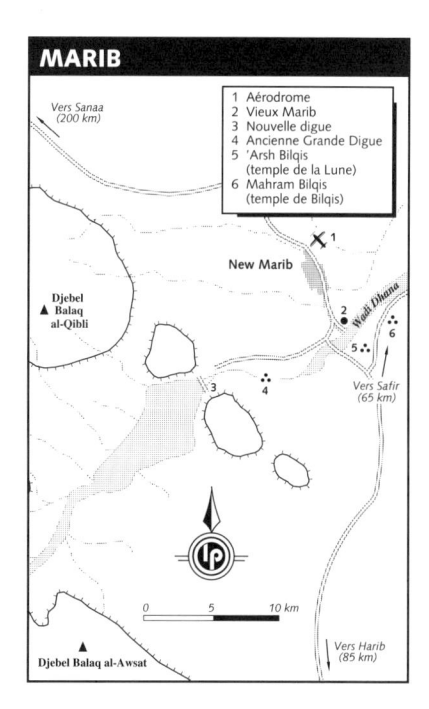

Histoire

Marib fut sans doute habitée bien avant les dates mentionnées par les écrits anciens. La vie humaine – sur les versants orientaux où les précipitations annuelles ne dépassent pas 300 mm – s'est développée autour de wadi collectant les eaux de pluie de vastes étendues arides. L'un des plus grands, le Wadi Dhana (ou Wadi Adhana) qui arrose Marib, possède un bassin d'une superficie de 10 000 km^2 s'étendant au sud-ouest jusqu'au bassin de Dhamar.

Au VIIIe siècle av. J.-C. fut construite une grande digue, appelée, à l'époque, le Maryab. Le wadi coulait dans une gorge entre deux montagnes, le djebel Balaq al-Qibli et le djebel Balaq al-Awsat. Entre les deux, un mur de sable, de terre et de gravier fut élevé sur une hauteur de 680 m, renforcé par des blocs de lave et de calcaire. Il fut élargi et consolidé au fil des siècles jusqu'à atteindre la hauteur de

16 m au milieu du wadi. Devant une telle prouesse de la technologie antique, le wadi fut rebaptisé as-Sudd, ou Wadi de la Digue.

Des vannes furent ménagées aux extrémités nord et sud de la digue pour conduire l'eau vers les champs cultivés des deux rives, appelés les oasis Nord et Sud. En réalité, le but n'était pas de recueillir l'eau dans un réservoir mais de la canaliser vers les terrasses et les champs qui s'élevaient sur les rives. Même ainsi, l'ensablement a toujours été une préoccupation majeure car l'eau transportait des sédiments lourds qui élevaient le niveau des cultures de l'oasis à raison d'un centimètre par an. La digue fut donc surélevée et constamment entretenue pour obtenir une bonne irrigation de tous les champs.

Pendant plus d'un millénaire, ce système permit d'irriguer 96 km^2 de cultures et de nourrir une population de 30 000 à 50 000 habitants. L'eau en excès était certainement utilisée par les villages de moindre importance bordant le wadi. On cultivait des céréales comme le teff, le millet, l'orge et l'avoine, ainsi que du sorgho, du raisin, du cumin, du lin, de l'oseille et du sésame.

La capitale du Saba possédait aussi des palmeraies où les caravanes venaient se reposer. La renommée de Saba s'étendit dans tout le monde civilisé, de Rome à l'Inde. Les taxes levées sur les caravanes assuraient au Saba une prospérité que la seule agriculture ne pouvait lui accorder.

Au cours de son histoire, le royaume livra plusieurs guerres contre des États voisins. Vers 500 av. J.-C., Marib fut entourée de fortifications. Vers 400, les tribus du Nord s'affranchirent de la tutelle sabéenne et fondèrent l'État de Ma'in. A l'est, le Hadramaout conquit également son indépendance. Pendant que le Saba écrasait le royaume d'Awsan, le Qa'taban (au sud) montait en puissance. Les guerres contre le Qa'taban, le Ma'in et le Hadramaout se poursuivirent durant tout le Ve siècle av. J.-C.

Par la suite, de nouveaux ennemis apparurent. En 25-24 av. J.-C., les Romains d'Aegius Gallius poussèrent jusqu'au sud de l'Arabie. Ils parvinrent au pied des murailles de Marib mais ils ne purent s'emparer de la ville. Vers 50 de notre ère, l'ascension des Himyarites et les guerres qui s'ensuivirent affaiblirent considérablement le Saba. Au IIe siècle, la dynastie s'éteignit et des chefs, originaires des hauts-plateaux, prirent sa place. Plus tard, à l'apogée de l'État himyarite et sous l'occupation éthiopienne des Ve et VIe siècles, Marib fut gouvernée depuis les capitales des montagnes.

L'entretien d'un ouvrage aussi sophistiqué que la Grande Digue exigeait une puissante autorité centrale. Plusieurs catastrophes qui l'avaient endommagée précipitèrent le déclin du royaume. A plusieurs reprises, elle faillit être emportée par les eaux après des pluies exceptionnelles. Ce fut le cas pour la première fois en 319. En 542, la digue se rompit complètement. Le chef éthiopien régnant sur le Yémen, Abraha, décida de la réparer grâce à une armée de 20 000 ouvriers.

En 570, la digue fut définitivement emportée. La majeure partie de la population se réfugia en divers points de la péninsule Arabique. Beaucoup d'Arabes, de nos jours, portent le nom de "Yamani" trahissant une lointaine origine sabéenne.

Seules quelques familles restèrent à Marib et dans les villages environnants. Le commerce de l'encens avait disparu depuis longtemps et la région se retrouva à l'écart de tout. Les mille quatre cents ans qui suivirent laissèrent peu de souvenirs.

Au cours de la guerre civile des années 60, les forces égyptiennes firent de Marib une base d'opérations. Le village fut durement touché par des bombardements ; l'avenir s'annonçait sous les plus noirs auspices. Or, dans les années 70, l'irrigation par pompage redonna vie à l'agriculture (même en l'absence de digue, l'eau s'accumulait dans le sous-sol). Nouveau revers : vers le milieu des années 80, la population atteignait 13 000 habitants, un chiffre beaucoup trop élevé pour ses moyens de subsistance. Le niveau de la nappe s'abaissa et les puits s'asséchèrent.

Cependant, son avenir semble assuré pour deux raisons principales. En premier lieu, au début des années 80, la Hunt Oil Corporation découvrit du pétrole à l'est de

Marib. L'exploitation du premier puits commença en 1986 et un oléoduc fut construit de Marib à as-Salif au nord d'al-Hudayda. Le gouvernement fut cependant confronté au problème de l'intégration des tribus locales dans le plan d'exploitation. Celles-ci n'hésitèrent pas, en 1998, à dynamiter près de vingt fois l'oléoduc en signe de protestation.

En second lieu, le gouvernement élabora un plan de relance de l'agriculture au moyen d'une nouvelle digue construite à quelques kilomètres en amont de l'ancienne. Bien qu'économiquement discutable, le projet fut mené à bien et Marib est désormais un site beaucoup plus vert qu'il y a une quinzaine d'années.

La ville actuelle est animée, balayée par un vent qui soulève des nuages de poussière au passage des gros camions. Reste à savoir ce que deviendront les vestiges antiques encore enterrés dans les sables.

Orientation et renseignements

En louant une voiture avec chauffeur, vous n'aurez pas de souci à vous faire. Si vous arrivez en bus ou en taxi collectif, vous vous arrêterez à "New Marib", un ensemble de commerces, de stations-service et de bureaux gouvernementaux qui se trouvent juste à côté de l'aéroport. Vous pourrez vous restaurer et acheter de l'eau. Ne soyez pas avare d'eau car l'air, bien plus qu'à Sanaa, est extrêmement chaud. Si vous prévoyez de marcher beaucoup, emportez des tablettes de sel.

La route continue en direction du vieux Marib, à 2 ou 3 km sur la rive du wadi as-Sudd. Juste avant d'entrer dans le village, une nouvelle route part sur la droite en direction des digues, ancienne et nouvelle, un peu plus en amont. Les sites archéologiques étant très dispersés, il vous faudra une voiture pour tout voir. Vous ferez ainsi une boucle d'une trentaine de kilomètres sur des routes asphaltées datant des années 80.

Si vous voyagez seul, il est probable que vous serez pris en stop par l'un des 4x4 qui sillonnent ces routes. A l'heure actuelle, cependant, le risque est trop grand pour se déplacer ainsi. Il est préférable de louer une voiture à "New Marib" pour 3 000 RY.

A voir

Le parcours touristique habituel comprend le vieux Marib, trois sites archéologiques et la nouvelle digue. Les rives du wadi cachent probablement plusieurs autres sites qui mériteraient d'être fouillés et étudiés avec soin. En vous promenant, vous remarquerez des petits tas de sable et de gravats qui, de près, s'avèrent être les ruines d'anciennes maisons.

Enfin, vous assisterez sans doute au passage de plusieurs tornades de sable.

Vieux Marib. Le village repose sur un monticule, visible depuis le nouveau Marib. Le site est impressionnant, avec ses gratte-ciel en terre percés de petites fenêtres. Les pierres de leurs soubassements proviennent souvent d'anciens monuments. Vous remarquerez des inscriptions sabéennes, des ornements et des motifs figuratifs comme des têtes d'ibex.

Beaucoup de maisons en terre sont en ruine du fait des bombardements de la guerre civile des années 60. D'autres souffrent d'un manque de soin et d'entretien, fatal pour ces édifices. Seules quelques familles habitent encore dans le vieux Marib que l'on croirait désert n'étaient les chèvres et les enfants qui se pressent autour de vous.

'Arsh Bilqis. Sur l'autre rive du wadi, à 2 km au sud sud-est du vieux Marib, s'élèvent les restes de magnifiques temples sabéens, aujourd'hui à moitié ensevelis dans une dune et entourés de barbelés. Avant la construction de la digue, à la saison sèche, le chemin pouvait être parcouru entièrement à pied. Aujourd'hui, c'est impossible car l'eau coule toute l'année.

L'itinéraire est plus long mais plus facile par les routes asphaltées. En quittant le nouveau Marib en direction de la digue, tournez à gauche vers Jaw al-Ubar, de l'autre côté du wadi. Tournez encore à gauche au carrefour vers Safir-Harib, à

8 km du nouveau Marib. Peu après, un panneau pointant vers la gauche signale le "Balqis Palace".

A quelques centaines de mètres à l'ouest s'élèvent les cinq colonnes du temple de la Lune. La sixième colonne est brisée par le milieu, à l'image des cinq piliers incontestés de l'islam auxquels s'ajoute un sixième, objet de controverse (voir la rubrique *Religion* dans le chapitre *Présentation du pays*). Le site est connu localement sous le nom de 'Arsh Bilqis ou Trône de Bilqis, nom musulman de la légendaire reine de Saba qui rendit visite au roi Salomon au Xe siècle avant notre ère.

Les archéologues contestent cette interprétation, affirmant que les colonnes faisaient autrefois partie d'un temple consacré au dieu lune Almaqah (Ilumquh). Des points restent à éclaircir et les fouilles se poursuivent.

Mahram Bilqis. Un site encore plus imposant se trouve un peu plus loin, en direction de Safir. Tournez à droite au panneau indiquant "Sun Temple".

Pour les Yéménites, il s'agit de Mahram Bilqis, le temple de Bilqis. Là encore, cette interprétation est sans doute erronée, les fouilles ayant révélé que le monument remonterait à l'an 400 av. J.-C. environ ; il était connu, à l'origine, sous le nom de temple d'Awwam. Le mot *maHram* signifie "temple du Refuge". Ce n'était donc pas un sanctuaire ordinaire mais un lieu *haram* (c'est-à-dire tabou, interdit). Les personnes poursuivies y trouvaient refuge ; même le pire des criminels pouvait s'y abriter temporairement.

Les Américains ont fouillé le site de 1950 à 1952 et dégagé la majeure partie du temple. Leurs travaux furent interrompus par les bédouins qui, d'abord intrigués, se sont montré de plus en plus hostiles à ces étrangers au comportement bizarre. A l'heure actuelle, le désert s'est réapproprié une bonne partie du temple dont il ne reste que quelques colonnes émergeant du sable. Sa forme ovale n'est pas décelable facilement car il est entouré d'un mur de 9 m de hauteur sur 4 m d'épaisseur, et une clôture grillagée vous empêche de le voir de plus près. La visite du site aiguise la curiosité sur les mystères enfouis dans les dunes du Yémen.

Grande Digue de Marib. En revenant du temple de Bilqis, tournez à droite vers Marib, puis traversez le wadi et tournez à gauche. Vous arrivez à l'ancienne Grande Digue de Marib, 8 km en amont. Les vestiges sont rares ; aucune trace de la digue ne demeure au fond du wadi ; seules les ruines des vannes latérales sont visibles sur les rives. La distance qui les sépare donne une idée de la dimension de l'ouvrage.

La vanne nord était la plus grande des deux mais elle a laissé moins de vestiges. Un poste de contrôle de la police signale le site et celui-ci mérite une attention particulière. Vous distinguerez nettement le système de canaux qui distribuait l'eau aux champs situés à différentes hauteurs. A proximité, se dressent les "Stones of the King" – ou pierres du roi – portant des inscriptions himyarites du IVe siècle de notre ère. Elles décrivent les réparations effectuées sur la digue. Vous verrez également des pierres soigneusement taillées portant des inscriptions sabéennes.

Nouvelle digue. Deux kilomètres plus loin, en longeant le wadi bordé de végétation, apparaît la nouvelle digue, calée comme une immense règle, entre les deux montagnes. En parcourant à pied le sommet de l'ouvrage, haut de 40 m et long de 760 m, vous découvrirez cette œuvre remarquable dont les auteurs ont su allier le respect pour l'histoire ancienne et la confiance dans la technologie moderne.

La digue est un don de cheikh Zayed bin Sultan al Nahyan, le maître d'Abu Dhabi dont les ancêtres vivaient à wadi Nahayan près de Marib et qui durent émigrer sur les rives du golfe Persique après la catastrophe de 570. Dans les années 80, cheikh Zayed fit don de 75 millions de dollars au gouvernement de la RAY pour mettre en valeur la région de Marib. Quelque 200 m avant la digue, un monument commémoratif se

L'écriture sabéenne

De nombreuses écritures alphabétiques, en usage de nos jours, remontent au phénicien ancien apparu vers l'an 1 000 av. J.-C. sur les rives de la Méditerranée orientale. L'écriture alphabétique représente un progrès significatif par rapport à l'écriture pictographique de l'Égypte pharaonique car elle permet de réduire considérablement le nombre de signes à maîtriser (28 en arabe, par exemple).

Entre 800 et 600 av. J.-C., les écritures grecque, arménienne et hébraïque se sont toutes développées à partir du phénicien. Simultanément, l'usage de l'écriture gagna le sud de la péninsule Arabique, donnant naissance, aux alentours de l'an 500, à deux variantes : le nord et le sud-arabique.

Ce dernier est souvent appelé écriture sabéenne, d'après le nom du plus célèbre royaume à l'avoir utilisé, bien que des inscriptions de ce type aient été retrouvées dans toute l'Arabie méridionale.

Finalement, cette écriture tomba en désuétude avec le déclin des cultures qui l'utilisaient. Cependant, les conquérants aksoumites introduisirent l'écriture sud-arabique dans l'actuelle Éthiopie. L'éthiopien ancien est issu du sabéen. A l'époque où le christianisme pénètre en Éthiopie, au IVe siècle de notre ère, cette écriture est devenue celle du ge'ez, la langue dans laquelle la Bible fut alors traduite. Les écritures courantes de l'amharique et du tigrinya, langues parlées à l'heure actuelle en Éthiopie et en Érythrée, sont très proches de celle du ge'ez.

Le phénicien, le sabéen, l'hébreu et l'arabe ont un point commun : ce sont des écritures consonantiques. Les voyelles ne sont pas forcément notées, bien que les diphtongues puissent s'écrire et que certains caractères puissent se prononcer, selon le contexte, comme des voyelles. Les opinions des spécialistes divergent quant à savoir, par exemple, si les Sabéens prononçaient le nom du dieu de la Lune (L-M-Q-H), Almaqah ou Ilumquh.

Cette illustration permet de comparer les écritures arabe, latine et sabéenne, dans l'ordre alphabétique arabe, montrant quelques-unes seulement des variantes des caractères sabéens. L'arabe et le sabéen s'écrivent de droite à gauche.

dresse à droite sur une colline. L'histoire de la nouvelle digue y est contée en sabéen et en arabe, sous les figures tutélaires du président Salih et de cheikh Zayed.

Les travaux furent réalisés par 400 ouvriers turcs, d'après les plans d'une compagnie suisse. Le lac artificiel a une contenance de 400 millions de m^3. L'ouvrage fut achevé en 1986 ; le système des canaux d'irrigation et 20 autres digues plus petites sont encore en construction dans la région.

Que cet argent eût pu être utilisé à meilleur escient importe peu aux Yéménites. Le problème du moment est de trouver les familles désireuses de s'installer à Marib pour profiter des nouvelles richesses agricoles. Plusieurs fermes nouvelles, dont de vastes plantations d'orangers, ont vu le jour et la verdure gagne peu à peu une région qui était encore désertique au milieu des années 80.

Où se loger – petits budgets

Les tour-opérateurs insisteront pour vous réserver une chambre dans les hôtels de catégorie supérieure. Vous comprendrez vite pourquoi en jetant un coup d'œil à la seule alternative possible. Le *Brothers Hotel*, à côté de la pompe à essence dans la rue principale du nouveau Marib, annonce "Family Rooms and Suites". Il n'offre, en réalité, que des chambres quadruples à un drap, sales et rudimentaires (350 RY le lit), avec une s.d.b. commune. Vous y trouverez également un dortoir à l'atmosphère saturé de fumée.

Où se loger – catégorie moyenne

Un hôtel de bon standing, datant de 1986, est installé au sud-ouest de la ville, mais il est, aujourd'hui, malheureusement bien négligé. Prenez la direction du vieux Marib jusqu'au panneau "Hotel al-Jannattyn". Son nom complet est *Funduq Urdh al-Jannattyn*, (☎ *2309, fax 2116*), qui signifie "Hôtel du pays des deux paradis", métaphore par laquelle le Coran désigne l'antique Saba. Les prix vont de 2 100 à 2 900 RY et l'hôtel est climatisé. Le jardin et la piscine de l'hôtel (même si elle est rarement remplie) sont de précieux atouts au beau milieu du désert.

Où se loger – catégorie supérieure

Hôtel-club somptueux, le *Bilqis Mareb Hotel* (☎ *2666, fax 2378*) offre des doubles à 68/81 $US, avec petit déjeuner. En venant de Sanaa, dépassez les stations de bus et de taxis, puis tournez à droite après le Brothers Hotel. Au bout de 2 km, bien en dehors de la ville, vous remarquerez l'entrée de l'hôtel à son double portail.

Où se restaurer

Situé sur la route principale qui vient de Sanaa et qui traverse le nouveau Marib, l'*El-Hahna Tourist Restaurant*, aux murs décorés de tableaux, est un établissement prisé des ouvriers des compagnies pétrolières et des touristes. Ne vous attendez pas, cependant, à des prix avantageux. Le simple *mushakkal*, avec du riz et du thé, vous coûtera 300 RY. Les échoppes situées dans la rue parallèle à la route principale, à côté du marché, près de la station de taxis, sont beaucoup moins chères.

Comment s'y rendre

Taxi. Vous pouvez soit visiter Marib dans la journée, soit y passer la nuit avant de repartir vers le Hadramaout ou le Shabwa.

On se rend facilement à Marib depuis Sanaa. Les taxis à bandes jaunes partent à 6h ou 7h et coûtent 500 RY la place. Cependant, la circulation vers Marib n'étant pas très dense, ne comptez pas trouver de véhicule disponible après 9h ou 10h.

La route se dirige d'abord vers le nord-est, laissant ar-Rawda et ses vignobles à l'ouest. Puis elle quitte lentement le bassin de Sanaa en montant vers un col, Naqil bin Ghaylan, à 2 300 m d'altitude et à 35 km de Sanaa. Peu après, la route traverse les hauteurs du Wadi al-Jawf puis serpente à travers les montagnes en prenant la direction de l'est. A 70 km de Sanaa, vous passez un nouveau col, Naqil al-Farda. Commence alors la descente finale à travers les déserts orientaux, abrupte au début et offrant des vues spectaculaires sur le nord. Peu après Naqil al-Farda, une route asphaltée part vers le nord en direction de Baraqish.

La route, ensuite, devient droite. La descente à une altitude de 1 100 m fait traverser des paysages secs où le semi-désert rocheux de type hamada alterne avec le désert de dunes d'où émergent des roches volcaniques noires. Parfois, la route croise de petits wadi. La végétation se limite à des herbes et des arbustes, voire à des acacias et à des tamaris quand l'humidité du sol le permet. Les tribus locales s'adonnent à l'élevage des chèvres. Leur influence sur la province est sensible, comme en témoignent les nombreux contrôles qui jalonnent la route.

Depuis le sud-est du gouvernorat, vous partirez de Marib en prenant la route de l'Encens vers Harib, puis en continuant sur Bayhan (consultez la rubrique *Bayhan* au chapitre *Shabwa*). Cependant, cet itinéraire est parfois interdit pour des raisons de sécurité. Renseignez-vous sur la situation en cours au bureau des tour-opérateurs de Sanaa ou, sur place, à la station de taxi de Marib. Quand le calme prévaut, vous pourrez prendre un taxi jusqu'à Bayhan pour 500 RY. A environ 85 km de Marib, vous arriverez à la ville de Harib, un ancien campement de Bédouins aujourd'hui utilisé par les prospecteurs pétroliers. Elle ne présente aucun intérêt touristique.

Taxis bédouins. Pour continuer votre route vers l'est, à partir de Marib, vous pouvez contacter les Bédouins qui organisent des traversées du désert en 4x4 jusqu'au Hadramaout. Ils peuvent aussi vous fournir des véhicules privés jusqu'à Bayhan mais à des prix exorbitants. Ils utilisent des 4x4 de 6 passagers maximum. De Marib à Say'un, dans la vallée du Hadramaout, le tarif est de 300 $US. La route n'est pas difficile et le voyage dure 5 à 7 heures. En échange de ce prix élevé, les bédouins garantissent votre sécurité contre les voleurs de grands chemins, un service que les compagnies pétrolières et les tour-opérateurs seuls ne peuvent assurer.

Les négociations entre voyageurs et bédouins sont menées par l'agence de voyages al-Sharef, joignable à l'Al-Jannattyn Hotel. Renseignez-vous à la réception. Vous partirez au lever du soleil car le conducteur doit rapporter la voiture dans la journée. Prévoyez nourriture et boisson. L'agence loue également des dromadaires.

Vous pouvez demander à visiter Shabwa en cours de route (une rallonge de deux heures seulement au voyage). Le paysage est beaucoup plus varié que par l'itinéraire direct et vous aurez sûrement l'occasion de voir des bédouins conduisant leurs troupeaux dans le désert. Si vous choisissez cette option, vous serez fortement sollicité pour louer une tente afin de passer la nuit dans le désert (100 $US supplémentaires), ce qui n'est absolument pas nécessaire. Dans ce dernier cas, surveillez étroitement vos affaires. Certains voyageurs ont presque tout perdu pendant leur sommeil.

En sens inverse, du Hadramaout vers le Marib, aucun arrangement similaire n'est envisageable. Cependant, à Say'un, Shibam ou al-Qatn, vous pouvez tomber sur un conducteur bédouin s'apprêtant à repartir vers Marib en début d'après-midi. Vous pourrez alors négocier une traversée pour 100 $US environ, un prix toujours élevé mais plus raisonnable.

Voyages organisés. La plupart des touristes viennent à Marib par le biais de voyages organisés. Si vous choisissez d'y passer la nuit, un bus affrété par un tour-opérateur vous coûtera seulement entre 60 et 65 $US la journée, tandis qu'un aller-retour Marib-Sanaa dans la journée vous reviendra à 80 ou 100 $US. Les tour-opérateurs souhaiteraient également proposer des trajets pour le Hadramaout, mais les bédouins, qui travaillent avec la police locale, imposent bien souvent des suppléments pour assurer leur protection. Fin 1998, les conditions de sécurité s'étaient tellement dégradées que les touristes n'étaient autorisés à voyager que par convois de cinq voitures minimum, escortés par un véhicule équipé de fusils mitrailleurs.

SIRWAH

La route asphaltée allant de Sanaa à Marib passe par le nord en contournant les montagnes à l'est de Sanaa. L'ancienne route passe plus au sud par la ville antique de Sirwah (*sirwāH*).

A 37 km à l'ouest de Marib, au cœur des montagnes, Sirwah est baignée par le wadi Ghada au sud-ouest du djebel al-Barra. C'était l'ancienne capitale du royaume sabéen, avant que ne soit construit le système d'irrigation de Marib au VIIIe siècle avant notre ère. La fondation de la cité, de même que le transfert de la capitale, demandent à être datés avec précision mais la susceptibilité des tribus locales gêne encore la recherche archéologique. En revanche, la cause de ce transfert est établie : le filet d'eau du Wadi Ghada ne pouvait subvenir aux besoins d'une population nombreuse.

La ville actuelle de Sirwah, comme le vieux Marib, n'est plus que l'ombre de son passé – un simple village aux abords des ruines de la capitale antique. Ces vestiges n'intéresseront sans doute que les passionnés d'archéologie.

Comment s'y rendre

Il n'existe pas de transport public vers Sirwah et vous devrez l'organiser vous-même avec un guide local. Les visiteurs sont rarement autorisés à visiter les ruines. Consultez à cet effet les agences de voyages de Sanaa.

Al-Jawf

Au nord du pays, la province d'al-Jawf couvre une région désertique et semi-désertique anciennement fréquentée exclusivement par les nomades. C'était le bastion des royalistes durant la guerre civile des années 60. Les cheikhs locaux se considèrent encore comme les détenteurs du pouvoir et sont hostiles aux étrangers. Le gouvernorat a été, à juste titre, appelé "la terre des cinq cents familles et des cent cheikhs". La prospection pétrolière des années 80 et l'arrivée consécutive d'ouvriers de toutes origines n'ont pas contribué à calmer les esprits. Désireux de trouver un équilibre, les cheikhs se sont faits les alliés dévoués de leurs voisins saoudiens en essayant d'acheter leur loyauté par le biais d'importants pots-de-vin.

Habituellement, le tourisme n'est ni autorisé ni bienvenu dans le gouvernorat, qui s'est néanmoins ouvert occasionnellement aux voyageurs étrangers (quelques mois seulement au cours des deux dernières décennies). Si les tensions politiques devaient à nouveau se relâcher, les voyageurs pourront visiter des sites dignes d'intérêt.

Le nom du gouvernorat est emprunté au Wadi al-Jawf, une gigantesque rivière prenant sa source dans les montagnes du nord-est de Sanaa et du sud-est de Saada. La région n'a sans doute pas toujours été aussi aride. Dans l'Antiquité, le Ma'in, un important royaume envié par ses ennemis du Saba et du Hadramaout, s'y développa. Également connus sous le nom de Minéens, les habitants de Ma'in furent d'abord assujettis à Marib, avant de devenir eux-mêmes assez puissants pour conquérir leur indépendance.

Ma'in est le royaume antique le moins bien connu de l'Arabie méridionale. La seule certitude (et elle très floue !) est qu'il atteignit le sommet de sa puissance – et commença à sérieusement inquiéter les seigneurs sabéens – entre les années 410 av. J.-C. et 120 av. J.-C., année de sa conquête par le royaume de Saba. A son apogée, Ma'in

En bref

Renseignements pratiques
Code téléphonique régional : 06
Population : 169 000 habitants
Capitale : al-Hazm al-Jawf
(9 000 habitants)

A ne pas manquer
• Le temple de Banat'Ad à Nashan as-Sawda

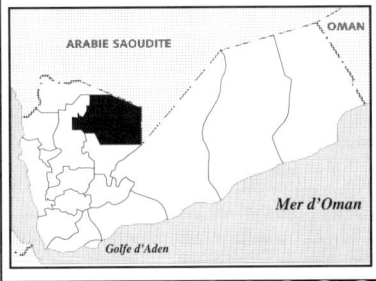

contrôlait un grand tronçon de la route de l'Encens, entre Marib et Najran.

MA'IN

Les ruines, beaucoup moins bien conservées, de la seconde capitale du royaume de Ma'in (*ma'īn*), dite aussi Qarnawu, ne sont qu'à près de 20 km au nord de Baraqish (à l'ouest de Marib). Les plus intéressantes sont celles du **temple d'Athtar**. C'est un étrange squelette de colonnes dotées d'ornements et d'inscriptions, mis au jour par des archéologues français en 1980.

Bien que le site figure parmi les destinations touristiques, les tour-opérateurs l'omettent généralement dans leurs programmes. A condition que la zone soit sûre, vous pouvez néanmoins convaincre un chauffeur de taxi de Marib d'inclure

Les Bédouins

Les Bédouins du Yémen, les plus craints et les plus incompris des groupes sociaux, ont fait couler beaucoup d'encre. Dans des régions aussi désertiques qu'al-Jawf, il n'existe pas de nette distinction entre les Bédouins nomades, éleveurs de chèvres et de chameaux, et les fermiers sédentaires. Certaines années, lorsque le manque de précipitations assèche les wadi, tous doivent adopter un mode de vie itinérant.

Les Bédouins sont non seulement exclus des profits de la prospection pétrolière mais leur mode de vie se dégrade d'année en année. Pour eux, un 4x4 est une menace potentielle qui amène le désordre et perturbe leur environnement. Certains ont réglé le problème en s'emparant des véhicules sous la menace d'un fusil. Les enlèvements de touristes leur sont bien souvent attribués, bien qu'ils soient en fait perpétrés par des tribus sédentaires. Il est impossible pour un étranger de s'approcher d'un territoire bédouin sans être remarqué. Les femmes gardent leurs distances, et la plupart des touristes quittent le pays sans avoir vu leurs magnifiques robes brodées de rouge et de noir ainsi que leurs bijoux en argent, ailleurs que dans les souks. Les visiteurs sont immédiatement interceptés par un garde avant même d'avoir eu le temps d'apercevoir une tente.

La tradition bédouine veut que tout visiteur soit accueilli, qu'il soit ami ou étranger. La tradition arabe de l'hospitalité découle de cette pratique, nécessaire à la survie dans cet environnement hostile. Partager un repas est le meilleur moyen de faire connaissance et refuser un verre de thé ou un dîner est une grave offense que commettent bien souvent les touristes trop pressés. Ils leur est alors impossible de se mélanger aux Bédouins.

Il faut également ne pas oublier de leur rendre service en retour ! Des touristes, ignorant les coutumes locales, donnent bien souvent de l'argent liquide. Les Bédouins en ayant pris l'habitude, certains visiteurs repartent donc avec un arrière-goût amer et le sentiment d'avoir été volés.

Dans de nombreuses régions, les Bédouins ont tenté, souvent avec efficacité, de protéger leur territoire du tourisme organisé. Mais pour ces connaisseurs du désert, la tentation est grande et les dernières générations n'hésitent pas à proposer leur service de chauffeurs aux tour-opérateurs.

Ma'in dans la visite de Baraqish étant donné la proximité des deux villes.

AL-HAZM AL-JAWF

La capitale moderne de la province est al-Hazm al-Jawf (*al-Hazm al-jawf*). Située à quelques kilomètres des ruines de Ma'in, elle sert de base aux compagnies pétrolières qui prospectent et font des forages dans la région. La vieille ville et les villages entourant le wadi sont construits dans une architecture *zabur*, également très répandue à Saada.

Nashan as-Sawda

A 15 km à l'ouest de la capitale, le long du wadi, les ruines de Nashan as-Sawda, relativement bien conservées, se trouvent dans la vallée du Wadi al-Kharid, affluent occidental du Wadi al-Jawf. Vous pourrez y découvrir le remarquable **temple Banat'Ad**, restauré par la Mission archéologique française. Il est orné de décorations représentant des serpents, des plantes, des autruches et des figures féminines. Une maquette du temple est visible au Musée national de Sanaa.

Cette région comporte plusieurs autres sites anciens, mais rares sont les visiteurs qui ont pu recueillir des informations en raison de l'hostilité des Bédouins.

Si vous êtes autorisé à visiter cette zone, suivez la route vers l'ouest. A 25 km, vous arriverez à un autre village en ruines, **al-Bayda**. Puis, vous atteindrez enfin la ville d'al-Harf sur la route Sanaa-Saada.

Aden

La province d'Aden est la plus petite des gouvernorats du Sud. Elle ne comprend que la ville et ses environs, ainsi que l'île de Suqutra.

ADEN
Aden (*'adan*), le plus grand port du Yémen – et sa capitale d'hiver – est bâti sur un site volcanique aujourd'hui éteint. Les hautes montagnes de lave qui bordent la côte abritent un port en eaux profondes naturel, capable d'accueillir les navires de tout tonnage.

L'écrivain Paul Nizan, qui a vécu là dans les années 20, a consacré un livre, méditatif et assez amère, à la ville, *Aden, Arabie*.

Le matin du trente-quatrième jour, une pyramide violette qui monte la garde se hisse sur le dos de l'océan Indien. Elle augmente de minute en minute comme les plantes que les fakirs font pousser rien qu'en les regardant. Jeu de pavillons. Le pilote et le docteur arrivent, les machines marchent au ralenti. On découvre les maisons qui prennent peu à peu la taille de terriers où habitent les hommes, une ville à l'ombre de rochers éclatés. L'ancre tombe, une fumée de sable s'épanouit dans la mer : 12°45' de latitude Nord, 45°4' de longitude Est : c'est Aden. Je suis arrivé. Il n'y a pas de quoi être fier.

**Paul Nizan, *Aden, Arabie*
© Éditions La Découverte**

Histoire
Compte tenu de sa géographie, le site est habité depuis des temps immémoriaux. La similitude des mots Aden et Éden a donné naissance aux mythes les plus improbables. Certaines croyances populaires en font le lieu qui abrite les tombes de Caïn et d'Abel, quelque part dans la partie est de Ma'alla, ou bien celui du plus ancien port du monde, là où se construisit l'arche de Noé ! Une référence biblique directe se trouve dans Ezéchiel 27:23, où sont énumérés les partenaires commerciaux méditerranéens de Tyr.

En bref

Renseignements pratiques

Code téléphonique régional : 02
Population : 564 000 habitants
Capitale : Aden (402 000 habitants)

A ne pas manquer
- Le Musée national
- Les citernes d'at-Tawila
- Rencontrer les "anciens" du Crater

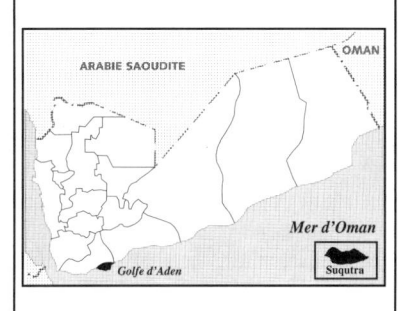

L'histoire plus récente relate qu'Aden était le port de l'antique royaume d'Awsan, entre les VIIe et Ve siècles av. J.-C., mais son site, nommé Miswar, reste à découvrir. En 410, l'Awsan fut vaincu par Saba. Cette victoire préludait à une longue liste de changements au niveau des souverains d'Aden. Les rois de l'Antiquité, les cheikhs et les sultans de l'ère musulmane, ainsi que les lointains souverains coloniaux d'Éthiopie, d'Égypte et d'Europe, se partagèrent tour à tour les profits engendrés par l'emplacement exceptionnel de ce port sur la principale route maritime entre l'Inde et l'Europe.

D'auteur inconnu, le fameux traité grec *Périple de la mer érythréenne*, écrit au Ier siècle de notre ère, appelait Aden "Eudaemon Arabia", un nom qui lui resta

ADEN

OÙ SE LOGER
2 Al-Sharq Hotel; Adwa al-Yaman Hotel; Taj Aden Hotel
5 Aden Hotel Moevenpick
6 Chalet Complex Hotel
7 Sea View Hotel
9 Aden Gate Hotel
11 Ambassador Hotel; Crescent Hotel; Rock Hotel
13 Sailors Club & Motel; Nashwan Tourism Hotel
15 Pearl Hotel
16 Elephant Bay Beach Resort
17 Aden Tourist Chalets

OÙ SE RESTAURER
8 Ching Sing Restaurant
10 Osan Broast Restaurant Tourist

DIVERS
1 Mosquée an-Nur Mosquée al-Hashimi
3 Gares de taxis et de bus longues distances
4 Aéroport international
12 Little Ben
14 St Francis Church
18 Gold Mohur Club

Vers Taez (178 km) et Sanaa (396 km)
Vers al-Mukalla (664 km)
Al-Qahira
Sheikh Othman
Marais salants
Marais salants
Digue routière
Madinat ash-Sha'b (Al-Ittihad)
Jazirat al-'Abid (Slave Island)
Khormaksar
Baie d'Aden
Coal Wharf
tunnel
Marais salants
Kwawr Bir Ahmad
Salines
Steamer Point At-Tawahi
Ma'alla
Crater
Île de Sira
Telegraph Bay
Baie de Gold Mohur
(551m)
Djebel Shamsan
Holkat Bay
Conquest Bay
Anse des Pêcheurs
Bir Fuqum
Al-Burayga (Little Aden)

GOLFE D'ADEN

0 2 4 km

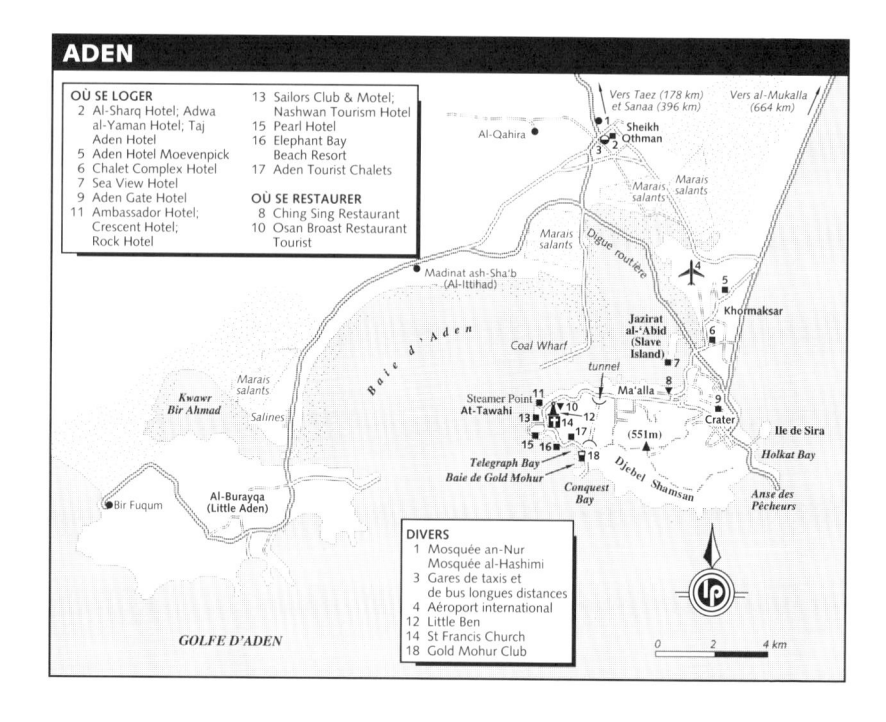

pendant près de 2 000 ans (l'équivalent du latin *Arabia Felix*, ou Arabie Heureuse).

Après la découverte par Vasco de Gama, en 1497, de la route maritime des Indes par le cap de Bonne Espérance, Aden perdit peu à peu de son importance ; elle ne la retrouva qu'à l'époque de l'ouverture du canal de Suez en 1869. Les Anglais, qui contrôlaient Aden depuis déjà près de 30 ans, occupèrent la place jusqu'en 1967, date de la création de l'État indépendant du Yémen du Sud. A la fin de la période britannique, Aden était devenue l'un des plus grands ports du monde et une importante escale pour les paquebots à destination de l'Inde.

Pendant la durée de son indépendance, la RDPY fut minée par l'instabilité politique et son cortège de violences, à l'intérieur du pays et sur ses frontières. Le dernier combat eut lieu en janvier 1986 et Aden fut le théâtre de 11 jours de guerre civile faisant plusieurs milliers de morts. La ville fut dévastée et resta paralysée de longs mois.

Lors de l'unification du Yémen, le 22 mai 1990, Aden fut déclarée "capitale économique" alors que le gouvernement continuait à siéger à Sanaa.

Au cours des quatre années qui précédèrent la guerre de 1994, les projets de développement n'aboutirent pas. Les politiciens yéménites, engagés dans des querelles de pouvoir à Sanaa, négligeaient Aden et les autres gouvernorats du Sud. Bien plus, la ville perdit son statut de centre de communications reliant le nord et le sud du pays. Les nouvelles routes, de al-Bayda à Lawdar et de Marib au Wadi Hadramaout, évitaient la capitale méridionale qui, jusque là, avait hébergé bon nombre de voyageurs pour la nuit. Il en fut de même pour les liaisons aériennes avec l'ouverture de vols directs entre Sanaa et al-Mukalla et Say'un.

La guerre de 1994 frappa durement les Adenites. Pendant deux mois, la ville fut assiégée. Vers la fin de la guerre, les installations pour le pompage de l'eau potable furent détruites, un désastre pour une ville dont la chaleur atteint 45°C l'après-midi. Finalement, les chars de l'armée du Nord finirent par entrer dans la ville et les Adenites accueillirent à bras ouverts les soldats ennemis agitant des jerricans d'eau.

Aden ne fut pas la plus durement bombardée mais, après la guerre, elle souffrit de dommages volontaires. Le symbole le plus visible de la présence britannique, la brasserie Seera – qui continuait à alimenter le pays en bière – fut totalement détruite dans un bombardement. Les hôtels et les restaurants qui avaient servi des boissons alcoolisées subirent des représailles. Tous les bâtiments publics et les magasins furent pillés.

Avant la guerre, Aden était la ville la plus laïque du Yémen, appliquant les lois socialistes en faveur de l'éducation et de l'égalité des sexes. Après la guerre, les extrémistes religieux bombardèrent les tombeaux et les mosquées aux inclinaisons différentes de celles du Nord, et les femmes durent à nouveaux porter le voile.

Le président Salih décida de ramener l'ordre en déclarant la ville "capitale d'hiver du Yémen". Personne ne prit ses intentions au sérieux. Pourtant, à partir de novembre 1994, Salih installa effectivement son gouvernement à Aden pour trois mois. En 1995, un nouveau décret leva les lois interdisant la vente d'alcool. Aujourd'hui, Aden a donc changé de visage, revêtant à nouveau un aspect cosmopolite et quelque peu occidentalisé : elle est ainsi la seule ville du Yémen à offrir des discothèques à l'extérieur des grands hôtels internationaux.

Orientation

En dépit de sa longue histoire et de son cachet cosmopolite (la population mêle Arabes, Bédouins, Somalis et autres Africains, Pakistanais, Indiens et Chinois), ce port ancestral ne peut être qualifié d'exotique.

Aden est constituée en fait de plusieurs villes : le port sur le cap (la partie la plus intéressante de la ville) et la ville industrielle d'al-Burayqa (ou Little Aden, dotée d'une immense raffinerie) sur les rives occidentales de la baie. Little Aden présente peu d'intérêt, à l'exception du cimetière militaire britannique, situé à environ 8 km à l'ouest de la station de taxis locale. Entre ces deux villes, se trouve le nouveau centre politique de Madinat ash-Sha'b (également connu sous le nom d'al-Shaab ou al-Ittihad). Sous les communistes, cette "ville du peuple" était parfois désignée comme la capitale de la RDPY et figure en tant que telle sur certains atlas occidentaux de l'époque. Au nord de la vieille ville, s'étendent les faubourgs de Khormaksar, sur l'isthme du cap d'Aden, et, quelques kilomètres à l'intérieur des terres, Sheikh Othman (du nom du fondateur d'Aden). Entre les deux, se trouve l'aéroport international. Entre les villes, des usines de sel surgissent de la plaine.

La vieille ville s'étale autour du volcan de 551 m d'altitude qui forme le cap d'Aden. Le centre le plus ancien et le plus important est le Crater (écrit aussi Critir ou Critire) sur le versant oriental, encadré par de majestueux blocs de lave. A l'est, le Crater s'ouvre sur la mer à Holkat Bay et, à gauche, apparaît l'île montagneuse de Sira couronnée d'un vieux fort turc.

Et voilà ce lieu si beau qu'il fait mourir.
Aden est un grand volcan dont un pan a sauté avant que les hommes fussent là pour inventer des légendes sur l'explosion de cette poudrière. Ils ont fait la légende après : le réveil d'Aden qui conduit à l'enfer annoncera la fin du monde.
Un tronc de pyramide recuit et violacé dans un monde bleu, couronnée de forts turcs en ruine, une pierre entourée de vagues concentriques lâchées par l'oiseau Roc au bord de l'océan Indien, un terrain d'aventures pour Sindbad le Marin, né à la grande péninsule arabique par un cordon ombilical de salines et de sables, sous un atroce soleil que les hommes ne sont pas arrivés à prier.

Paul Nizan *Aden, Arabie*
© Éditions La Découverte

En remontant la côte, vous arriverez à la baie de Gold Mohur, une belle plage fréquentée par les Adenites. Le reste de la côte sud est rocheux et sauvage.

Renseignements

Les banques ouvrent de 7h30 à 12h30. La plupart d'entre elles se situent à l'extrémité sud de Queen Arwa Rd, dans le centre du Crater. Les bureaux de change se trouvent, quant à eux, sur Main Bazaar Rd, à Crater. Le bureau de la compagnie aérienne Yemenia est tout proche du quartier des banques. A 300 m au sud-est, vous trouverez le bureau de poste, dans Esplanade Rd, et le bureau de l'immigration à at-Tawahi.

Citernes d'at-Tawila

Les citernes d'at-Tawila sont parmi les plus vieux monuments d'Aden. Elles sont perchées sur les hauteurs du djebel Shamsan, d'où la vue plonge sur le Crater au nord-est. Les 18 citernes ont une contenance de 42 millions de litres d'eau. Il faut le concours de précipitations exceptionnelles pour les remplir toutes à ras bord – ce qui ne se produit que quelques fois par siècle.

Elles ont perdu leurs fonctions d'origine qui étaient de stocker l'eau propre à la consommation et de réguler les ruissellements excessifs lors de fortes pluies. Les canaux qui menaient l'eau à la mer ont été comblés pour construire des rues. Lors des pluies torrentielles de 1993, les citernes ont

Les citernes d'at-Tawila

Les citernes d'at-Tawila sont les plus anciens monuments découverts à Aden et témoignent de la longue histoire de cette ville. On sait peu de choses à leur sujet. Elles furent sans doute construites par les Himyarites au Ier siècle de notre ère. Le voyageur maghrébin du XIVe siècle, Ibn Battuta, les mentionna dans ses mémoires.

Elles furent ensuite abandonnées et se remplirent de terre au fil des siècles.

Les Britanniques connaissaient leur existence depuis 1809, grâce aux récits de M. Salt. En raison du faible rendement en eau des puits situés à l'intérieur de la colonie, Aden devait importer de l'eau de l'arrière-pays, à grands frais. Un plan de rénovation des "tanks", comme les appelaient les Britanniques, fut alors proposé.

Les travaux débutèrent en 1854, date à laquelle trois citernes situées sur les hauteurs, les "Hanging Tanks", furent mises à jour et restaurées. Des rénovations plus importantes furent alors entreprises entre 1856 et 1857, au cours desquelles neuf citernes supplémentaires, les "Tawila Tanks", furent restaurées. Ces travaux furent conduits par le lieutenant R.L. Playfair, devenu plus tard Sir Lambert, qui eut également l'honneur de leur redécouverte.

La plus grande de ces citernes, la "Playfair Tank", fut déblayée et restaurée en 1863, portant ainsi le nombre de citernes à 13.

A cette époque, la capacité totale de ces citernes s'élevait à 7 718 630 gallons, soit 35 millions de litres. Celle-ci excéda pourtant les 20 millions de gallons, soit 90 millions de litres en 1899. Cette estimation incluait probablement les citernes encore enfouies (soit un total de 50 citernes).

Les citernes pallièrent de manière significative la pénurie d'eau dont souffrait la colonie britannique. Elles n'apportèrent cependant pas de solution définitive car les précipitations sont très irrégulières à Aden. Certaines années, alors que les pluies sont inexistantes, un seul orage put suffir à les remplir à ras bord.

Aden – Crater 227

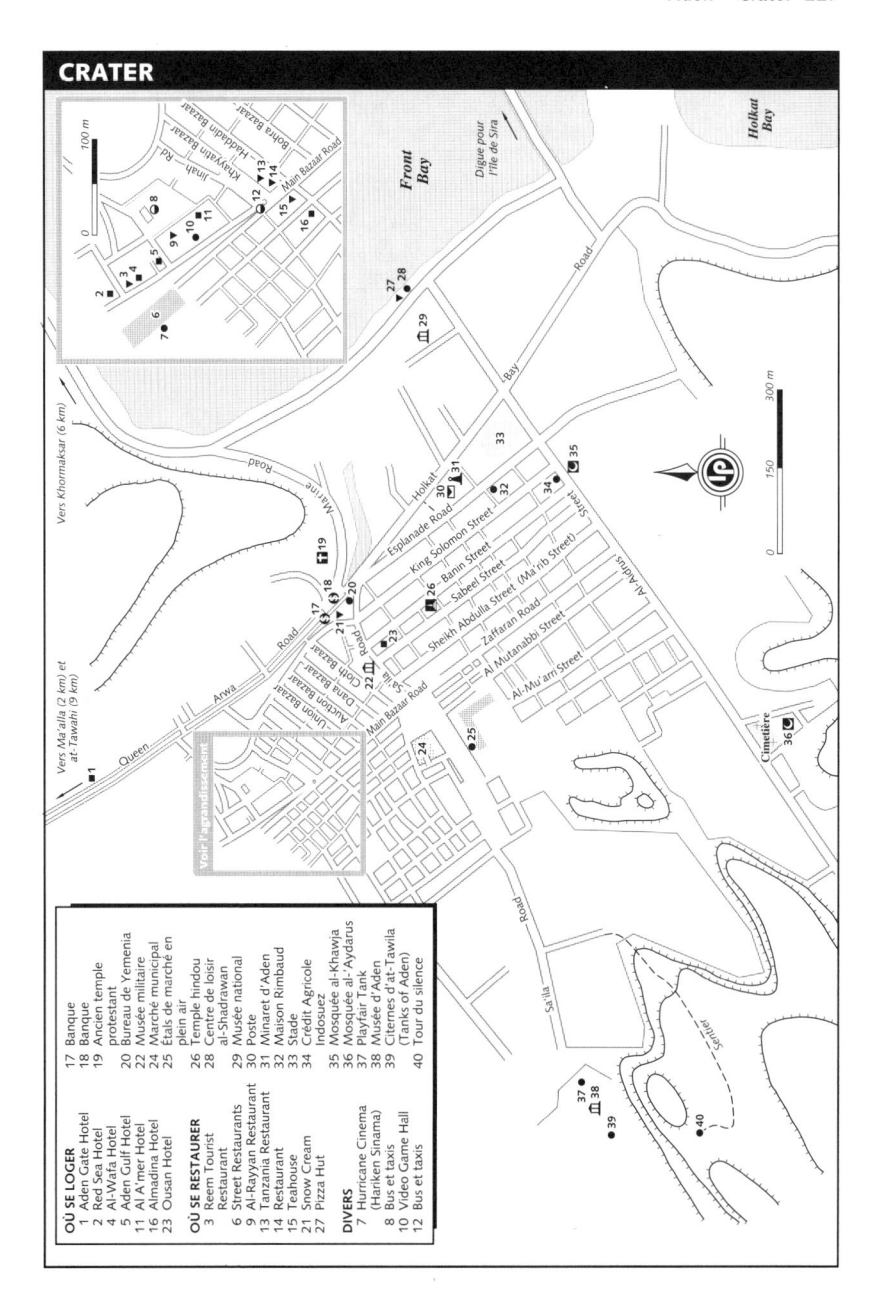

CRATER

OÙ SE LOGER
1. Aden Gate Hotel
2. Red Sea Hotel
4. Al-Wafa Hotel
5. Aden Gulf Hotel
11. Al A'mer Hotel
16. Almadina Hotel
23. Ousan Hotel

OÙ SE RESTAURER
3. Reem Tourist Restaurant
6. Street Restaurants
9. Al-Rayyan Restaurant
13. Tanzania Restaurant
14. Restaurant
15. Teahouse
21. Snow Cream
27. Pizza Hut

DIVERS
7. Hurricane Cinema (Hariken Sinama)
8. Bus et taxis
10. Video Game Hall
12. Bus et taxis
17. Banque
18. Banque
19. Ancien Temple protestant
20. Bureau de Yemenia
22. Musée militaire
24. Marché municipal
25. Étals de marché en plein air
26. Temple hindou
28. Centre de loisir al-Shadrawan
29. Musée national
30. Poste
31. Minaret d'Aden
32. Maison Rimbaud
33. Stade
34. Crédit Agricole Indosuez
35. Mosquée al-Khawja
36. Mosquée al-'Aydarus
37. Playfair Tank
38. Musée d'Aden
39. Citernes d'at-Tawila (Tanks of Aden)
40. Tour du silence

débordé, causant des inondations et d'importants dégâts dans le Crater.

Une promenade vous permettra d'admirer tranquillement les quelques grandes citernes basses mais, pour voir les plus hautes sur le versant, vous devrez vous montrer persévérant et ne pas craindre le vertige. Un sentier de pierre, à peine reconnaissable, part de l'une des citernes basses. Demandez aux gardes de vous indiquer le chemin. Il vous faut prévoir une demi-journée pour l'excursion et plusieurs litres d'eau par personne. Partez tôt le matin pour éviter la chaleur.

Pour visiter les citernes, rendez-vous à la porte de l'extrémité ouest. Aucun droit d'entrée n'est, en théorie, exigé, mais les gardiens peuvent vous demander 50 RY par personne.

Musée d'Aden

Ce petit musée, sis dans un jardin juste à côté des citernes, expose des photos et des illustrations, ainsi que des dessins techniques datant des années 30, époque où le site fut restauré pour la dernière fois. Actuellement, le musée n'ouvre qu'à la demande. A l'époque britannique, c'était un restaurant pour Occidentaux, où l'on pouvait aussi se distraire et danser. La tradition, perpétuée sous la RDPY, fut supprimée dans le Yémen unifié.

Tour du silence

Le lieu saint de la communauté zoroastrienne d'Aden est totalement abandonné aujourd'hui. Le zoroastrisme (du nom de son fondateur Zarathoustra) fut la religion dominante de la Perse. A l'avènement de l'islam, les fidèles qui refusèrent de se convertir s'enfuirent en Inde et devinrent les Parsis (ceux qui viennent de Perse). Ils sont aujourd'hui une centaine de milliers, vivant principalement dans la région de Mumbai (Bombay) en Inde.

Au milieu du XIXe siècle, dans le sillage des Anglais, un groupe de Parsis de Mumbai s'installa à Aden. En conformité à leur coutume religieuse, ils construisirent cette tour située aujourd'hui au centre de murs circulaires en béton. La tour, lieu de pèlerinage, servait aussi pour les funérailles. A l'intérieur brûlait un feu sacré perpétuel. Les Parsis d'Aden retournèrent en Inde dans les années 70 et emportèrent la flamme au temple de Lonavala.

Pour atteindre la tour, suivez la route qui part des citernes de Tawila en direction de Sa'ila Road, puis tournez à droite à l'atelier de réparation de voiture. Dans la cour, derrière l'immense terrain nu, un portail indique le chemin qui monte à gauche de la montagne. Il faut vingt à trente minutes pour arriver à la tour.

Mosquée al-'Aydarus

Masjid al-'Aydarus (*al-'idarūs*), dans al-Aidrus St, est l'une des plus anciennes d'Aden. Élevée au XIVe siècle, elle fut reconstruite, après sa destruction en 1859. Aujourd'hui, elle est l'un des rares monuments d'Aden antérieur à 1900.

En septembre 1994, deux mois après la fin de la guerre civile, le tombeau et le sanctuaire d'al-'Aydarus, près de la mosquée, furent entièrement détruits par des extrémistes religieux du Yémen du Nord. Le sanctuaire de la mosquée al-Hashimi, à Sheikh Othman au nord d'Aden, subit le même sort. La raison de ces destructions est l'interprétation zaydite d'un passage du Coran interdisant d'élever une mosquée sur une tombe. Du fait que de nombreuses mosquées des régions chaféites du Yémen du Sud renferment des tombes surmontées d'un sanctuaire, elles ont servi de cibles à des fins politiques, sous prétexte de religion.

Il ne faut pas confondre la mosquée al-'Aydarus avec la **mosquée al-Khawja**, située dans les environs. Cet édifice, d'une blancheur éblouissante, est – dans ses coupoles et ses minarets – manifestement influencé par l'Inde moghole.

Musée militaire

Le **Mathaf al-Askariya** était la fierté de l'ancienne RDPY : il relatait pompeusement les victoires et les tragédies de la courte histoire du pays. Il a été fermé après la guerre de 1994, et l'est resté depuis.

Cependant, lors de notre passage, certains bruits laissaient prévoir sa réouverture prochaine. La maison à deux étages située dans Sa'ila Rd servit d'école durant l'occupation britannique.

Minaret d'Aden

La mosquée Salama du VIIIe siècle à laquelle il appartenait a disparu depuis longtemps. Pourtant, ce minaret à huit côtés, construit en 1770, se dresse aujourd'hui encore au milieu des constructions modernes du centre du Crater, non loin de la poste centrale.

Maison Rimbaud

Sous l'administration britannique, des personnages célèbres sont passés à Aden. Arthur Rimbaud, poète maudit reconverti dans le trafic d'armes, est l'un des plus connus. De 1880 à 1891, il séjourna à Aden, point de départ de ses voyages dans le Harar, en Éthiopie (reportez-vous à l'encadré *Rimbaud, enfant prodige*). Sa maison existe toujours, dans le Crater, à 100 m à l'est de la poste centrale. C'est un bâtiment anglais de type "comptoir colonial" sur trois niveaux, datant des années 1860-70, construit sans doute par des ouvriers et maçons indiens. Au terme de sa restauration, le beau dallage du sol en basalte local avait été restitué, les vitraux, typiquement adenites, préservés, et de nouveaux claustras, réalisés sur place par des artisans, permettent de diffuser la lumière et... les courants d'air.

Inaugurée en 1993, la **Maison Rimbaud** abritait le Centre culturel français, le consulat de France et le Centre international de Poésie. La maison est malheureusement fermée au public depuis juillet 1997.

Musée national

A l'est du Crater, le **Musée national des Antiquités**, installé dans l'ancien palais du sultan, présente de nombreux trésors issus des fouilles menées sur les sites d'Awsan tels que Qa'taban, ainsi qu'à Shabwa et à Hadramaout. Le musée fut pillé durant la guerre de 1994. Bien que certains objets aient été rachetés depuis, deux des trois statues en albâtre des rois Awsan (voir l'encadré *Les arts antiques du Yémen* dans le chapitre *Shabwa*) manquent toujours. Dans le même bâtiment, le **Museum Popular of Legacy** (sic), sorte de musée du Patrimoine, présente une exposition ethnologique intéressante. Vous n'y accédez cependant pas par la même entrée. Ces musées sont ouverts tous les jours de 8h à 13h. Le billet d'entrée, donnant accès aux deux musées, coûte 30 RY.

Île de Sira

Vous l'apercevrez depuis différents lieux du Crater. Elle se reconnaît facilement au fort turc perché à son sommet. Dans les années 1800, les Anglais poursuivirent les travaux de fortification. L'île offre certainement un point de vue exceptionnel sur le Crater, mais la montagne ne peut être escaladée car l'armée occupe toujours le fort.

Dans l'euphorie qui suivit l'unification de 1990, naquit le projet de transformer l'île en centre de loisirs de luxe mais, sous la pression des militaires, ce furent les rivages voisins du Crater que se partagèrent les compagnies internationales intéressées par ce projet. L'île de Sira sert actuellement de centre de loisirs pour les jeunes peu fortunés de la région qui, le soir venu, prennent le thé et le *mada'a* (pipe à eau) sur les nombreuses terrasses des cafés.

Ma'alla

Malgré son ancienneté, la ville est pauvre en monuments historiques. Durant la RDPY, la forte influence britannique sur l'architecture fut remplacée par une influence russe encore plus prégnante. Toutes deux reposaient sur l'utilisation du béton armé. Après le départ des Britanniques, peu d'édifices furent construits dans ce matériau. Comme le déclarait fièrement une brochure officielle du début des années 80 : "Aden est une ville propre, bien organisée, aux nombreuses constructions modernes". De fait, le district de Ma'alla en est rempli. Malheureusement, contrairement à ce qu'affirment de nombreuses publications, les immeubles absolument sinistres qui bordent

Rimbaud, enfant prodige

Au cours d'une vie courte et tragique, Arthur Rimbaud (1854-1891) produisit une œuvre poétique qui fut l'une des plus marquantes de l'époque moderne.

Exprimant par l'écriture sa révolte contre son éducation répressive et la dépravation de son époque, l'enfant de Charleville s'enfuit à plusieurs reprises du domicile familial, errant dans les rues et dans la campagne en pleine période de guerre franco-prussienne.

Réduit à la misère mais arrogant, le poète, qui n'a pas encore vingt ans, s'impose néanmoins dans le milieu littéraire parisien. Accompagné de Verlaine, avec lequel il a une liaison homosexuelle, il fait la connaissance des grands poètes du moment, soulevant l'admiration avec son *Bateau ivre*. Poète subversif et maudit, Arthur Rimbaud, après *Ma Bohème* et les extraordinaires poèmes en prose *Les Illuminations* et *Une Saison en Enfer*, abandonne la poésie.

"Ma journée est faite : je quitte l'Europe"

Infatigable marcheur, il prend la route et sillonne le monde, s'engage dans l'armée coloniale néerlandaise et part à Batavia (Jakarta), pour déserter quelques semaines plus tard (1876). Malade, il rentre en Europe, avant de repartir, cette fois pour toujours.

En août 1880, il arrive à Aden et trouve à s'employer en qualité de négociant dans la boutique d'un exportateur de café nommé Alfred Bardey. "Aden est un affreux trou, écrit-il à sa famille, pas un brin d'herbe ni la moindre goutte d'eau… je suis comme un prisonnier, ici." Pendant onze ans, il se déplace entre Aden et l'autre magasin de Bardey à Harar, en Abyssinie (Éthiopie), faisant de désastreuses tentatives pour vendre des armes aux tribus en guerre. Quatre années durant, il vit dans la ville musulmane fortifiée de Harar et en profite pour explorer le pays environnant, consignant ses découvertes dans un rapport publié à Paris par la Société de Géographie.

En 1884, il retourne à Aden en compagnie d'une jeune femme abyssine (et chrétienne) qui partagera sa vie pendant six mois. Au cours de l'une des pires mésaventures de sa carrière de trafiquant d'armes, il consacre toutes ses économies à l'achat d'un arsenal important et passe les quatre années suivantes à essayer de les vendre. Sa quête d'un acheteur l'amène à entreprendre un périlleux voyage de quatre mois au cœur de l'Abyssinie, au cours duquel sa caravane est harcelée par les Danakils du désert. Il finit par échanger des armes contre de la nourriture.

Il s'entête pourtant dans ce commerce jusqu'à ce qu'une grave tumeur au genou, en 1891, ne l'oblige à rentrer en France. A Marseille, on doit l'amputer de la jambe droite et il meurt au mois de décembre, à l'âge de 37 ans.

Bethune Carmichael

Main St ne sont pas les merveilleuses créations architecturales du réalisme socialiste mais des logements de fonction pour les militaires britanniques cantonnés à Aden.

Dans un effort visant à regagner son ancien statut, Aden fut à nouveau déclaré port franc en mai 1991. En 1997, la Singaporean PSA Corporation obtint l'autorisation de développer et de diriger le terminal des conteneurs de Ma'alla, pendant 25 ans. La situation d'Aden en fait le lieu idéal pour le transbordement de marchandises. Son quai, d'une profondeur de 18 m, est de 4 m plus profond que ceux de Jedda, en Arabie saoudite, et de Djebel Ali, aux Émirats Arabes Unis (actuellement le plus actif de la région). Il facilite ainsi le transfert des conteneurs depuis de gros bateaux à quai.

At-Tawahi

Durant l'occupation britannique, le port et le terminal des passagers se trouvaient dans la partie occidentale de la ville. On l'appelait alors Steamer Point. Il porte encore la trace de son passé colonial. L'ancien Crescent Hotel a été rénové, mais le Rock Hotel n'est plus qu'un fantôme de palace. Les Aden Gardens, au cœur d'at-Tawahi, n'ont plus rien des coquets jardins d'autrefois, et les anciens terrains de jeux situés en face du Crescent Hotel ont disparu. Sous le régime socialiste, ce dernier servit de mémorial avec le pompeux monument au Soldat inconnu, érigé dans les années 80 et détruit après la guerre de 1994.

Continuez vers l'ouest et vous arriverez au **quai du Prince de Galles** (Prince of Wales Pier) avec son terminal des passagers attendant patiemment des jours meilleurs. Il abrite encore une petite boutique de souvenirs bien que le trafic passager soit quasiment réduit à néant depuis des années. A mi-chemin entre les Aden Gardens et le quai se trouvent des boutiques de produits hors taxes, aujourd'hui vétustes, mais qui ont eu leur jour de gloire à la fin de l'occupation britannique, dans les années 60. A cette époque, plus de 200 000 voyageurs et passagers en transit visitaient Aden chaque année et faisaient de ce commerce non taxé l'un des plus florissants au monde. Aujourd'hui, 20 bateaux de passagers seulement s'arrêtent Aden chaque année, mais ce chiffre pourrait bien s'accroître avec l'augmentation du trafic de marchandises.

A 500 m environ vers la baie de Gold Mohur, sur la gauche, se dresse la seule église chrétienne en service du Yémen, **St France's Catholic Church**. Le nouveau temple protestant, situé un peu plus bas, sert aujourd'hui d'hôpital. Juste devant l'église, au sommet de la montagne, Little Ben est une copie du Big Ben de Londres. Ce monument a également failli disparaître après le départ des Britanniques.

Activités culturelles et sportives

Les plages les plus populaires d'Aden se trouvent dans la baie de Gold Mohur. Vous choisirez entre celle du **Gold Mohur Club** et celle, gratuite, située juste à côté. Vous pourrez également essayer de négocier avec les pêcheurs du coin afin de louer un bateau pour une croisière dans les eaux du cap. Vous pouvez en louer un, aussi, à Holkat Bay ou à l'île de Sira. Il est possible de faire de la plongée (à condition d'avoir votre propre équipement) et de visiter les plages désertes dans les baies situées au sud du cap.

Achats

A at-Tawahi, le magasin d'antiquités **Aziz Bookshop** vend des objets de l'époque coloniale, en particulier les fameuses cartes postales représentant les moulins à vent de Khormaksar et la porte du Crater. A quelques pâtés de maisons de la route principale, vous trouverez le **Lax** où le choix d'objets anciens est encore plus important. A Steamer Point, vous risquez fort de rencontrer les rescapés de la vieille époque qui vous raconteront, dans un anglais impeccable, leurs souvenirs des années 60. Entre ces deux antiquaires, vous trouverez une boutique d'art, **Art Shop**, proposant des tableaux contemporains adenites.

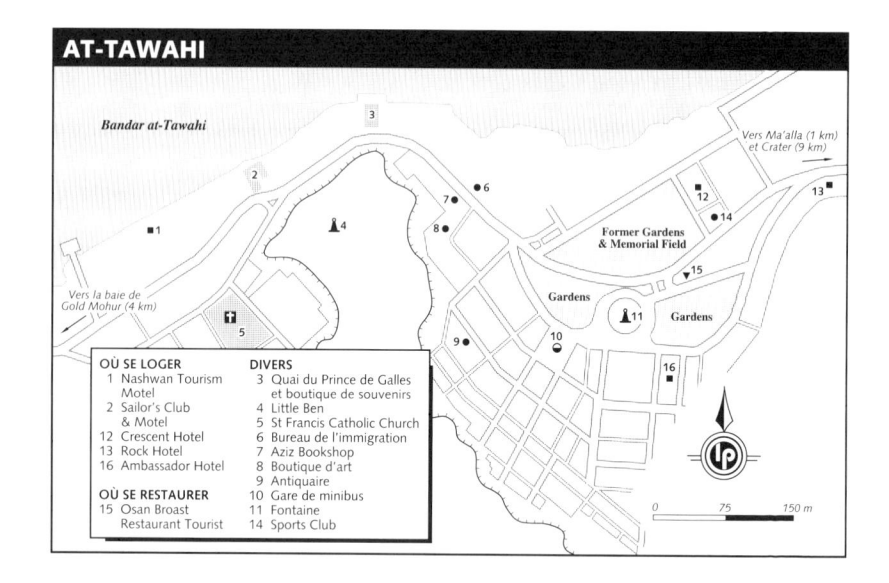

AT-TAWAHI

Bandar at-Tawahi

Vers Ma'alla (1 km) et Crater (9 km)

Vers la baie de Gold Mohur (4 km)

Former Gardens & Memorial Field

Gardens

Gardens

OÙ SE LOGER
1. Nashwan Tourism Motel
2. Sailor's Club & Motel
12. Crescent Hotel
13. Rock Hotel
16. Ambassador Hotel

OÙ SE RESTAURER
15. Osan Broast Restaurant Tourist

DIVERS
3. Quai du Prince de Galles et boutique de souvenirs
4. Little Ben
5. St Francis Catholic Church
6. Bureau de l'immigration
7. Aziz Bookshop
8. Boutique d'art
9. Antiquaire
10. Gare de minibus
11. Fontaine
14. Sports Club

0   75   150 m

Où se loger

Sans égaler Sanaa la capitale, Aden offre un large choix d'hôtels de toutes catégories.

Où se loger – petits budgets

Situé au centre du Crater, tout près de la gare des bus et des taxis, le *Red Sea Hotel* propos des doubles/triples, sans-drap et avec ventil., à 400/600 RY. Juste à côté, l'*Al-madina Hotel* (☎ 252311) dispose de chambres à un-drap avec clim. au prix de 500 RY le lit. Dans ces deux établissements très modestes, les s.d.b., communes, sont plus ou moins propres. Au *Ousan Hotel*, proche du Musée militaire, vous trouverez des triples à un-drap avec s.d.b. à 1 000 RY.

Dans la même catégorie (un-drap) mais dans un immeuble plus récent, l'*Al-Wafa Hotel* (☎ *256340, 256121*) propose des doubles/triples/quadruples propres, avec clim. et s.d.b. commune 1 300/1 700/1 900 RY. Il est situé tout près de la gare de bus et de taxis du Crater.

A Sheikh Othman, proche de la gare des bus longues distances, l'*Al-Sharq Hotel* est un établissement sans-drap assez délabré, avec des chambres à 400 RY le lit.

Où se loger – catégorie moyenne

Tous les hôtels de cette catégorie sont équipés de clim., TV satellite et réfrigérateur. L'***Aden Gate Hotel*** (☎ *254604, fax 253619*), au nord de Queen Arwa St, propose des doubles modestes à 2 350 RY. Au centre du Crater, dans le même pâté de maisons que l'Al-Wafa Hotel, l'***Aden Gulf Hotel*** (☎ *253900, fax 251710*) offre des chambres impeccables à 2 600/3 600 RY, avec s.d.b. dans le couloir/chambre. L'***Al A'mer Hotel*** (☎ *252600, fax 256304*), en face de la gare de bus et de taxis, offre encore de meilleures prestations. Les doubles avec s.d.b. communes coûtent 27,50 \$US ; celles avec s.d.b. individuelle sont à 38,50 \$US, petit déjeuner compris. Ces deux hôtels conviennent à des femmes voyageant seules.

Le modeste ***Ambassador Hotel*** (☎ *203641, 201271*), à at-Tawahi, loue des doubles propres avec s.d.b. pour 3 000 RY.

Le **Rock Hotel** (☎ *202288, fax 204404*) dispose de chambres à 3 920 RY, moins confortables que celles de l'Ambassador. Les journalistes étrangers y descendaient autrefois. Aujourd'hui, son charme vieillot plaira aux nostalgiques. Négligé pendant la période communiste, l'hôtel a beaucoup souffert des guerres de 1986 et 1994. On projette de le rénover… depuis des années.

Toujours dans la rue principale, le **Sailor's Club & Motel** (☎ *203209, fax 203559*), à l'ouest d'at-Tawahi, loue des simples/doubles 1 460/2 360 RY sans s.d.b. et 2 800/3 450 RY avec s.d.b. Il comporte également une discothèque ouverte jusqu'à 4h. Sans doute convient-il mieux aux hommes seuls qu'aux femmes non accompagnées et qui souhaitent le rester. Le standing est le même au **Nashwam Tourism Motel** (☎ *202908*), situé quelques centaines de mètres plus loin. Ses simples/doubles spacieuses à 3 000/5 000 RY se trouvent dans de charmants bungalows, loin des restaurants et des discothèques. Les bruits nocturnes ne vous dérangeront pas.

Plus au sud, le **Pearl Hotel**, connu sous le nom arabe de **Funduq Al-Lu'lu'a** (☎ *202267, fax 204853*), offre des doubles calmes à 4 000 RY. C'est une bonne adresse, car les chambres, par groupe de trois ou quatre, disposent d'une cuisine commune, d'un vestibule et d'un balcon avec vue sur la mer. Vers la baie de Gold Mohur, vous trouverez l'***Aden Tourist Chalets*** (☎ *202319, fax 202342*), avec des simples/doubles à 35/40 \$US.

Le **Chalet Complex Hotel** (☎ *341301*), à Khormaksar, est cher mais tout de même moins que le luxueux Aden Hotel Moevenpick (reportez-vous à la rubrique *Où se loger – catégorie supérieure*). Vos nuits seront rythmées par le bruit des avions. Le **Sea View Hotel** (☎ *341906*), à Slave Island, se trouve également tout près de l'aéroport.

Si vous arrivez tard, vous pouvez aussi passer la nuit à Sheikh Othman. A côté de la station de taxis longues distances, l'**Adwa al-Yaman Hotel** (☎ *386498*) propose des doubles propres à 5 000 RY, tout comme son voisin, le **Taj Aden Hotel**, où les chambres se monnaient à partir de 70 \$US. Mais vous pouvez essayer de négocier.

Où se loger – catégorie supérieure

Aden Hotel Meovenpick (☎ *232911, fax 232947*), à Khormaksar, près de l'aéroport, a été complètement réaménagé à la fin des années 80. Ses doubles luxueuses coûtent 210 \$US.

A at-Tawahi, en face du Rock Hotel et de l'Ambassador Hotel, derrière le Sports Club, se trouve le ***Crescent Hotel*** (☎ *203471, fax 204597*), un bel hôtel historique à l'atmosphère britannique d'un bon rapport qualité/prix. Totalement rénové, il propose de spacieuses simples/doubles à 50/60 \$US, petit déjeuner inclus. Juste en face de la plage, à Gold Mohur, l'***Elephant Bay Beach Resort*** (☎ *202055, fax 201082*) comprend un centre de remise en forme et un centre d'affaires, ainsi qu'un magnifique jardin. Les simples/doubles valent 75/85 \$US.

Où se restaurer

Les restaurants des grands hôtels d'Aden proposent une cuisine très ordinaire. Notez cependant qu'à at-Tawahi, les restaurants du **Sailor's Club** et du **Nashwan** donnent sur le bord de mer. Le **Malhan Restaurant et Cafe** du Crescent Hotel dispose également d'une terrasse en plein air.

A at-Tawahi, entre les hôtels et la gare routière, vous ne pouvez pas manquer les célèbres *cafés* en plein air, juste à côté de la fontaine. Vous pourrez déguster un café ou un thé et, le soir venu, admirer les surprenantes lumières colorées de la fontaine. Du coté nord du parc, l'**Oasan Broast et Restaurant Tourist**, qui annonce fièrement un "coin pour les familles" (une salle à manger séparée pour les soirées mixtes ou réservées aux femmes), sert des repas de qualité, faiblement épicés, mais à des prix élevés.

A l'est de Ma'alla, le ***Ching Sing Restaurant*** offre un large choix de spécialités chinoises à partir de 300 RY. Essayez le menu de fruits de mer à 1 500 RY, ou à

2 000 RY avec du homard. Le repas vous reviendra au minimum à 650 RY par personne, sans l'alcool, et le service à 50 RY par personne, plus une taxe de 5%. Cet établissement est ouvert tous les jours de 18h à 23h uniquement.

Dans le Crater, les meilleures maisons de thé et les restaurants traditionnels sont situés aux abords des gares centrales de bus et de taxis. Le *Reem Tourist Restaurant*, au rez-de-chaussée de l'Al-Wafa Hotel, est une excellente adresse, propre et pas chère. Dans le même standing, avec clim., l'*Al-Rayyam Restaurant*, ou *Brost et Restaurant al-Rayyan Tourism* (☎ *256756*), à côté de l'Al-A'mer Hotel, propose des dizaines de plats, à différents moments de la journée. Ces deux restaurants offrent des menus végétariens et des en-cas entre 60 et 130 RY, des plats avec de la viande entre 150 et 400 RY, et des crevettes et des homards entre 450 et 600 RY. Le *Tanzania Restaurant*, situé sur la place centrale, à côté de la gare de minibus, est un restaurant traditionnel yéménite très bon marché. Vous trouverez bon nombre d'établissements similaires dans les alentours. Le *Pizza Hut*, le plus ancien fast-food occidental du Yémen, se situe à proximité.

Dans le quartier du souk, le long de Main Bazaar Rd, plusieurs confiseries vendent des gâteaux arabes traditionnels. Tout près du quartier des banques, derrière le bureau de Yemenia, vous trouverez le *Snow Cream*, un glacier propre et moderne. Les milk shakes coûtent 100 RY et les glaces entre 120 et 200 RY.

Où sortir

A la fin de la guerre de 1994, Aden connut une période d'intolérance religieuse sous l'influence du nord et le "calme" s'instaura dans la ville pendant près d'un an. Les Adenites purent se divertir à nouveau grâce au décret présidentiel de novembre 1995. Aden est aujourd'hui la seule ville au Yémen ayant une vie nocturne digne de ce nom.

Doté d'une belle petite plage, le *Gold Mohur Club*, autrefois réservé aux diplomates, est désormais ouvert au public. L'entrée coûte, en général, 100 RY (1 500 RY lorsque des grandes soirées sont organisées). Vous trouverez également d'autres discothèques dans les hôtels *Nashwan Tourism* et *Sailor's Club* pendant les week-ends. Dans le Crater, à côté du Pizza Hut, l'incroyable centre de loisirs *Al-Shadrawan* comprend une discothèque, des restaurants relativement chers et des banquets. L'entrée coûte 1 000 RY. Pour les petits budgets, allez faire un tour au *Video Game Hall* et au *Hariken Sinama* (Hurricane Cinema), au centre du Crater, tout près de la gare de minibus.

Comment s'y rendre

Avion. Aden est directement desservi par la compagnie aérienne Yemenia depuis Sanaa, Say'un et al-Mukalla. Il est aujourd'hui également possible d'y atterrir directement (au lieu de Sanaa) depuis le continent africain (consultez le chapitre *Comment s'y rendre*).

Bateau. Pendant des années, le nombre de cargos et de bateaux de passagers faisant escale à Aden resta dérisoire. Cette situation devrait cependant évoluer avec la mise en place du nouveau port franc en 1999/2000. Si vous voulez prendre un *sambuq*, renseignez-vous aux ports d'at-Tawahi ou de Ma'alla.

Bus. La gare routière principale se trouve à Sheikh Othman, relié au centre d'Aden par des minibus (25 RY). Un taxi privé ne doit pas coûter plus de 200 RY. Des bus partent à 6h et 13h pour Sanaa (700 RY par personne) et pour 'Ataq (450 RY), ainsi qu'à 6h30 pour al-Mukalla (900 RY) et 'Azan (450 RY), et à 6h30 et 11h pour Taez (400 RY). Essayez d'arriver très tôt à la gare pour acheter votre billet (au moins une demi-heure avant le départ).

Taxi. A proximité de la gare routière, les stations de taxi de Sheikh Othman accueillent les retardataires et les imprévoyants qui viennent de rater le bus. Un taxi collectif pour les destinations susmentionnées coûte entre 20% et 80% plus cher que le bus. Les taxis en direction du nord et de l'est, ainsi que les taxis à courtes et longues destinations partent d'une autre station. Demandez au conducteur du minibus ou du taxi de vous déposer à la station qui convient à votre destination.

Plus commodes, des taxis à longue destination partent de la gare des bus municipaux du Crater, juste en face de l'Al-A'mer Hotel. Nous vous recommandons de vous présenter le matin de bonne heure (pas plus tard que 7h) pour être sûr d'avoir une place.

Comment circuler

Les minibus, apparus après la réunification, sont le moyen le plus économique de circuler. Ils coûtent entre 20 et 25 RY par personne, selon la distance. Vous paierez pendant votre trajet.

Les taxis privés sont abordables mais, à la différence des villes du nord, vous devrez sérieusement marchander. Pour le cap d'Aden, le trajet vous coûtera environ 200 RY, et 400 RY pour Sheikh Othman. Une somme bien plus importante vous sera demandée, avant les négociations.

SUQUTRA

La Corne de l'Afrique pointe en direction de Suqutra (*suquṭra*), dans la mer d'Oman. Entre les deux se trouve la petite île d'abd al-Kuri. La plus grande île du Yémen se trouve à 350 km de la côte sud de la péninsule et à presque 1 000 km d'Aden. Elle fait partie du gouvernorat d'Aden et présente un intérêt stratégique considérable. C'est la seule île de quelque importance dans une région où le trafic maritime est intense. Elle accueillit les premières expéditions coloniales européennes du XVIe siècle. D'abord occupée par les Portugais, elle passa sous le contrôle des Anglais de 1876 à 1967. Pendant la Guerre Froide, tout faisait croire à son rôle d'importante base navale soviétique. Aujourd'hui, pourtant, des doutes existent quant à son existence même.

Suqutra est habitée depuis plusieurs millénaires mais les témoignages écrits sont rares. Les Sabéens l'occupèrent au VIe siècle av. J.-C. Selon la légende, l'apôtre Thomas fonda sur l'île une congrégation chrétienne, connue sous le nom de Dioskurides. La population fut convertie au christianisme vers 600 et, en 900, des missions chrétiennes furent envoyées sur le Yémen continental par l'évêque de Suqutra. Lorsque Marco Polo visita l'île au XIIIe siècle, il nota la présence de chrétiens. Au XVIe siècle, les Portugais construisirent une église dans le village actuel de Suq. Aujourd'hui, les visiteurs se demandent néanmoins si le christianisme a vraiment laissé place à l'islam parmi les 80 000 habitants que compte cette île.

Les plages de sable et les eaux poissonneuses de Suqutra figurent en bonne place sur la liste des "sites touristiques" de la

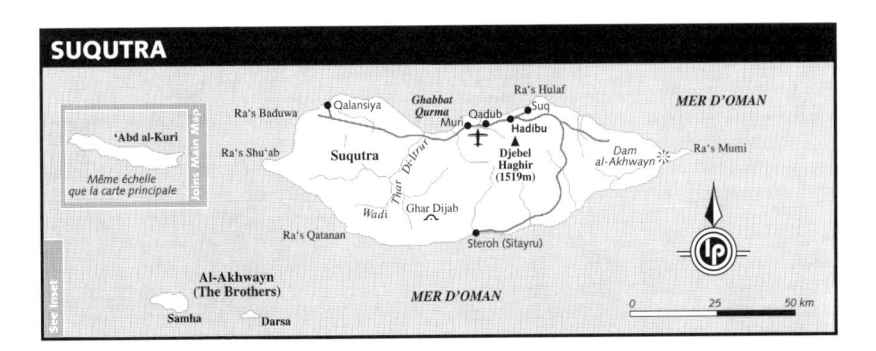

La nature de Suqutra

Les forts vents de mousson limitent la croissance de plantes de taille importante sur l'île de Suqutra, ce qui lui donne un aspect quasi désertique. Cependant, l'humidité générée par les pluies et le brouillard suffit à faire de l'île un trésor pour les botanistes. Huit cent quinze espèces de plantes ont été recensées ; parmi elles 230 à 260 sont endémiques en raison du long isolement de l'île. Celle-ci fut, en effet, probablement séparée du continent africain au cours du pliocène. Parmi les espèces rares de Suqutra figure le *dam al-akhwayn* géant ou dracéna (*Dracaena cinnabari*), symbole de l'île.

En 1993, une enquête de l'Unesco suggérait de développer, de préférence, un programme de conservation de la nature. A cet effet, quatre zones pourraient devenir des réserves de la biosphère : Shu'ab, à l'ouest, Dixam/Haghir, au centre, ainsi que Hamaderu et Ra's Mumi, à l'est. Depuis une dizaine d'années, le Royal Botanic Garden d'Édimbourg mènent des recherches approfondies sur Suqutra. Consultez le site web qui donne des renseignements sur l'île : www.rbge.org.uk/Arabia/Soqotra/.

RDPY. Autrefois, l'île n'était accessible qu'aux voyageurs faisant partie d'un programme de recherche. Ces réglementations restèrent en vigueur tout au long des années 90. Puis, récemment, des groupes de touristes firent peu à peu leur apparition sur l'île et ils sont aujourd'hui nombreux à être tentés par le voyage.

Où se loger et se restaurer

A Hadibu, le chef-lieu de l'île, une seule pension vous accueillait. Le camping était l'unique autre solution.

En 1998, cependant, le gouvernement annonça la mise en place d'un grand projet de développement touristique sur l'île, dont la construction de cinq hôtels de luxe avec l'aide d'un entrepreneur égyptien. A la parution de cet ouvrage, ce projet devrait s'être quelque peu matérialisé.

Pour vous restaurer, attendez-vous à payer deux fois plus cher que sur le continent, en raison du manque d'approvisionnement. Vous trouverez des restaurants uniquement à Hadibu. Dans les autres villages, vous devrez partager la nourriture des habitants. N'essayez pas de marchander, cela serait malvenu. La spécialité de l'île est le *rawba*, du lait écrémé devenu aigre dans des outres en peau de bouc. Un autre met apprécié dans la région montagneuse de Haghir est la panse de brebis cuisinée avec son contenu non digéré…

Comment s'y rendre

Avion. Vous pouvez atteindre Suqutra par avion ou par bateau. La compagnie aérienne Yemenia organise deux vols hebdomadaires depuis al-Mukalla, si les conditions météorologiques le permettent, et un vol par semaine depuis Sanaa. Pendant la saison des vents, de mai à septembre, il est impossible d'atterrir sur l'île et les vols réguliers sont suspendus. Un avion de l'armée transporte parfois des passagers, lorsqu'ils sont bloqués sur l'île, ce qui n'est pas improbable étant donné le nombre de vols annulés.

Bateau. Tout au long de l'année, des cargos et des sambuq font le trajet entre al-Mukalla et Suqutra, ainsi que depuis de petits ports situés sur la côte sud du Yémen, mais moins régulièrement. Durant la saison des vents, un ou deux bateaux par mois seulement assurent la liaison mais ils ne prennent pas de passagers. Les prix varient énormément : certains sambuq pourront vous emmener gratuitement, par simple curiosité, tandis que d'autres pourront exiger jusqu'à 100 $US. Si vous souhaitez louer un yacht, vous devrez compter au minimum 1 000 $US.

Comment circuler

Les déplacements en voiture sont un luxe, du fait de l'absence de route goudronnée. L'essence doit être acheminée par bateau depuis le continent et l'île ne comprend aucune station-service. Une balade en voiture peut s'avérer très coûteuse. Et, selon la quantité d'essence disponible, vous risquez de devoir négocier. De toute façon, la plupart des visiteurs viennent ici pour faire des randonnées pédestres ou pour camper.

Lahej

Les deux provinces du sud les plus occidentales, Lahej (*laHij*) et Abyan, occupent la zone comprise entre l'ancienne frontière de la RAY et le golfe d'Aden. Ce sont les plus fertiles de la région sud et les seuls possédant des montagnes suffisamment élevées pour la culture du *qat*. Plusieurs wadi descendent des montagnes du Nord. Le plus important, le Wadi Bana, forme la frontière entre le Lahej et l'Abyan.

Coincé entre les puissantes villes de Taez et d'Aden, la province de Lahej souffre depuis des années du peu d'intérêt que lui portent les autorités. L'unification de 1990 plaça les pouvoirs locaux sous la tutelle de Sanaa, sans rien changer pour autant. Au cours de la guerre de 1994, les armées du Nord, pressées d'arriver à Aden, traversèrent le Lahej.

Si vous empruntez la route de Taez à Aden, vous descendrez des montagnes et suivrez le plaisant wadi Tuban. A environ 75 km de Taez, le petit village de Kirsh servait autrefois de poste frontière entre la RAY et la RDPY, à l'époque des deux Yémen. En venant de Sanaa, vous pouvez passer par Qa'taba, ad-Dala' et al-Habilayn avant de rejoindre la route Taez-Aden. Vous traverserez alors le village de Nawbat Dukaym, à 70 km d'Aden. Ces routes sont les seules goudronnées du gouvernorat.

A l'ouest, Lahej est une région composée de plateaux sablonneux, entrecoupés de wadi verdoyants qui recueillent l'eau des montagnes au sud de Taez. Les petits bourgs, ainsi que les quelques villages éparpillés le long de la côte, vivent essentiellement de la pêche. Rares sont les voyageurs qui s'aventurent dans cette région car elle ne présente aucun intérêt touristique. Une fois là-bas, vous ne pourrez pas aller plus loin. La pointe sud-ouest du pays est, en effet, interdite d'accès en raison du statut stratégique militaire du détroit de Bab al-Mandab et seules quelques pistes à 4x4 mènent à la province de Taez.

En bref

Renseignements pratiques

Code téléphonique régional : 02
Population : 633 000 habitants
Capitale : Lehej al-Hawta
(19 000 habitants)

A ne pas manquer

- Le site archéologique de Sabir

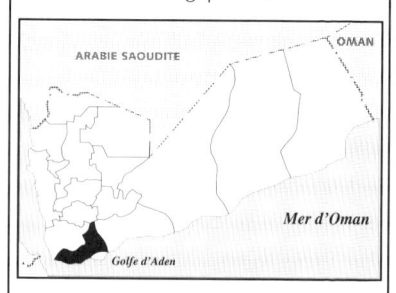

LAHEJ

Lahej, la capitale de la province, se trouve à 45 km au nord d'Aden. Son nouveau nom officiel est al-Hawta (*al-Hūta*). Située au cœur d'une région agricole très productive, elle est peuplée de 19 000 habitants. Le marché qui borde la route, au centre de la ville, est très animé le matin.

Avant la révolution de 1967, le sultan Abdali de Lahej, l'un des plus puissants du Yémen du Sud, habitait le **palais** qui borde la station de taxis à l'est. L'édifice a ensuite été transformé en école d'agriculture, puis en banque. Il mérite une visite malgré son aspect endommagé dû à trente années de négligence. Les colonnes de marbre noir flanquant l'entrée principale sont les derniers vestiges de sa splendeur passée. Dans le jardin, le tracé des allées bordées de colonnes de marbre blanc s'est estompé et la fontaine est brisée.

A 200 m à l'est, après le palais, la **mosquée ash-Sha'b** est aussi remarquable.

A quelques kilomètres au sud de la ville, le site archéologique de **Sabir** indique l'existence d'un village important entre 1 400 et 800 av. J.-C. Des archéologues allemands et russes ont mis au jour des poteries de style Éthiopien-Érythréen, très différent de l'art d'influence sud-arabique prévalant jusqu'alors dans la région. La partie sud du site fut malheureusement recouverte par des constructions modernes ; pire, en 1994, des mines terrestres furent enfouies sur une grande partie de la ville antique.

Où se loger et se restaurer
Il est inutile de rechercher des *lukanda* bon marché à Lahej car Aden, avec sa profusion d'hôtels, n'est qu'à une heure de route.

Plusieurs salons de thé et des petits *restaurants* se trouvent dans le quartier autour de la gare centrale de minibus.

Comment s'y rendre
De Sheikh Othman, les minibus qui partent de la station à courtes destinations vous conduiront à Lahej pour 40 RY. Notez que, dans le Sud, Lahej se prononce Laheg (avec un g dur). Si vous ne parvenez pas à vous faire comprendre pour trouver le bus en partance, demandez al-Hawta.

Dans le cas où vous veniez du Nord par le bus ou le taxi, vous pouvez descendre à Lahej, y passer une heure ou deux et reprendre l'un des nombreux minibus.

Vers le Nord, seuls des taxis à courtes destinations sont disponibles. Il est plus facile d'aller à Taez ou à Sanaa depuis Aden.

AL-HABILAYN
Dans les années 50 et 60, cette petite ville fut le théâtre de la résistance armée d'une piste d'atterrissage construite par la RAF (Royal Air Force). La guerre d'indépendance contre les Britanniques débuta dans la région de Radfan, plus tard baptisée Djebel Radfan, à moins de 20 km au sud-est d'al-Habilayn. Le minuscule musée militaire,

---

Alerte aux mines terrestres

Les habitants des provinces de Lahej et d'Abyan souffrent encore aujourd'hui des mines terrestres posées par les séparatistes durant la guerre de 1994. La région la plus touchée est la zone tampon, située au nord d'Aden, mais d'autres villes et passages stratégiques sont également concernés.

A la fin de la guerre, les troupes du Sud laissèrent les cartes indiquant l'emplacement des mines. En un an, près de 40% des zones concernées furent déminées. Le gouvernement yéménite fit appel à des experts américains, au grand désarroi des extrémistes islamiques et gauchistes. Après ce succès, les déminages se ralentirent et, au moment de la rédaction de ce guide, ce chiffre avait seulement atteint 60%.

Il est cependant peu probable que des voyageurs soient blessés. La conduite imprudente hors piste n'est pas chose facile au Yémen car les voitures de location sont conduites par un chauffeur qui connaît parfaitement la région.

Les mines terrestres présentent également un danger dans les environs d'al-Mukalla (en raison de la guerre de 1994) et dans des endroits isolés de la province de Dhamar (un héritage des conflits tribaux dans les années 70).

---

construit à la gloire du régime de la RDPY, fut fermé après la guerre de 1994. Aujourd'hui, les voyageurs ne s'y arrêtent que rarement.

AD-DALA'
Ad-Dala' (*ad-dala*) se situe à 96 km d'Aden, à la pointe nord de la province, et à proximité de la ville de Qa'taba (province d'Ibb). Du fait de sa position frontalière, la ville d'ad-Dala' connut bon nombre d'incidents : entre les Britanniques et les Turcs durant la Première Guerre mondiale,

entre les Britanniques et l'imamat dans les années 50, et entre la RDPY et la RAY dans les années 70 et 80.

Du fait de son altitude et de son cadre montagneux, elle était l'une des destinations touristiques les plus prisées de l'ancienne RDPY, pauvre en reliefs. Cependant, la ville soutient difficilement la comparaison avec les villages de montagne du Yémen du Nord. Visitez-la de préférence un jeudi, jour de marché.

L'émir Amir Sha'fal résidait à ad-Dala' avant la révolution de 1967 ; il possédait les trois maisons-tours situées au sommet de la montagne qui se dresse au milieu de la vieille ville. L'une des maisons fut convertie en **musée** : elle abritait des reliques du passé et des objets dédiés à la révolution de 1967. Saccagé par les troupes du nord durant la guerre de 1994, ce musée ne mérite aucun détour particulier (il est fermé le vendredi).

Les maisons européennes du nord de la nouvelle ville servirent de **résidences d'été** aux familles des officiers britanniques cantonnés à Aden.

Où se loger et se restaurer

Vous trouverez un *lukanda* très simple et quelques petits *restaurants* sur la route principale. La ville la plus proche proposant un choix décent d'hôtels et de restaurants est Hammam Damt.

Comment s'y rendre

De rares taxis relient ad-Dala' à Qa'taba (20 km, 50 RY) au nord et à al-Habilayn (37 km, 100 RY) au sud. Avec un peu de chance, on vous conduira directement à Hammam Damt (69 km, 100 RY) ou à Yarim, ou encore à Lahej ou Aden au sud.

LES ENVIRONS D'AD-DALA'

Vous parcourrez les 24 km qui séparent **Dubayyat** d'ad-Dala' sur des routes en très mauvais état. La mosquée, construite au XIIIe siècle ou au XVe siècle selon les habitants, est l'une des plus anciennes de la région. Elle fut construite par la famille al-'Afif, qui émigra de Hadramaout à Dubayyat. Vous pourrez également découvrir un modeste palais, construit en brique et en pierre par leurs descendants.

Abyan

La province d'Abyan, au nord-est d'Aden, voisine le gouvernorat d'al-Bayda au nord, ceux de Lahej et d'Aden à l'ouest et celui du Shabwa à l'est.

Si elle dispose d'un riche héritage culturel – les spectacles de danses et de musiques de l'Abyan sont souvent donnés dans toutes les régions –, cette région possède peu de sites susceptibles de retenir l'attention du voyageur. L'architecture est variée : vous verrez des huttes en feuilles de palmiers *(muhannad)*, sur la côte, et des maisons-tours en pierre, en montagne – certaines, comme à Yafi', portent des *tasharif* (crêtes) étonnamment exagérées sur les *masnah* (parapets des toits).

Abyan a joué un rôle prépondérant dans l'histoire du Yémen. Les guerriers de ses tribus avaient la réputation d'être courageux et téméraires ; Qu'aytis, une tribu de Yafi', fonda à Hadramaout, au XVIe siècle, le puissant sultanat de Qu'ayti ; de nombreux révolutionnaires des anciennes RDPY et RAY en sont originaires.

Cet esprit combattant et révolutionnaire est toujours vivant : les funestes enlèvements dont furent victimes des touristes en décembre 1998 furent perpétrés dans cette région par l'Aden-Abyan Islamic Army, un groupe fort de 200 membres. Une grande partie des combats de 1994 avaient été livrés sur le sol d'Abyan. Des mines terrestres subsistent de ces années de guerre et l'infrastructure touristique est en triste état. Pour toutes ces raisons, l'Abyan n'est pas un endroit très sûr pour le voyageur occidental.

ORIENTATION

L'Abyan est traversé par bon nombre de routes. L'une, asphaltée, a été construite par les Chinois, et va d'Aden à al-Mukalla ; une autre relie al-'Ayn à al-Bayda. En voyageant vers l'est depuis Aden, vous traverserez Zinjibar ; de cette ville, une route mène à al-Ja'ar, autrefois capitale du Bas Yafi'. Le cœur de la province est desservi par un réseau de routes et de pistes. Le plus facile

En bref

Renseignements pratiques
Code téléphonique régional : 02
Population : 416 000 habitants
Capitale : Zinjibar (16 000 habitants)

A ne pas manquer
• La route entre Lawdar et Mukayras

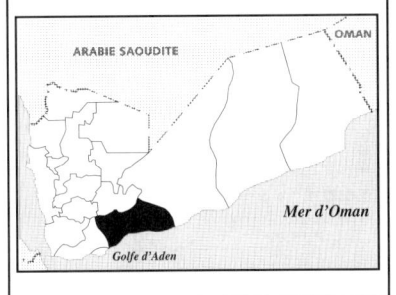

pour se rendre à Yafi' al-'Ulya, au nord-ouest, est d'emprunter la route depuis al-Habilayn, à Lahej, en direction d'al-Bayda.

Plus à l'est, vous arriverez au village de pêcheurs de Shuqra, ancienne capitale du sultanat de Fadhli. Au-delà, la route de la côte se dégrade et la circulation se raréfie. La voie principale oblique vers l'intérieur des terres en direction du nord-est et traverse une région de champs de lave et de montagnes désertiques. A al-'Ayn, elle prend la direction du nord-ouest : dans un cadre verdoyant, elle relie Lawdar, puis Mukayras et le gouvernorat d'al-Bayda. Plus à l'est, elle croise Mudiya et al-Mahfid avant d'entrer dans la province de Shabwa.

ZINJIBAR

En faisant route vers l'est, depuis Aden, vous traverserez nécessairement la capitale de l'Abyan, Zinjibar – également connue sous le nom d'Abyan. Située à quelques kilomètres à l'intérieur des terres, elle devint un centre économique à partir des années 40, lorsque les Britanniques créèrent le Abyan Development Board. Cependant, au cours des années 80 et au début des années 90, Zinjibar fut délaissée et, aujourd'hui, elle ne connaît qu'un semblant de reprise économique. En parcourant les rues poussiéreuses de la ville, vous vous apercevrez rapidement qu'elle ne mérite pas une longue halte.

Musée
Le minuscule **Mathaf Zinjibar** se situe dans une petite maison sur la place centrale. Ses modestes collections furent pillées pendant la guerre de 1994. Il est ouvert le matin, uniquement sur demande (fermé le vendredi). L'entrée coûte 30 RY et un pourboire est apprécié.

Comment s'y rendre
Les taxis collectifs font la navette entre Sheikh Othman, à Aden, et Zinjibar tout au long de la journée (150 RY, 1 heure, 62 km). Depuis Zinjibar, vous pourrez prendre un taxi pour Ja'ar, à 13 km à l'intérieur des terres, ou Shuqra, à 53 km plus à l'est.

MUKAYRAS
Depuis al-'Ayn, vous pouvez visiter Mukayras (*mukayrās*), sur le versant du djebel Thira, à 43 km d'al-'Ayn et à 21 km d'al-Bayda. Ce bourg de montagne, authentiquement yéménite, jouit d'un climat très agréable grâce à son altitude supérieure à 2 000 m : c'est la ville la plus haute du Yémen du Sud. Le sultan d'Awdhali y avait un château, ainsi qu'une résidence d'hiver à 2 km à l'ouest de Lawdar. Les vergers de Mukayras produisent des pêches ; autrefois très renommées dans la région, elles le sont beaucoup moins aujourd'hui en raison de l'ouverture de la frontière Nord. Le marché se tient toutes les semaines le mardi.

Avant l'unification, Lawdar était un site touristique majeur de la RDPY, d'où la présence d'un petit hôtel. De nos jours, il n'est plus qu'un village de montagne parmi tant d'autres (al-Bayda accueille plus convenablement les visiteurs), mais la route d'accès par le col de Naqil Thira (2 250 m) offre un splendide panorama.

UMM 'ADI
A une dizaine de kilomètres au nord-est de Mukayras, s'étendent les ruines d'Umm 'Adi, ancienne ville importante du royaume d'Awsan, située sur la route reliant Timna' (pour plus de renseignements, consultez le chapitre *Shabwa*) à la côte, probablement Aden. Cette ville servit par la suite le royaume de Qataban.

Ces ruines ne sont plus que des gravats, vous trouverez néanmoins quelques pierres portant des inscriptions pré-islamiques, des citernes, des rues pavées et les restes de l'enceinte de la ville, qui comptait autrefois cinq portes.

Ces vestiges pourtant intéressants ne sont pas un site majeur et un guide local devra vous aider à le trouver. Tentez votre chance à la station de taxi. La route est très mauvaise et la location d'un véhicule privé revient à près de 3 500 RY.

Shabwa

La province de Shabwa s'étend de la côte à la frontière non délimitée avec l'Arabie Saoudite, dans l'ar-Ruba' al-Khali (le quart vide). Le Shabwa est bordé à l'ouest par les provinces de l'Abyan, de Bayda et de Marib et, à l'est, par celle du Hadramaout.

De nombreuses curiosités attendent les touristes à Shabwa, qui est décrite comme la province des musées (sites archéologiques inclus). Au nord, sur les hauteurs du Wadi Hadramaout, s'étendaient les grands royaumes qui prospérèrent le long de la route de l'Encens. Les capitales anciennes, Shabwa et Timna', constituent d'importants sites archéologiques. Qana, sur la côte sud, près du village de pêcheurs de Bir 'Ali, était un caravansérail important.

La route d'Aden à al-Mukalla, construite par les Chinois dans les années 70, s'éloigne de la côte sur la majeure partie de son parcours dans la province. Elle traverse les contreforts des monts côtiers à une altitude inférieure à 1 000 m et dessert de nombreuses bourgades construites sur les rives des wadi. Elle rejoint la côte juste avant Bir 'Ali. Depuis an-Nuqba, avant Habban, une voie bifurque vers Marib, via 'Ataq et Bayhan. Aucune grande route ne longe les ruines de Shabwa et vous devrez donc faire un détour pour les visiter.

Malheureusement, la partie septentrionale de ce gouvernorat est l'une des régions les moins sûres du pays. Vous rencontrez donc parfois quelques difficultés pour visiter certains sites. Les policiers vous diront que "Shabwa est le pays des Bédouins", une phrase conforme à l'image que les Yéménites se font des "hommes du désert " : des gens méconnus et belliqueux. Il est vrai que des accrochages entre tribus locales sont signalés régulièrement depuis une vingtaine d'années. Au cours de la guerre de 1994, d'importantes batailles furent livrées dans la région et, d'après les observations des employés des compagnies pétrolières occidentales, elles se donnaient

En bref

Renseignements pratiques
Code téléphonique régional : 05
Population : 376 000 habitants
Capitale : 'Ataq (21 000 habitants)

A ne pas manquer
- Les sites de Habban et d'Azan.
- Les ruines de Shabwa, Timna', Qana et Mayfa'a.

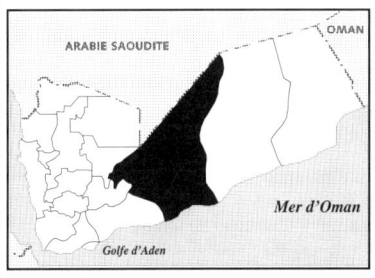

à l'aide d'armement lourd comme les tanks. Pour les femmes qui voyagent seules, l'accès à certains sites ou à la région tout entière sera difficile. Il est préférable, pour d'évidentes raisons de sécurité, de passer la nuit à Habban.

HABBAN

A 340 km d'Aden, après le carrefour vers 'Ataq, apparaît la petite ville de Habban. Elle était autrefois célèbre pour sa communauté juive qui, en quittant le pays, emporta avec elle la connaissance du travail de l'argent dont elle avait fait sa spécialité.

Habban, comme d'autres villages environnants, offre un spectacle impressionnant en raison de sa situation sur les bords du Wadi Habban que surplombent de majestueuses montagnes tabulaires. Au fil des millénaires, le cours du wadi s'est enfoncé dans la roche crayeuse. Le cadre fait penser aux paysages du Wadi Hadramaout.

S'ils acceptent les visiteurs, les habitants de Habban n'apprécient guère les étrangers. Évitez de vous promener seul la nuit.

A voir

L'habitat, construit en briques crues alors que la pierre est abondante dans la région, mérite une attention particulière. Comme dans le sud-ouest du Hadramaout, les maisons du Wadi Habban se distinguent par des pics fortement saillants aux angles des toits. Ils sont souvent peints en blanc à la craie et leur forme est issue d'une tradition ancestrale. Un portail en forme de flèche (*'akf*, arche), surplombe l'entrée et ses décorations donnent également aux habitations un aspect bien particulier, comme dans le Wadi Mayfa'a et le Wadi Yashbum.

Hautes de quatre à cinq étages, les maisons récentes, construites en brique crue, sont plus vastes qu'ailleurs au Yémen. Le style des fenêtres est tout aussi particulier, même si le châssis des fenêtres en bois sculpté (*khalfa*) est identique à celui du Wadi Hadramaout. Certaines maisons sont recouvertes de plâtre gris (*qatat*), une variante plus coûteuse, et donc plus prestigieuse, que la matière brune courante. Vous noterez également la fantaisie des décors astucieusement colorés des toits. Ce style se rencontre d'al-Mahfid, dans l'Abyan, jusqu'à 'Azan.

A l'extérieur du village, derrière le Habban Tourist Hotel, un centre artisanal a été créé à l'attention des visiteurs.

Où se loger et se restaurer

Construit à la fin des années 90 sur la route principale, à flanc de montagne, le ***Habban Tourist Hotel*** (☎ *202730*) offre à ses résidents une vue imprenable sur la ville. Les doubles avec s.d.b. coûtent 1 600 RY. Dans le même bâtiment, se trouve le ***Habban Tourist Restaurant***, propose des plats à partir de 100 RY.

'AZAN

'Azan (*'azān*) est situé à l'est de Habban, à 390 km d'Aden. Si la ville moderne n'est pas très attrayante, les vieux quartiers valent vraiment le détour. A une centaine de mètres, à pied, du nouveau centre, vous découvrirez des maisons-tours traditionnelles. Le Wadi Mayfa'a se faufile entre de vertigineux escarpements et arrose les plantations de palmiers.

'Azan ne compte aucun hôtel touristique. La ***Lukanda al-Liwa' al-Akhdar***, avec ses énormes dortoirs très bruyants, propose des chambres avec matelas à même le sol, sans-drap, pour 500 RY, mais vous pourrez probablement marchander. Les s.d.b. communes sont dotées de douches froides sur demande.

Plusieurs restaurants longent la route principale. Choisissez celui qui compte le plus de clients.

NAQB AL-HAJAR

Non loin de 'Azan, se trouvent les ruines de Mayfa'a, antique capitale du bas Hadramaout et étape importante sur la route de l'Encens, entre Qana et Saba. Elle connut son heure de gloire au cours des trois siècles précédant notre ère. Elle se distingue par l'actuel village de Mayfa'a, un chef-lieu de district créé par les Britanniques à la fin des années 50, à 15 km à l'est de 'Azan.

Les ruines de Mayfa'a, qui portent aujourd'hui le nom de Naqb al-Hajar, valent le détour, malgré leur aspect délabré. Elles sont situées sur les hauteurs à l'ouest du wadi. Le mur d'enceinte de l'ancienne ville est le seul toujours debout et sur la porte sud, vous pouvez encore distinguer quelques inscriptions.

Depuis 'Azan, vous pouvez rejoindre Mayfa'a, situé sur la route principale, en taxi (100 RY) ou louer un 4x4 directement jusqu'aux ruines pour 1 000 RY. En quittant 'Azan vers la côte, arrêtez-vous au troisième village, après environ 4 km. Lorsque vous arrivez à la mosquée moderne rectangulaire à gauche de la route, regardez sur votre droite au-dessus du village et vous apercevrez Naqb al-Hajar sur une colline au milieu du wadi. C'est à une demi-heure de marche de la route principale.

BIR 'ALI

Ce village de pêcheurs, sur la côte du golfe d'Aden, est le dernier du Shabwa avant que la route ne pénètre dans le Hadramaout. Le nouvel oléoduc venant des champs pétrolifères du Shabwa termine sa course au petit port pétrolier.

Un fort sentiment historique anime ce village. A proximité se trouvent l'antique ville de Qana, principale étape sur la route de l'Encens, et la colline volcanique appelée Husn al-Ghurab (forteresse du corbeau), volcan. L'un des édifices les mieux conservés est un temple du Ier siècle avant notre ère. L'escalade du Husn al-Ghurab est agréable et permet de découvrir des inscriptions himyarites.

La géologie des environs de Bir 'Ali est aussi spectaculaire que ses ruines. Des roches volcaniques noires s'étendent à perte de vue dans toutes les directions, contrastant vivement avec le sable blanc de Bir 'Ali – une pure merveille !

Où se loger et se restaurer

Rien n'est prévu pour passer la nuit à Bir 'Ali mais vous pourrez dormir sur la plage, près de Husn al-Ghurab. Si vous ne devez camper qu'une seule fois lors de votre séjour au Yémen, faites-le ici : outre la beauté du site, un magnifique ciel étoilé vous attend. Vous ne trouverez pas non plus de restaurants et les quelques magasins à Bir 'Ali ne sont pas très bien approvisionnés. Pensez donc à emporter de la nourriture en conséquence.

Comment s'y rendre

Si vous n'avez pas de véhicule, vous pouvez vous rendre à Bir 'Ali, depuis Aden, Habban ou 'Azan, en taxi collectif. Si vous devez faire du stop, vérifiez convenablement avant votre départ les conditions de sécurité. La course depuis al-Mukalla coûte 300 RY et 400 RY depuis Habban. Si vous souhaitez vous rendre à Husn al-Ghurab, traversez Bir 'Ali, puis dirigez-vous vers l'ouest de la montagne. Vous découvrirez une baie peu profonde, derrière les buissons entre Husn et la route. Vous devrez suivre la piste pour y arriver.

'ATAQ

Le paysage des environs de 'Ataq, la capitale du gouvernorat de Shabwa, est beaucoup plus intéressant que la ville elle-même. Celle-ci est divisée entre la ville nouvelle, située à l'est, et la vieille ville, à l'ouest – elle n'a de "vieille" que le nom. La plupart des maisons furent construites pendant le choc pétrolier et une piste d'atterrissage longe les deux rues principales de la ville.

A voir

Le **palais de Ba Jammal**, en brique crue, est sans doute le seul véritable attrait de cette ville. Il fut autrefois la résidence du cheikh du haut Awlaqi.

Le **Mathaf 'Ataq**, également connu sous le nom de Musée de Shabwa, est un musée archéologique situé dans une petite maison au nord de la ville. Il présente des objets découverts à Shabwa, Bir 'Ali, Naqb al-Hajar, dans les Wadi Markha et Dura. Les plus belles trouvailles, dont une momie, se trouvent dans une pièce séparée, fermée à clé. Il existe également une petite section ethnographique et une exposition de photographies de l'époque coloniale britannique. Les légendes, insuffisantes, sont en arabe, en russe ou en français, mais le personnel est très serviable et le directeur bien informé. Il n'y a pas de prix d'entrée mais les gardes vous demanderont un bakchich. Les 50 RY, prix standard de la plupart des musées yéménites, ne leur suffiront probablement pas. Le musée est ouvert sur demande le matin seulement. Si vous arrivez l'après-midi, demandez au personnel de votre hôtel d'organiser une visite pour le lendemain matin.

Où se loger et se restaurer

Le *Gulf Hotel* (*☎ 202011, fax 202145*) est fréquenté par les employés des compagnies pétrolières et dispose de doubles très propres avec s.d.b. et clim. pour 1 800 RY. Il est également doté d'un modeste restaurant. Dans le vieux centre-ville, vous trouverez au *22 Mayo Hotel* (*☎ 203142, fax 203191*) des doubles à un-drap, spacieuses mais sombres, avec s.d.b., à 1 430 RY.

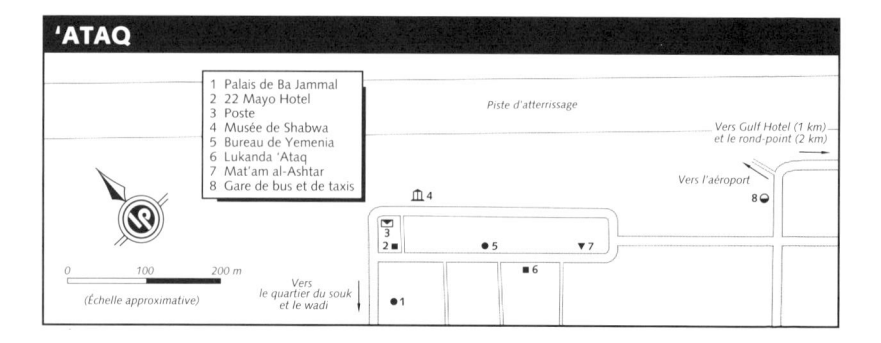

'ATAQ

1. Palais de Ba Jammal
2. 22 Mayo Hotel
3. Poste
4. Musée de Shabwa
5. Bureau de Yemenia
6. Lukanda 'Ataq
7. Mat'am al-Ashtar
8. Gare de bus et de taxis

Vous découvrirez de bons restaurants dans la vieille ville, en particulier le *Mat'am al-Ashtar*, dans la partie est. L'enseigne est en arabe mais vous le reconnaîtrez facilement grâce à l'immense fresque d'un billet de 50 riyals dessinée sur les murs intérieurs. Il propose un excellent poisson frit pour deux personnes à 300 RY, accompagné de pain, de *Shamlan* (eau minérale) et de thé.

Comment s'y rendre

La ville est desservie directement depuis Aden en bus (450 RY) ou en taxi (800 RY), et depuis al-Mukalla en taxi (800 RY). Les gares se trouvent à proximité de la place centrale. Présentez-vous de bonne heure. Depuis Habban, des taxis collectifs vous emmènent à 'Ataq pour 100 RY par personne, mais les départs sont irréguliers. Il est préférable d'aller à an-Nuqba et, de là, attendre un bus ou un taxi.

Si vous venez de Bayhan, le trajet de 214 km vous coûtera 500 RY en taxi collectif. Aucun bus ne circule sur cette route.

Si vous avez loué un véhicule, prenez la route qui traverse as-Sa'id, l'ancienne capitale du territoire du cheikh, plutôt que la route asphaltée qui relie an-Nuqba à 'Ataq. Elle vous fera découvrir les pittoresques maisons du Wadi Yashbum.

Comment circuler

Des minibus effectuent fréquemment la liaison entre le rond-point situé à l'est de la ville et la station de taxi centrale dans la vieille ville, pour 10 RY par personne.

BAYHAN

Avant l'unification, l'extrême ouest du gouvernorat de Shabwa – dont fait partie Bayhan (*bayHān*) – était une anomalie cartographique. Dans une région où aucune frontière n'avait été tracée entre la RAY et la RDPY, Bayhan appartenait à la RDPY aussi certainement qu'al-Bayda, au sud, à la RAY. Le pétrole, découvert à la fin des années 80, aurait contraint les deux pays à fixer leur frontière s'ils n'avaient décidé, en 1990, de faire disparaître les barils vides qui signalaient la ligne temporaire de démarcation.

Plusieurs sites antiques, aux alentours de Bayhan, valent la peine d'être visités. En 1950 et 1951, des fouilles approfondies furent conduites par l'archéologue américain Wendell Phillips. Des archéologues russes prirent le relais dans les années 80.

Pour des raisons de sécurité, aucun touriste n'est autorisé à visiter cette région sans escorte. En 1998, il fallait se faire enregistrer auprès de la police locale, où l'on vous affectait un soldat pour 1 000 RY par jour (incluant la nourriture et le *qat*). En outre, un garde, désigné à Marib ou 'Ataq, vous accompagnait pour entrer ou quitter la ville et son voyage aller-retour en taxi vous incombait.

Si vous ne comptez pas passer la nuit, arrivez de bonne heure et prévoyez de quitter la ville tôt dans l'après-midi.

A voir

Le **Mathaf Bayhan** est un musée modeste, assez semblable à celui de 'Ataq. Il est installé dans une petite maison avec un jardin, sur la route principale, à près de 100 m de Funduq Kuwakib, en direction de 'Ataq.

Timna' (parfois écrit "Tamanou") est aussi connue sous le nom de Hajjar Kuhlan. Cette ancienne capitale du royaume Qa'taban – à ne pas confondre avec la ville actuelle de Qa'taba – est la cité antique la plus connue d'Arabie du Sud. Elle fut découverte en 1895 par le chercheur autrichien Eduard Glaser. Ce n'est qu'au début des années 50 que des fouilles approfondies furent menées par l'archéologue américain Wendell Phillips.

Timna' aurait été fondée par les Sabéens vers 400 av. J.-C. et, apparemment, sa puissance s'accroît lorsque s'affaiblit le royaume de Saba. Certains avancent des dates de fondation encore plus anciennes : les brochures officielles font remonter les ruines à 4 000 ans avant notre ère ! Le royaume du Qa'taban se maintint pendant 500 ans avant d'être détruit par celui du Hadramaout en l'an 100. Sur la route de l'Encens, Timna' est à mi-chemin entre Shabwa et Marib. Ces trois villes, capitales de royaumes rivaux, étaient étonnamment proches.

Le site consiste en 21 ha de ruines, comprenant des vestiges de temples, de maisons et des fortifications. Malheureusement, les dunes ont peu à peu recouvert

La naissance de l'archéologie au Yémen

L'histoire de l'archéologie au Yémen débuta au Xe siècle de notre ère, lorsque l'historien yéménite al-Hamdani découvrit des inscriptions sur des sites antiques.

En 1810, le chercheur allemand Ulrich Seetzen se rendit à Dhafar, dans le nord du pays, et releva cinq inscriptions qu'il envoya en Europe, avant d'être assassiné. En 1834 et 1835, le lieutenant Wellstedt, explorateur britannique, parcourut le littoral sud du Yémen à bord du Palinarsus. Il étudia les inscriptions découvertes dans les ruines de Husn al-Ghurab et de Naqb al-Hajar, dans l'actuelle province de Shabwa, et que le philologiste allemand FHW Gesenius déchiffra en 1841 (voir à ce sujet l'encadré *L'écriture sabéenne* dans le chapitre *Marib*).

Lorsque le français J.T. Arnaud visita les temples et la Grande digue de Marib en 1843, il nota des inscriptions et fit un plan du barrage et des canaux d'irrigation.

Puis, en 1928, les archéologues allemands C. Rathjens et H. von Wissman firent une importante découverte : ils mirent au jour un temple sabéen et plusieurs objets qu'ils décrivirent dans un article intitulé "Dans le royaume de la reine de Sheba", publié dans le *Illustrated London News*.

Lord Belhaven fut le premier à mener des recherches sur le site de Shabwa. Ses découvertes furent publiées en 1942 dans le *Geographical Journal*. En 1944, les résultats des fouilles menées à al-Hurayda par G. Caton-Thompson furent publiés dans la revue *Society of Antiquaries*. Cette étude scientifique très approfondie prouva l'existence d'habitations à l'époque du paléolithique et permit de découvrir le petit temple du Dieu de la Lune, Sin.

Les expéditions américaines menées par W. Phillips en 1950 et 1952 anéantirent les idées selon lesquelles l'écriture sabéenne fut inventée aux environs de 500 av. J.-C., mais plutôt vers la fin du second millénaire av. J.-C.

Depuis les travaux de Phillips, les projets d'études archéologiques se multiplient, et de nouvelles découvertes, parfois controversées, bousculent chaque année les théories devenues obsolètes.

ce que les archéologues avaient mis à jour. Vous pouviez autrefois découvrir des inscriptions qa'tabaniennes ; bon nombre d'entre elles ont été volées et les pierres parfois brisées. Le fameux obélisque de 10 m de haut aurait été volontairement enseveli pour qu'il ne soit pas dérobé.

Sur le djebel Aqil, à 1,5 km au nord de Timna', s'étend le **cimetière** de Timna'. Une grande **citerne** se trouve sur le Djebel an-Nasr, à l'ouest. Les ruines de **Hajr bin Hamid**, autre site historique, sont situées à mi-chemin entre Bayhan et Timna'.

A Nuqub, ne manquez pas le **palais** de l'ancien émir de Bayhan, une splendide construction aux influences coloniale et extrême-orientale. Vous découvrirez à chaque angle un *nawba* de style yéménite. Malheureusement, le palais n'a pas été entretenu depuis trente ans et se trouve donc aujourd'hui en piteux état.

Où se loger et se restaurer

Les deux seuls hôtels de la ville, le ***Funduq Thimna*** et le ***Funduq al-Kuwakib***, portent des enseignes en arabe. Le second, très propre, propose quelques chambres avec matelas sur le sol ou sur des lits (avec deux draps !), des s.d.b. communes et un dortoir *mada'a*. La chambre avec trois matelas coûte 1 200 RY la nuit, et le dortoir, 350 RY par personne.

Les restaurants de la ville, situés non loin du Funduq Thimna, ne sont pas de très

Les arts antiques du Yémen

Les découvertes archéologiques ont permis d'établir que deux courants parallèles ont coexisté dans l'art yéménite pendant des millénaires : l'un originel, l'autre mêlant des styles et des motifs d'importation. Ces deux facettes apparaissent clairement dans les formes d'expression artistique les mieux préservées : la sculpture et les monnaies.

L'art traditionnel est d'inspiration religieuse. Il a produit d'innombrables œuvres sculptées qui montrent l'originalité de leurs dieux. Ainsi, Shams, la divinité du soleil, était une déesse au sud, alors que les peuples sémites du nord en faisaient invariablement un dieu masculin. En revanche, Athtar, la divinité de l'amour, était masculine au sud de l'Arabie et féminine dans la plupart des autres civilisations sémitiques.

Les inscriptions laissent entendre que les statues de dieux étaient en or et en argent. Seul un très petit nombre d'entre elles ont traversé les âges. Avec la disparition des royaumes et l'arrivée de l'islam, elles ont été fondues et leurs matériaux employés à d'autres usages. Les pièces en bronze et en albâtre ont survécu en plus grand nombre et celles en pierre sont très répandues. La frise d'ibex revient fréquemment dans la décoration des temples du Sud, de même que les taureaux (symboles du dieu de la lune, Sin), les ours, les aigles et les serpents.

L'apparition des pièces de monnaie, l'une des premières manifestations de l'art profane, est liée au commerce. On pense que des contacts avec les cultures méditerranéennes s'établirent vers 1 200 av. J.-C., mais les monnaies les plus anciennes du monde antique remontent au VIIe siècle. Pendant plusieurs siècles, avant et après J.-C., le tétradrachme athénien en argent a constitué la principale monnaie d'échange. On en trouve la trace dès le Ve siècle av. J.-C. en Arabie du Sud. Des imitations de cette monnaie furent bientôt frappées : elles étaient de poids et de matière identiques, mais portaient un texte et un décor d'émanation locale de plus en plus marquée. Au cours des siècles, plusieurs monnaies étrangères sont entrées au Yémen et ont servi d'argent local.

bonne qualité. Les plats sans viande valent 100 RY, ceux avec de la viande bouillie, 200 RY.

Comment s'y rendre

Bayhan se trouve à 214 km au nord-ouest de 'Ataq. Si vous venez de 'Ataq en taxi collectif (500 RY la place) et si vous souhaitez voir Timna', il vous faut descendre à la petite ville de Nuqub, à 188 km de 'Ataq et à 26 km au nord-ouest de Bayhan. A Nuqub, vous devriez pouvoir louer une voiture pour Timna' (à 5 km vers le nord) ou les services d'un guide, à un prix négociable (3 000 RY est une bonne offre de départ). Vérifiez que les nombreux sites de la région sont inclus dans l'offre avant d'accepter.

Une place dans un taxi collectif allant de Nuqub à Bayhan vous coûtera 100 RY ; si aucun autre passager ne se présente, vous devrez payer la totalité des places. Le stop est aussi envisageable. Les taxis collectifs venant de 'Ataq à destination de Bayhan et de Nuqub coûtent environ 500 RY.

Vous pouvez également accéder à Bayhan depuis Marib par une route qui suit l'antique route de l'Encens et traverse plusieurs cols magnifiques. Les 70 km entre Harib et Bayhan sont difficiles et nécessitent un taxi 4x4. Par contre, les 75 km entre Marib et Harib sont asphaltés. Le tarif est de 700 RY. Le service n'est pas fréquent – il s'intensifie lorsque des taxis arrivent de Sanaa.

Les arts antiques du Yémen

Avec le commerce sont arrivés tissus, armes et bijoux. Les rois d'Arabie du Sud portaient parfois des habits de style grec ou perse. Les artistes ont emprunté et modifié des formes d'expression égyptienne, grecque et mésopotamienne, auxquelles ils ont intégré des éléments yéménites. Des artisans étrangers se sont installés ou ont été attirés en Arabie du Sud, comme en témoignent certains objets de style yéménite portant des inscriptions grecques.

Un grand nombre de statues, grandes et petites, a été retrouvé par des paysans qui labouraient leurs champs, ou creusaient des fondations. Traditionnellement, ces trouvailles – quand elles ne constituent pas des trésors familiaux – circulent librement sur le marché. La famille de marchands adenites, les Muncherjee, accumula ainsi une remarquable collection d'art antique à l'époque britannique. Le musée d'Aden fut créé en 1960 à partir de dons. Il possède, entre autres, 3 statues de rois Awsan dont les inscriptions ont fait faire des progrès considérables à la connaissance de cet antique royaume.

La RDPY créa plusieurs musées étatiques dans les capitales provinciales pour rassembler et conserver le patrimoine local. Au cours de la guerre de 1994, la plupart de ces musées ont été victimes de pillages ; quelques-uns de leurs trésors ont été restitués contre promesse d'impunité.

Statues des rois Awsan

Autre route possible, mais elle est peu fréquentée : celle qui, longeant le Wadi Bayhan, relie Bayhan à al-Bayda.

SHABWA

Shabwa, dite aussi Shawa Attarikhiyya, est l'antique capitale du royaume du Hadramaout. On ignore cependant la date de sa fondation et le moment où elle devint capitale.

Un royaume appelé Hadramaout apparaît pour la première fois dans des inscriptions yéménites pré-islamiques datant de 750 av. J.-C. Les historiens grecs du IVe siècle connaissaient son existence mais Shabwa n'est décrit, pour la première fois, sous le nom de "Sabota", que par Ératosthène au IIIe siècle av. J.-C. Selon Pline l'Ancien (Ier siècle av. J.-C.), la cité était florissante et renfermait quelque 60 temples dans ses murs. Au plus fort de son extension, la zone irriguée et cultivée couvrait 15 000 ha.

Dans les années 220 de notre ère, Shabwa fut vaincu par les Sabéens. Le coup de grâce lui fut porté par une tribu nomade du centre de la péninsule, les Kinda, et 30 000 d'entre eux s'installèrent dans la région. La population originelle s'enfuit vers Shibam, à l'est et au sud, vers le wadi Yashbum. A l'époque moderne, la ville ne fut plus habitée que par quelques familles vivant de l'extraction du sel.

Aujourd'hui, le gouvernement central n'est pas en mesure de contrôler les nomades du nord de la province. Pour cette raison, les touristes éprouvent des difficultés à visiter la ville même de Shabwa. Une équipe d'archéologues français a fouillé le site, de 1975 à 1985, et dégagé la partie ouest de la ville antique. Les autres parties gisent sous les villages de Matha et al-Hajar.

Les vestiges sont donc en grande partie ensevelis sous le sable et le sel. Seuls des fragments de murs apparaissent, dégagés par les archéologues, et sans doute trop succints pour réjouir le profane. Cependant, le cadre naturel – une colline environnée de grands wadi, Wadi Irma en amont du Wadi 'Atf, sur fonds rocheux – laisse un souvenir inoubliable.

Comment s'y rendre

Shabwa se trouve à l'extrême ouest du wadi Hadramaout, à 500 km au nord-est d'Aden. Après avoir tiré sa richesse de sa position stratégique sur la route de l'Encens, Shabwa n'est aujourd'hui relié correctement à aucune localité. Seules des pistes et des sentiers conduisent aux ruines.

Depuis 'Ataq au sud, une route difficile de 100 km traverse une zone semi-désertique pour atteindre Shabwa. Les transports publics sont inexistants et, pour des raisons de sécurité, même les tour-opérateurs hésitent à programmer cet itinéraire.

Une liaison plus sûre traverse le désert de Ramlat as-Sab'atayn au nord. Si vous ne voulez pas vous joindre à un circuit organisé, prenez un taxi bédouin depuis Marib, la route la plus belle, ou louer un 4x4 pour traverser l'ouest du Wadi Hadramaout. Ces deux possibilités sont onéreuses car seuls les conducteurs entretenant de bonnes relations avec les tribus bédouines peuvent entreprendre la traversée. Attendez-vous à payer jusqu'à 20 000 RY, depuis de Say'un, et trois fois cette somme au départ de Marib.

Hadramaout

Le Hadramaout, la plus vaste province du Yémen, s'étend de la mer d'Oman aux déserts méridionaux de l'ar-Ruba' al-Khali. Il est peuplé d'environ 900 000 habitants, qui vivent principalement sur la côte ou dans le Wadi Hadramaout.

Comme partout dans le Yémen du Sud, la chaleur est intense et l'été est la période à éviter absolument. L'après-midi, les températures avoisinent les 50°C et, la nuit, elles restent supérieures à 30°C. A cela s'ajoute l'humidité sur la côte. L'hiver est beaucoup plus clément et, durant les mois frais, le climat sec du Wadi Hadramaout, à l'intérieur des terres, est très agréable.

Orientation

Plusieurs routes mènent au gouvernorat. Vous devrez faire un choix d'itinéraire pour le visiter : le Wadi Hadramaout, la côte et les prolongements dans le reste du pays, en particuliers vers Aden et Marib.

La route asphaltée de 620 km entre Aden et al-Mukalla fut terminée en 1978. C'est une contribution des Chinois à l'aide au développement de l'ancienne RDPY, comme en témoignent les monuments solennels aux deux extrémités du parcours. Le trajet prend 9 heures en taxi et 12 heures en bus. Quelques jours supplémentaires seront nécessaires si vous désirez visiter d'autres lieux en route. Vous pouvez aussi louer un taxi privé, avec le risque de devoir payer les neuf places.

L'une des nouvelles routes ouvertes depuis la réunification permet d'éviter Aden. En arrivant du sud de Sanaa, prenez la direction de l'est à la hauteur de Dhamar. La route traverse al-Bayda et rejoint celle qui relie Aden à al-Mukalla au niveau d'al-'Ayn. Cependant, à l'exception de Rada', ce trajet n'est pas très touristique.

Toujours depuis Sanaa, mais cette fois par le nord, un itinéraire passe par Marib, Harib et 'Ataq, avant de rejoindre la route d'Aden à al-Mukalla, au carrefour d'an-Nuqba,

En bref

Renseignements pratiques

Code téléphonique régional : 05
Population : 871 000 habitants
Capitale : Al-Mukalla
(92 000 habitants)

A ne pas manquer
- Les rues de Shibam
- Les palais de Tarim
- La petite forteresse de Husn al-Ghuwayzi et le musée à al-Mukalla

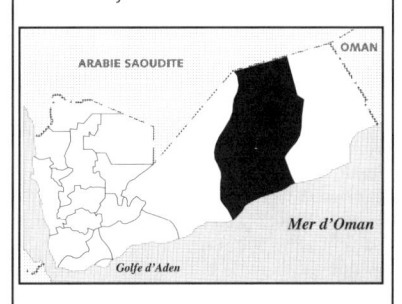

quelques kilomètres au sud-ouest de Habban. Ce parcours retrace l'ancienne route de l'Encens et mène aux sites historiques des environs de Bayhan. De nombreux groupes de touristes suivent ce parcours, mais, si vous voyagez seul, il est préférable de l'emprunter en allant vers Sanaa, car vous franchirez ainsi plus facilement les barrages routiers entre Sanaa et Marib.

Au-delà d'al-Mukalla, la route franchit les montagnes et rejoint, 300 km plus loin, la vallée du Hadramaout où se trouvent les magnifiques villes historiques de Shibam, Say'un et Tarim. Construite en 1982, la route traverse les montagnes tabulaires en ligne droite. Les bus et les taxis mettent 5 heures.

Si votre budget n'est pas limité, vous pourrez même éviter al-Mukalla et prendre un taxi bédouin de Marib au Wadi Hadramaout en traversant le désert de Ramlat as-Sab'atayn (consultez le chapitre *Marib* pour plus de détails).

Le Hadramaout est également accessible par la voie aérienne et vous pouvez prendre une ligne intérieure depuis Aden et Sanaa jusqu'à al-Mukalla et Say'un. Nous vous conseillons toutefois d'emprunter la voie terrestre afin de ne pas manquer les fabuleux paysages.

AL-MUKALLA

Capitale de l'Hadramaout, al-Mukalla est un port prospère et un important centre de pêche, voué à l'exportation. Avec près de 100 000 habitants, c'est la deuxième ville du Yémen du Sud.

Histoire

Le port d'al-Mukalla est actif depuis des siècles. Les informations concernant sa création sont souvent contradictoires. Certains retiennent la date de 1135. C'était alors un village de pêcheurs, connu sous les noms de Bandar Ya'kub et Ba-l-Khaysa. Il n'acquit son statut de ville qu'en 1625, lorsque le sultan de la tribu Qu'ayti, Ahmad al-Kassadi, y établit son siège. Selon d'autres sources, Kathiris fonda la ville à la même époque. Il est certain que la ville passa alternativement sous l'autorité des Qu'aytis et des Kathiris au cours des XVIIIe et XIXe siècles. En 1888, les Qu'aytis prirent finalement le contrôle de la ville.

La croissance d'al-Mukalla accompagna celle du Wadi Hadramaout. Le siège de l'administration coloniale britannique du protectorat oriental d'Aden y fut par la suite installé. Après la révolution de 1967, l'augmentation de la population entraîna le développement des faubourgs. Cette croissance s'est encore accélérée depuis la réunification, faisant perdre à la ville beaucoup de son charme.

Orientation et renseignements

Al-Mukalla est une ville portuaire nichée entre la mer et les montagnes. Le Wadi Sa'ila, pratiquement asséché, permet l'évacuation des eaux usées, mais sépare également les faubourgs récents à l'ouest (quartiers Hay al-Omal et ash-Sharj) de la vieille ville à l'est (Hay as-Sidda et Hay al-Bilad). Le quartier Hay ad-Dis, au nord de la ville, à l'est du wadi Sa'ila, est également très moderne. Le nouveau port (Khalf) est situé à l'est de la ville.

Construit à la fin des années 80, un gigantesque **brise-lames** enserre tout al-Mukalla, des faubourgs récents à l'ouest, jusqu'au port, à l'est. Une rue, connue sous le nom de la Corniche (Shari' al-Kurnish) et qui longe l'ancienne plage, est fréquentée par les minibus qui reviennent de l'ancienne rue principale d'al-Mukalla. A l'est, se trouvent la poste, les banques et les bureaux de change, ainsi que les cabines téléphoniques pour les appels internationaux.

A voir

Autrefois, la vieille ville blottie entre la mer et les imposantes montagnes volcaniques du **djebel Qara** offrait une vue superbe. Les tours de guet accrochées à leurs versants témoignaient de la violence du passé. Les maisons blanches, alignées au bord de l'eau, semblaient surgir directement de la mer. Cette vue a été gâchée par la construction d'un énorme brise-lames. Heureusement, des projets d'embellissement furent lancés à la fin des années 90, dans le but de transformer ce brise-lames en une promenade agréable, avec des maisons de thé et des terrains de jeux en plein air.

La ville connut une frénésie immobilière tout au long des années 90. La plupart des quartiers de la vieille ville, en commençant par Hay as-Sidda, furent démolis et remplacés par des constructions en béton. Aujourd'hui, seul un quart des maisons ont plus de 20 ans. Si le "resplendissant port blanc" du Yémen du Sud a perdu son éclat, sa partie la plus ancienne, Hay al-Bilad, a conservé un grand nombre de **maisons de style indien,** dignes d'intérêt. En vous promenant, vous admirerez les délicates gravures sur les jalousies et les balcons en bois. Une promenade autour de

AL-MUKALLA

OÙ SE LOGER
- 2 Funduq ash-Sha'b
- 4 Gulf Hotel (Funduq al-Khalij)
- 6 Al-Madena Hotel
- 7 Star Hotel (Funduq an-Nujum)
- 10 Appartements al-Salam
- 12 Al-Atemad Hotel
- 13 Al-Riyan Hotel
- 24 Funduq al-Mukalla ; Alf Lilah Wa Lilah Restaurant

OÙ SE RESTAURER
- 1 Restaurants
- 9 Échoppes
- 15 Salon de thé Areen Jordan
- 17 Benbo Ice-Cream
- 19 Mat'am ar-Rahab
- 27 Mukalla Club Cafeteria

DIVERS
- 3 Bureau de Yemenia
- 5 Taxis pour Aden
- 8 Bus pour Aden
- 11 Taxis et bus à courtes destinations
- 14 Palais du sultan
- 16 Mosquée Bazara
- 18 Banques nationales et internationales
- 20 Poste
- 21 Mosquée 'Umar
- 22 Bureaux de change, télécommunications internationales
- 23 Masjid ar-Rawdha
- 25 Vieux port
- 26 Gare des bus municipaux
- 28 Coupole de Ya'kub
- 29 Port de pêche
- 30 Tour de guet
- 31 Tour de guet

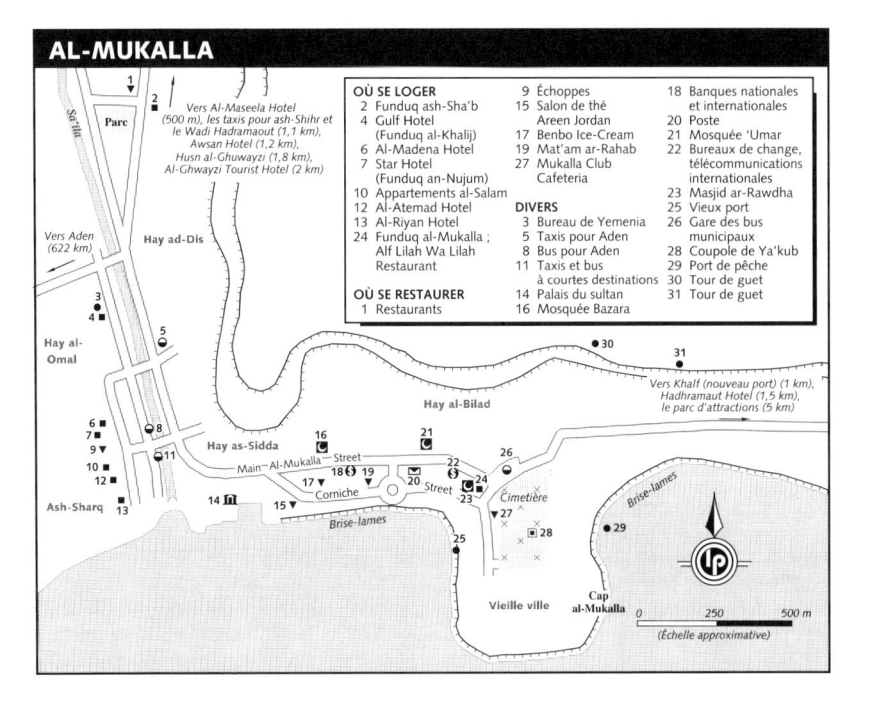

Ra's al-Mukalla (le cap d'al-Mukalla) mérite une visite.

Les vieilles maisons offrent un mélange éblouissant des influences yéménite, arabe et indienne, qui façonnèrent ce vieux port de la côte sud de la péninsule. Ce style est également repris dans les maisons les plus récentes, aux fenêtres décorées de couleur turquoise et protégées de rideaux blancs opaques.

Mosquées. Al-Mukalla possède quelques belles mosquées : **ar-Rawdha**, au cœur de la vieille ville, à côté du Al-Mukalla Hotel, et **'Umar,** dans Main al-Mukalla St, sont les plus remarquables. La nuit, leur illumination baroque leur donne une allure mystérieuse. Au même moment, le parfum du dhoop et de l'encens brûlés par les marchands enchante les narines du promeneur qui longe la partie est de la rue principale.

Une grande partie du cap est occupée par le **cimetière,** entouré d'un haut mur d'où émerge la belle et blanche **coupole du cheikh Ya'kub bin Yusuf,** du côté est. Autrefois, al-Mukalla s'appelait Bandar Ya'kub, en hommage au saint qui y mourut en 1135.

Musée d'al-Mukalla. L'ancien palais des sultans de Qu'ayti se dresse au bord de la baie. Le dernier d'entre eux, Umar bin Ghalib, émigra à Djedda en 1967. Les Qu'aytis déplacèrent leur capitale d'ash-Shihr à al-Mukalla en 1915 et, en 1929, firent construire cette magnifique demeure de style indien et néo-classique colonial.

Sous la RDPY, il fut rebaptisé Palais du 14 octobre. Il abritait un musée "de folklore et d'antiquité", qui fut fermé à la fin de 1994, faute d'objets à montrer, en raison des vols survenus pendant la guerre. Heureusement, la plupart ont été récupérés et le musée rouvert.

Vous pourrez admirer au rez-de-chaussée les vestiges mis au jour à la suite des fouilles menées dans les sites archéologiques de Shabwa et de Hadramaout et, au premier étage, l'impressionnant Salon rouge du dernier sultan et de magnifiques objets indiens. Le musée est ouvert tous les jours, sauf le vendredi et pendant les vacances, de 8h30 à 12h. L'entrée coûte 30 RY.

Husn al-Ghuwayzi. Perchée sur une imposante falaise, à la sortie de la ville, sur la route de Riyan, cette petite forteresse est un bel exemple de l'architecture yéménite. Construite en 1884, il est impossible de ne pas la prendre en photo. Sa sœur jumelle, **Husn al-Guful**, située de l'autre côté de la route, est aujourd'hui en ruines.

Activités culturelles et sportives

Si vous voulez découvrir les eaux cristallines de la mer d'Oman, adressez-vous au **Centre de plongée** du Hadhramaut Hotel. Cette école, tenue par un moniteur allemand, loue tout l'équipement nécessaire. Un cours pour débutants (cinq jours) coûte 350 $US par personne. Le centre est fermé durant les mois les plus venteux, de juillet à septembre. Vous trouverez également un "centre de pêche", où vous pourrez louer des bateaux à 30 $US l'heure, mais vous devrez apporter votre propre équipement. Des bateaux à des prix plus raisonnables sont également disponibles dans le vieux port.

Si vous voyagez avec des enfants, arrêtez-vous au **parc d'attractions** (Muntaza Istraha Khalf), à 5 km à l'est d'al-Mukalla. Vous y trouverez toutes sortes de manèges, et vous aurez la rare opportunité de discuter avec des femmes yéménites.

Où se loger

Al-Mukalla offre de nombreux hôtels, dont la plupart ont été construits ou rénovés après la guerre de 1994.

Où se loger – petits budgets

Situé à Hay ad-Dis, à mi-chemin entre les gares de bus et de taxis est et ouest, le *Funduq ash-Sha'b* est l'hôtel à deux-draps le plus économique de la ville. Les doubles avec s.d.b. individuelle dans le couloir, ventil. et clim. (peu fiable) sont à 700 RY. Cet endroit aurait cependant besoin d'une cure de jouvence.

Où se loger – catégorie moyenne

A ash-Sharj, à l'ouest de la ville, vous trouverez plusieurs hôtels propres, à des prix raisonnables, mais les femmes voyageant seules risquent de se sentir mal à l'aise dans ce quartier à forte dominante masculine. En raison des ruelles étroites, les taxis ne vous déposeront pas devant l'entrée, mais tous les hôtels ne sont qu'à deux pâtés de maisons de la rue principale. Les indications ci-dessous sont données depuis l'intersection entre cette rue et celle venant du premier pont traversant le Wadi Sa'ila.

Le ***Star Hotel*** (*Funduq an-Nujum*, ☎ *304122, fax 303925*) loue des doubles, propres et spacieuses, avec clim. et s.d.b., à 1 800 RY. Il se situe à deux ruelles au nord et deux à l'ouest de l'intersection. A un pâté de maisons au nord-est de cet hôtel, se trouve l'*Al Madena Hotel* (☎ *304270*), plus ancien et plus économique : ses doubles avec s.d.b. dans le couloir sont à 1 600 RY. L'*Al-Salam* (☎ *304730, fax 304733*), deux ruelles à l'ouest et six au sud de l'intersection, loue des appartements meublés. Une chambre pour deux, un salon de style yéménite et une cuisine coûte 2 000 RY, et un plus grand appartement, 3 000 RY.

Six ruelles plus loin vers le sud, l'*Al-Atemad* (*Alatmad*) *Hotel* (☎ *352493*) est un établissement très propre, où les simples/doubles/triples valent 1 400/2 000/2 250 RY. Vous économiserez 550 RY si vous ne prenez pas la clim. Tout près de la mer, à dix-neuf pâtés de maisons au sud de l'intersection, l'*Al-Riyan Hotel* (☎/*fax 353038*) propose des doubles avec clim. à 1 700 RY, et sans clim. à 1 200 RY. Les triples avec clim. coûtent 2 000 RY. Huit chambres ont vue sur la mer, avec balcon.

Au nord d'ash-Sharj, tout près du bureau de Yemenia, le ***Gulf Hotel*** (*Funduq al-Khalij*, ☎ *304147, fax 303427*) présente un bon rapport qualité/prix. Il dispose de doubles, avec de spacieuses s.d.b. et de petits balcons avec vue sur le wadi, pour 1 800 RY.

Vous trouverez également quelques bons hôtels dans le quartier Ad-Dis, sur la route en direction de Riyan. L'*Al-Maseela Hotel* (☎ *303811, fax 354798*) est un hôtel propre et agréable, situé juste avant la station de taxi est. Il est équipé d'antennes satellite, de s.d.b. individuelles et même d'un restaurant, et convient parfaitement aux femmes voyageant seules. Les simples/doubles, avec clim. et petit déjeuner inclus, valent 2 500/3 000 RY. Au-delà de la station de taxis pour Say'un, l'*Awsan Hotel* (☎ *795649, fax 354287*), plus modeste, propose des s.d.b. individuelles et la clim. dans certaines chambres seulement. Les prix des simples, doubles et triples sont négociables, entre 700 RY pour une simple avec ventil. et 2 000 RY pour une triple avec clim. Enfin, juste à l'extérieur de la ville, à côté du Husn Al-Ghuwayzi, se trouve l'*Al-Ghwayzi Tourist Hotel* (☎ *303520, fax 352983*). Il bénéficie de vues magnifiques mais les tarifs (22 $US pour une double avec clim., s.d.b. et petit déjeuner) sont surévalués.

Le *Funduq al-Mukalla* (☎ *303547, fax 303349*), près du bord de mer, à côté de la mosquée ar-Rawdha, offre les meilleures vues de la ville. Relativement propre, il a été rénové à la fin des années 90. Les prix varient entre 1 600 RY pour une double, avec ventil., et 2 400 RY pour une triple avec clim. ; c'est un peu cher pour un établissement avec s.d.b. commune.

Où se loger – catégorie supérieure

Le *Hadhramaut Hotel* (☎ *302060, fax 303134*) est actuellement le seul véritable hôtel aux normes occidentales. Il a élu domicile sur une côte rocheuse désolée, à 2 km à l'est de la ville, après la baie de Khalf où se situent le nouveau port et ses pétroliers. Les simples/doubles coûtent 85/104 $US. Il dispose d'un bâtiment principal et de plusieurs petits bungalows, d'un court de tennis, d'une piscine et d'un bar avec vue sur la mer.

La chaîne *Holiday Inn* fait construire un nouvel hôtel à al-Mukalla.

Où se restaurer

Pour les petits budgets, nous vous recommandons les innombrables échoppes et restaurants situés à ash-Sharj. Vous pourrez déguster d'excellentes soupes avec du pain et du thé pour seulement 30 RY.

La vieille ville et les faubourgs récents ne manquent pas de petits restaurants où l'on sert de l'excellent poisson, ainsi que l'inévitable poulet grillé. Le thon, le pilchard et le homard sont courants mais le plat le plus répandu localement est le requin séché, quand il est possible de s'en procurer. On l'appelle simplement *lakhum* (viande). Vous trouverez de bons restaurants, à des prix raisonnables, le long de la Corniche, tels que le *Mat'am ar-Rahab*, où vous pourrez manger du thon frit et du riz pour 70 RY, ou l'*Alf Lilah Wa Lilah Restaurant*, situé au rez-de-chaussée de l'Al-Mukalla Hotel, où les petits morceaux de viande avec du riz coûtent 150 RY.

A ad-Dis, aux abords du ash-Sha'b Hotel, plusieurs restaurants proposent des légumes, de la viande et du poisson. Grâce à la concurrence entre ces différents établissements, vous pourrez commander un délicieux poulet grillé pour 300 RY la portion.

Pour aller boire un verre, le dernier étage de la *Mukalla Club Cafeteria* comprend un salon de thé avec vue sur la ville et sur la mer. Elle est située dans un immense immeuble à deux étages bloquant l'extrémité est de la Corniche, après l'Al-Mukalla Hotel. A l'autre extrémité de la Corniche, au-dessus du brise-lames, le salon de thé *Areen Jordan*, avec vue sur le palais du Sultan, constitue également une bonne adresse. En face de la Corniche, le *Benbo Ice-Cream* est un établissement très propre, qui propose des glaces à plusieurs parfums, comme la pistache ou la goyave à 30 RY la boule.

Comment s'y rendre

Avion. L'aéroport se trouve à Riyan, à 25 km au nord-est d'al-Mukalla. Comptez 120 RY en taxi collectif depuis Hay ad-Dis et entre 600 et 1 000 RY en taxi privé. Le bureau de Yemenia est situé à Hay al-Omal, sur la rive du wadi.

Bus. Les bus pour Aden partent à 6h depuis ash-Sharq' et, pour Say'un, depuis l'est du Wadi Sa'ila, à 500 m au nord. Le billet coûte 900 RY pour Aden et 600 RY pour Say'un.

Taxi. Les taxis pour Aden partent des deux côtés du Sa'ila ; ceux pour Shabwa et Abyan à ash-Sharq' ; les taxis à longues destinations de l'autre côté, à 500 m vers le nord. Les taxis qui desservent l'est du pays et le Wadi Hadramaout attendent à Hay ad-Dis. Soyez-y de très bonne heure.

La course pour Aden coûte 1 200 RY, 800 RY pour Say'un, 150 RY pour ash-Shihr.

Comment circuler

La vieille ville, entre les montagnes et la baie d'al-Mukalla, se visite aisément à pied. Les faubourgs et les localités des environs sont desservis par un réseau étendu de minibus. Des plans schématiques du réseau sont affichés aux arrêts principaux, avec des légendes en arabe uniquement. La gare – à l'extrémité est de Main al-Mukalla St – est commodément située au cœur de ce qui reste de la vieille ville. Il vous en coûtera 10 RY pour circuler en ville.

LES ENVIRONS D'AL-MUKALLA

Le long du Hadramaout, les villes et les villages des environs d'al-Mukalla se visitent en bus ou en taxi. Si vous arrivez à al-Mukalla par avion, commencez par la côte est.

Burum

A 30 km à l'ouest d'al-Mukalla, ce vieux village est visible de la route. A 1 km en direction d'al-Mukalla, des fours à gypse vomissent d'épaisses volutes de fumées. Entre Burum (*burūm*) et les fours à gypse, par une faille spectaculaire dans les rochers, vous apercevrez l'ancienne route d'al-Mukalla.

Ghayl Ba Wazir

A 60 km au nord-est d'al-Mukalla, Ghayl Ba Wazir fut fondée par le cheikh 'Abd-ar-Rahman bin 'Umar Ba Wazir, au début du XIVe siècle. La première partie du nom, *ghayl*, signifie "source" en arabe, car le sol rocailleux des alentours comporte de nombreux trous d'eau, rendant cette région très propice à l'agriculture. On y cultive également le meilleur tabac du pays, le *hamumi* (*hamūmī*), ainsi que du henné.

Orientation. La route de la côte se termine en une intersection en T au centre de Ghayl Ba Wazir, là où vous déposent les taxis. Si vous tournez à gauche après l'intersection, vous arrivez directement dans la vieille ville, où vous accueillent plusieurs restaurants. L'unique route asphaltée de la ville (la barre du T) serpente dans le centre-ville, autour de la mosquée et du cimetière au nord, et mène à l'hôtel et au palais d'été du sultan, à l'ouest de la ville.

A voir. Dans le centre, à quelques minutes de marche de l'intersection où vous laissent les taxis, vous découvrirez sur votre droite un grand bâtiment dont la blancheur vous éblouira sous le soleil. Il s'agit du **CCEDA** (Cultural Centre for Educational & Developmental Activities), installé dans le bâtiment de l'ancienne école.

Depuis longtemps considéré comme un centre d'études distingué dans le Hadramaout moderne, Ghayl Ba Wazir fut le site de la meilleure Intermediate School du Hadramaout et probablement de tout le Yémen du Sud. Construite en 1944, cet internat s'inspira du système soudanais (à l'origine britannique). De nombreux notables sud-yéménites, jusqu'aux premiers ministres et présidents, furent diplômés à Ghayl Ba Wazir. L'édifice abrite aujourd'hui un petit musée, présentant une collection ethnographique et des copies exactes des diplômes de tous les élèves. Il est prévu de convertir les dortoirs en chambres d'hôtels.

Vous pourrez apercevoir des **ghayls** dans les environs de la ville. Un taxi vous conduira à **al-Homa** en cinq minutes pour 200 RY l'aller-retour. Un énorme trou creusé dans la surface rocheuse cache une autre surprise : un petit lac situé à 5 m en-dessous du sol. Ce

Les ghayls du Jawl

Par un chaud après-midi de septembre, tandis que nous voyagions dans le *jawl*, le haut plateau pierreux qui sépare le Wadi Hadramaout de la côte, et que nous avions épuisé notre réserve d'eau, les Hadramites nous ont enseigné un tour utile à la survie dans ces contrées hostiles.

Nous étions partis bien avant le lever du soleil et nous avions passé la journée à admirer les splendeurs du Wadi Daw'an. Notre chauffeur, Mohammed, faisait nos quatre volontés sans aucune pitié pour sa Land Cruiser. En fin d'après-midi, nous avons quitté le wadi près d'al-Khurayba et nous nous sommes dirigés vers l'est pour rejoindre al-Mukalla, où nous comptions passer la nuit.

L'eau du radiateur s'étant déjà par deux fois évaporée dans la journée, Mohammed n'avait plus aucune réserve d'eau. Nous avons donc vidé notre dernière bouteille dans le radiateur, ce qui nous permit de parcourir 5 km de plus seulement.

La route n'était pas très fréquentée. Au bout de 15 minutes cependant, une voiture s'est arrêtées. Malheureusement, le propriétaire n'avait pas d'eau. Il nous a alors indiqué une maison située à 3 ou 4 km de là. Mohammed a pris, sans broncher, trois réservoirs et s'est mis en marche sous plus de 35°C.

Moins d'une demi-heure plus tard, nous avons aperçu un camion traversant lentement la montagne dans notre direction. Nous l'avons alors hélé et il s'est arrêté. Heureusement, son propriétaire avait de l'eau et nous l'avons regardé remplir notre radiateur, les yeux brillants de reconnaissance.

Mohammed était lui aussi revenu avec 2 litres d'eau. Les passagers du camion se sont alors moqués de notre chauffeur, épuisé par sa longue marche, sans lui dire qu'ils avaient déjà résolu notre problème. Ils lui ont reproché de ne pas être un bon Hadramite : il aurait dû voir le ghayl, marqué de trois pierres, à quelques mètres de notre véhicule (nous, pauvres Européens, nous ne voyions rien d'autre que quelques cailloux).

Nous nous sommes approchés des pierres et avons effectivement aperçu un trou dans le sol rocailleux, assez grand pour qu'un homme puisse y descendre mais bien trop profond pour en voir le fond. Le conducteur du camion a pris une corde qu'il a solidement enroulée autour de l'une des trois pierres, et à l'autre extrémité il a attaché un bidon vide. Quand il l'a remonté, rempli d'une eau cristalline, il nous a demandé de goûter. Elle avait le goût du miel du paradis.

Cinq minutes plus tard, à l'intersection de la route d'al-Mukalla, nous avons trouvé des magasins et des salons de thé. Nous avions été bien stupides de croire que les Hadramites transportaient leur eau depuis la côte vers ces régions si inhospitalières.

---

type de source alimente en eau les plantations de tabac et de henné de la région.

Juste à l'extérieur de la ville, vous découvrirez le **palais d'été** de l'ancien sultan de Qu'ayti, entouré d'un jardin luxuriant et d'une palmeraie. Converti en petite maison de repos sous l'ex-RDPY, ce beau bâtiment possédait cinq chambres décorées avec simplicité et une piscine. Il fut malheureusement saccagé après la guerre de 1994 et reste depuis inoccupé.

Où se loger. A l'ouest de la ville, sur la route menant au palais du Sultan, l'*Al-Arab Sea Hotel for Tourism* (☎ *7950700, fax 7550700*) fut construit après la guerre de 1994. Il loue des doubles très propres, avec ventil. et s.d.b., à 1 000 RY.

Le dan hadramite

La vie culturelle dans le Hadramaout est très animée et présente de multiples aspects. Vous apprendrez rapidement à différencier la musique hadramite si vous voyagez en taxi (les chauffeurs ont souvent des cassettes de musique locale). Les chansons, et surtout les paroles sont très importantes. Les couplets qui riment, également appelés *takhmi*, sont très appréciés au Yémen. Le poète Husayn Abu Bakr al-Mihdar, très connu, se produit en public et ses cassettes sont vendues sur l'ensemble du territoire.

Le *dan* est un type de chanson hadramite bien particulière, puisqu'elle ne nécessite aucun instrument. Traditionnellement, les poètes, avec éventuellement d'autres chanteurs, interprètent à tour de rôle devant un public des chansons parfois accompagnées de danses.

Les types de dan varient selon les régions. Le dan ash-Shabwa est bien évidemment originaire de Shabwa, tandis que le dan al-Hadramaout est de Say'un. Le dan al-Ghayadi est très populaire dans le Wadi Hadramaout, à al-Mukalla et à ash-Shihr. Cette région côtière compte d'ailleurs un type de dan très particulier et même les marins ont un dan bien à eux, le dan al-Bahri.

Comment s'y rendre. Ghayl Ba Wazir est devenu une sorte de faubourg d'al-Mukalla. Les liaisons entre ces deux villes sont donc excellentes. La course en taxi collectif coûte 100 RY, comme pour aller à ash-Shihr, vers l'est.

Ash-Shihr

Cet important port de pêche, à 66 km à l'est d'al-Mukalla, est très ancien. Déjà actif dans l'Antiquité, ash-Shihr (*ash-shiHr*) apparaît dans les écrits de Marco Polo datant de la fin du XIIe siècle. En 1523, les Portugais tentèrent de le conquérir afin d'étendre leur domination, jusqu'alors limitée à Suqutra, sur le continent. Pendant des années, ash-Shihr fut le port principal du Hadramaout, seulement dominé par al-Makha et Aden sur le reste du territoire. Elle servit également de capitale à une succession de sultanats, dont le dernier, celui de Qu'ayti régna sur le sud du Hadramaout pendant près d'un siècle, jusqu'en 1867. Son déclin commença avec la croissance d'al-Mukalla, à la fin du XIXe siècle. En 1915, les Qu'aytis transférèrent leur capitale à al-Mukalla. La principale activité de la ville est aujourd'hui la pêche.

A voir. Les remparts de la ville remontent au XIIIe siècle. Le mur d'enceinte fut reconstruit pour la dernière fois à la fin du XIXe siècle, lorsque ash-Shihr fut totalement entouré d'un mur de 3,3 km de long, uniquement ouvert vers la mer. La plupart des remparts ont aujourd'hui disparu, à l'exception de deux portes toujours intactes. Les structures actuelles datent de 1887.

La porte ouest, **Bab al-Khur**, vous accueille avec ses deux canons situés au centre d'un rond-point, depuis la route d'al-Mukalla. Sur votre droite, vous verrez un bout de l'ancien mur d'enceinte, qui mène au sud vers la mer. Le terminus des taxis se trouve sur la place centrale, d'où vous pourrez rejoindre à pied l'impressionnante porte nord, **Bab al-'Aydarus**, toujours en bon état puisqu'elle fut restaurée en 1985. Sur la route, ne manquez pas la **mosquée al-'Aydarus**.

Où se loger et se restaurer. L'*Al-Akhawin Tourism Hotel* (☎ *7950966*), situé à l'extérieur de la vieille ville, n'est séparé de Bab al-'Aydarus que par une station-service. La double avec s.d.b. et ventil. coûte 800 RY.

La majorité des restaurants se concentrent autour de Bab al-'Aydarus et de la place centrale. Ce serait un péché de manger ici autre chose que du poisson. Il existe, en effet, un large éventail de plats et le repas complet avec du thon frais, du pain et du riz vous reviendra à 100 ou 150 RY entre novembre et mai, la saison du thon.

Les environs d'ash-Shihr

A environ 25 km à l'est d'ash-Shihr, vous vous baignerez dans des sources chaudes au bord de la route d'**al-Hami**, une belle ville avec de nombreuses maisons anciennes et un petit musée maritime. Vous observerez également des apiculteurs à l'œuvre. A 71 km d'al-Hami, vous rencontrerez la petite ville de Qusay'ir. Juste avant, arrêtez-vous à la **plage de Sharma**, l'une des plus belles plages du Yémen du Sud, très réputée pour ses tortues.

A l'ouest, à mi-chemin entre Riyan et ash-Shihr, s'étend le complexe pétrolier de CanOxy qui exporte le pétrole en provenance de Masila, à 120 km à l'intérieur des terres.

L'**ancienne route** au nord du Wadi Hadramaout, recouverte de pavés ronds, part d'ash-Shihr. A environ 14 km de là, le petit oasis d'**at-Tabala** mérite une petite visite. La route serpente ensuite dans le *jawl* (plateau aride et pierreux) et longe le Wadi 'Adim vers al-Ghuraf, à l'ouest de Tarim. Elle n'est plus fréquentée depuis la construction en 1982 de la route asphaltée de Riyan, qui permit de réduire la durée de trajet de 16 à 10 heures. Aujourd'hui, les 4x4 ayant remplacé les chameaux, le voyage ne dure plus que 7 jours, au lieu de 9.

Wadi Hadramaout

Le Wadi Hadramaout (*wādī Hadramawt*), le plus grand wadi de la péninsule Arabique, est l'une des attractions majeures du sud du Yémen. Cette célèbre vallée s'étend sur 160 km d'ouest en est, au cœur du *jawl*, à près de 150 km de la côte. A l'extrémité ouest, s'étend le désert de sable du Ramlat as-Sab'atayn. En aval, la vallée rejoint le Wadi Masila, sec et inhospitalier, qui relie le système à la mer.

Le Wadi Hadramaout, alimenté par de nombreux affluents, est une région très fertile. Deux cent mille habitants y vivent de l'agriculture et de l'élevage des chèvres. Formé par l'érosion du soubassement de grès, le lit principal a 300 m de profondeur sur une largeur moyenne de 2 km, le fond du wadi étant à une altitude de 700 m. Des nappes d'eau souterraines, reconstituées aux saisons des pluies, alimentent la région toute l'année ; d'où ce paysage tout à fait exceptionnel d'une vallée verte entre des plateaux dénudés.

Histoire

L'abondance des sites archéologiques de la région témoigne de la présence de l'homme depuis des temps immémoriaux. Le wadi fut très prospère dans l'Antiquité ; certains historiens prétendent même qu'il serait mentionné dans la Genèse sous le nom de "Haççarmaveth". La tradition locale fait remonter les premiers occupants du wadi au prophète Hud, descendant de Yoqtân, de la lignée de Noé.

Dans l'Antiquité, la route de l'Encens traversait le Hadramaout. Les objets archéologiques les plus anciens remontent au IXe siècle av. J.-C. et la région était connue des historiens grecs du IIIe siècle av. J.-C. A l'extrémité ouest du wadi, Shabwa était à mi-chemin entre Qana et Marib. Le Wadi Hadramaout fut gouverné depuis cette cité pendant des siècles jusqu'au IIIe siècle de notre ère. Des systèmes élaborés d'irrigation furent entretenus au temps où le commerce de l'encens était actif. L'encens lui-même était cultivé dans le wadi et sur la côte sud (des arbustes sauvages pousseraient encore dans les wadi latéraux).

La période allant du renversement de Shabwa à l'arrivée de l'islam est obscure. Les Perses sassanides, invités par les rois yéménites à combattre les Éthiopiens au VIe siècle, ont certainement contrôlé le Hadramaout : le style perse des ruines de Husn al-'Urr, à l'est du wadi, en témoigne.

Dans cette région, seuls des vestiges fragmentaires et un très petit nombre de documents authentiques témoignent des premiers temps de l'islam. Malgré la présence de soldats hadramites au sein des troupes musulmanes qui conquirent l'Égypte, le wadi résista à la pénétration de l'islam. Seule la ville sainte de Tarim serait constamment restée musulmane au cours des siècles.

En 746, un homme de Basra, en Irak, dénommé Abdullah ibn Yahya, introduisit l'école de pensée ibadite. Elle se maintint dans le wadi pendant au moins 450 ans, en dépit des nombreuses tentatives de conquête lancées par les califes yéménites. Un événement important survint en 951 : Sayyid Ahmad ibn 'Isa al-Muhajir, un descendant du prophète Mahomet, vint s'installer avec 80 familles à Hajrayn à l'est du wadi, implantant par la même occasion le chaféisme dans la région. Le tombeau d'al-Muhajir est toujours un haut lieu de pèlerinage et la ville de Tarim est restée le centre de l'enseignement chaféite au Hadramaout.

Au Xe siècle, un souverain ziyadide du Yémen, Husayn ibn Salama, autorisa la construction de nombreux puits et mosquées le long de la route caravanière allant du Hadramaout à La Mecque. La mosquée ar-Rashid, à al-Hurayda, à l'ouest du wadi, en fait partie. Au cours des premiers siècles du deuxième millénaire, le Hadramaout passa aux mains de dynasties yéménites rivales. Après la défaite des Ayyubides au XIIIe siècle, l'arrivée des Rasulides inaugura une ère de stabilité et de prospérité.

L'an 1488 fut une date charnière dans l'histoire du Hadramaout. Les Kathiris des Hamdanis, une tribu de Sanaa, conquirent le wadi et s'y installèrent définitivement. Le sultanat Kathiri fut fondé dans la partie est, avec Tarim pour première capitale, transférée ensuite à Say'un.

Au XVIe siècle, la partie ouest tomba aux mains des Qu'aytis, une tribu Yafi' que les Kathiris avaient attirée dans la région comme mercenaires. Le sultanat de Qu'ayti fit de al-Qatn sa capitale. Les rivalités constantes entre tribus portaient un immense préjudice à l'agriculture et le pays connaissait désormais la famine.

Au cours des siècles suivants, les périodes de paix furent de plus en plus longues jusqu'en 1809, année où les Sa'udi Wahhabis (la tribu dominante d'Arabie saoudite) pillèrent le wadi et détruisirent tous les tombeaux et édifices prestigieux, dont les mosquées. Au cours de ce sinistre épisode, un nombre incalculable de manuscrits fut brûlé ou jeté dans les puits.

En 1830, les Qu'aytis et les Kathiris se querellèrent à nouveau, ouvrant un siècle d'hostilités. L'enjeu du conflit était le contrôle de la ville de Shibam, entre al-Qatn et Say'un, leurs capitales respectives. Après vingt-sept années de guerre, la ville – jusque là gouvernée conjointement par les deux sultans –, désormais réduite à la misère, passa sous la tutelle des Qu'aytis.

Le wadi demeura ainsi divisé entre les deux sultans pendant près d'un siècle. La frontière passait à l'est de Shibam. La Grande-Bretagne mit du temps à étendre son contrôle sur des territoires aussi reculés. Le Hadramaout et al-Mahra formèrent ce qu'on appela le Protectorat d'Aden oriental (Eastern Aden Protectorate). L'influence anglaise s'exerçait par le biais de traités de protection signés avec les sultans locaux. En 1888, un traité de ce type fut conclu avec le sultan de Qu'ayti à al-Mukalla mais, jusqu'en 1918, les Kathiris refusèrent de les imiter. En fait, le pouvoir britannique ne s'étendit véritablement sur le wadi qu'en 1934. Ils jouèrent le rôle d'intermédiaires entre les tribus en guerre, avec lesquelles des centaines de traités furent signés – dont une bonne demi-douzaine avec les principaux sultans.

L'isolement des sultanats d'al-Qatn et de Say'un prit fin dans les années 40, et la révolution de 1967 balaya les rivalités tribales. Les sultans ayant fui en Arabie saoudite, le gouvernement central de la nouvelle république put se substituer entièrement aux institutions ancestrales du pouvoir. Depuis, le Wadi Hadram poursuit son développement dans la paix. C'est à peine si la guerre de 1994 eut un écho dans ces lointaines contrées.

Néanmoins, la réunification du Yémen n'est pas restée sans effet, et pas toujours dans le meilleur sens. Ainsi, *jambiya* et *qat* se voyaient rarement à l'époque de la RDPY et les villes étaient d'une propreté remarquable.

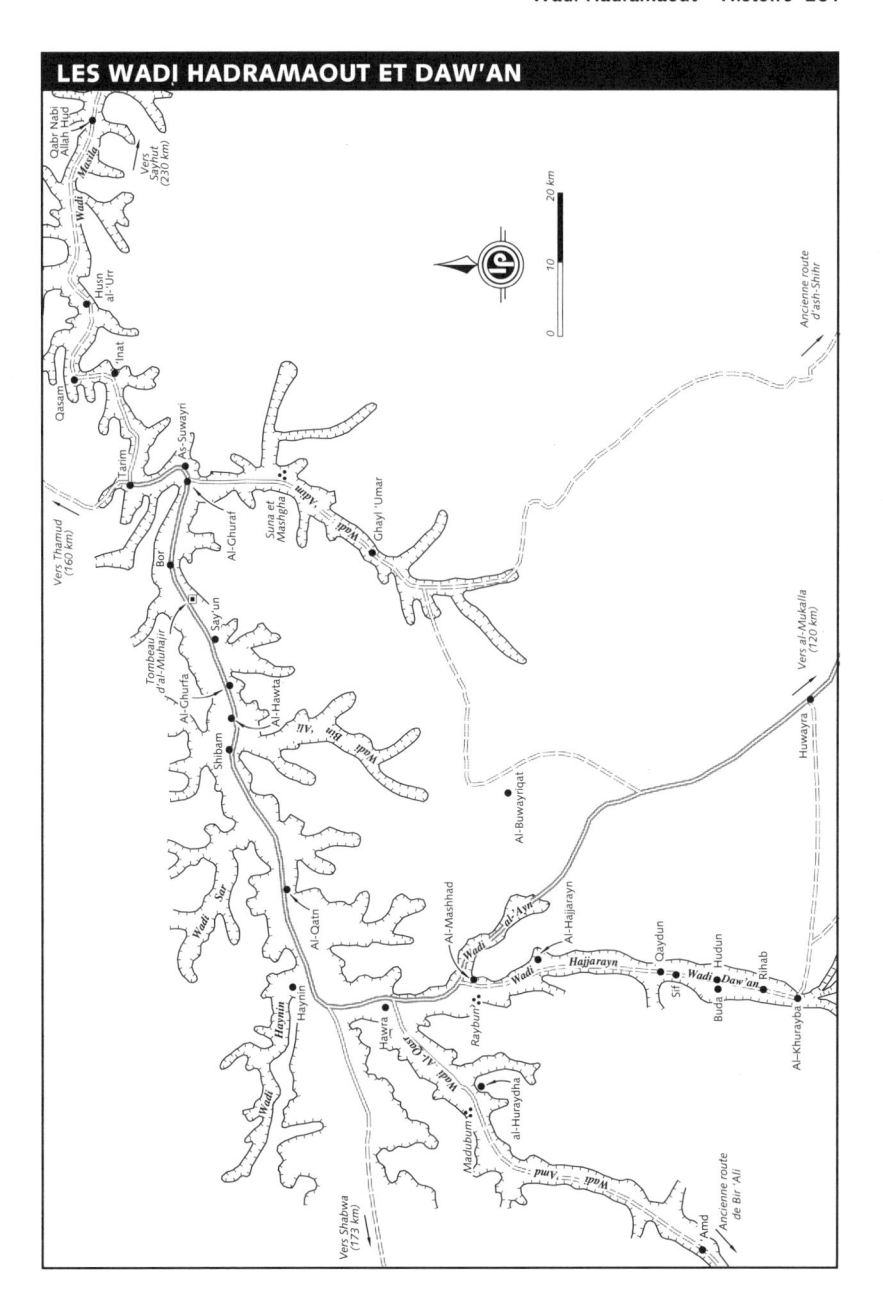

Wadi Hadramaout – Histoire 261

LES WADI HADRAMAOUT ET DAW'AN

L'architecture en pisé du Wadi Hadramaout

Les maisons-tours, une invention des Hadramites, ont un style original qui n'a pas varié au cours des siècles. Elles sont exclusivement réalisées en pisé, comme d'ailleurs presque toutes les autres constructions : mosquées, tombeaux, puits ou enceintes. Le béton ne fit son apparition dans les villes de l'Hadramaout qu'après la réunification en 1990 et son emploi reste encore très limité.

Si vous passez quelques jours dans le Wadi Hadramaout en saison sèche, vous assisterez certainement à la fabrication des briques. La terre humide est mélangée à de la paille pour lui donner de la résistance. Le matériau obtenu est étalé sur le sol et façonné en briques minces, de forme rectangulaire, à l'aide de moules en bois qui les découpent deux par deux. La largeur des briques varie de 25 à 50 cm. Des briques plus épaisses sont utilisées pour le rez-de-chaussée.

Fabrication des briques

Une fois élevés, les murs sont recouverts d'un enduit lisse, de deux types : la terre brune, pour la plupart des murs, et un plâtre de chaux clair, pour les étages supérieurs. Un plâtre encore plus blanc, à base de coquille d'œuf, donne son éclat aux ornementations. Les parapets ou

Habitations à Shibam

garde-fous (*masnah*) des toits en terrasse sont souvent blanchis à la chaux et comportent des crêtes (*tashārif*) à chaque angle. Ils flamboient au coucher du soleil.

Orientation et renseignements

La capitale officieuse du Wadi Hadramaout est Say'un, au centre de la région, dotée d'un aéroport et d'autres infrastructures de transport. Si vous arrivez en voiture, vous aurez parcouru une grande partie du wadi avant d'entrer dans Say'un.

La route asphaltée venant d'al-Mukalla descend dans le wadi par l'ouest en suivant l'un de ses affluents, le Wadi al-Qasr, 18 km avant la ville de Hawra (ou Haura). Au carrefour, peu avant Hawra, les pistes en terre partant sur la gauche conduisent à d'autres wadi où se trouvent des sites historiques importants : al-Huraydha, dans le Wadi 'Amd, et al-Hajjarayn et Raybun dans le Wadi Daw'an (ou Wadi Hajjarayn).

Depuis Hawra, la route principale rejoint le wadi proprement dit en passant par Haynin, al-Qatn, Shibam et al-Hawta avant d'atteindre Say'un. La route continue ensuite vers Tarim. Au-delà de cette ville, s'étendent d'autres sites intéressants sur la route du Wadi Masila, comme Husn al-'Urr et Qabr Nabi Hud.

Comment circuler

Toute la journée, des taxis collectifs assurent la navette sur la route asphaltée reliant les localités du Wadi Hadram. Les prix vont de 100 riyals par personne de Say'un à Shibam, à 120 riyals de Say'un à Tarim.

Vous pouvez louer un taxi privé pour vos excursions, au prix négociable de quelques milliers de riyals. Si vous voyagez par vos propres moyens, en bus ou en taxi collectif, vous devrez sans doute ici opter pour la location de véhicules privés. Quitte à sacrifier vos économies, une journée vous suffira pour voir un grand nombre de sites historiques, de villages intéressants et prendre des photos à votre guise.

DAW'AN

Les villages anciens et les sites archéologiques abondent le long des affluents du Wadi Hadram. D'innombrables mosquées et tombeaux ont été érigés en l'honneur de saints. La multitude de petites mosquées s'explique par le fait que les émigrants enrichis avaient pris l'habitude, à leur retour au pays, de construire une mosquée. Il en va de même pour les nombreux puits couverts (*siqāya*) disséminés dans la nature.

Le **district de Daw'an**, du nom de l'immense wadi qui s'étend à l'ouest du Wadi Hadramaout, est sans doute le plus riche du pays.

Al-Hurayda

Al-Hurayda, sur le Wadi 'Amd, à 81 km au sud-ouest de Shibam, est la capitale du district. Ce village a la curieuse réputation de fournir les meilleurs médiateurs dans les disputes tribales. Le premier vice-président du Yémen unifié, Haidar abu Bakr al-Attas, en est originaire. Sa famille possède la plus grande bibliothèque privée de la région.

Les ruines de la ville de **Madubum** datent du Ve siècle av. J.-C. et s'étendent à 3 km au nord-ouest d'al-Hurayda. Le site accueillit, dans les années 30, une équipe britannique d'archéologues qui découvrit un grand temple dédié au dieu lune. Plusieurs tombes, datant de la même époque, furent dégagées dans les grottes. Aujourd'hui, le sable a recouvert une grande partie des structures.

Al-Mashhad

Al-Mashhad se trouve à 91 km de Shibam, à l'embouchure du wadi Hajjarayn dans le Wadi al-Qasr, tout près de la route asphaltée menant à al-Mukalla. Ce petit village possède quelques beaux tombeaux. Celui de Hasan ibn Hasan date de 1591. Le complexe des cinq tombeaux de 'Ali ibn Hasan (et de sa famille) aurait été reconstruit dans les années 1830. Les bâtiments sous coupole sont des plus imposants. Les visiteurs musulmans peuvent entrer sous les dômes pour admirer les tombeaux en bois minutieusement sculptés, recouverts de bronze.

Raybun

Raybun est l'un des sites archéologiques les plus importants du Wadi Hadramaout. Proche d'al-Mashhad, cette ville antique était déjà habitée au Xe siècle av. J.-C. Peu de vestiges restent à découvrir et les plus importants sont conservés au musée de Say'un.

Al-Hajjarayn

La remarquable ville d'al-Hajjarayn, perchée au sommet d'un versant rocheux du Wadi Hajjarayn, s'énorgueillit de ses origines pré-islamiques. Son nom est souvent utilisé par les étudiants en arabe pour signifier "deux pierres" ou "deux falaises". Prononcé avec un h, il vient du mot himyarite "Hajar", qui signifie "deux villages". En fait, les deux villages situés de chaque côté du wadi portent tous deux le nom d'al-Hajjarayn et entretiennent un lien remarquablement harmonieux avec leur impressionnant cadre naturel. Si vous comptez poursuivre votre visite du wadi, vous pouvez passer la nuit dans le modeste ***Al-Hagraan Hotel***, situé sur la route principale. Dans le village, n'oubliez pas de vous rendre aux magasins vendant du "miel doani", le miel du Wadi Daw'an, élaboré par les abeilles des arbres 'ilb. Considéré comme le meilleur du Yémen, il est exporté vers l'Arabie Saoudite, où on lui prête des vertus aphrodisiaques.

Wadi Daw'an

Autrefois, il existait deux routes partant du Wadi Hadramaout, celle de l'est par le Wadi Masila et celle de l'ouest par le Wadi Daw'an (*wādī daw'ān*), également appelé Wadi Hajjarayn en aval de la ville. La route est pavée de rochers et se trouve en

Les ziyaras du Hadramaout

D'innombrables tombeaux ont été érigés en l'honneur des *walis*, ou hommes saints, dans le sud du Yémen, et en particulier dans les Wadi Hadramaout et Daw'an. Certains sont isolés, tandis que d'autres sont regroupés dans des cimetières ou même dans des mosquées.

Chaque année se produisent également des pèlerinages, appelés *ziyara*, sur les lieux où sont enterrés les prophètes ou les saints. Cette tradition fait partie de l'enseignement chaféite, mais elle n'a pas cours parmi les Zaydis du Nord-Yémen. Selon l'école extrémiste wahhabite, suivie en Arabie saoudite, le fait de respecter les tombeaux des saints, et en particulier la tombe en elle-même, est une idolâtrie et un péché. Après la guerre de 1994, de nombreux tombeaux sud-yéménites furent pillés ou détruits par les extrémistes religieux du nord.

Le ziyara le plus connu est celui de Qabr Nabi Allah Hud, qui dure une semaine. Comme beaucoup d'autres, il donne vie à un marché local sur le site même du pèlerinage, mais une étrange variante y est ajoutée : les pèlerins s'échangent des insultes bien intentionnées et les rires sont aussi valables qu'une prière. Le point d'orgue de ces festivités est une course de dromadaires à Tarim, un événement coloré auquel tout le monde peut assister.

Certains ziyaras très connus sont énumérés dans le tableau ci-contre.

Site du Ziyara	Saint commémoré	Date du Ziyara
Qabr Nabi Allah Hud	Nabi Allah Hud	04-10/11/2000 24-30/10/2001 13-19/10/2002
Say'un	Ali bin i Mohammed al-Habsh	20-23/07/2000 09-12/07/2001 28/06-01/07/2002
Al-Qatn	'Umar bin 'Abdullah al-Haddar	15-21/09/2000 04-10/09/2001 24-30/08/2002
Al-Mashhad	'Ali bin Hassan al-Attas	11-19/06/2000 31/05-08/06/2001 20-28/05/2002
Qaydun	Sayyid bin 'Isa al-'Amudi	23-29/10/2000 12-18/10/2001 01-07/10/2002
Buda	Ma'ruf Ba Jammal	24-28/03/2000 14-18/03/2001 03-07/03/2002
Sif	Sayyid Shikhan Ibn Ahmad	11-15/07/2000 30/06-04/07/2001 19-23/06/2002
Hudun	Hudun, fils de Nabi Allah Hud	13-14/11/2000 02-03/11/2001 22-23/10/2002
Al-Ghirayn	Sayyid 'Umar bin 'Abd-ar-Rahman al-Bar	16/06/2000 04/06/2001 24/05/2002
Ash-Shihr	Salim bin 'Umar al-Attas	17-24/04/2000 06-13/04/2001 26/03-02/04/2002

relativement bon état. Dans le Wadi Daw'an, vous découvrirez les sites (du nord au sud) de Qaydun, Sif, Buda, Hudun, Rihab, al-Quyara, al-Ghirayn, ar-Rashid et al-Khurayba, décrits ci-dessous.

Sif

Sif (*sīf*) est l'une des villes les plus importantes et les plus typiques de la région. Elle se distingue par ses maisons en brique crue décorées de couleurs claires et de motifs de styles différents, tels que de fausses colonnes et fenêtres. Les propriétaires des maisons les plus impressionnantes résident et travaillent en Arabie Saoudite, les revenus de l'agriculture locale ne suffisant pas à entretenir la splendeur de ces constructions.

Juste avant Sif, le petit village de **Qaydun** marque l'entrée du Wadi Daw'an. Durant la dernière semaine du mois du rajab dans le calendrier musulman, de nombreux pèlerins se rassemblent autour du tombeau du cheikh Sa'id bin 'Isa al-'Amudi, homme de lettres et saint, mort en 1272. L'importance religieuse du village a culminé aux XVIe et XVIIe siècles et le lundi du pèlerinage était habituellement consacré aux lépreux.

Où se loger et se restaurer. Le *Ribon Hotel*, situé sur la route principale, au centre de la ville, est un établissement simple mais propre, doté d'un restaurant. Il est destiné aux touristes occidentaux : une simple/double à deux-draps, avec ventil., coûte 1 000/ 1 400 RY, petit déjeuner et dîner compris ; les s.d.b. sont communes.

Vous pourrez déguster un bon thé au *Tourist Center & Buffet*, qui abrite également un petit musée.

Buda et Hudun

Ces deux villages sont réputés pour leurs pèlerinages annuels. Au XVIe siècle, Buda était également le centre politique de la région, tandis que Hudun (*hudūn*) doit son nom au fils du prophète Nabi Allah Hud.

Al-Khurayba

Al-Khurayba est le dernier village relativement facile d'accès dans le Wadi Daw'an et comporte une impressionnante palmeraie. Autrefois, le village comptait un petit *funduq*, qui semble aujourd'hui fermé.

Comment s'y rendre

Il est préférable de louer un 4x4 pendant un jour ou deux pour explorer la région de Daw'an. Depuis al-Khurayba, vous pouvez rejoindre, par une route en mauvais état, la route du wadi Hadramaout – al-Mukalla. Si vous arrivez de la côte, vous pouvez aussi pénétrer le système de wadi en quittant la route à Huwayra, à 148 km d'al-Mukalla, puis en descendant vers le Wadi Daw'an, à al-Khurayba, situé à 138 km de Shibam. Le trajet entre al-Mukalla et Say'un dure entre 12 et 14 heures. Il vous faudra passer la nuit à Sif si vous souhaitez découvrir la région. Si vous prenez un taxi collectif ou si vous faites du stop, vous risquez de passer de longues heures à attendre. La course en taxi coûte, par jour, entre 10 000 RY (visite d'al-Hurayda ou d'al-Hajjarayn depuis Say'un) et 24 000 RY (Say'un-al-Mukalla en une seule journée).

AL-QATN

Al-Qatn (*al-qatn*), ancienne capitale du Qu'ayti, est aujourd'hui une ville moderne et animée, et le principal centre du Wadi Hadramaout occidental. Si vous arrivez de Marib en taxi bédouin, vous devrez vous arrêter ici et continuer en taxi collectif. Vous pourrez même envisager d'y passer la nuit et de repartir le lendemain matin pour Shibam et Say'un. Le **palais du Sultan** est le seul monument notable de la ville et un bel exemple de style traditionnel.

Où se loger

Outre deux petits hôtels traditionnels bon marché avec dortoirs, l'*Al Qatin Tourist Hotel* (☎ 457606), au bord de la route principale, près de la station de taxis, loue des simples/doubles à un-drap à 1 200/1 800 RY. Il est possible de négocier.

SHIBAM

Shibam (*shibām*) est pour le Yémen du Sud ce que le vieux Sanaa représente pour le

Nord : la ville musulmane arabe de style traditionnel la plus célèbre. Elle forme un ensemble compact de 500 "gratte-ciel" de 5 à 7 étages sur une superficie de 500 m². Dressée sur une légère éminence au centre de la vallée à quelque distance du wadi, elle porte bien son surnom de "Manhattan du désert". La vue de Shibam est inoubliable ; elle occultera les peines endurées pour atteindre la ville. Si vous la connaissez déjà d'après photo, la réalité dépassera certainement votre imagination.

Shibam, ville très ancienne, était déjà la capitale du Hadramaout au IIIe siècle de notre ère, après la chute de Shabwa, et le fut à plusieurs reprises jusqu'au XVe siècle. Aujourd'hui, elle compte 7 000 habitants.

Sa disposition ramassée est un remarquable exemple d'urbanisme antique. Elle est entourée d'une enceinte en terre et les maisons à charpente en bois sont construites en pisé sur des fondations de pierre. La plus haute, de huit étages, s'élève jusqu'à 30 m au-dessus de la rue et 39 m au-dessus du fond du wadi. Les maisons possèdent quatre à sept étages en moyenne, selon la hauteur du tertre sur lequel elles reposent, de manière à ce que les toits soient tous au même niveau. Implantée au fond du wadi, la ville craint les inondations, car l'une d'elles, en 1532-33, la détruisit en partie.

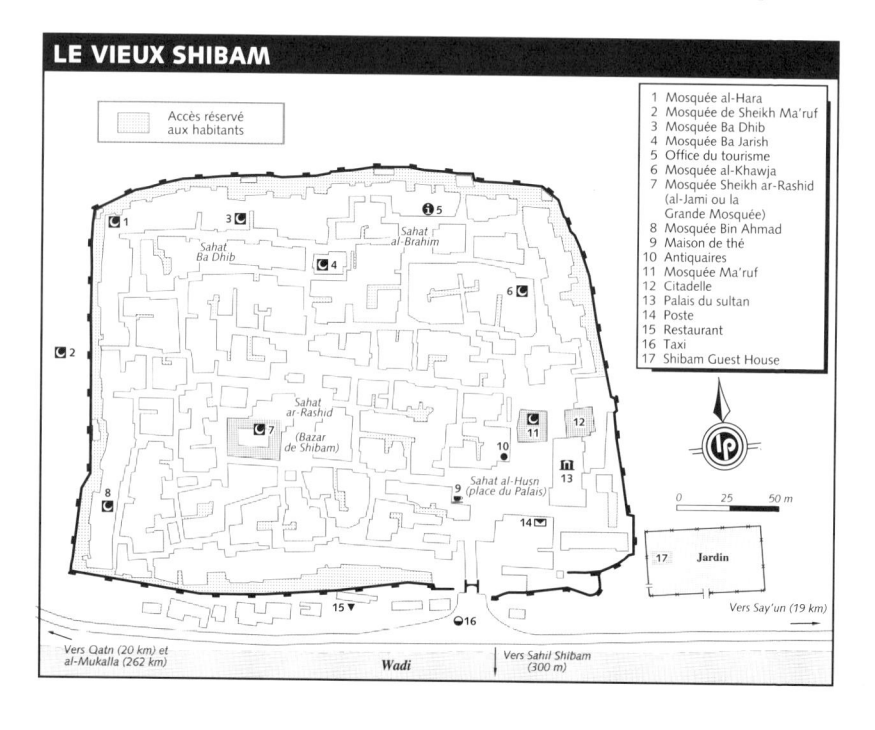

Dans les années 80, Shibam, comme Sanaa, a fait l'objet d'un programme de l'Unesco pour la sauvegarde du patrimoine culturel de l'humanité. Le travail n'a pas manqué et il reste encore beaucoup à faire. En effet, de nombreuses maisons avaient durement souffert des inondations en 1975, 1982, 1989 et 1998. La construction étant de plus en plus chère, les propriétaires n'ont plus les moyens de réparer des dégâts de cette ampleur. La restauration des barrages qui protègent la ville, la réfection des maisons particulières, ainsi que la construction d'un système d'évacuation des eaux de pluie et d'égout sont notamment programmés.

A voir

Vous aurez le choix entre explorer les rues étroites de la ville, l'admirer de loin, depuis le fond sablonneux du wadi au sud, ou depuis les palmeraies qui l'entourent. Si vous arrivez par avion, vous découvrirez un splendide panorama.

Depuis le fond du wadi, elle offre un aspect assez anodin à cause des maisons récentes blanchies à la chaux, construites dans les années 1900 entre la route et le mur d'enceinte. Les touristes ont pris l'habitude de photographier la ville au coucher du soleil depuis les falaises qui dominent le faubourg récent de Sahil Shibam, ou Sihayl, sur la rive sud du wadi.

Passée la porte de la ville, vous arrivez sur la place centrale appelée **Sahat al-Husn**, place du palais. La **citadelle**, datant du XIIIe siècle, borde la place et ne doit pas être confondue avec le **palais du Sultan** voisin, qui fut construit dans les années 20.

Une promenade dans les rues vous enchantera. La plupart des **maisons** visibles aujourd'hui datent du XVIe siècle et beaucoup ont été reconstruites il y a environ un siècle. Vous remarquerez les belles portes et leurs serrures en bois gravé. Devant les fenêtres, les écrans treillissés en bois finement sculpté (*khalfa*) sont fabriqués par des artisans locaux qui tiennent boutique dans Sahil Shibam. Aucun écran n'est semblable à l'autre.

Mosquées. La plus grande des sept mosquées de la ville fortifiée, **Sheikh ar-Rashid** jouxte Sahat ar-Rashid, la deuxième place de la cité. Elle fut construite en 133 de l'hégire (904 de l'ère chrétienne) par le calife Harun ar-Rashid, à la place d'une mosquée plus ancienne. Depuis, elle a connu plusieurs réfections, dont la plus récente date des années 60.

Ma'ruf, la mosquée immédiatement à l'entrée de la ville, a plus de mille ans. Sa dernière restauration date des années 40.

Dans la palmeraie occidentale se dresse la splendide mosquée blanche de **Sheikh Ma'ruf** qui a plus de 400 ans d'âge.

Achats

Chaque maison semble s'être transformée en magasins d'antiquités. On se demande comment les portes peuvent encore fermer depuis que les serrures en bois sont devenues des objets très recherchés. Le *nakhl*, grand chapeau de paille porté aux champs par les femmes hadramites, sera sans doute un plus joli souvenir.

Où se loger et se restaurer

Le *Shibam Guest House*, à l'extérieur du mur oriental de la vieille ville, est né avec le boom touristique des années 1992-93. Il fut construit par l'agence de voyage Universal, basée à Sanaa. Disposant d'un petit jardin privatif et d'un restaurant, le seul hôtel de Shibam est sans conteste trop cher pour les Yéménites. Il ferme durant la basse saison.

Vous trouverez deux modestes *restaurants* entre le mur d'enceinte et la route principale. Les plats de thon et de riz coûtent 150 RY pour les habitants de la région et un peu plus pour les touristes. Dans la ville vous pourrez prendre le thé dans un samovar russe, situé au coin de Sahat al-Husn, où les habitants passent leur temps à jouer aux dés.

SAY'UN

Cette ville de 30 000 habitants, surnommée la "ville au million de palmiers", est la plus grande de la vallée du Hadramaout, dont elle occupe le centre, à 320 km au nord d'al-Mukalla. Durant les dernières années de la présence britannique, elle fut la capitale du Protectorat du Hadramaout septentrional. C'est ici que les touristes arrivant en avion ou en taxi sont déposés.

Say'un fut un lieu d'étape sur l'une des plus importantes routes caravanières. Son économie se redressa après 1490, avec l'arrivée de 10 000 membres d'une tribu du Yémen

SAY'UN

OÙ SE LOGER
- 3 Trade & Housing Tower Hotel (Funduq al-Burj)
- 8 Ash-Sharqah Hotel
- 9 Al-Wadi Hotel
- 22 Rayboon Tourist Hotel
- 26 Al-Kaff Hotel

OÙ SE RESTAURER
- 6 Restaurant Capital Modern
- 7 Restaurant & Buffet
- 13 Kenya Hotel
- 16 Rayboon Cafe
- 17 Café
- 18 Park Cafe et Restaurant
- 21 Ash-Shaab Restaurant

DIVERS
- 1 Centre artisanal
- 2 Agence Abu Hafs
- 4 Banque nationale du Yemen
- 5 Bureau de Yemenia
- 10 Grande mosquée
- 11 Vieux souk
- 12 Palais du Sultan
- 14 Nouveau souk
- 15 Stations de taxis
- 19 Bus pour al-Mukalla
- 20 Poste
- 23 Tombeau de Habshi
- 24 Mosquée d'al-Haddad
- 25 Hôpital

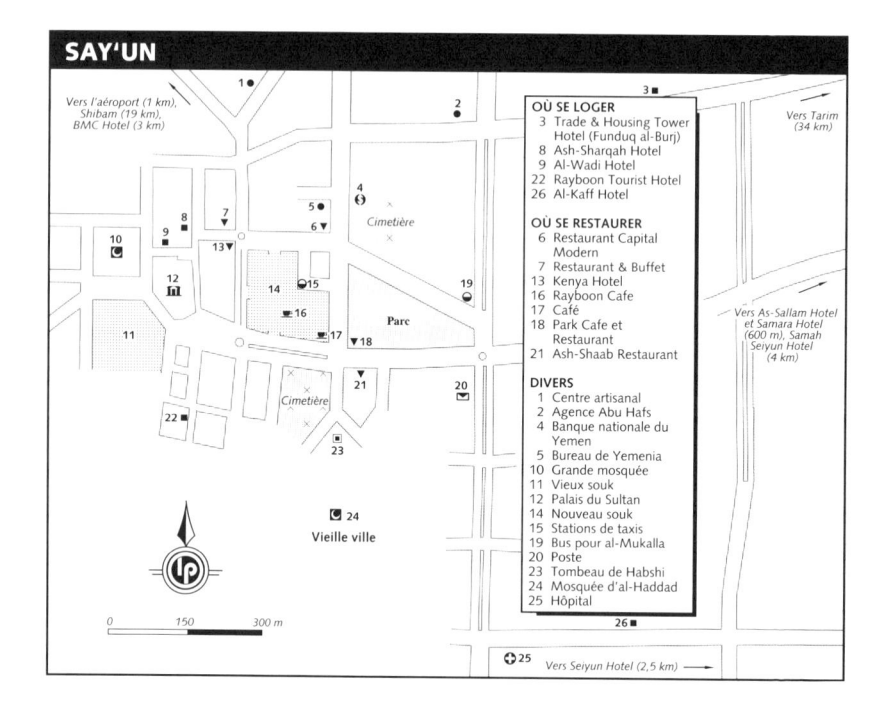

du Nord, les Kathiris des Hamdanis. Ils en firent leur capitale et la gouvernèrent jusqu'à la révolution de 1967. Les imposants édifices en brique d'argile sont l'exemple parfait de l'architecture du Wadi Hadramaout. Tout en flânant, vous découvrirez, les plus belles mosquées (et leurs minarets) du Yémen.

Orientation et renseignements

La ville est facile d'accès. L'activité se concentre dans un rayon de 200 m autour des stations de taxis, à côté du splendide palais du Sultan. La grande route traverse Say'un d'ouest en est, séparant la ville en deux, décrivant quelques virages dans le centre et laissant la majeure partie de la ville sur le côté sud.

L'aéroport se trouve au nord de la ville, à une distance à pied raisonnable si vous n'êtes pas trop chargé (la course en taxi privé coûte 400 RY). L'embranchement de la route d'accès se situe à l'ouest, en direction de Shibam. Le bureau de Yemenia est au nord du centre-ville.

Palais du Sultan

Le palais du Sultan de Say'un est sans doute l'un des plus pompeux du Yémen du Sud. C'est un colosse de plâtre blanc à plusieurs étages, aux fenêtres décorées de bleu ciel. Il se dresse sur une éminence voisine du vieux souk. Son aspect actuel remonte aux années 20 et 30, lorsque les sultans kathiris, Mansur bin Ghalib et son fils 'Ali, reconstruisirent le précédent palais. Le mur de pisé entourant le palais date de la dernière réfection, en 1987.

Le palais est pratiquement vide. Il a été transformé en musée après la révolution de 1967. Ouvert tous les jours de 7h30 à 12h, ce musée occupe plusieurs salles à divers étages mais pas la totalité de l'espace. L'exposition archéologique permanente, très intéressante, comprend plusieurs cartes et vues aériennes des sites de fouille. Raybun a livré un matériel abondant. La salle qui lui est consacrée montre des écrits et des objets sémitiques et himyarites.

Au dernier étage, vous découvrirez les salles dédiées aux arts et traditions populaires : mariage et naissance, rituels du thé et du café, artisanat et médecine arabe. Très intéressante, la salle de la douane expose des pièces et des billets de banque de l'époque des sultanats. Un passeport portant le cachet "Kathiri State, Aden Protectorate" rappelle la période de l'occupation britannique.

Le palais abrite aussi la bibliothèque de Say'un. Vous trouverez une boutique de souvenirs près du mur extérieur, à gauche de l'entrée principale, vendant, entre autres, des ceintures de mariage en argent, Hadhrami et Omani.

Autres curiosités

Le **tombeau** turquoise **de Habshi** (1910) est situé dans le centre. A proximité, la **mosquée d'al-Haddad**, avec son minaret circulaire et conique, est beaucoup plus ancienne (XVIe siècle). Les non-musulmans n'ont pas le droit d'entrer dans les tombeaux ou dans les cimetières attenants. Il en va de même pour tous les cimetières de la vallée du Hadramaout.

Sur le côté sud du palais, s'étend le **vieux souk**. L'architecture des galeries marchandes des **nouveaux souks**, à l'est du palais à côté des stations de bus et de taxis, s'inspire à l'évidence de celle du vieux souk.

Activités culturelles et sportives

Vous pouvez découvrir la ville à pied (ce qui vaut le coup malgré la chaleur), ou bien réserver des visites guidées de plusieurs sites auprès de diverses agences de voyages, qui proposent également des excursions en chameaux. Le bureau de l'agence Universal (☎ *404288*) se trouve juste à côté du mur extérieur du palais du Sultan, entre le vieux et le nouveau souk. N'hésitez pas, cependant, à comparer ses prestations avec celles proposées par les tour-opérateurs locaux situés à l'intérieur du mur d'enceinte. Ils semblent changer d'une saison à une autre, mais ils sont bien utiles. L'Abu Hafs Travel, Tourism & Services Agency (☎ *404447*), à droite du centre-ville, sur la route principale, prétend prêter une attention particulière aux voyageurs indépendants. Si vous souhaitez uniquement louer une voiture et un chauffeur, renseignez-vous auprès du personnel de n'importe quel hôtel ou de la station de taxi.

Achats

La **musique hadramite** est très différente de celle du reste du pays. Plusieurs boutiques de cassettes sont installées dans le vieux souk.

Si vous voulez rapporter un souvenir de votre séjour dans le Wadi Hadramaout, vous trouverez le plus large choix de *futas* du Yémen dans les échoppes, le long du parc central, à côté de la station de taxi. Vous remarquerez que les Hadramites adorent les couleurs vives. La plupart sont fabriqués en Inde, mais les motifs sont exclusivement réservés au marché yéménite. Le **souk à argenterie** et le **centre artisanal** sont un peu à l'écart du centre-ville. Pour y accéder, prenez la route de l'aéroport, tournez à droite après les poissonniers, puis à gauche.

Où se loger – petits budgets

Deux hôtels rudimentaires occupent le centre-ville. L'*Ash-Sharqah Hotel* propose des simples/doubles à un-drap, avec s.d.b. communes, douches froides et ventil. à 700/1 000 RY, avec en prime une vue splendide sur le vieux souk ou le palais du Sultan. L'*Al-Wadi Hotel* (☎ *405470*) est l'établissement le plus proche du palais du Sultan. Les doubles/triples avec ventil. ne coûtent que 800/1 000 RY, avec s.d.b. dans le couloir.

A 1,5 km du centre, près de l'hôpital de Say'un, l'*Al-Kaff Hotel* (☎ *405181*) propose des chambres avec s.d.b. et clim. à 1 050 RY.

Où se loger – catégorie moyenne

Le *Trade & Housing Tower Hotel* (☎/*fax 403575*), est, comme l'indique sa curieuse appellation, un vaste bâtiment à deux niveaux avec des boutiques au rez-de-chaussée et des chambres d'hôtel au premier étage. Une piscine se trouve dans l'arrière-cour. Cet hôtel à deux-draps, très propre, possède des s.d.b. individuelles et des ventil., mais plusieurs chambres donnent sur un couloir sombre. Les doubles valent 1 000 RY, service et taxes comprises. Pour 500 RY de plus, vous obtenez la clim., non négligeable à toute période de l'année. Le petit déjeuner est à 350 RY, ce qui est un peu cher. Installé sur la route de Tarim, l'hôtel est facilement accessible à pied depuis le centre-ville.

Dans le quartier du vieux souk, le ***Rayboon Tourist Hotel*** (☎ *405393, fax 402686*) présente un excellent rapport qualité/prix. Propre et agréable, il loue des doubles/triples spacieuses, avec clim. et s.d.b., à 1 500/2 000 RY. Des enseignes l'indiquent depuis le palais du Sultan.

Le charmant ***Samara Hotel*** (☎ *403997, 405416, fax 405414*), à 1,5 km du centre en direction de Tarim, dispose de simples/ doubles/triples avec clim., s.d.b. et TV satellite à 1 200/1 500/2 000 RY. Juste en face de l'intersection, se trouve l'***Al-Sallam Hotel*** (☎ *403208, 403641, fax 403181*). Le prix des simples/doubles avec clim. et s.d.b. s'élève à 1 831/2 441 RY, petit déjeuner inclus. C'était le seul hôtel disponible sous l'ancienne RDPY et, lors de notre passage, vous pouviez louer des chambres non rénovées à 1 221/1 465 RY. Le complexe de l'hôtel comprend également une piscine et une boutique de souvenirs.

Où se loger – catégorie supérieure

Les meilleurs hôtels de la ville sont assez éloignés du centre et vous devrez prendre une voiture pour y accéder. Tous sont dotés d'excellents restaurants et de piscines, généralement vides à la saison sèche.

L'immense ***Seiyun Hotel*** (☎ *404254*), à 3 km du centre, derrière l'hôpital de Say'un, est également connu sous le nom de YATA Hotel. Niché sur une montagne à l'est de Say'un, il s'ouvre sur de splendides vues de la ville. Les chambres doubles sont à 2 430 RY avec petit déjeuner, et les suites à 3 660 RY.

A 3 km en direction de Shibam, avant al-Ghurfa, le ***BMC Hotel*** (☎ *402524, fax 402935*) est plus agréable qu'il n'y paraît. Les simples/doubles/triples sont au prix unique de 2 500 RY en hors saison. Le ***Samah Seiyun*** (☎*/fax 403623*), à 4 km en direction de Tarim, propose des simples/ doubles à 45/ 55 $US toute l'année en demi-pension.

Où se restaurer

En plein centre de Say'un, à côté du nouveau souk et de la station de taxis, un agréable *cafe* sert du thé et des boissons froides. De là, vous apercevez deux des restaurants de qualité de la ville : l'***Ash-Shaab Restaurant***, au premier étage d'un immeuble, et le ***Park Cafe & Restaurant***, dans l'angle sud-ouest du parc central. Vous trouverez d'autres restaurants agréables près du palais du Sultan, comme le ***Kenya Hotel*** et le ***Restaurant & Buffet***, l'un en face de l'autre, qui offrent tous deux des légumes, du poisson, du poulet et de l'agneau entre 100 et 200 RY. Au nord du centre-ville, le ***Restaurant Capital Modern*** est un établissement plus raffiné, en plein air, servant de délicieux *shawarma* et du riz pour 300 RY.

Vous dégusterez le meilleur café de la ville au ***Rayboon Cafe***, au milieu du nouveau souk. Vous aurez le choix entre du *qirsh*, ou café, de style yéménite ou occidental.

Tous les hôtels de catégories moyenne et supérieure possèdent un restaurant.

Comment s'y rendre

Avion. La compagnie Yemenia assure une liaison quotidienne avec Sanaa, excepté le vendredi, et avec Aden quatre fois par semaine. Elle propose également un vol hebdomadaire pour al-Ghayda. La course en taxi depuis ou vers l'aéroport coûte 400 RY.

Bus. Des bus quotidiens effectuent la navette entre Say'un et al-Mukalla. Ils partent à 6h et le billet, en vente devant le bus une heure avant le départ, coûte 600 RY.

Taxi. Des taxis collectifs relient Say'un à toutes les villes du Wadi Hadramaout et à al-Mukalla. La course à destination de Shibam est de 100 RY, et vers Tarim de 120 RY. Pour al-Mukalla, il faut compter 800 RY la place. Vous pourrez peut-être obtenir un taxi bédouin pour Marib, qui vous facturera la course entre 14 000 et 20 000 RY.

LES ENVIRONS DE SAY'UN

Al-Ghurfa

A 6 km à l'ouest de Say'un, al-Ghurfa est le site de la **mosquée Ba'bath**, du XVIe siècle. Cette importante mosquée renferme un décor d'origine, bien conservé, et d'autres éléments de style tahiride. Un grand tombeau sous coupole se dresse dans le cimetière.

Tombeau d'Ahmad ibn 'Isa al-Muhajir

Ce tombeau se trouve à 5 km à l'est de Say'un, sur la rive sud au fond du wadi. Bien visible depuis la route principale, ce tombeau du chef spirituel du Xe siècle est, encore de nos jours, un important lieu de pèlerinage. Il a été entretenu avec soin et sa beauté est évidente même pour l'œil non averti. Dans le village voisin de **Bor**, de l'autre côté de la route, une mosquée érigée par le fils du saint homme, 'Abdullah Ahmad ibn 'Isa, vient d'être restaurée.

La visite de ce tombeau peut se combiner avec celle de Tarim. En revenant de Tarim, descendez du taxi à la hauteur du site facilement accessible à pied. Vous ne devriez pas attendre trop longtemps avant de retrouver un taxi.

TARIM

Tarim (*tarīm*) est la dernière des trois grandes villes du Wadi Hadramaout. Elle compte 15 000 habitants et se situe à 35 km à l'est de Say'un. Elle est, d'un côté, surplombée par de grandes falaises rocheuses et, de l'autre, entourée de palmeraies.

Tarim fut pendant longtemps un foyer de l'école chaféite de l'islam sunnite. Du XVIIe au XIXe siècle, ses 365 mosquées (selon le recensement officiel – une pour chaque jour !) ont joué le même rôle décisif, pour le rayonnement du chaféisme à l'intérieur et hors du Hadramaout, que celles de Zabid dans la Tihama.

Orientation et renseignements

Les lieux d'intérêt sont tous accessibles à pied depuis la place centrale de Tarim où vous déposeront les bus et les taxis venant de Say'un. La route aborde la ville par le sud et longe la station de taxis et un petit parc sur la droite (à l'est). La poste est située sur la rue qui relie la place à la station de taxis.

A voir

Tarim est une belle ville marquée par les hauts minarets de ses nombreuses mosquées. La plus célèbre, la **mosquée al-Muhdar** (*al-Mihdār*), porte le nom du chef religieux Omar al-Muhdar, qui vécut ici au XVe siècle. Refaite en 1914, elle est le symbole de la ville. Son minaret carré en pisé, fin et magnifique, de 50 m de haut, est le plus élevé d'Arabie du Sud et figure dans toutes les publications illustrées du Hadramaout. Elle se trouve à deux pâtés de maisons à l'est de la place centrale.

Le Hollandais van der Meulen, qui visita la ville dans les années 30, reprocha à la mosquée son style bien trop moderne ! Le visiteur actuel trouvera la **mosquée al-Jami'**, près de la place centrale, dans un état plus lamentable. Cette mosquée, qui date de 1185, fut totalement refaite de béton armé en 1975. La **mosquée Ba Alawi**, bien plus belle, avec son minaret tout rond, se trouve à quelques pâtés de maisons plus au nord. La **mosquée al-Jawhari** et la **mosquée al-Jabbana**, situées dans le quartier sud-ouest du cimetière, méritent également la visite.

Encore plus impressionnants que les mosquées, vous pourrez découvrir les innombrables palais de Tarim. Le plus beau est le **palais al-Kaf**, dit aussi palais 'Ishsha. Depuis la mosquée al-Muhdar, suivez les panneaux "Shabib Antiques & Services" (qui mérite également une petite visite) et vous passerez devant cet énorme palais, vide pour l'essentiel. Les gardiens vous laisseront entrer contre un petit pourboire. Les visites ont lieu de 8h à 13h et de 15h à 18h.

Si vous aimez la calligraphie arabe à son sommet de perfection, une visite à la **bibliothèque al-Ahqaf** (du nom de la sourate d'al-Ahqaf, sourate 46 du Coran) s'impose. Elle fut fondée en 1972 pour sauvegarder le patrimoine spirituel des maîtres de la région et contient des livres provenant de tout le Wadi Hadramaout. Sur les 14 000 volumes, 3 000 sont extrêmement anciens et plusieurs œuvres d'art magnifiques sont exposées derrière des vitrines fermées à clé. Elle se trouve au premier étage de la mosquée al-Jami' et l'entrée se situe à l'arrière. Elle est fermée le vendredi. Vous ne paierez aucun droit d'entrée, mais une obole est appréciée. La bibliothèque comprend une annexe dans le petit parc près de la station de taxis.

Bien que les non-musulmans n'y soient pas tolérés, les **cimetières** au sud de Tarim méritent qu'on y jette un coup d'œil à travers les grilles d'entrée. Les monuments en grès d'un modèle uniforme, ornés de fine calligraphie, sont d'un style sans équivalent au Yémen. Il existe ici trois cimetières différents : **Zanbal**, aux tombeaux de sada sous-coupoles, **al-Furayt**, du nom de la montagne qui l'ombrage, et **Akdar**, en hommage aux deux cheikhs martyrisés lors de l'invasion ayyubide vers la fin du XIIe siècle.

Où se loger – petits budgets

La *Brothers Pension Tourist* est bien située dans la rue centrale de Tarim, à côté de l'arrêt des bus de Say'un. Les prix de cet hôtel à un-drap, d'une grande sobriété, vont de 350 RY pour les simples à 750 RY pour les doubles, dont certaines sont garnies de lits supplémentaires. Pour 150 RY, vous disposerez d'un lit pour 6 heures dans la salle commune, idéal pour la sieste.

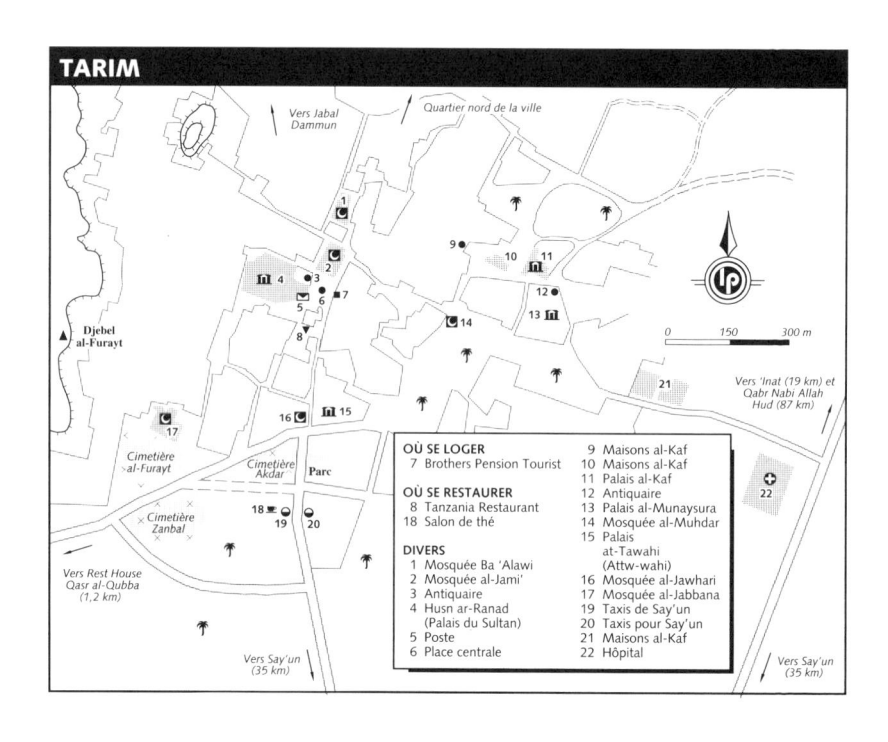

Les palais al-Kaf de Tarim

Le palais 'Ishsha et la maison de repos Qasr al-Qubba font partie d'un quartier de 23 palais en pisé, construits par la famille Al-Kaf. La plupart de ces magnifiques demeures, avec leurs cours et leurs jardins privatifs, furent construites entre la fin du XIXe siècle et les années 30.

La famille Al-Kaf appartient au rang des 'Alawi, qui fonda le sultanat kathirite du Hadramaout. Les membres de cette famille firent fortune en Extrême-Orient, ce qui leur valut le surnom de "millionnaires de Singapour" par les dirigeants coloniaux britanniques. Après avoir réussi en affaires, les fils de la famille retournèrent un à un à Tarim, où ils investirent leur fortune, ce qui explique le style "baroque javanais", très particulier, des bâtiments de la ville. Cependant, les influences du sud-est asiatique sont très présentes dans tout le Hadramaout car les Al-Kaf ne furent pas les seuls émigrants à retourner au pays.

Le flot d'argent et de biens importés fut si énorme que l'économie de la région en pâtit grandement car travailler pour les *sada* était devenu plus rentable que de produire des biens pour la population yéménite. Même l'agriculture subit des dommages considérables car les céréales et les denrées alimentaires importées inondaient le marché, à tel point que la famille Al-Kaf dut distribuer gratuitement de la nourriture aux pauvres. Durant la Seconde Guerre mondiale, la route qui approvisionnait la région depuis l'Asie fut coupée lorsque les Japonais envahirent l'Asie du Sud-Est, ce qui provoqua une famine.

Le règne des Al-Kaf prit fin lors de la révolution de 1967. La plupart des membres s'exilèrent en Arabie saoudite.

Après la réunification, et en particulier depuis la guerre de 1994, beaucoup d'anciens sultans et leurs descendants sont retournés au Yémen du Sud en tant que simples citoyens. Certains ont amassé une fortune considérable en Arabie saoudite et dans d'autres pays du Golfe. Le retour à leurs propriétaires initiaux des biens nationalisés est un sujet très controversé, tout comme l'éventuelle participation des sultans dans la vie politique. Cette situation a déjà donné lieu à des projets de reconstruction et de réparation dans tout le Hadramaout, en particulier à Tarim.

Où se loger – catégorie moyenne

La ***Rest House Qasr al-Qubba*** (☎ *415221*) retiendra l'attention. Ce minuscule établissement est un petit palais, niché au cœur d'un bosquet de palmiers et de diverses essences d'arbres, et doté de deux piscines. Ce fut la première maison de repos construite dans le Wadi Hadramaout en 1931 par Mohammed bin Husayn Sheikh al-Kaf, de retour d'Indonésie où il avait découvert le concept du tourisme. Les chambres, refaites en 1975, sont demeurées dans la lignée du style ancien. L'endroit est propre et chaque chambre a son charme particulier. Les prix s'échelonnent de 1 120 RY pour les simples, avec toilettes dans le couloir, à 1 930 RY pour les doubles avec clim. et s.d.b. individuelles.

Qasr al-Qubba est à environ 1,5 km du centre. Depuis la station de taxis, dirigez-vous vers l'ouest entre les cimetières. La route bifurque 700 m plus loin. Prenez à gauche et au bout de quelques centaines de mètres, vous arriverez à l'hôtel.

Où se restaurer

Vous trouverez quelques restaurants autour de la place centrale. Essayez le ***Tanzania Restaurant***, qui propose le plus large éventail de plats, à partir de 100 RY. Le ***Rest House Qasr al-Qubba*** est également une bonne adresse, avec tout de même une certaine réserve. Il sert des plats de poisson ou de viande avec du riz entre 300 et 400 RY. Si vous souhaitez boire du thé, la ***Brothers Pension*** dispose d'un salon avec TV. Un autre établissement agréable se situe près de la station de taxi.

Comment s'y rendre
Depuis le centre-ville de Say'un, prenez un taxi vers l'est. La course coûtera 120 RY.

LES ENVIRONS DE TARIM
Vous pouvez poursuivre votre route vers le Wadi 'Adim, au sud, où vous découvrirez deux sites archéologiques, relativement intéressants pour un profane, ou bien vers l'est en direction du Wadi Masila, où se trouvent d'autres sites intéressants. Au nord, le *jawl* pierreux se transforme peu à peu en un désert de sable, l'ar-Rub' al-Khali, où se trouve la frontière non définie avec l'Arabie Saoudite. Si vous souhaitez vous aventurer dans cette région quelque peu dangereuse, vous ne croiserez qu'une seule ville sur votre chemin, **Thamud**, un ensemble de maisons en béton construites par la RDPY pour accueillir les Bédouins de la région.

Wadi 'Adim
C'est le point de départ de l'ancienne route al-Kaf vers ash-Shihr sur la côte. **Mashgha** et **Suna**, deux sites de ruines pré-islamiques sur les rives du Wadi 'Adim, se trouvent à environ 20 km au sud de Tarim. Des fouilles plus approfondies doivent encore être menées, et sans l'aide d'un guide, vous aurez du mal à les trouver. Si vous longez ce magnifique wadi, vous arriverez à **Ghayl 'Umar**, à 50 km de Tarim, un charmant village où vous découvrirez une forteresse en ruines et le tombeau de **Nabi 'Umar**, sous une coupole.

'Inat
Le cimetière de 'Inat (*'ināt*), à 19 km à l'est de Tarim, possède un remarquable ensemble de grands tombeaux, appelés les Sept Dômes, qui méritent absolument une halte même si vous ne pouvez pénétrer dans l'enceinte du cimetière.

Husn al-'Urr
Ce fort est situé à 35 km à l'est de Tarim, sur une colline au milieu du wadi principal. La date de sa construction (Ier siècle av. J. C. ou IIe de notre ère) est incertaine, mais il est resté en service pendant plus de 1 000 ans avant d'être abandonné en 1258. Vous apercevrez les vestiges des fortifications et de la citerne voisine.

Qabr Nabi Allah Hud
Ce tombeau, à 35 km à l'est de Husn al-'Urr, est l'un des plus hauts lieux de pèlerinage du Wadi Hadramaout. La ville a été construite à côté du tombeau du prophète pré-islamique, Hud. Une salle de prière, voisine du sanctuaire, a été construite autour d'un gigantesque rocher.

Curieusement, cette ville, bien entretenue, n'est habitée que trois jours par an à l'occasion du *ziyara*, du 6e au 12e jour du mois de Sa'ban selon le calendrier musulman.

A environ 10 km au sud, la grotte de **Bir Barhut** est très réputée depuis l'époque pré-islamique en raison des légendes attachées à ce lieu, une sorte d'enfer terrestre où les anges déchus sont torturés par les scorpions et les serpents.

Al-Mahra

La région reculée d'al-Mahra, avec seulement 110 000 habitants, dont la moitié sont des Bédouins et l'autre des pêcheurs, est la province la moins peuplée et la moins développée du Yémen. En dehors de sa petite capitale, al-Ghayda, et d'une ville portuaire, Nishtun, elle ne compte que quelques ports de pêche et des campements bédouins. Sur la côte, à l'ouest, les villages – Sayhut, 'Itab, Qishn et Haswayn – se caractérisent par leur habitat : des maisons rectangulaires, dont seul le mur face à la mer est peint en blanc.

Les montagnes, qui occupent l'intérieur des terres, n'excèdent pas 1 000 m d'altitude. Le point culminant (1 405 m) se situe à 40 km au nord de Sayhut. Les profonds wadi qui séparent les chaînes de montagnes donnent à ce paysage une beauté désolée. La maigre végétation se compose essentiellement d'arbres à myrrhe ou de buissons. Les arbres à encens se font rares car ils se concentrent principalement dans les montagnes de Qara, à l'ouest d'Oman. Les chaînes de montagnes qui s'étendent jusqu'à la mer entrecoupent la plaine côtière de sable blanc entre les villes de 'Itab et Qishn, et au cap Ra's Fartak, l'extrémité occidentale de la baie de Ghubbat al-Qamar.

Durant la colonisation britannique, la région était officiellement placée sous l'autorité du sultan de Suqutra. Avant et après la révolution de 1967, alors que le mouvement gauchiste tentait, vainement, d'étendre son influence sur le Dhofar à l'ouest d'Oman, elle fut le théâtre d'actions militaires.

L'agriculture est inexistante, l'élevage et la pêche peu développés : la vie est difficile dans cette région. L'argent qu'envoyaient les émigrés, partis travailler au Koweit, constitua pendant longtemps la principale source de revenu. La guerre du Golfe en 1990-1991 a durement frappé ce gouvernorat qui vit alors affluer des milliers de migrants contraints de revenir au pays en abandonnant leurs biens.

En bref

Renseignements pratiques
Code téléphonique régional : 05
Population : 113 000 habitants
Capitale : Al-Ghayda
(8 000 habitants)

A ne pas manquer
• Des circuits hors des sentiers battus

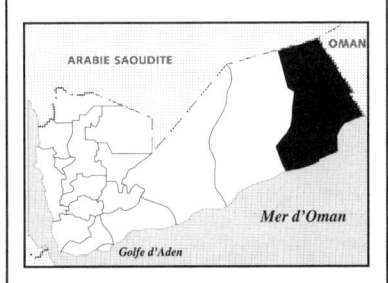

Les nomades d'al-Mahra sont issus des plus anciennes tribus d'Arabie du Sud. La moitié d'entre eux parlent encore le mahrique, leur langue maternelle. Ce dialecte porte le nom arabe de *jibaliya* (langue de la montagne), en référence aux paysages de l'intérieur des terres. Vous rencontrerez probablement d'autres dialectes locaux, tels que le shahrique ou le suqutrique, d'origine sémitique, très différents de l'arabe, et formant un groupe linguistique séparé.

SAYHUT

Sayhut (*sayHūt*), situé à la pointe occidentale de la côte d'al-Mahra, est un village qui a grandi trop vite plutôt qu'une véritable ville, et n'offre pas grand chose aux visiteurs. Le quartier commerçant se compose essentiellement d'un petit souk et de deux

> ### Le festival d'automne
>
> A al-Mahra, septembre est le mois des festivités. Il marque la fin de la saison des pluies et le retour à la vie du Wadi al-Jawf, situé tout autour de la ville d'al-Faydami. Dans toute la province, des artistes présentent des spectacles de danse et de musique ; des compétitions sportives (football, volley-ball et courses à pied) sont également organisées. La manifestation la plus pittoresque, pour des occidentaux, reste, sans conteste, les courses de dromadaires.

rues dotées de quelques magasins récents, le tout entouré d'une petite palmeraie, de quelques mosquées et de cimetières.

Où se loger et se restaurer

Sayhut ne compte aucun hôtel mais vous pourrez toujours passer la nuit dans le *restaurant* situé près du port de *sambuq*, pour 300 RY. La salle de bain, sans eau courante, se trouve dans l'arrière-cour. Ce restaurant, centre nerveux de Sayhut pour les voyageurs, propose les plats habituels, comme le poisson frit ou le ragoût de mouton, à des prix compris entre 150 et 250 RY.

Vous trouverez d'autres salons de thé à 500 m vers le centre-ville.

Comment s'y rendre

Taxi. La course depuis ash-Shihr (2 heures, 213 km) en taxi collectif coûte 350 RY, et 2 100 RY en taxi privé.

La route asphaltée qui vient de l'ouest se termine à Sayhut. Si vous souhaitez continuer vers l'est, vous devrez emprunter en 4x4 les routes en mauvais état qui serpentent entre les chaînes de montagnes. Chaque semaine, deux voitures partent de Sayhut pour Qishn (900 RY, 4 heures, 90 km), Haswayn (1 300 RY, 7 heures, 145 km) et al-Ghayda (2 000 RY, 11 heures, 272 km). Une voiture privée coûte dix fois plus cher.

Bateau. Le prix d'une place dans un sambuq s'élève à 700 RY pour Qishn (2 à 3 heures), 1 000 RY pour Haswayn (3 à 4 heures) et 1 400 RY pour al-Ghayda (4 à 6 heures). Ils partent chaque jour à 9h, à condition qu'il y ait suffisamment de passagers. Si tel n'est pas le cas, ils risquent de ne pas partir. La durée du trajet dépend, quant à elle, du nombre et de la durée des arrêts.

NISHTUN

Principal port d'al-Mahra, Nishtun (*nishtūn*) fut modernisé sous l'ancienne RDPY, dans les années 80. Si vous souhaitez vous rendre à Oman par bateau, c'est ici que vous devez le prendre (les sambuq naviguent vers Oman depuis d'autres ports yéménites, mais certains n'ont pas l'autorisation de transporter des passagers étrangers). Le prix du billet, à négocier avec le capitaine, peut s'élever à quelques douzaines de dollars américains ou bien ne rien coûter du tout. Vous devrez probablement patienter une semaine ou deux, ce qui n'est pas une perspective très réjouissante, vu le manque d'hébergement.

AL-GHAYDA

Al-Ghayda (*al-ghayda*), capitale du gouvernorat, s'étend sur les plaines sablonneuses à l'embouchure du Wadi Jiz. Cette agréable petite ville à l'atmosphère provinciale est d'un calme olympien. Construite pendant et après l'époque de la RDPY, elle n'offre pas grand chose en matière d'architecture ou de site naturel, mais c'est la seule localité du gouvernorat à proposer quelques hôtels convenables.

A 7 km de la ville, le ***port de pêche*** mérite une petite visite. De gigantesques étendues de sable sont recouvertes de *'aydh*, ou sardines, séchant au soleil. La course en taxi collectif coûte 150 RY, mais vous pouvez louer une voiture pour environ deux heures à 400 RY.

Où se loger – petits budgets

L'*Al-Aman Hotel* (☎ *612351*) est un établissement sans-drap, modeste et très fréquenté, qui offre des doubles pas très propres à

LE CENTRE D'AL-GHAYDA

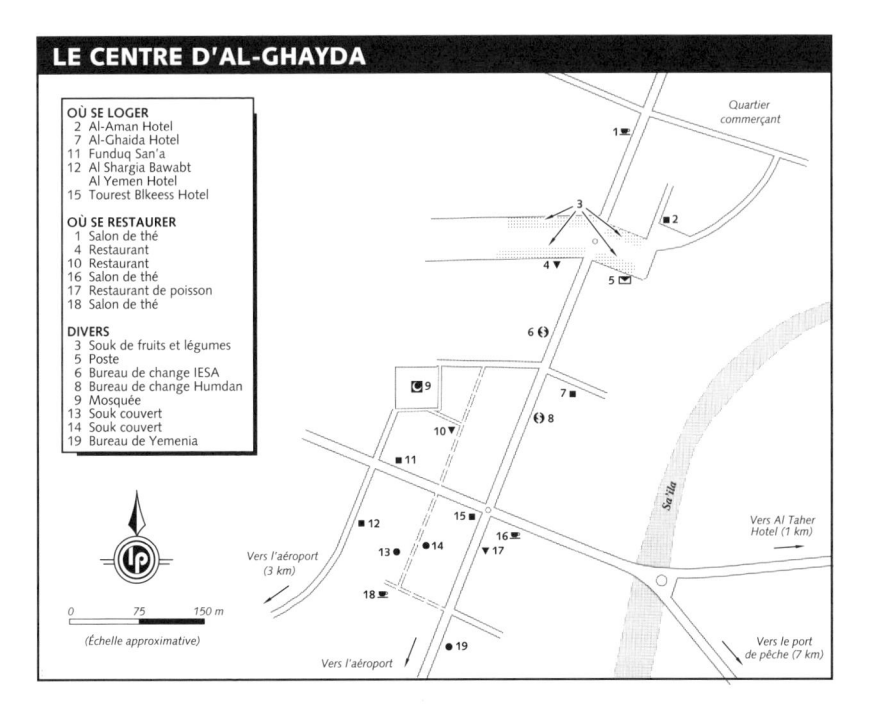

OÙ SE LOGER
- 2 Al-Aman Hotel
- 7 Al-Ghaida Hotel
- 11 Funduq San'a
- 12 Al Shargia Bawabt Al Yemen Hotel
- 15 Tourest Blkeess Hotel

OÙ SE RESTAURER
- 1 Salon de thé
- 4 Restaurant
- 10 Restaurant
- 16 Salon de thé
- 17 Restaurant de poisson
- 18 Salon de thé

DIVERS
- 3 Souk de fruits et légumes
- 5 Poste
- 6 Bureau de change IESA
- 8 Bureau de change Humdan
- 9 Mosquée
- 13 Souk couvert
- 14 Souk couvert
- 19 Bureau de Yemenia

500 RY. Vous trouverez des lits dans le dortoir *mada'a* au rez-de-chaussée du **Funduq San'a**. A l'étage, les chambres ne sont généralement pas utilisées. Vous pourrez donc tenter de négocier un meilleur prix.

Où se loger – catégorie moyenne

A l'*Al-Ghaida Hotel* (☎ *612052, 612726*), vous pourrez louer des doubles à deux-draps, petites mais convenables, pour 700 RY. Cet hôtel dispose également d'une chambre avec s.d.b. à 1 000 RY. Dans le centre-ville, le **Tourest Blkeess Hotel** propose des doubles à 1 200 RY ; attention, il est souvent complet. L'*Al Shargia Bawabt Al Yemen Hotel*, ou **Eastern Yemen Gate Hotel** (☎ *612754*), est sans doute l'établissement le plus propre de la ville. Les doubles à deux-draps avec s.d.b. commune coûtent 1 000 RY.

A 1 km du centre, l'*Al Taher Hotel* (☎ *612667, fax 612668*) n'est pas bien situé. Il est en outre mal entretenu et abrite d'énormes cafards ! Les chambres, spacieuses, avec s.d.b. commune, valent le prix exorbitant de 2 500 RY (transport depuis/vers l'aéroport compris).

Où se restaurer

Vous trouverez plusieurs petits restaurants et salons de thé près du souk. Le souk couvert, situé derrière le Tourest Blkeess Hotel, comprend d'agréables salons de thé, où vous pourrez assister à des parties d'échecs.

Le meilleur restaurant de poisson de la ville se trouve diagonalement opposé au Tourest Blkeess, du même côté de la rue que le bureau de Yemenia. Bien qu'il ne soit pas toujours ouvert, il sert un excellent poisson frit sur un lit de *khubz* pour 400 RY, largement suffisant pour deux.

L'extrémité orientale de la route de l'Encens

L'intérieur de la province d'al-Mahra est encore aujourd'hui une région largement inexplorée. Ce n'est qu'en 1997 que fut organisée pour la première fois une expédition destinée à découvrir son lointain passé. L'équipe était dirigée par les archéologues américains Hedges et Zarins, qui firent en 1992 la spectaculaire découverte d'Ubar, dans la région de Dhofar, en Oman occidental, à 150 km de la frontière yéménite. Ubar est au Coran ce que Gomorrhe est à la Bible, une ville de pêcheurs détruite sous le feu du ciel. Ce royaume antique apparaissait sur les cartes de Ptolémée au IIe siècle de notre ère.

Selon cette équipe, le royaume d'Ubar domina la région il y a 2 500 ans, contrôlant ainsi l'extrémité orientale de la route de l'Encens. Ils découvrirent à al-Mahra près de 65 sites archéologiques en moins de trois semaines, ce qui leur permit d'étayer leur théorie.

L'une des plus spectaculaires fut la découverte de Ghaydat al-Kabir, ruines d'une ancienne forteresse située à 6 km de Sayhut, identiques à celles découvertes près de Ubar. Plus encore vers l'intérieur des terres, ils découvrirent une forteresse tout à fait semblable, datant de 200 av. J.-C. à 300 ans apr. J.-C., ainsi qu'un alignement de 19 mégalithes, de 2 à 3 m de haut, datant probablement de l'âge de pierre. Aucun de ces sites n'étaient connus des autorités gouvernementales ou des archéologues de Sanaa. Ce sont les habitants, ainsi que la police locale, qui guidèrent l'équipe dans leurs recherches.

Ils firent une découverte encore plus importante, plus de 30 groupes de structures appelées trilithes : des pierres de 1 à 2 m de haut, alignées par groupes de 3, montrant apparemment le chemin vers le groupe suivant. Elles servaient peut-être à indiquer la direction et la distance des sources d'eau. Ces vestiges sont la preuve que l'antique route de l'Encens passait par al-Mahra.

Les découvertes de Hedges et Zarins éveillèrent un immense intérêt pour al-Mahra et plusieurs expéditions suivirent, apportant à chaque fois de nouvelles informations.

Comment s'y rendre

Avion. La compagnie aérienne Yemenia assure quatre vols hebdomadaires à destination d'al-Ghayda, deux depuis al-Mukalla, un depuis Aden et un depuis Say'un. La course en taxi vers l'aéroport, situé à proximité de la ville, coûte environ 200 RY.

Taxi. Le trajet en taxi collectif entre al-Ghayda et la ville portuaire de Nishtun (soit 45 km sur une route asphaltée) revient à 120 RY par personne.

La course à destination de Sayhut (272 km) coûte 2 000 RY, et 20 000 RY en taxi privé. Des 4x4 effectuent également ce trajet, en s'arrêtant dans la plupart des ports de pêche qui longent la côte. Le voyage ne devrait pas coûter plus de 2 000 RY.

Vous pouvez également rejoindre Tarim, dans le Wadi Hadramaout, en 4x4 collectif (9-11 heures, 450 km) pour 3 000 RY. Il est plus difficile de trouver un taxi qui effectue le trajet al-Ghayda-Hadramaout que l'inverse. Il est donc préférable de vous renseigner auprès du personnel de l'hôtel et/ou d'attendre un 4x4 dans le quartier du souk. Si vous ne voulez pas attendre un jour ou deux, vous pouvez louer un taxi privé pour 30 000 RY. Ne soyez pas surpris si d'autres personnes saisissent l'opportunité pour voyager gratuitement avec vous, dans le même véhicule.

Bateau. Les sambuq parcourent la côte, sans horaire précis, en fonction du nombre de passagers. Prenez un taxi (150 RY) pour la station de sambuq avant 8h. Le billet pour Qishn coûte 900 RY par personne (3 à 4 heures), et pour Sayhut 1 400 RY (4 à 6 heures). Vers l'est, les sambuq s'arrêtent également à al-Faydami, Damqawt et Hawf.

DJEBEL AL-HAWF

A l'extrémité orientale de la province, tout près de la frontière omanaise, les montagnes du nord de Damqawt et Hawf cachent un phénomène rare au Yémen : près de 20 000 ha de forêt (protégée). *Tamarindus*, *commiphora* et *anogeissus* font partie des espèces d'arbres les plus répandues. La meilleure époque de l'année pour visiter cette région est le mois de septembre, juste après la saison des pluies. Vous devrez organiser votre transport jusqu'à al-Ghayda.

LA FRONTIÈRE ENTRE LE YÉMEN ET OMAN

Contrairement aux idées reçues, la frontière avec Oman est ouverte à tous, à condition d'être en possession d'un visa. Lorsque vous demandez un visa omanais, assurez-vous qu'il vous autorise à entrer dans le pays non seulement par voie aérienne, mais également par voie terrestre ou maritime.

Le formulaire énumère quatre postes-frontières et vous demande d'indiquer celui par lequel vous comptez passer. N'inscrivez rien car aucun poste n'est situé sur la frontière yéménite.

Lors de notre passage, le poste entre Hawf, au Yémen, et Sarfayt, à Oman, était strictement réservé aux militaires. Vous pouvez cependant traverser la frontière à Habarut, à 83 km à l'intérieur des terres, ou mieux encore, à Makinat Shihan, à 60 km au nord de Habarut. Cette route est empruntée par les camions transportant des marchandises entre Dubai et le Yémen.

Depuis al-Ghayda, vous devrez probablement louer un taxi privé pour rejoindre Makinat Shihan. Si vous partez de Say'un ou Tarim, la circulation est plus dense mais vous serez plus facilement pris en stop.

La zone frontalière entre Makinat Shihan et le poste omanais de Masyouna est longue de 12 km. Même s'il est impossible de la parcourir à pied, vous devriez trouver un camion pour vous y emmener. Reportez-vous à la rubrique *Voie terrestre* dans le chapitre *Comment s'y rendre* pour plus de détails.

Langue

L'arabe est la langue officielle du Yémen. Les émissions de radio et de télévision, exceptées les informations télévisées du soir qui sont en anglais, et les journaux sont réalisés ou publiés dans cette langue. Posséder quelques rudiments d'arabe peut donc vous être très utile.

L'arabe littéraire
Le Coran, livre sacré des musulmans, fut dicté à Mahomet par Allah (Dieu) au début du VIIe siècle – "Coran" signifiant littéralement "récitation". La Révélation fut donnée au Prophète en arabe, une langue qui, à l'époque, n'était utilisée que dans certaines parties de la péninsule. Elle était alors essentiellement parlée, même si les premiers écrits connus datent du siècle précédent. Le Coran fut rédigé peu avant la mort de Mahomet, à la fin du califat omeyyade, en 750. Le texte ne prit cependant sa forme définitive qu'après la disparition de versions divergentes.

Le Coran étant la parole d'Allah, aucun changement n'est dès lors envisageable. Au cours des premiers siècles de l'hégire, l'islam et la langue coranique, auparavant inconnue des convertis, se répandirent rapidement au Moyen-Orient et en Afrique du Nord. Afin de protéger le texte sacré des influences étrangères (qui pouvaient la contraindre à évoluer), les érudits musulmans codifièrent l'arabe en introduisant des règles grammaticales et lexicales adaptées à l'usage du Coran. Ainsi naquit l'arabe classique, la langue des premiers poètes et des écrivains musulmans. Enseignée dans les écoles coraniques, elle est encore utilisée dans les cérémonies.

L'arabe courant
La langue écrite étant ainsi figée, seul l'arabe parlé pouvait se modifier au fil des ans. Cette évolution, qui s'étendit sur une vaste région géographique et se déroula sur plus d'un millénaire, aboutit à la naissance d'un large éventail de dialectes. Les différents dialectes arabes sont apparemment homogènes pour le visiteur. Cependant, si un cheikh saoudien comprend immédiatement les supplications d'un mendiant égyptien, un paysan yéménite aura certainement des difficultés à marchander dans un souk marocain.

Il existe des douzaines de recueils d'expressions arabes, mais la plupart ne sont pas forcément très utiles au Yémen puisqu'ils traitent d'un dialecte différent. Sans doute un lexique maghrébin, égyptien, levantin ou irakien vous permettra-t-il de poser vos questions, mais il ne vous aidera pas vraiment à comprendre les réponses. N'importe quel ouvrage consacré à la péninsule Arabique devrait néanmoins faire l'affaire.

L'arabe moderne standard
Les nombreux parlers arabes n'ont jamais acquis de valeur littéraire. La langue du Coran inspirait un tel respect que les dialectes locaux ont toujours été considérés comme inférieurs et indignes d'être couchés sur le papier. Le vocabulaire et les expressions de l'arabe classique sont le reflet de l'organisation tribale de la société bédouine. Il fallait donc trouver un moyen de communication mieux adapté au monde moderne des médias. C'est ainsi qu'une nouvelle forme d'arabe a vu le jour au cours du siècle dernier : l'arabe moderne standard. C'est la langue que les enfants apprennent à lire et à écrire. Elle est utilisée dans toutes les communications "sérieuses" : discours officiels, romans, films ou documents juridiques. Elle permet également à deux Arabes de pays différents de discuter entre eux.

Alphabet et transcription
L'alphabet arabe est composé de 28 consonnes. L'écriture, cursive, s'écrit de droite à gauche. La forme des lettres dépend de leur position dans le mot et la plupart peuvent en avoir quatre différentes. La calligraphie a développé un riche éventail de styles allant du plus simple (pour la prise de notes rapide) au plus décoratif (pour l'ornementation).

L'alphabet arabe

Finale	Médiane	Initiale	Lettre seule	Transcription	Prononciation
ﺎ			ا	ā	a de *pâte*
ﺐ	ﺒ	ﺑ	ب	b	b de *beau*
ﺖ	ﺘ	ﺗ	ت	t	t de *tulipe*
ﺚ	ﺜ	ﺛ	ث	th	*th* anglais de *thin*
ﺞ	ﺠ	ﺟ	ج	j	*dji* de *Djibouti*
ﺢ	ﺤ	ﺣ	ح	h	*r* guttural
ﺦ	ﺨ	ﺧ	خ	kh	*jota* espagnole
ﺪ			د	d	*d* de *dimanche*
ﺬ			ذ	dh	*th* anglais de *the*
ﺮ			ر	r	*r* roulé
ﺰ			ز	z	*z* de *Zanzibar*
ﺲ	ﺴ	ﺳ	س	s	*s* de *sac*
ﺶ	ﺸ	ﺷ	ش	sh	*ch* de *chaussure*
ﺺ	ﺼ	ﺻ	ص	ṣ	*s* appuyé
ﺾ	ﻀ	ﺿ	ض	ḍ	*d* appuyé
ﻂ	ﻂ	ﻃ	ط	ṭ	*t* appuyé
ﻆ	ﻈ	ﻇ	ظ	ẓ	*z* de *Tsar*
ﻊ	ﻌ	ﻋ	ع	'	contraction de la glotte
ﻎ	ﻐ	ﻏ	غ	gh	*r* de *rouge*
ﻒ	ﻔ	ﻓ	ف	f	*f* de *fourmi*
ﻖ	ﻘ	ﻗ	ق	q	*g* de *gomme*
ﻚ	ﻜ	ﻛ	ك	k	*c* de *cou*
ﻞ	ﻠ	ﻟ	ل	l	*l* de *lit*
ﻢ	ﻤ	ﻣ	م	m	*m* de *mars*
ﻦ	ﻨ	ﻧ	ن	n	*n* de *non*
ﻪ	ﻬ	ﻫ	ه	h	*h* anglais de *ham*
ﻮ			و	w	*oua* de *ouate*
				ū	*ou* de *genou*
				aw	*aou* de *saoudite*
ﻲ	ﻴ	ﻳ	ي	y	*y* de *yourte*
				ī	*i* de *vie*
				ay	diphtongue de *ail* ou *haie*

La transcription de l'arabe en caractères latins pose un problème que personne n'a encore véritablement résolu. Parmi douze ouvrages de langue, chacun utilisera une méthode différente. Ne soyez donc pas surpris de voir les noms arabes écrits de diverses manières sur les cartes et dans les journaux occidentaux. Dans ce guide, les noms sont assortis d'une prononciation approximative en italique, conformément au système indiqué dans ce chapitre.

Prononciation
Ceux qui ne sont pas habitués à l'intonation et à la combinaisons des sonorités en arabe peuvent éprouver des difficultés à s'exprimer.

Le tableau (page précédente) répertorie les lettres arabes et leurs transcriptions utilisées dans ce guide. Nous avons choisi ici le système le plus simple, sans nous attacher à la myriade de règles qui régissent la prononciation et les voyelles.

Voyelles
L'arabe se compose de voyelles courtes et longues : un macron (placé au-dessus de la lettre, par exemple ā) indique une voyelle longue. Les voyelles courtes ne sont pas représentées dans l'alphabet mais elles sont incluses dans les transcriptions figurant dans cet ouvrage. Ce sont les suivantes :
  a   de *patte* ou de *fun* (emphatique)
  i   de *il*
  u   de *poule*

Consonnes
Les consonnes emphatiques sont indiquées par un point sous la lettre (son guttural plus appuyé). Les doubles consonnes sont, en arabe, toutes deux prononcées. Par exemple, le mot *istanna*, qui signifie "attend", se prononce "istan-na".

Autres sonorités
L'arabe comporte deux sonorités difficiles à reproduire pour un non-arabophone : le *'ayn* et le coup de glotte. La lettre *'ayn* ne correspond à aucune sonorité anglaise, de près ou de loin. Il en va de même pour le coup de glotte (qui n'est pas représenté dans l'alphabet), pour lequel les muscles gutturaux sont bien plus contractés. On l'a décrit comme le son produit par une personne se faisant étrangler ! Dans de nombreux systèmes de transcriptions, le *'ayn* est représenté par une apostrophe ouverte et le coup de glotte par une apostrophe fermée. Dans ce guide, nous n'avons pas fait de distinction entre le coup de glotte et le *'ayn*. Afin de faciliter les transcriptions, nous avons choisi d'utiliser pour les deux une apostrophe fermée. Mais ne vous inquiétez pas, les Arabes vous comprendront parfaitement.

Expressions
Il est important de connaître quelques formules pour voyager dans les pays arabes. Les Arabes ayant un comportement très marqué par les rituels, leur conversation est souvent ponctuée de 50 à 100 expressions très courantes. Si vous les maîtrisez, vous vous débrouillerez sans problème. Il est également utile d'apprendre les chiffres car on obtient de meilleurs prix en marchandant en arabe. Malheureusement, ce sont les mots les plus difficiles à prononcer pour un Occidental.

Le lexique (voir le chapitre suivant) offre une liste d'expressions courantes en arabe yéménite.

Salutations et formules de politesse
Salut
  (salutation)   *is-salāmu 'alaykum*
  (réponse)   *wa 'alaykum is-salām*
Au revoir   *ma'a s-salāma*
Bonjour
  (salutation)   *ṣabāH il-khayr*
  (réponse)   *ṣabāH in-ñur*
Bonsoir
  (salutation)   *masā' il-khayr*
  (réponse)   *masā' in-nur*
Comment allez-vous ?
  (à un homme)   *kayf Hālak*
  (à une femme)   *kayf Hālik*
  (à un groupe)   *kayf Hālkum*
Bien, merci   *il-Hamdu li-llāh/*
                  bi-khayr il-Hamdu
                      li-llāh/
                  il-Hamdu li-llāh
                      bi-khayr

Et vous ?
  (à un homme)   *wa inta ?*
  (à une femme)   *wa inti ?*
  (à un groupe)   *wa intkum ?*

S'il vous plaît.	
(à un homme)	*min fadl-ak*
(à une femme)	*fadl-ik*
Merci	*shukran*
De rien	*'afwan*
Oui	*aywa/na'am*
Non	*lā*
Pardon	*'afwan*
Comment ?	*aysh ?*
Excusez-moi	*ana muta'assif*

Conversation

Parlez-vous arabe	*titkallam 'arabi ?*
Parlez-vous anglais ?	*titkallam inglīzi ?*
Un peu	*shwayya*
Je ne comprends pas	*mush fahim*
Je ne parle pas arabe	*mush atkallam 'arabi*
Écrivez-le s'il vous plaît	*mumkin titkub*
Je n'ai pas de stylo	*mā fī qalam*
Comment vous appelez-vous ?	
(à un homme)	*aysh ismak ?*
(à une femme)	*aysh ismik ?*
Je m'appelle…	*ismi…*
De quel pays venez-vous ?	
(à un homme)	*min wayn inta ?*
(à une femme)	*min wayn inti ?*
(à un groupe)	*min wayn intkum ?*
Je viens/ nous venons de…	*ana/iHna min…*
France	*faransa*
Australie	*usturāliya*
Grande-Bretagne	*britāniya*
Allemagne	*almāniya*
États-Unis	*amrīka*
Comment trouvez-vous le Yémen ?	*kayf al-yaman ?*
Le Yémen est un beau pays.	*al-yaman bilad jamīl*
Puis-je prendre une photo ?	*mumkin sūra*
C'est mon…	*huwa…*
fils	*waladi*

Le langage gestuel

Les Arabes sont connus pour leur aptitude à communiquer les idées les plus complexes à l'aide de gestes standard ou improvisés. Les Yéménites ne dérogent pas à la règle. Le langage du corps étant quasiment universel, vous ne devriez pas avoir de difficulté à comprendre ni à vous faire comprendre. Il existe cependant quelques différences importantes. Le signe occidental "OK", formé en joignant le pouce et l'index, est obscène car il fait référence au vagin de la femme. En revanche, le pouce levé est un signe d'assentiment ou de soutien et le majeur pointé une insulte comme partout ailleurs.

Pour saluer quelqu'un, fermez la paume de la main droite en la ramenant vers vous. Si vous maintenez votre main fermée, en la pointant vers le haut, cela signifie que vous souhaitez que quelque chose soit dit ou fait plus lentement.

Vous pouvez dire "non" en levant les sourcils. Si vous clignez des yeux, cela veut dire "oui".

En toutes circonstances, pour exprimer l'interrogation, étendez le pouce et l'index en direction de votre interlocuteur, tout en maintenant les autres doigts repliés, puis inclinez plusieurs fois la main d'avant en arrière.

Dans les souks, vous verrez probablement des vendeurs et/ou des clients tendre leur pouce et leur petit doigt, tout en maintenant les autres doigts repliés, puis les tourner dans le sens des aiguilles d'une montre d'un mouvement rapide. Cela signifie la moitié de ce sur quoi ils discutent (kilogramme, prix, etc.).

frère	*akhi*
père	*abi*
mari	*zawgi*
C'est ma…	*hiya…*
fille	*binti*

sœur	*ukhti*
mère	*ummi*
femme	*zawgati*
D'accord (accepté)	*tammam/kwayyis/ṭayyib*
D'accord (compris)	*khalāṣ*
Cela ne fait rien	*ma'laysh*

Hébergement

Y a-t-il un hôtel ici ?	*fī funduq hinā ?*
Cette maison est-elle un hôtel ?	*hādha l-bayt funduq ?*
Avez-vous une place dans le dortoir ?	*fī takht/kursi ?*
Avez-vous une chambre disponible ?	*fī ghurfa ?*
(Non, c'est) complet	*malyān*
Je veux d'abord voir la chambre	*mumkin ashūf al-ghurfa*
Est-ce qu'il y a de l'eau chaude ?	*fī māi Hārr ?*
Est-ce qu'il y a une salle de bains ?	*fī Hammām ?*
Combien coûte la nuit ?	*kām riyal bīl-laylat al-wā Hida ?*
Cela ne va pas, l'eau est froide	*mush tammam, māi bārid*
Celle-ci est sale, j'en veux une propre	*hādhā wasikh, mumkin nadhīf*
Je voudrais parler au gérant, s'il vous plaît	*mumkin atkallam ma'al-mudīr*
clé	*miftāH*
serviette	*munsafa*
papier hygiénique	*warakat hammām*

Comment circuler

Je veux aller à…	*ashti arūH…*
Où se trouve le guichet des bus ?	*wayn al-maktab al-bāṣāt ?*
Ce bus va-t-il à Taez ?	*hādhā l-bāṣ ilā ta'izz ?*
Ce taxi va-t-il à Ibb ?	*hādhā t-taksi ilā 'ibb ?*

Chiffres

Le cadran d'une horloge est un bon support pour se familiariser avec les chiffres arabes, terme faisant référence au système local et non pas aux caractères utilisés dans les pays Occidentaux. Ne vous laissez pas embrouiller par les similitudes visuelles entre certains symboles occidentaux et arabes. Attention à l'ordre des mots pour les nombres de 21 à 99. Les chiffres se prononcent comme suit :

0	٠	*ṣifr*
1	١	*wāHid*
2	٢	*ithnayn*
3	٣	*thalātha*
4	٤	*arba'a*
5	٥	*khamsa*
6	٦	*sitta*
7	٧	*saba'a*
8	٨	*thamāniya*
9	٩	*tisa'a*
10	١٠	*'ashra*
11	١١	*Hida'sh*
12	١٢	*ithna'sh*
13	١٣	*thalāta'sh*
14	١٤	*arba'ta'sh*
15	١٥	*khamsta'sh*
16	١٦	*sitta'sh*
17	١٧	*saba'ta'sh*
18	١٨	*thamanta'sh*
19	١٩	*tisa'ta'sh*
20	٢٠	*'ashrīn*
21	٢١	*wāHid wa 'ashrīn*
22	٢٢	*ithnayn wa 'ashrīn*
30	٣٠	*thalāthīn*
40	٤٠	*arba'īn*
50	٥٠	*khamsīn*
60	٦٠	*sittīn*
70	٧٠	*sab'īn*
80	٨٠	*thamānīn*
90	٩٠	*tis'īn*
100	١٠٠	*miya*
200	٢٠٠	*miyatayn*
300	٣٠٠	*thalāthmiya*
1000	١٠٠٠	*alf*
2000	٢٠٠٠	*alfayn*
3000	٣٠٠٠	*thalāthat ālāf*

Combien cela coûte-t-il pour aller à… ?	kām riyal ilā … ?
Un billet/deux billets pour…, s'il vous plaît.	tadhkira/tadhkirayn ilā …, min fadlak ?
A quelle distance l'aéroport se trouve-t-il ?	kām kīlu ilā l-matar ?
Allons-y !	yalla !

En ville

Où se trouve… ?	wayn… ?
la banque	maktab al-bank
l'hôpital	mustashfa
le marché	sūq
la pharmacie	saydalīya
le commissariat	maktab ash-shurta
la poste	maktab al-barīd
l'office du tourisme	maktab as-siyāHa
Est-ce loin/ près d'ici ?	ba'īd/qarīb min hina ?

A la frontière

papiers	waraka
passeport	jawāz/bāsbūr
permis touristique	tasrīH

Restaurant

Deux tasses de thé, s'il vous plaît.	mumkin ithnayn sha'i
Je voudrais voir (ce qu'il y a) dans la cuisine, s'il vous plaît.	mumkin ashūf fī l-matbakh
Je voudrais…	mumkin…
Je voudrais une fourchette et un couteau, s'il vous plaît.	mumkin shawka wa sikkīn

bœuf	laHam baqari
cervelle	mukh
pain	khubz
poulet	dijāj/tiqayq
café	qahwa
boisson (fraîche)	bārid
poisson	samak
foie	kibda
mouton	ghanami
poivre	filfil
pommes de terre	batāta
restaurant	mat'am
riz	rūz
sel	milH
sucre	sukkar
thé traditionnel	sha'i talqīm
thé en sachet	sha'i libtun
thé au lait	sha'i ma' Halīb
thé noir	sha'i aHmar
eau	mā'i/muya

Achats

Avez-vous… ?	fī 'ind-kum ?
bananes	mawz
raisin	'anab
oranges	burtuqāli
cigarettes	sajāyir
allumettes	kabrīt
un pain	Habbat khubz
deux pains	Habbatayn khubz
une bouteille d'eau	shīshat mā'i
deux bouteilles d'eau	shīshatayn mā'i
Combien cela coûte t-il ?	bi-kām hādha ?
plus grand	akbar
plus petit	asghar
bon marché	rakhīs
cher	ghāli
argent	flūs

Heure et dates

Quelle heure est-il ?	as-sa'a kam ?
Quand ?	mata ?
maintenant	hālHīn/dālHīn
aujourd'hui	il-yawn
ce soir	il-yawn sabāH
demain	bukra
hier	ams
dans une demi-heure	ba'd nuss sā'a
Dans une heure	ba'd sā'a
Dans deux heures.	ba'd sā'atayn

Lexique

akhdam – pluriel de *khadim* ; échelon social le plus bas ; descendants des esclaves
'ayla – famille nucléaire

bakchich – aumône
bani – les fils de
bara' – danse cérémonielle effectuée par les hommes portant des *jambiya*
bayt – maison ; famille élargie
bint al sahn – pain sucré (dessert)
bunn – grains de café

CGP – Congrès général du peuple
cheikh – chef religieux

dhabar – minibus
dhow – bateau en bois traditionnel ; voir *sambuq*
dhuma – poignard d'un noble
diwan – grande pièce d'une maison réservée aux festivités

faraza – station (de taxis ou de bus)
FFPY – Fédération des Forces Populaires du Yémen ; parti politique inspiré de la révolution iranienne et centré autour de la famille Al-Wazir
FLN – Front de Libération nationale
FLSYO – Front de Libération du Sud-Yémen occupé
funduq rakhis – hôtel bon marché
funduq/util – hôtel
futa – pagne

ghayl – source d'eau souterraine (ou trou dans le sol indiquant sa présence) ou canal artificiel ; très répandu dans la province du Hadramaout

hammam – salle de bain, toilettes, bain de vapeur
haram – interdit par la religion
hawri, huri – petit bateau traditionnel en bois

inqiz – taxi privé

Islah – Congrégation pour la Réforme, second parti politique au Yémen

jambiya – poignard d'un homme des tribus
jami' – mosquée
jawl – haut plateau pierreux séparant le Wadi Hadramaout de la côte

khadim – voir *akhdam*
khalfa – châssis de fenêtre en bois
khubz – pain
khubz tawwa – pain frit

lahuh – pain de fête semblable à une crêpe
lukanda – auberge modeste, généralement dotée d'un dortoir *mada'a*

mada'a – pipe à eau
madiff – instrument rythmique
mafra – instrument rythmique
mafraj – pièce avec vue ; pièce la plus élevée d'une maison-tour
majlis – réunion, rassemblement ou assemblée
maktab al-jawazat – bureau des passeports
mamnu' – interdit
manzar – grenier, en haut d'une maison-tour
mashrabiya – fenêtre en oriel ou petit balcon, avec des jalousies en bois
masjid – mosquée
masnah – garde-fou
medina – vieux centre fortifié d'une ville musulmane
mihrab – mur décoré dans une mosquée, indiquant la direction de La Mecque
mizmar – instrument à vent, tuyaux de roseau
muezzin – appel à la prière

naqil – laissez-passer (montagne)
nawba – tour de guet

PSY – Parti socialiste du Yémen
qabili – homme de tribu

qahwa – café
qamariyya – fenêtre d'albâtre
qat – feuilles légèrement narcotiques que l'on mâche communément
qatat – plâtre/enduit (région de Shabwa)
qirsh – cosses des grains de café
qudad – plâtre imperméable

RAF – Royal Air Force (aviation britannique)
rakat – cycle de prière
RAY – République arabe du Yémen
RAY – Rabitat Abna al-Yaman ; Ligue des Fils du Yémen, le plus ancien parti politique yéménite
RDPY – République démocratique populaire du Yémen
rubta – petit paquet de qat
ruti – pain acheté en magasin

sada – pluriel de *sayyid*
salta – ragoût (plat national)
sambuq – bateau de 10 à 25 m de long, doté traditionnellement de voiles mais aujourd'hui motorisé ; connu aussi sous le nom de *dhow*
samsara – entrepôt/auberge de souk
sarwis – taxi collectif
sawaqi – méthode d'irrigation
sayl – crue subite, lorsque l'eau retenue dans un bassin hydrographique s'écoule rapidement dans un étroit wadi
sayyid – classe sociale la plus élevée, descendant du prophète Mohammed ; terme poli pour adresse ; voir *sada*
shari' – rue
sharshaf – voile noir porté par les femmes par pudeur ou obligation ; tchador

sheikh as suq – contrôleur du souk
shurba – plat à mi-chemin entre la soupe et le ragoût
siqaya – puit couvert, répandu dans le Wadi Hadramaout
sufi – membre d'un ordre ou d'un enseignement mystique musulman
sultans – souverains féodaux, chassés du pays après la révolution de 1967
suq – marché en plein air
sura – image, photographie, photocopie

tabla – instrument rythmique
tafrita – rassemblement exclusivement féminin pour mâcher le qat
takhrim – décor de fenêtre
tariq – route
tasharif – crête décorative sur les bâtiments
tasrih – permis de visite

'ud – instrument semblable au luth

wadi – rivière saisonnière
wali – saint ou homme saint islamique

zabur (architecture) – technique de construction, utilisée à Saada et al-Jawf, consistant à poser des assises de terre les unes au-dessus des autres

zanna – chemise qui descend jusqu'à la cheville, portée essentiellement par les jeunes garçons
zar – cérémonie exorciste
ziyara – pèlerinage sur le tombeau d'un *wali*

Remerciements

Chaleureux remerciements à tous les voyageurs qui ont utilisé la précédente édition et qui nous ont écrits pour nous faire part de leurs avis, de leurs critiques et d'intéressantes anecdotes :

Ivo Andrea, Bergamo Andreis, Ernest Ashford, Caroline Bachle, Bob Bahram, Enrico Bavastrello, Michael Becket, Alexis et Frédéric Bienvenüe, Carolyn Bradshaw, Dominique Brylka, Bill Byrnes, Abid Chamas, Janda Christoph, C.J.W. Daniels, Sylvie et Didier Laurent, Nicole Dupont, Christophe Durand, Clare Fitzpatrick, Paul Fulford, Angela Gaff, Wolf Gotthilf, Emerson Grossmith, Xavier Guillon, Mohan Gunatilake, Kate Harris, J. Healy, Jock Janice, Gordon Janow, Ton Janush, Amal A. Kaid, G. Kechagioglou, Caroline Klein, Gina Knarich, Albert J.F. Koopmans, Brian Landan, Ralph Lawson, Kwan Lee, Britt Mathys, Antony Maude, Linda Maxwell, Rachel Moilliet, Scott Morrison, Peter van Nederpelt, Rud Vanden Nest, Holger Northduft, Perry Palmer, A. Parissi, Abuin Peggy, Barry M. Pell, Susan ver Ploey, Thibaud de Prémare, Joris Rademaker, Élizabeth Renshaw, Bertrand Roset, Francis Russel, Amy Saba, F. Salvador, Audrey Schneider, Pere Serrat, Anjavan Seters, Véronique et Patrick Solier, Annabelle Steir, Ymhje Stienstra, David Street, Miles Thompson, J.M. Thomson, J. Tutor, Pascal Vanhove, Ruud Verkerk, Frank Vester, Ayesha Walmsley, Manuel Wedemeyer, Marcel Zwiers.

LONELY PLANET

Guides Lonely Planet en français

Les guides de voyage Lonely Planet en français sont distribués partout dans le monde, notamment en France, en Belgique, au Luxembourg, en Suisse et au Canada. Vous pouvez les commander dans toute librairie. Pour toute information complémentaire, contactez : Lonely Planet Publications – 1, rue du Dahomey, 75011 Paris – France.

Afrique du Sud • Amsterdam • Andalousie • Athènes et les îles grecques • Australie • Barcelone • Brésil • Californie et Nevada • Cambodge • Chine • Corse • Cuba • Guadeloupe et ses îles • Guatemala et Belize • Inde • Indonésie • Jordanie et Syrie • Laos • Lisbonne • Londres • Louisiane • Madagascar et Comores • Malaisie et Singapour • Maroc • Martinique, Dominique et Sainte-Lucie • Mexique, le Sud • Myanmar (Birmanie) • Namibie • Népal • New York • Pologne • Prague • Québec et Ontario • Réunion et Maurice • Rome • Sénégal • Sri Lanka • Tahiti et la Polynésie française • Thaïlande • Turquie • Vietnam • Yémen • Zimbabwe et Botswana

Beaux livres

Sur la trace des rickshaws

Livre anniversaire publié à l'occasion de nos 25 ans, "Sur la trace des rickshaws" est une enquête sur les pousse-pousses et les cyclo-pousses, véritables taxis du continent asiatique.
Par le truchement de l'image et du texte, cet ouvrage rend palpable l'univers méconnu des rickshaws et invitent à partager le quotidien de leurs conducteurs. Une sélection de plus de 200 photos éclatantes de couleur, tour à tour insolites ou poignantes, retrace le curieux périple à travers 12 villes d'Asie : Agra • Calcutta • Dhaka • Hanoi • Hong Kong • Jogjakarta • Macao • Manille • Pékin • Penang • Rangoon • Singapour.

En vente en librairie • Textes de Tony Wheeler et photographies de Richard I'Anson
195,00 FF - $C58.95 - UK£ 19.99 - US$ 34.95 - A$45.00

LONELY PLANET

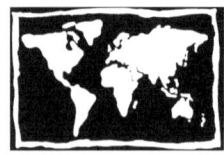

Guides Lonely Planet en anglais

Les guides de voyage Lonely Planet en anglais couvrent le monde entier. Six collections sont disponibles.
Vous pouvez les commander dans toute librairie en france comme à l'étranger. Contactez le bureaux Lonely Planet le plus proche.

travel guide :	couverture complète d'un ou de plusieurs pays, avec des informations culturelles et pratiques
shoestring :	pour tous ceux qui ont plus de temps que d'argent
walking guides :	un descriptif complet des plus belles randonnées d'une région ou d'un pays
guides pisces :	un descriptif complet des plus belles plongées d'une région
phrasebooks :	guides de conversation, des langues les plus usuelles aux moins connues, avec un lexique bilingue
travel atlas :	des cartes routières présentées dans un format pratique
travel literature :	l'âme d'un pays restituée par la plume d'un écrivain

---

EUROPE Amsterdam • Andalucia • Austria • Baltic States phrasebook • Berlin • Britain • Central Europe on a shoestring • Central Europe phrasebook • Crotia • Czech & Slovak Republics • Denmark • Dublin • Eastern Europe on a shoestring • Eastern Europe phrasebook • Estonia, Latvia & Lithuania • Europe • Finland • France • French phrasebook • Germany • German phrasebook • Greece • Greek phrasebook • Hungary • Iceland, Greenland & the Faroe Islands • Ireland • Italy • Italian phrasebook • Lisbon • London • Mediterranean Europe on a shoestring • Mediterranean Europe phrasebook • Paris • Poland • Portugal • Portugal travel atlas • Prague • Romania & Moldova • Russia, Ukraine & Belarus • Russian phrasebook • Scandinavian & Baltic Europe • Scandinavian Europe phrasebook • Slovenia • Spain • Spanish phrasebook • St Petersburg • Switzerland • Trekking in Spain • Ukranian phrasebook • Vienna • Walking in Britain • Walking in Italy • Walking in Ireland • Walking in Switzerland • Western Europe • Western Europe phrasebook
travel literature : The Olive Grove : Travels in Greece

AMÉRIQUE DU NORD Alaska • Backpacking in Alaska • Baja California • California & Nevada • Canada • Deep South • Florida • Hawaii • Honolulu • Los Angeles • Miami • New England • New England USA • New Orléans • New York City • New York, New Jersey & Pennsylvania • Pacific Northwest USA • Rocky Mountains States • San Francisco • Seattle • Southwest USA • USA • USA phrasebook • Vancouver • Washington, DC & The Capital Region
travel literature : Drive thru America

AMÉRIQUE CENTRALE ET CARAÏBES Bahamas and Turks & Caicos • Bermuda • Central America on a shoestring • Costa Rica • Cuba • Eastern Caribbean • Guatemala, Belize & Yucatan : La Ruta Maya • Jamaica • Mexico • Mexico City • Panama
travel literature : Green Dreams : Travels in Central America

AMÉRIQUE DU SUD Argentina, Uruguay & Paraguay • Bolivia • Brazil • Brazilian phrasebook • Buenos • Chile & Easter Island • Chile & Easter Island travel atlas • Colombia • Ecuador & the Galapagos Islands • Latin American (Spanish) phrasebook • Peru • Quechua phrasebook • Rio de Janeiro • South America on a shoestring • Trekking in the Patagonian Andes • Venezuela
travel literature : Full Circle : a South American Journey

LONELY PLANET

AFRIQUE Africa – the South • Africa on a shoestring • Arabic (Egyptian) phrasebook • Arabic (Moroccan) phrasebook • Cairo • Cape Town • Central Africa • East Africa • Egypt • Egypt travel atlas • Ethiopian(Amharic) phrasebook • The Gambia & Senegal • Kenya • Kenya travel atlas • Malawi, Mozambique & Zambia • Morocco • North Africa • South Africa, Lesotho & Swaziland • South Africa travel atlas • Swahili phrasebook • Trekking in East Africa • Tunisia • West Africa • Zimbabwe, Botswana & Namibia • Zimbabwe, Botswana & Namibia travel atlas
travel literature : The Rainbird : A Central African Journey • Songs to an african Sunset : A Zimbabwean Story • Mali Blues : Travelling to an African Beat

ASIE DU NORD-EST Beijing • Cantonese phrasebook • China • Hong Kong, Macau & Gangzhou • Hong Kong • Japan • Japanese phrasebook • Japanese audio pack • Korea • Korean phrasebook • Kyoto • Mandarin phrasebook • Mongolia • Mongolian phrasebook • North-East Asia on a shoestring • Seoul • South West China • Taiwan • Tibet • Tibetan phrasebook • Tokyo

ASIE CENTRALE ET MOYEN-ORIENT Arab Gulf States • Central Asia • Central Asia pharasebook • Iran • Israel & Palestinian Territories • Israel & Palestinian Territories travel atlas • Istanbul • Jerusalem • Jordan & Syria • Jordan, Syria & Lebanon travel atlas • Lebanon • Middle East on a shoestring • Turkey • Turkish phrasebook • Turkey travel atlas • Yemen
travel literature : The Gates of Damascus • Kingdom of the Film Stars : Journey into Jordan

OCÉAN INDIEN Madagascar & Comoros • Maldives • Mauritius, Réunion & Seychelles

SOUS-CONTINENT INDIEN Bangladesh • Bengali phrasebook • Bhutan • Delhi • Goa • Hindi/Urdu phrasebook • India • India & Bangladesh travel atlas • Indian Himalaya • Karakoram Highway • Nepal • Nepali phrasebook • Pakistan • Rajastan • South India • Sri Lanka • Sri Lanka phrasebook • Trekking in the Indian Himalaya • Trekking in the Karakoram & Hindukush • Trekking in the Nepal Himalaya
travel literature : In Rajasthan • Shopping for Buddhas

ASIE DU SUD-EST Bali & Lombok • Bangkok city guide • Burmese phrasebook • Cambodia • Hill Tribes phrasebook • Ho Chi Minh City (Saigon) • Indonesia • Indonesian phrasebook • Indonesian audio pack • Jakarta • Java • Lao phrasebook • Laos • Laos travel atlas • Malay phrasebook • Malaysia, Singapore & Brunei • Myanmar (Burma) • Philippines • Pilipino phrasebook • Singapore • South-East Asia on a shoestring • South-East Asia phrasebook • Thai phrasebook • Thai audio pack • Thai Hill Tribes phrasebook • Thailand • Thailand's Islands & Beaches • Thailand travel atlas • Vietnam • Vietnamese phrasebook • Vietnam travel atlas

AUSTRALIE ET PACIFIQUE Australia • Australian phrasebook • Bushwalking in Australia • Bushwalking in Papua New Guinea • Fiji • Fijian phrasebook • Islands of Australia's Great Barrier Reef • Melbourne • Micronesia • New Caledonia • New South Wales & the ACT • New Zealand • Northern Territory • Outback Australia • Papua New Guinea • Papua New Guinea (Pidgin) phrasebook • Queensland • Rarotonga & the Cook Islands • Samoa: American & Western • Solomon Islands • South Australia • Sydney • Tahiti & French Polynesia • Tasmania • Tonga • Tramping in New Zealand • Vanuatu • Victoria • Western Australia

ÉGALEMENT DISPONIBLE Antarctica • Brief Encounter : Stories of love, Sex & Tracel • Chasing Rickshaws • Not the Only Planet : Travel Stories from Science Fiction • Travel with Children • Traveller's Tales

LONELY PLANET

Le journal de Lonely Planet

Parce que vous nous envoyez quotidiennement des centaines de lettres pour nous faire part de vos impressions, nous publions chaque trimestre le Journal de Lonely Planet afin de vous les faire partager.
Un journal parsemé de conseils en tout genre avec un concentré d'informations de dernière minutes (passage de frontière, visas, santé, sécurité...), des sujets d'actualité et des discussions sur tous les problèmes politiques ou écologiques sur lesquels il faut s'informer avant de partir.
Le Journal de Lonely Planet est gratuit. Pour vous abonner, écrivez-nous :
Lonely Planet France – 1, rue du Dahomey – 75011 Paris – France

LONELY PLANET

Lonely planet en ligne

www.lonelyplanet.com et maintenant www.lonelyplanet.fr

Avec près de 2 millions de visiteurs mensuels, le site de Lonely Planet est l'un des sites de voyage les plus populaires au monde.
La recette de son succès est simple : une équipe de 15 personnes travaille à plein temps à l'enrichir quotidiennement. Près de 200 destinations sont passées au crible (avec carte intéractive et galerie photos) afin de vous permettre de mieux préparer votre voyage. Vous trouverez également des fiches de mises à jour écrites par nos auteurs afin de compléter les informations publiées dans nos guides. Le site de Lonely Planet vous offre l'accès à un des plus grands forums, réunissant des centaines de milliers de voyageurs : idéal pour partager vos expériences, chercher des renseignements spécifiques ou rencontrer des compagnons de voyage. Les liens que nous suggérons vous permettent de découvrir le meilleur du net.

Pour faciliter la tâche de nos lecteurs francophones, nous venons d'ouvrir un site en français : www.lonelyplanet.fr. Venez le découvrir et contribuer à sa qualité en participant notamment à son forum.

Élu meilleur site voyage par l'Express Magazine en décembre 98 (@@@@@).

"Sans doute le plus simple pour préparer un voyage, trouver des idées, s'alanguir sur des destinations de rêve." Libération

Index

Texte

> Les références des cartes sont en **gras**

A

Abyan, province 241
Ad-Dala' 239
Aden 223, **224**
   At-Tawahi 231, **232**
   Citernes d'at-Tawila 226
   Crater 225, **227**
   Histoire 223
   Île de Sira 229
   Ma'alla 229
   Maison Rimbaud 229
   Musée d'Aden 228
   Musée militaire 228
   Musée national 229
Aden, province 223
Al-'Udayn 200
Al-Bayda 210
Al-Bayda (al-Jawf) 222
Al-Bayda, province 208
Al-Ghayda 276, **277**
Al-Ghurfa 271
Al-Habilayn 239
Al-Hajjara 150
Al-Hajjarayn 263
Al-Hamdani 43, 124, 164, 207
Al-Hami 259
Al-Hazm al-Jawf 222
Al-Homa 256
Al-Hudayda 169, **171**
Al-Hudayda, province 169
Al-Hurayda 263
Al-Janad 194
Al-Jawf, province 221
Al-Khawkha 182
Al-Khurayba 265
Al-Luhayya 175
Al-Mahra, province 275
Al-Mahwit 157
Al-Mahwit, province 154
Al-Makha 184
Al-Mashhad 263
Al-Mukalla 252, **253**
Al-Qanawis 174
Al-Qatn 265
Alimentation 101

'Amran 151
Ambassades 69-70
   étrangères 70
   yéménites 69
Architecture 49, 161
   Zabur 153, 166-167
   Pisé 204, 262
   Brique 244
   Maisons-tours 196, 204, 244, 266
   Qudad 205
Ar-Ruba al-khali, désert
   voir Géoraphie
Argent 72
   Banques 73
   Change 73
   Coût de la vie 74
   Marchandage 74
   Monnaie nationale 72
   Taux de change 72
Ar-Rawda 141
Art et culture 42
   Architecture 49
   Arts antiques 248
   Cinéma 43
   Danse 42, 241, 258, 269
   Festival d'automne, al-Mahra 276
   Galeries d'art, Sanaa 135
   Littérature 43
   Musique 42, 241, 258, 269
   Peinture 43
   Vitrail 54
Argent 72
As-Salif 174
As-Sukhna 176
Ash-Shihr 258
'Ataq 245, **246**
At-Tabala 259
At-Tawila 156
At-Turba 194
Auto-stop 121
Avion 110-111, **115**
'Azan 244
Az-Zaydiya 174
Az-Zuhra 175

B

Baignade 231, 235, 245, 259
   voir aussi Plongée

Baraqish 212
Bateau 113-114
   Bateaux en bois 183
Bayhan 246
Baynun 206
   Canaux d'irrigation 207
Bayt al-Faqih 177
Bayt al-Huqqa 150
Bayt Baws 144
Bédouins 222, 243, 274-275
Bicyclette 120
Bijoux 106-107
Bir 'Ali 245
Bir Barhut 274
Boissons 103
Buda 265
Burum 256
Bus 116-117, 122
Bicyclette 120

C

Café 18, 154, 184-185
Calendrier musulman 64
Calligraphie 272
Cartes 66, 78
Cinéma 79
Circuits organisés 114, 122
Climat 30
Colonisation 18
Communauté homosexuelle 94
Coutumes 47
   Règles de conduite 43
   Code vestimentaire 47
   Visite des mosquées 48
   Photographier
      les habitants 82

D

Dar al-Hajar 142-143
Daw'an 263
Deltaplane 97
Dhafar (Ibb) 201
Dhafar (Sanaa) 152
Dhamar 204
Dhamar, province 204
Dhawran 206
Djebel al-Isi 207
Djebel al-Hawf 279
Djebel an-Nabi Shu'ayb 147

Djebel Aqil 248
Djebel Bura' 176
Djebel Dhi Rakam 207
Djebel Haraz *voir* Monts Haraz
Djebel Isbil 207
Djebel Kawkaban 156
Djebel Qara 252
Djebel Rabi 198
Djebel Sabir 187, 193
Djebel Shihara 161
Djebel Ta'kar 196
Djebel Thira 242
Djebel Umm Layla 168
Douane 71
Dubayyat 240

E

Écologie 32
Économie 37
Encens 12-16, 60, 164, 245, 250, 275,
  Route de l'Encens **14**, 221, 249, 259, 278
Étudier au Yémen 98
Excision 175
Excursions à dos de dromadaires *voir* Méharées

F

Faune 33, 35
  Observation des oiseaux 34, 155, 184
Fax 76
Fêtes laïques 96
Fêtes musulmanes 96
Flore 33

G

Géographie 28
Ghayl 'Umar 274
Ghayl Ba Wazir 256
Ghayls 256-257

H

Habban 243
Hadda 143
Hadramaout, province 251
  voir aussi Wadi Hadramaout
Hajja 159
Hajja, province 159
Hammam 'Ali 206
Hammam Damt 202
Hammam 98, 133, 202, 206,

Harad 174
Hays 182
Haz 147
Hébergement 98
Henné 256
Histoire 13
  Domination zaydite 18
  Guerre de l'Unité de 1994 26
  Imamat du Yémen 20
  Islam (avènement de l') 55
  Occupation ottomane 18-19
  République arabe du Yémen (RAY) 21, 23
  République démocratique populaire du Yémen (RDPY) 22, 24
  Réunification 25
  Royaumes préislamiques 13
Hudun 265
Hujjariya 194
Husn al-'Urr 274
Husn al-Ghurab (forteresse du corbeau) 245
Husn Thilla, forteresse 145
Huth 153

I

Ibb 196, **197**
Ibb, province 196
Institutions politiques 35
Internet 76
Irrigation 259
Irrigation 31
Islam 16
  Sectes islamiques 56
Ismaélien *voir* Religion
Itinéraires 59

J

Jibla 199
Journaux 80
Juif 167, 205, 243

K

Kamaran, île 174
Kawkaban 155
Khamir 152
Kuhlan 160

L

Lahej 238
Lahej, province 238

Langue 58, 280-284
  Cours de langue 98
Librairies 78, 129
Littérature 43, 77
Livres 76
  Art et architecture 77
  Condition féminine 77
  Culture et société 77
  Histoire, religion et civilisation 76
  Récits de voyage 78

M

Ma'Bar 205
Ma'in 221
Maisons-tours *voir* Architecture
Manakha 147
Marchandage 74
Marchés 66
Marib 213, **213**
  Grande Digue 213, 216
Marib, province 212
Mashgha 274
Méharées 97, 210, 269
Mendicité 95
Miel (Wadi Daw'an) 264
Moka *voir* Café
Monts Haraz 147, **148**
Mosquées
  Grande mosquée, Saada 166
  Grande mosquée, Sanaa 134
  Mosquée al-'Amiriya, Rada' 209
  Mosquée al-Ashrafiya, Taez 190
  Mosquée al-'Aydarus 228
  Mosquée al-Haddad, Say'un 269
  Mosquée al-Hawra, Hajja 160
  Mosquée al-Jalaliya 197
  Mosquée ar-Rawdha, al-Mukalla 253
  Mosquée ash-Sha'b, Lahej 239
  Mosquée ash-Shadhli 186
  Mosquée Ba'Bath, al-Ghurfa 271
  Mosquée blanche, Yifrus 194
  Mosquée carrée, Dhamar 205
  Mosquée de la reine Arwa 200
  Mosquée Iskandar, Zabid 181

Mosquée Mustafa Pasha, Zabid 181
Qubbat Bayt az-Zum 200
Mosquée Sheikh ar-Rashid, Shibam 267
Mosquée'Umar, al-Mukalla 253
Mosquées de Tarim 271
Mukayras 242

N

Na'it 152
Naqb al-Hajar 244
Nashan as-Sawda 222
Nishtun 276
Nuqub 248

O

Office du tourisme 67
Organismes à connaître 75

P

Palais
 Dar al-Hajar (palais du Rocher) 142
 Palais de Nuqub 248
 Palais al-Kaf, Tarim 271
 Palais d'été, al-Homa 257
 Palais du Sultan, Say'un 268
 Palais du Sultan, Shibam 267
Parcs nationaux 35
Passeport 68
Pèlerinage 264-265, 271, 274
 voir aussi Tombeau
Permis de conduire 69
Permis touristiques 69
Pétrole 39
 voir aussi Marib (province)
Photo 82
Plongée 97, 174, 231, 254
Populations 40
Poste 75
Préparer son voyage 63
Presse 80-81
Provinces (gouvernorats) **27**

Q

Qabr Nabi Allah Hud 274
Qal'at al-Qahira, forteresse 190
Qaryat al-Qabil 142
Qat 45-46, 186, 238
Qaydun 265

R

Ra's al-Mukalla (Cap d'al-Mukalla) 253
Rada' 208
Radio 80
Randonnée 64, 96, 121, 149, 157, 176, 237
Raybun 263
Rayda 152
Religion 55
 Communauté chaféite 56, 271
 Communauté ismaélienne 58, 149
 Communauté zaydite 57
Rimbaud, Arthur, 229-230
 Maison Rimbaud, Aden, 229
Route de l'Encens *voir* Encens

S

Saada 163, **165**
Saada, province 163
Saba 14-15
Sabir 239
Sanaa 124, **126**
 Grande Mosquée 134
 Histoire 124
 Musée national 134
 Souk al-Milh 132
 Souk al-Qat 133
 Vieille ville 129, **130**
Sanaa, province 145
Santé 83
 Trousse médicale 85
Say'un 267, **268**
Sayhut 275
Shabwa 250
Shabwa, province 243
Shibam (al-Mahwit) 154
Shibam (Hadramaout) 265, **266**
Shihara 161
Sif 265
Sira, île, *voir* Aden 229
Sirwah 220
Sites préislamiques
 'Arsh Bilqis, Marib 215
 Al-Hajjarayn 263
 Al-Mahra (province) 278
 Baraqish 212
 Bayhan (alentours) 246
 Baynun 206
 Bayt al-Huqqa 150
 Daw'an 263
 Dhafar 201
 Dhafar 152
 Dhi Bin 152
 Hajr bin Hamid 248
 Haz 147
 Husn al-'Urr 274
 Ma'in 221
 Madubum 263
 Mahram Bilqis 216
 Marib 213
 Mayfa'a, Shabwa 244
 Na'it 152
 Qana (Bir 'Ali) 245
 Raybun 263
 Saada 163
 Sabir, Lahej 239
 Shabwa 250
 Shibam (al-Mahwit) 154
 Shibam (Hadramaout) 266
 Sirwah 220
 Timna' 247
 Umm 'Adi 242
 Wadi 'Adim 274
 Wadi Hadramaout 259
 Zabid 178
Suna 274
Suq adh-Dhabab 194
Suq al-'Inan 153
Suq al-Khamis 176
Suq at-Talh 168
Suqutra 235-236, **235**
Système éducatif 41

T

Tabac 256
Taez 187, **188**
Taez, province 184
Tarim 271, **272**
Taxis 118-119
Téléphone 75
Télévision 80
Thamud 274
Thilla 145, **146**
Tihama *voir* Géographie
Timna' 247
Tombeau 263, 265, 269, 271, 272, 274
 voir aussi Pèlerinage
Travailler au Yémen 98
Tribus 41, 44, 163, 212, 241, 243, 267, 275
 voir aussi Bédouins

U

Umm 'Adi 242
Us et coutumes *voir* Coutumes

V

Vidéo 82
Visas 67-68
Vitrail 54
Voiture 112-113, 120, 121
  Louer une voiture 120
Voyager avec des enfants 94
Voyager seule 93
Voyageurs handicapés 94
Voyageurs seniors 94

W

Wadi 'Abdin 168
Wadi 'Adim 274
Wadi 'Amd 263
Wadi al-Jawf 221
Wadi al-Qasr 263
Wadi an-Numara 207
Wadi Bana 210, 238
Wadi Bani Khawlan 194
Wadi Daw'an 264, **261**
Wadi Dhana 213
Wadi Dhar 141, **142**
Wadi Farda 212
Wadi Habban 243
Wadi Hadram 263
Wadi Hadramaout 251, 259, **261**
Wadi Hajjarayn 263
Wadi Jiz 276
Wadi Mawr 159
Wadi Mayfa'a 244
Wadi Najran 164
Wadi Rima' 178
Wadi Saada 167
Wadi Yashbum 244
Wadi Zabid 178, 200

Y

Yarim 202
Yifrus 194

Z

Zabid 178, **180**
Zaydisme 17, 57, 159, 163-166
Zinjibar 241
Zoroastrisme 228

Encadrés

Histoire

Al-Hamdani, l'historien 164
L'Arabie heureuse 28
Les citernes d'at-Tawila 226
L'écriture sabéenne 217
En suivant la route de l'encens 60
L'histoire du moka, ou comment le goût du café vint aux Français 185
L'imam Ahmad 190
Les juifs du Yémen 167
Un pet historique 155
Qui était la reine de Saba ? 15
La reine Arwa 199
Rimbaud, enfant prodige 230
Le Yémen et l'Arabie saoudite : un voisinage incertain 20

Arts et archéologie

L'architecture en pisé du Wadi Hadramaout 262
Les arts antiques au Yémen 248
Le dan hadramite 258
Dar al-Hajar, le palais du rocher 143
Madrassat al-'Amiriya 209
La naissance de l'archéologie au Yémen 247
Le palais al-kaf de Tarim 273
Le qudad, le plâtre yéménite 205

Société

Alerte aux mines terrestres 239
Les bateaux en bois du Yémen 183
Les Bédouins 222
Du danger de la conduite au Yémen 121
Les enlèvements au Yémen 62
Les hammams de Sanaa 133
Les marchés hebdomadaires 66
L'excision 175
L'exportation de la main-d'œuvre 38
Les femmes du djebel Sabir 189
Les femmes et la politique 36
La liberté de la presse 81
Le miswak, la brosse à dent yéménite 139
La passion du qat 46
Le prince Naseem 104
La valeur des armes à feu 151
Les ziyaras du Hadramaout 264

Régions

Le Charme enchanteur de Sanaa 128
L'extrémité orientale de la route de l'Encens 278

Nature

Les ghayls du Jawl 257
L'irrigation 31
L'observation des oiseaux 34
La nature de Suqutra 236
La randonnée et les conditions climatiques 64
Randonnées dans les monts Haraz 149

LÉGENDE DES CARTES

LIMITES ET FRONTIÈRES

- Internationales
- Régionales

HYDROGRAPHIE

- Bande côtière
- Rivière ou ruisseau
- Lac
- Lac intermittent
- Lac salé
- Canal
- Source, rapides
- Chutes
- Marais

ROUTES ET TRANSPORT

- Autoroute
- Route nationale
- Route principale
- Route non bitumée
- Voie express
- Voie rapide
- Route (ville)
- Rue, allée
- Zone piétonnière
- Tunnel
- Voie de chemin de fer
- Tramway
- Téléphérique
- Sentier pédestre
- Circuit pédestre
- Route de ferry

TOPOGRAPHIE

- Bâtiment
- Parc et jardin
- Cimetière
- Marché
- Plage ou désert
- Zone construite

SYMBOLES

- ✪ CAPITALE — Capitale nationale
- ◉ CAPITALE — Capitale régionale
- ● VILLE — Grande ville
- ● Ville — Ville
- ● Village — Village
- ○ — Site touristique
- ■ — Où se loger
- Å — Camping
- ⌂ — Caravaning
- ⌂ — Hutte ou châlet
- ▼ — Où se restaurer
- ▼ — Café et bar

- ✈ — Aéroport
- ∴ — Site archéologique
- ⊖ — Banque
- — Plage
- — Réserve ornithologique
- — Passage de frontière
- — Château fort
- ⌒ — Grotte
- — Église
- — Falaise ou escarpement
- — Ambassade
- ⊕ — Hôpital
- — Phare
- — Monument
- — Mosquée

- ▲ — Montagne ou colline
- — Musée
- — Parc national
- ← — Rue à sens unique
- — Station-service
- — Piscine
- — Poste
- ❖ — Centre commercial
- — Temple sikh
- — Mosquée
- ☎ — Téléphone
- — Temple bouddhiste
- ❶ — Office du tourisme
- — Transport
- — Zoo

Note : tous les symboles ne sont pas utilisés dans cet ouvrage

BUREAUX LONELY PLANET

Australie
PO Box 617, Hawthorn,
3122 Victoria
☎ (03) 9 9819 1877 ; Fax (03) 9 9819 6459
e-mail : talk2us@lonelyplanet.com.au

États-Unis
150 Linden Street,
Oakland CA 94607
☎ (510) 893 8555 ; Fax (510) 893 85 72
N° Vert* : 800 275-8555
e-mail : info@lonelyplanet.com

Royaume-Uni et Irlande
Spring House, 10 A Spring Place,
London NW5 3BH
☎ (0171) 728 48 00 ; Fax (0171) 428 48 28
e-mail : go@lonelyplanet.co.uk

France
1, rue du Dahomey,
75011 Paris
☎ 01 55 25 33 00 ; Fax 01 55 25 33 01
e-mail : bip@lonelyplanet.fr

World Wide Web : http://www.lonelyplanet.com et http://www.lonelyplanet.fr